NOBUO
UEMATSU

SMILE PLEASE | BIOGRAPHIE OFFICIELLE

DENYS FONTANAROSA & JÉRÉMIE KERMARREC

NOBUO UEMATSU

SMILE PLEASE | BIOGRAPHIE OFFICIELLE

pix'n love EDITIONS

WAYÔ RECORDS

SMILE PLEASE
Biographie de Nobuo Uematsu

est coédité par Les Éditions Pix'n Love
(6, rue de la Prévôté – 78550 Houdan
et Wayô Records (19, rue d'Issy – 92100 Boulogne-Billancourt)

www.editionspixnlove.com / www.wayorecords.net

Directeur de la publication : Marc Pétronille
Auteurs : Denys Fontanarosa & Jérémie Kermarrec
Consultants éditoriaux : Romain Dasnoy, Benjamin Peray
Coordination Japon : Jonathan Khersis
Couverture et direction artistique : Luc Pétronille
Mise en page et conception graphique : Delphine Ribeyre
Relecture : Pierre Gaultier

ISBN : 978-2-37188-061-0 (édition classique) / 978-2-37188-064-1 (édition collector)

Dépôt légal : juillet 2020
Imprimé et relié en Union européenne

PRÉFACE

NOBUO UEMATSU ET MOI

Je suis entré chez Square au début de l'année 1995. Après avoir conçu un jeu pour la Super Nintendo, j'ai été affecté à l'équipe de développement de *Final Fantasy VII*, où on m'a confié la charge du scénario. Sur le serveur du projet, on trouvait déjà beaucoup d'idées et de fragments scénaristiques écrits par M. Kitase, réalisateur du jeu, et d'autres membres de cette équipe aussi composée des cerveaux de *Final Fantasy VI*. On attendait de moi que j'utilise cette matière pour construire une histoire de qualité à même d'être exprimée sous la forme de *scènes* concrètes. Imaginez un peu la pression sur mes épaules. *Final Fantasy* était une série déjà constituée de six épisodes. À la notoriété tout sauf anodine qui plus est. Et moi, je prenais part à ce nouveau projet. Les personnages passant de la 2D à la 3D, on attendait une expressivité digne de cette 3D et, par ailleurs, le jeu avait pour mission de hisser les ventes de la PlayStation tout fraîchement sortie. Voilà dans quelle équipe on m'avait jeté.

La première chose que j'entrepris fut de dialoguer avec mes collègues expérimentés : ils devaient savoir ce qu'était que concevoir un *Final Fantasy*. À cette époque, j'avais beau avoir déjà participé au développement de plusieurs jeux, il me semblait que celui d'une série si populaire avait des secrets. Et je comptais bien les percer par le biais de ces entretiens déguisés en bavardages. Pourtant, plus je discutais et moins j'avais de certitudes. Chacun me donnait une vérité différente, comme s'il avait voulu m'empêcher de découvrir ce secret. Au fur et à mesure des discussions, ma perplexité allait crescendo.

C'est face à ce scénariste en plein doute qu'apparaît celui que vous attendiez : Nobuo Uematsu. Je l'appellerai ici comme je l'ai toujours appelé : Uematsu[1].

1. NDT : en version originale, M. Nojima écrit « Uematsu-san ». Au Japon, on appelle rarement ses collègues par leur prénom, même après avoir travaillé des années ensemble.

SMILE PLEASE
BIOGRAPHIE DE NOBUO UEMATSU

Le premier contact fut un courriel qui disait à peu de choses près : « *Avant de me lancer dans la composition, j'aimerais t'interroger sur le contenu du scénario. Peux-tu venir dans mon bureau ?* » J'étais déprimé. Uematsu était déjà connu comme un homme aux multiples talents, non seulement célèbre compositeur de musique de jeu mais aussi auteur d'essais, entre autres. Qui dit *Final Fantasy* dit son père Hironobu Sakaguchi ; le créateur des personnages et des illustrations Yoshitaka Amano ; et enfin son compositeur Nobuo Uematsu. Alors que ce dernier me convoquait pour m'entendre parler du scénario, je n'avais guère que quelques éléments et une intrigue sommaire – et encore, je m'avance peut-être un peu.

À l'époque, chaque compositeur de Square avait un studio insonorisé. Dans celui d'Uematsu, qui était aussi le plus vaste, on trouvait un bureau croulant sous des piles de documents et plusieurs claviers MIDI. Le reste de l'espace (c'est-à-dire la plus grande partie de la pièce) était occupé par des instruments à cordes – un violon, une guitare acoustique, une mandoline... –, des percussions dont je ne connais pas même le nom, des objets si mystérieux que je ne saurais dire s'il s'agissait d'instruments de musique ou non, et enfin des rangées de livres sur l'occulte, sur les OVNI, des CD et cassettes vidéo de rock.

Quand Uematsu est passé à son compte, son nouveau studio est devenu mieux ordonné mais les objets entreposés étaient globalement les mêmes que ceux de l'époque où il était chez Square. Il se peut bien que les objets de ce studio représentent parfaitement sa personnalité.

Mais revenons au sujet.

Lors de ces premières heures avec Uematsu, la discussion a tourné autour du rock progressif, du catch et du yéti. On a peut-être même évoqué le monstre de Flatwoods, sûrement parce que j'ai fait preuve d'intérêt pour les livres qui nous entouraient. Le but originel de ma visite avait, lui, été réglé en quelques échanges : d'abord l'aveu honnête que je n'avais pas encore terminé, puis l'indication du nombre de personnages et de la nature des lieux dont devait découler une première liste de thèmes musicaux.

Bien sûr, il ne s'agit pas que de ça et, si je m'étends sur les détails de cette histoire, c'est qu'elle a un sens.

Comme je l'ai écrit, je pensais pouvoir tirer de ces discussions avec l'équipe une réponse à mes doutes. C'est comme si j'étais perdu dans un donjon souterrain, tournant en rond sans fin. J'ai alors interrogé cet illustre aîné déjà devenu un peu familier : « *Que peut bien être* Final Fantasy *? Que devrais-je créer pour que ce soit un* Final Fantasy *?* ». À ces questions nébuleuses, Uematsu répondit ceci :

« *Tu n'as pas été choisi justement parce que tu n'as pas de lien avec la série ?* »

Je vois. C'était donc ça.

À ce moment, j'ai compris le sens des « larmes d'écailles » de la Bible. Ce fut un grand changement de perception. Je saisis la situation qui m'entourait : l'équipe de développement de *FFVII* était le rassemblement d'anciens de la série, du noyau des titres récents, de personnes assez expérimentées mais aussi de visages parfaitement nouveaux.

Vers la fin du développement de *FFVII*, j'ai rappelé cette histoire à Uematsu mais il ne s'en souvenait pas du tout. Plus de vingt ans ont passé et il se peut que je l'oublie moi-même un jour. C'est pourquoi j'aimerais que vous, lecteur, la reteniez. Peut-être qu'un jour, vous servirez à créer un *Final Fantasy*. Comme on le dit souvent, on ne sait pas ce que la vie nous réserve.

Cette relation avec Uematsu s'est prolongée dans notre nouvelle vie d'indépendant. Sans se voir si souvent, on a continué à s'envoyer des courriels à l'occasion. Aujourd'hui, il voyage à travers le monde pour des concerts, mais après sa démission de Square Enix, il a continué pendant un moment à recevoir des commandes de composition de la part de nombreux clients. C'est sans doute pour ça que les doutes qui transparaissaient alors le plus dans ses courriels étaient d'ordre créatif. Comme vous le savez si vous écoutez des bandes originales, un RPG requiert un grand nombre de morceaux et il n'est pas difficile de deviner le labeur que cela demande. Les courriels d'Uematsu s'émaillaient alors de plus en plus de phrases consternées : « *Je n'arrive pas à dormir* », « *Je n'y arrive pas !* »... Dans un autre registre, j'expérimentais moi aussi les affres de la création. Ce n'est pas gentil envers Uematsu, mais découvrir que même lui accouchait de ses œuvres dans le doute fut pour moi en encouragement, et je n'étais sûrement pas le seul à penser ça. Parfois, Uematsu se montre sans fard et je me demande si, comme moi, beaucoup de ses proches et collègues ne se sont pas sentis encouragés en entendant le célèbre *Nobuo Uematsu* épancher des doutes et des tourments proches des leurs. Je ne peux m'empêcher de le penser quand je vois comme ses fans, ses collègues et ses cadets l'apprécient. Peut-être qu'Uematsu s'efforce de ne pas montrer ce visage caché (tout le monde en a un), mais ça m'étonnerait, car il déteste ce genre d'efforts.

Pour terminer, j'aimerais raconter quelques anecdotes personnelles sur Uematsu que j'ai découvertes par hasard. Comme les fans le savent, il adore le rock progressif. Si vous ne savez pas ce que c'est, je vous invite à faire des recherches à partir du mot-clé « rock progressif ». Abrégé sous la forme *purogur*é au Japon. Il existe une myriade de groupes de *puroguré*, mais au Japon, les trois groupes de légende sont Yes, Emerson Lake & Palmer et Pink Floyd. Attention : lancez Uematsu sur des questions comme « ces trois groupes sont-ils représentatifs du rock progressif ? » ou « Pink Floyd : rock progressif ou non ? » et vous vous retrouverez à discuter jusqu'au petit matin.

En 2003, Yes s'est recomposé autour des membres considérés comme les plus proches du style original du groupe et a donné des concerts au Japon. Le groupe a changé de style et de formation au fil des époques, mais ce soir-là, c'étaient les membres qu'Uematsu préférait adolescent. J'étais assis à côté de lui lors de ce concert et après quelques minutes, j'ai remarqué des larmes au coin de ses yeux. Quelle sensibilité ! ai-je pensé. Après ça, je l'ai souvent revu avoir les larmes aux yeux.

Quand le groupe de rock progressif japonais Yonin Bayashi s'est reformé en concert, il a pleuré. Quand le thème de *Final Fantasy X* a été joué lors du concert de musique de jeu vidéo *Press Start*, il a été touché par la tranquillité du chef d'orchestre M. Takemoto et a pleuré. Dans les échanges de courriels nocturnes que j'évoquais plus haut, il m'avait déjà avoué qu'il ne pouvait pas s'empêcher de pleurer. Je pensais que c'était une image mais j'ai compris plus tard que c'était vrai.

Je me demande si ces larmes ne sont pas précisément le secret de sa créativité.

C'est peut-être évident qu'un artiste soit très sensible, mais je pense que pleurer en voyant jouer un groupe qu'on aime depuis l'enfance ou en entendant sa propre musique en concert relève moins de l'évidence. J'aime penser que ce qu'il a dans la poitrine s'exprime tantôt en musique, tantôt en larmes, et que c'est peut-être là le noyau de sa créativité.

Je pense que la réponse est sûrement formulée quelque part dans ce livre.

Il y a quelques années, Uematsu est venu me parler, l'air un peu embarrassé : « *J'ai rencontré Rick Wakeman l'autre jour* », m'a-t-il dit. Rick Wakeman est le claviériste du groupe Yes et sans aucun doute l'un des héros d'Uematsu, avec Elton John et Keith Emerson.

« *C'est super ! De quoi avez-vous parlé ?* », lui ai-je demandé.

« *Il m'a dit qu'il me connaissait et que je devais bien gagner ma vie.* » C'est sûrement l'anecdote la plus joyeuse qu'Uematsu m'ait racontée. Je me suis alors rendu compte d'une chose, moi qui suis aussi fan de Yes : Uematsu venait de me faire comprendre qu'il était sur le même plan que Rick Wakeman et que le monde qu'on admire était en réalité relié au nôtre.

J'ai oublié de lui demander ce qu'il avait répondu à Wakeman ce jour-là, mais j'imagine que, dans un rire franc, il lui a dit que ce n'était pas le cas, avant de sympathiser immédiatement avec lui.

Février 2018, dans une pièce froide.
Kazushige Nojima

Né en 1964 à Sapporo, au Japon, Kazushige Nojima est un auteur et scénariste indépendant. Fondateur de l'agence Stellavista, il a travaillé sur de nombreux jeux vidéo et est principalement connu pour sa contribution aux scénarios des séries Final Fantasy et Kingdom Hearts. Passionné de musique, et surtout de heavy metal, il possède sa propre collection de guitares – dont il préfère ne pas jouer en public.

AVANT-PROPOS

Qu'on se le dise : Nobuo Uematsu est un homme mal connu. Tout le monde sait qu'il est « le compositeur de *Final Fantasy* », car c'est grâce à cette fameuse série de jeu vidéo qu'il est devenu célèbre. Mais peu de gens imaginent ce que cela a signifié pour lui tout au long de sa carrière. On a souvent tendance à placer les artistes qui nous éblouissent sur un piédestal pour mieux les vénérer. Le risque est alors de voir en eux des entités infaillibles, sans leurs propres fragilités et sensibilités, et d'oublier les douleurs associées à la création.

Nobuo Uematsu est un personnage immédiatement attachant pour ce qu'il a d'humain. Celui qui a longtemps déploré d'être un compositeur moyen s'est retrouvé catapulté sur le devant de la scène grâce à la popularité sans cesse croissante de *Final Fantasy*. Mais pendant des années, au lieu de le combler de joie, ce succès n'a fait qu'alourdir la pression qui reposait sur ses épaules. Ainsi, pour ne pas décevoir les attentes, il a été contraint de se battre pour compenser ses lacunes. Ces dernières sont en grande partie liées à l'absence d'une formation musicale académique qui lui aurait donné la capacité d'écrire tout ce qu'il veut et d'être pleinement maître de son art. Pendant longtemps, il a même semblé choqué par l'enthousiasme qu'il suscite chez les fans, au point de considérer qu'il ne mérite pas toute cette attention. Pourtant, tous ceux qui ont un jour été marqués par un morceau de Nobuo Uematsu le savent : c'est la sincérité immédiate de son œuvre qui la rend si touchante.

Avec le temps, Uematsu a su apprendre à ne pas s'en inquiéter, au point de faire du manque de complexité de sa musique un argument pour parler au cœur des gens. Il n'y a pas à rougir de ne pas écrire des sommets de technique et de raffinement, tant qu'on en est parfaitement conscient[2]. Et qu'importent ces lacunes si le public répond présent ! « *Quand j'écris de la musique, je veux*

2. Ce qui ne l'empêche pas de conseiller à tous les compositeurs en herbe d'étudier la musique de manière académique. Les génies autodidactes sont rares : qu'on le veuille ou non, il faut apprendre la technique.

qu'elle soit porteuse d'émotions et de partage, explique-t-il. *Je veux qu'elle donne envie d'écrire une lettre à quelqu'un, que ceux qui l'écoutent se disent : "Tiens, je me demande ce qu'est devenue cette personne" et qu'ils aient envie de recontacter de vieux amis*[3]. » Maintenant que ses bandes originales de *Final Fantasy* sont connues et célébrées dans le monde entier, il peut se réjouir de savoir qu'elles sont des vecteurs de partage. Le fait que la musique soit un langage universel par lequel tout un chacun peut le comprendre, au-delà des barrières de la langue, est une magnifique récompense en soi.

C'est aussi en raison de cet esprit chaleureux qu'il est toujours plus à son aise dans une atmosphère bon enfant. Quand les jeux sont conçus en petit comité, la marque de l'équipe transparaît bien plus clairement. Les premières années de Square, et principalement les épisodes inauguraux de *Final Fantasy*, ont été celles d'un bouillonnement intense entre jeunes gens à l'enthousiasme explosif. Du fait de la présence centrale du compositeur dans cette société pleine d'idées, raconter sa carrière revient en grande partie à retracer l'histoire de Square – et tout particulièrement ses débuts. Se remémorant cette époque disparue, Uematsu écrit : « *Même si* [les] *cris et* [les] *conflits sont inévitables, je pense que les créateurs ont besoin d'être animés par la passion, et je préfère ceux qui ne tentent pas de le cacher. Je suis vieux jeu, je sais. À tous les jeunes gens qui lisent ceci : vivez chaque jour avec passion. N'essayez pas d'avoir l'air cool. Ça, c'est pour les frimeurs*[4]. »

Sans surprise, il confesse que la série *Final Fantasy* telle qu'il a contribué à la créer s'est arrêtée au sixième épisode, car c'était l'apothéose de la convivialité chez Square. Dès l'épisode suivant, le pourtant inoubliable *Final Fantasy VII*, l'ampleur du projet était sans commune mesure avec tout ce qu'ils avaient vécu auparavant, et l'esprit d'individualité s'est trouvé dilué dans l'afflux de nouveaux créateurs. À l'abri de son poste de compositeur attitré, Nobuo Uematsu avait le privilège de continuer à écrire la musique qu'il souhaitait, mais avec le temps, même cette évidence finit par s'ébranler, alors que les ambitions de Square ne

---

3. Asumi SANADA, « 『FF』は高すぎる存在。イチから音楽をつくりたい。―ゲーム作曲家・植松伸夫が進んだ道 », *Career Groove*, 12 mai 2017, https://cg.mpjob.jp/植松伸夫（前編）
4. Livret de l'album *Final Fantasy XIV Field Tracks*, Square Enix Music, 29 septembre 2010.

cessaient de s'élargir et que, invité à grimper dans la hiérarchie, il commençait à se perdre dans d'interminables réunions. Ce qui devait arriver arriva : la démission, et le début d'une carrière indépendante ô combien plus variée.

Si Nobuo Uematsu est mal connu, c'est aussi parce que beaucoup se méprennent quant à son univers musical. Certains veulent voir en lui « *le John Williams du jeu vidéo* » ou « *le Beethoven du XXIe siècle* », entre autres comparaisons inadaptées, quand d'autres mènent des campagnes de lobbying grotesques pour l'inscrire dans le « Hall of Fame » de la radio britannique Classic FM, dédiée comme son nom l'indique à la musique classique, alors qu'il n'a strictement rien à y faire et qu'il n'a certainement pas besoin de cela pour être légitimé. Comme de nombreux musiciens ayant grandi dans les années 1960 et 1970, Uematsu est en réalité un pur enfant du rock et de la pop, qu'il a dévorés dans sa jeunesse. Lorsqu'il s'est pris de passion pour la musique venue d'Occident qui passait dans les émissions de radio nocturnes, l'ère était aux débuts du rock progressif, une déclinaison extravagante dont les instrumentations imprévisibles et les formats ambitieux brisèrent les barrières des genres musicaux.

Pour certains, il s'agissait de ridicules excentricités qui dénaturaient la spontanéité du rock. Pour d'autres, c'était la découverte d'un monde entièrement nouveau, dans lequel toutes les transgressions étaient possibles. Uematsu faisait partie des seconds. « *Je suis d'une génération qui a grandi en écoutant du rock progressif, alors la musique ordinaire me semble ennuyeuse* », confesse-t-il[5]. On comprend mieux alors d'où viennent les musiques « bizarres » qui ponctuent ses bandes originales – ne mentez pas : vous avez tous des exemples en tête –, ou le peu d'hésitation avec lequel il emploie le son brut du synthétiseur. On comprend mieux aussi pourquoi son studio est truffé d'instruments venus des quatre coins du monde. Même s'il ne sait pas toujours en jouer et si certains sont totalement désaccordés, ils sont le témoignage incontestable de sa curiosité pour tous les sons. C'est ce regard bienveillant sur l'ailleurs qui l'a très tôt conduit en Irlande puis en Finlande pour enregistrer deux précieux albums du catalogue de *Final Fantasy*, *Celtic Moon* et *Dear Friends*, profitant de cette occasion pour

---

5. S.A., « 植松伸夫が語るゲーム音楽の制作技法 〜ファイナルファンタジー制作秘話 », *Keyboard*, 30 juin 2017, https://www.rittor-music.co.jp/pickup/detail/13689/

faire mentir l'idée selon laquelle la musique de jeu vidéo devrait inévitablement tendre vers l'orchestre.

Certes, nombre de ses œuvres sont désormais orchestrées. Mais le raccourci selon lequel de la « musique orchestrale » serait de la « musique classique » est trop simple et, surtout, réducteur. Ainsi sa plus célèbre création, « One-Winged Angel », n'a pas été imaginée comme une œuvre classique, mais bien comme un morceau de rock qui serait joué par un orchestre. Ou bien comme un morceau pour orchestre qui serait joué comme s'il s'agissait de rock. En se plongeant dans la carrière de Nobuo Uematsu, on découvre en fait sa relation compliquée avec le monde de l'orchestre. Celui-ci l'a longtemps effrayé, mais c'est en se relevant de l'un des pires traumatismes de sa vie d'artiste – les enregistrements du disque *Final Fantasy VI Grand Finale* en 1994 – qu'il a repris en main sa musique, pour que plus jamais elle ne lui échappe. Sa sensibilité et sa façon de composer viennent de tous ces éléments : de la musique qu'il aime, des fragilités qu'il a choisi de faire siennes, et surtout d'une curiosité permanente pour tous les genres de musique. Tel est d'ailleurs son conseil : prenez le temps de tout écouter, pas juste ce qui est à la mode. Du classique, du jazz, de la folk, des musiques du monde, même de la musique contemporaine... Il y a trop de belles choses dans le monde pour se limiter au plus évident.

C'est tout aussi vrai pour l'œuvre de Nobuo Uematsu. La restreindre à *Final Fantasy* est une grave erreur tant il a réussi, dans les années ayant suivi son départ de Square Enix, à s'en détacher pour apporter sa patte à d'autres créations, en s'associant par exemple aux nouveaux projets de Hironobu Sakaguchi. Certes, ce livre est principalement consacré à la contribution d'Uematsu à *Final Fantasy*, car il est impossible de nier qu'elle est la plus connue, la plus commentée, la plus documentée et, il faut l'admettre, la plus attendue. Il s'agit de l'œuvre d'une vie, qui restera perpétuellement associée à son nom, même si de nombreux compositeurs sont venus le remplacer au fil des ans. Mais ce livre tient tout autant à aborder ce qui constitue le reste de sa carrière, qui peut même en dire plus long sur sa personne et sa musique. Beaucoup de fans de Nobuo Uematsu semblent ne pas oser franchir les limites de la célèbre série de Square, alors que pour comprendre sa musique, il faut la découvrir dans toute sa diversité.

Il faut aussi entrouvrir la porte vers les autres visages de Nobuo Uematsu. Pour celles et ceux qui le côtoient au quotidien, il n'est pas seulement un compositeur de musique de jeu vidéo : il est aussi un blagueur bienveillant, un bon vivant grand amateur de bières et de viande, un pacifiste curieux du reste du monde, un important consommateur de films, un lecteur de *Tintin* et de bandes dessinées en général – ainsi que de mangas –, un fin connaisseur de rock progressif, un passionné d'occultisme et d'OVNI, un fan des scooters Vespa, et sans doute bien d'autres choses encore. Quant à lui, il est le premier à se considérer comme un « fainéant », qui ne commence à paniquer qu'à l'approche de la date butoir. Un fainéant auteur de centaines de morceaux en plus de trente ans de carrière...

Ce livre est le résultat d'une grande plongée dans la musique de Nobuo Uematsu, dans tout ce qu'il en a déjà dit et dans ce que les autres ont dit à sa place – nous soulignons d'ailleurs la subjectivité naturelle de ces nombreuses sources, que nous avons examinées et vérifiées avec soin afin de les recouper au mieux. Cet ouvrage est aussi issu de plusieurs heures de discussion avec l'homme lui-même, l'occasion de revenir sur des décennies de création, de découvrir la face cachée de ses œuvres, de retracer les nombreux partenaires qui l'ont aidé et accompagné tout au long de sa carrière, d'élucider quelques mystères, de révéler des anecdotes étonnantes – bref, de mieux comprendre qui il est et ce qu'il a cherché à accomplir.

Nous avons aussi discuté avec de nombreux artistes de la « galaxie Uematsu » : des collègues développeurs, compositeurs, arrangeurs, interprètes. Quiconque admire Uematsu ne peut ignorer l'apport immense des gens de talent qui l'ont entouré. Mais toutes ces personnes nous ont avant tout partagé leur respect pour celui qu'elles sont nombreuses à surnommer 師匠, « shishô », « maître » – même s'il est le premier à rétorquer qu'il n'a rien d'un maître. Plus modestement, ses proches emploient un surnom plus courant, qu'il a lui-même choisi : ノビヨ, « Nobiyo », emprunté à sa nièce qui, petite, n'arrivait pas à prononcer « Nobuo » correctement. Alors pour plaisanter, certains optent pour un compromis improbable : ノビヨ師匠, « Nobiyo-shishô ». Ce qui, finalement, décrit à merveille le personnage : un trublion tranquille ou un vénérable facétieux, qui aspire plus que tout à vivre paisiblement et bien entouré.

Nous avons versé ces renseignements, ces découvertes et ces témoignages dans un grand récit de sa vie d'artiste qui, nous l'espérons, vous donnera à voir une autre facette de Nobuo Uematsu.

Je remercie Denys pour sa collaboration inestimable non seulement en termes de références et de traductions, mais aussi de compréhension de l'homme derrière la musique. Je remercie également Romain et Jonathan pour leur patience, ainsi que tous ceux qui m'ont aidé de près ou de loin lors de ce long travail.

Jérémie Kermarrec

Nobuo Uematsu est depuis une quinzaine d'années un visage connu des joueurs occidentaux. Il fait déplacer les foules dans le monde entier et son nom fait partie des plus cités par les nostalgiques des ères Super NES et PlayStation. Pourtant, la barrière de la langue et la retenue du personnage font qu'il reste difficile d'en dresser un portrait fidèle. Avec ce livre, nous ne prétendons pas avoir percé le vernis de ce masque. Cependant, non contents d'avoir suivi sa carrière avec ferveur au fil des années, nous avons aussi passé de longs moments en sa compagnie, épluché des dizaines d'entretiens et naturellement réécouté avec soin une musique qu'on croyait connaître par cœur. Nous avons donc constitué la somme la plus exhaustive d'informations sur Nobuo Uematsu... Jusqu'à une éventuelle autobiographie.

Initiée en 2012, cette initiative aura finalement mis huit ans à aboutir. Les priorités de la vie terrestre, la montagne d'entretiens à traduire, les informations à recouper et intégrer à la narration, l'impression de ne pas réussir à saisir l'essence des données nous ont souvent écrasés et démotivés. Ces années n'ont néanmoins pas été vaines : c'est après quatre ans, lors de deux jours d'entretiens avec Uematsu à Tokyo que nous avons saisi une partie fondamentale de son état d'esprit.

Mais permettez-moi de revenir à la genèse du projet.

Jérémie est trop modeste pour le dire, mais il a fait découvrir la musique de jeu vidéo japonaise à une partie de la francophonie au début des années 2000. C'est grâce à son site Squaremusic que moi et des milliers de curieux sommes parvenus à quitter l'attraction de la planète *Final Fantasy* pour explorer des trésors sonores à l'époque inaccessibles au public occidental.

Affriolé par la somme d'informations à découvrir au Japon, j'ai pour ma part décidé de me consacrer à la musique et au japonais à l'université. Par un curieux mélange de temps et de chance, j'ai rencontré Nobuo Uematsu en 2009, à quelques heures du prodigieux concert *Symphonic Fantasies*. Alors que j'étais attablé sur les bords du Rhin, un de mes amis a aperçu au loin le compositeur. Ne pouvant laisser passer l'occasion, nous lui avons proposé une bière pour l'anecdote. Trop aimable et amateur de malt pour refuser, il s'est écrié en riant qu'il n'avait pas le choix et nous a finalement accompagnés pendant une demi-heure surnaturelle qui a justifié à elle seule mes années d'apprentissage du japonais.

Par la suite, j'ai conservé un contact régulier avec lui. En 2011, alors que j'emménageais à Tokyo, j'ai même eu la surprise de le voir sonner à ma porte. C'était quelques jours après le tremblement de terre du Tohoku et les rayons des magasins étaient vides. Comme un rayon de soleil, Nobuo Uematsu est venu m'apporter des vivres, du courage et... du champagne pour me souhaiter la bienvenue. Depuis, j'ai eu la chance d'assister à plusieurs précieux moments de sa vie d'artiste et d'homme : en répétition avec son groupe, en concert au Japon et à l'étranger, en soirée au milieu de ses amis et collaborateurs, en privé dans son chalet, en studio, etc.

J'ignore si nous serons à la hauteur de la confiance qu'il nous a accordée mais j'espère que ce livre parviendra au moins à transmettre, si l'on en doutait, qu'au-delà de l'icône joviale et du mélodiste de génie, on trouve un créateur doué d'une vision de la musique de jeu parfaitement cohérente.

Je tiens à remercier Jérémie, qui a fini par rédiger la majorité de cet ouvrage alors que je me noyais dans les obligations professionnelles, Romain et Jonathan pour leur patience et leur précieuse aide, tous les témoins de la carrière d'Uematsu qui ont accepté de nous guider, ma famille, qui ne m'a jamais empêché de poursuivre ma quête musicale, quitte à devoir me regarder partir à l'autre bout du monde pendant de longues années, et bien sûr Nobuo Uematsu, qui, sans exagération, a changé ma vie.

Denys Fontanarosa

PARTIE 1

La jeunesse de Nobuo Uematsu

UNE ENFANCE À KÔCHI

À la faveur d'une carrière de plus de trente ans, Nobuo Uematsu est aujourd'hui l'un des compositeurs de musique de jeu vidéo les plus respectés, au Japon et dans le monde entier. Preuve parmi tant d'autres de cette popularité aussi impressionnante que durable, ce sont des milliers de spectateurs des cinq continents qui se déplacent chaque année, depuis 2007, pour assister aux nombreux concerts de la tournée *Distant Worlds*, où sont interprétées par de grands orchestres les partitions de *Final Fantasy*. Chaque fois que Nobuo Uematsu fait le déplacement pour apparaître sur scène, le résultat est le même : un tonnerre d'applaudissements dans le plus timide des cas, une immense *standing ovation* le plus souvent.

Rien n'a cependant pu prédire un tel destin à cet homme aux origines modestes, né le 21 mars 1959 à Kôchi, une ville portuaire située au sud de l'île japonaise de Shikoku. D'abord passionné de sport, au point de vouloir devenir lutteur professionnel à l'école primaire, il est finalement ensorcelé par la musique, qu'il écoute avec frénésie – lors d'une époque particulièrement féconde en la matière – puis pratique de lui-même, sans formation académique. Lorsqu'il prend la décision, au lycée, de consacrer sa vie à la musique et d'essayer à tout prix de devenir un compositeur professionnel, cette « lacune » représente un obstacle certain, car la concurrence des diplômés en école de musique fait rage. Alors les recherches de travail vont être longues et décourageantes, et les petits boulots, pénibles.

Au milieu des années 1980, la musique de jeu vidéo est pour beaucoup d'aspirants compositeurs une voie non seulement confidentielle, mais tout simplement inimaginable. Et c'est en rencontrant une jeune artiste qui travaille à temps partiel pour Square, alors une minuscule société de production de jeux pour ordinateurs, qu'Uematsu prend connaissance de ce domaine – et commence à y prendre part, tout d'abord pour dépanner et trouver ce qu'il pense être une courte source de stabilité avant de chercher des opportunités plus « prestigieuses ». À la suite du succès surprise d'un jeu désormais bien connu de tous, et de la démocratisation progressive de la musique de jeu vidéo à laquelle il va contribuer, il n'aura finalement plus besoin de s'en soucier...

Avant la musique, le sport

Enfant, Nobuo Uematsu n'aime pas beaucoup l'école. D'un naturel curieux, il supporte toutefois mal les leçons trop longues. Ainsi sa première passion est le sport, ce qui est loin d'être surprenant : dans les années 1960, le Japon est l'un des temples de la gymnastique, ce qui fait rêver le jeune Nobuo et de nombreux autres élèves. Durant toute la décennie, le pays domine une grande partie des épreuves de gymnastique aux Jeux olympiques et des icônes comme Takashi Ono rapportent de nombreuses médailles, ce qui crée plus d'une vocation chez les jeunes Japonais. Impressionnés par les exploits des J.O. de 1968, Uematsu et ses camarades d'école primaire espèrent devenir, eux aussi, de grands gymnastes, et commencent à pratiquer ce sport.

Pour le jeune garçon, l'un des aspects les plus encourageants est le sentiment de progresser par la simple persévérance, sans rien avoir à apprendre par cœur comme c'est le cas dans les autres matières. Il se met par exemple en tête de maîtriser le salto arrière : reproduisant les gestes des grands gymnastes, il s'entraîne sans relâche en mettant le tapis un peu plus haut chaque jour, jusqu'à y parvenir enfin. Motif de fierté supplémentaire – et de défi à l'autorité ? –, il l'apprend par la seule sueur de son front, sans les conseils d'un professeur. Difficile de ne pas y voir aujourd'hui les premiers signes d'un état d'esprit qui a fait de lui ce qu'il est devenu. Autodidacte dans le sport, il le sera aussi dans la musique. Mais à ce moment-là, cette dernière n'est pas encore entrée dans sa vie.

Il faut peut-être, d'ailleurs, se féliciter que personne n'ait contraint Nobuo Uematsu à prendre des leçons de solfège ou des cours d'instrument dans sa jeunesse car, de son propre aveu, son aversion pour l'apprentissage aurait très bien pu le conduire à abandonner précocement ! D'ailleurs, après s'être intéressé à la gymnastique, il se met rapidement à préférer le catch, au point d'aspirer à devenir lutteur professionnel. Un tel choix de carrière lui semble tout à fait légitime, car même après avoir mis fin à la compétition, les grands sportifs peuvent se reconvertir dans l'entraînement de la jeune génération. L'intérêt pour le catch ne le quittera jamais vraiment, si bien que même adulte, il s'inventera plusieurs noms de scène – dont « Kentarô Hayabusa » et « Scotch the Piper » – dans le cas peu probable où il opterait pour une reconversion...

L'oreille sur un nouveau monde

Chez les Uematsu, ce n'est pas Nobuo qui s'intéresse d'abord à la musique, mais sa grande sœur qui prend notamment des cours de piano. Tout change le jour où elle l'emmène à un concert des Petits Chanteurs de Vienne, qui sont de passage à Kôchi. Pour le garçon, qui est en quatrième année d'école primaire – soit âgé de 9 ou 10 ans –, c'est une véritable révélation. Profondément ému par la beauté de leur chant, il comprend que la musique est en réalité une chose passionnante. C'est pour lui le début d'une véritable frénésie, qui ne se limite pas uniquement à la musique, mais aussi au son en tant que « phénomène ». Son père, qui est professeur de morale, a pour habitude de rentrer au foyer familial avec le magnétophone qu'il utilise dans ses leçons. Le jeune Nobuo est fasciné par ce gros appareil dont les deux bandes magnétiques marron sont capables non seulement de produire du son, mais aussi de l'enregistrer et de le restituer.

L'accès à la musique, lui, est loin d'être aussi facile et rapide qu'aujourd'hui. Ainsi, le garçon entame tout d'abord la découverte des disques vinyles qui se trouvent déjà chez lui et prend goût à ce rituel d'écoute qui revêt également une certaine part de mystère : on pose le vinyle sur le tourne-disque, on ajuste l'aiguille sur le sillon, puis on lance la lecture pendant une vingtaine de minutes en s'installant et en regardant la grande pochette. Et quand la face A est terminée, on fait une petite pause pour aller se préparer un thé avant de mettre la face B. Ce sont des objets précieux qu'il faut traiter avec précaution, particulièrement au moment de poser l'aiguille ou de la déplacer pour passer une piste, afin de ne pas les abîmer. Le retour de la mode du microsillon dans la décennie 2010 a sans doute beaucoup à voir avec la beauté de l'objet et du geste. Écouter de la musique n'est pas qu'une distraction pendant que l'on fait autre chose. C'est une véritable activité. Aujourd'hui encore, Nobuo Uematsu dit préférer nettement ses CD à la musique au format numérique, principalement pour cette raison : « *Puisque c'est un objet, il est fragile, et puisqu'il est fragile, j'en prends soin.* »

Dans son enfance, il écoute ses disques tous les jours, jusqu'à les user. Parmi eux se trouve une anthologie de musique classique qu'il a dénichée par hasard chez lui et dévorée de bout en bout, et c'est en partie par le plaisir du geste d'écoute de ce disque qu'il prend goût à la musique classique. Le premier vinyle qu'on lui offre est le single de *Gokû no Daibôken*, une série animée de 1967 d'après un manga d'Osamu Tezuka, mais le premier qu'il achète avec son propre argent est *Honky Château* d'Elton John – son cinquième album, paru en 1972. Ce disque, riche d'un rock radieux et foisonnant bien différent de l'image que l'on a aujourd'hui d'Elton John, a un impact gigantesque sur le jeune adolescent, qui se prend à rêver de devenir lui aussi un jour un grand artiste. C'est bien simple : il veut *être* Elton John. Le chanteur anglais demeure l'un de ses musiciens préférés, et les pochettes de ses vinyles ornent aujourd'hui les parois de l'une des pièces du chalet d'Uematsu, près du lac Yamanaka. Ainsi confie-t-il : « *Il compose de belles ballades, du rock 'n' roll, du reggae, il joue avec des orchestres... Il pioche dans plein de genres avec éclectisme et il les fait siens. Je pense que ça ressemble beaucoup à ma façon de faire.* » Ce côté touche-à-tout l'influencera tout au long de sa carrière, particulièrement lorsqu'il aura enfin l'occasion d'écrire lui-même des chansons.

Mais à cette époque de découverte, il ne le sait pas encore. Pour l'heure, le monde de la musique ne cesse encore de s'élargir pour lui, en lui offrant de nouvelles merveilles. Mais les vinyles coûtent entre 2 000 et 2 500 yens, ce qui représente beaucoup d'argent et l'empêche d'en acquérir beaucoup. Une solution pratique, quoique peu morale, lui apparaît rapidement, comme il le confie en riant : « *Quand je recevais de l'argent de mes parents pour payer les cours du soir, je l'utilisais pour acheter des disques dans une boutique. J'ai fait ça pendant trois ou quatre mois, et finalement, je n'ai plus assisté aux cours du soir.* »

Du fait des ressources financières limitées d'Uematsu, la radio joue un rôle essentiel dans son apprentissage musical. Comme de nombreux Japonais, il ne manque jamais les émissions nocturnes, à commencer par la plus fameuse d'entre elles, « All Night Nippon », dont la formule présentée par Akinobu

Kamebuchi est diffusée sur Nippon Hôsô de 1969 à 1973. Tous les soirs, les groupes et artistes américains et européens qui font alors fureur s'enchaînent sur les ondes, formant l'univers musical d'une génération tout entière : les Beatles, les Carpenters, Simon & Garfunkel, Led Zeppelin, Deep Purple, Pink Floyd, Yes, King Crimson, Camel, Weather Report, Stevie Wonder... et même Michel Polnareff, qui jouit dans les années 1970 d'un impressionnant succès au Japon, et dont Nobuo Uematsu admire le talent pour les mélodies mémorables.

Après une période classique dans la décennie précédente, le rock entre alors dans une phase marquée par l'émergence du style progressif, avec des groupes emblématiques comme Emerson, Lake and Palmer – un « super groupe » formé par Keith Emerson de The Nice, Greg Lake de King Crimson et Carl Palmer d'Atomic Rooster, dont les extravagances scéniques et musicales lui valent les railleries régulières de la presse spécialisée. C'est à croire que ces dernières n'ont jamais atteint le Japon, peut-être du fait de la barrière de la langue, car ELP a marqué une génération entière de musiciens nippons, Uematsu y compris, pour qui il s'agit avant tout d'un son totalement nouveau. L'impressionnant morceau qui donne son nom à l'album concept *Tarkus* (1971), long d'une vingtaine de minutes – la durée d'une face de vinyle –, compose un univers musical si incroyablement novateur que ses jeunes oreilles n'auraient sans doute eu que faire des polémiques touchant ces trois musiciens britanniques se prenant beaucoup trop au sérieux au goût de la critique. L'idée selon laquelle le rock peut être arraché à ses racines pour être appliqué à d'autres genres, y compris la musique classique, lui semble extrêmement attirante ; si attirante d'ailleurs qu'elle reste encore aujourd'hui l'un des fondements de son approche en tant que compositeur de musique de jeu vidéo. Pour qui cherche à déchiffrer son style, le rock progressif est une clé absolument essentielle.

Le jeune Uematsu, qui vient d'entrer au collège, se prend d'une passion telle pour cette musique qu'il entend à la radio qu'il commence à brancher un enregistreur de cassettes sur la sortie jack pour la conserver. Écouter attentivement le top des hits étrangers ne lui suffit d'ailleurs plus, puisqu'il établit lui-même ses propres tops au fil des semaines, au point de devenir absolument incollable en la matière. Il écoute de la musique du matin au soir, en allant à l'école, en mangeant, en prenant son bain... Il n'est plus question de devoir attendre toute la journée au collège sans pouvoir se gorger de ces pépites musicales. Alors il imagine un système pour écouter ses enregistrements de la radio pendant les cours : « *Je glissais l'écouteur dans la manche de mon uniforme et j'écoutais de la musique la main posée sur l'oreille, en faisant semblant d'étudier.* » Il ne se fera jamais prendre – un petit miracle, le baladeur étant plutôt massif !

La main à la pâte

Écouter de la musique devient certes l'un des grands plaisirs du jeune Nobuo Uematsu, mais pourquoi ne pas... en faire ? Le déclic intervient alors qu'il est en dernière année d'école primaire – entre 11 et 12 ans. Il commence à s'intéresser à une guitare qui se trouve chez ses grands-parents et leur demande la permission de la ramener chez lui pour essayer d'en jouer. Pour autant, il ignore totalement comment faire pour que les sons de l'instrument deviennent de la véritable musique. En regardant des livrets de chansons qui sont offerts dans les magazines *Myôjô*[6], il découvre des partitions sur lesquelles des diagrammes d'accords sont notés au-dessus des mélodies, indiquant la façon de placer ses doigts sur la guitare. Ces guides sont suffisamment limpides pour les néophytes, ce qui l'encourage à s'entraîner. L'exercice fonctionne si bien qu'il lui semble presque trop simple. Il est par ailleurs extrêmement motivant : il a l'impression de percer le « code » de la musique, et que la distance entre elle et lui est en train de se réduire.

Puis, en comparant ces accords avec les notes du piano, il remarque une correspondance et a l'impression de faire une nouvelle grande découverte : et si le « code » fonctionnait aussi pour le piano ? Par chance, puisque sa sœur apprend à en jouer, la famille en possède un. Il commence à s'entraîner discrètement sur l'instrument, tout d'abord pour vérifier s'il est possible de créer une mélodie en appuyant sur les touches comme on gratte les cordes d'une guitare... ce qui est évidemment le cas. Le mystère de la musique est définitivement dissipé pour lui. Ces inscriptions sur les partitions servent bel et bien à indiquer aux gens comment faire pour reproduire les mélodies, et il est désormais capable

6. Une revue principalement consacrée à l'actualité des groupes de musique et des stars de la chanson, proposant également des carnets pour les musiciens en herbe.

de le faire. Du fait de la facilité avec laquelle le piano permet de produire de la musique, une touche correspondant forcément à une note, il le préfère très rapidement à la guitare.

Ces expériences lui font rapidement comprendre que jouer de la musique est en fait bien plus simple qu'il ne l'imagine. Il tente de reproduire quelques-uns de ses morceaux préférés, parmi lesquels « Let It Be » des Beatles – une chanson alors toute récente puisqu'elle est publiée en 1970 –, et s'enthousiasme en comprenant les nouvelles possibilités que cela lui offre. Le plaisir de la découverte est d'autant plus grand qu'il est le fruit d'expériences en solitaire, comme chez tout bon autodidacte.

L'étape suivante est toute trouvée : créer lui-même de la musique. Pour cela, le jeune Nobuo Uematsu ne manque certainement pas d'imagination. Le chemin de l'école primaire, qui lui prend une quinzaine de minutes à pied, est l'occasion idéale d'inventer des histoires pour tuer le temps. L'une d'elles raconte le combat épique entre un héros et d'horribles monstres. Leur affrontement est si dantesque, à grand renfort de techniques spectaculaires, qu'un aller à l'école ne suffit pas à en voir la fin : il attend alors le retour pour poursuivre l'histoire – sauf, bien sûr, quand il rentre avec des amis. La musique s'invite rapidement dans l'imaginaire du jeune garçon, d'abord par le biais des paroles. Il s'amuse par exemple à en imaginer à partir de la musique qui est diffusée dans son école pendant les horaires consacrés au nettoyage. L'écriture – dans tous les sens du terme – l'intéresse beaucoup, et notamment la poésie. Parmi ses lectures favorites figurent les œuvres du poète Shuntarô Tanikawa.

Lors de sa première année de collège – à 12 ou 13 ans –, il se lance enfin et compose sa toute première chanson avec musique et paroles. Intitulée « Minami no shima no yashi no mi monogatari » (« L'histoire de la noix de coco des îles du sud »), elle raconte l'histoire d'une noix de coco qui tombe d'un cocotier, roule sur la plage et est balayée par une vague qui l'emporte au large. Près de quarante ans plus tard, cette première création voit enfin le jour sous sa forme définitive, quand Uematsu choisit de la reprendre et la compléter pour l'ajouter à son album de chansons pour enfants, *10 Short Stories*, paru en mars 2010 – dans sa version anglaise, le morceau est nommé « Coconut Castaway » (« La noix de coco naufragée »). Le jeune Uematsu compose et écrit ainsi plusieurs chansons, mais comme il ne sait pas encore rédiger de partitions, il ne peut les conserver qu'en s'enregistrant sur un magnétophone[7]. Le désir de faire de la musique est immense, mais il ne peut encore l'exprimer que dans le cadre de ses propres limites et, curieusement, il ne semble pas éprouver l'envie de prendre des cours de solfège ou des leçons d'instrument.

Cela ne l'empêche en rien de persévérer et, très vite, les choses deviennent concrètes : pendant sa deuxième année de collège, il forme avec quelques amis un petit groupe, qui se produit lors du festival de son école... même si ce n'est que devant une dizaine de personnes ! Jouer de la musique lui plaît beaucoup, mais en l'absence d'apprentissage formel, il bute souvent sur une barrière technique évidente. C'est d'ailleurs pour être sûr de jouer des choses adaptées à son niveau qu'il compose lui-même ses morceaux.

Malgré cette passion fulgurante pour la musique qui ne fait que se confirmer au fil de ses années de collège, Nobuo Uematsu n'en reste pas moins très intéressé par le sport, et pratique le kendo – un art martial au sabre – dans un club. En 1974, au moment de choisir le lycée qu'il va intégrer, il apprend que l'un des plus grands champions de kendo du pays, Tetsuo Kawazoe[8], est instructeur au lycée des sciences et des arts de Kôchi, et souhaite suivre ses cours. Il y entame la suite de ses études. Mais alors qu'il continue dans le même temps à jouer régulièrement avec son groupe au point que cela finit par occuper le plus clair de son temps, Kawazoe pose un ultimatum au jeune homme : kendo ou musique, il doit choisir ! Ce qui ressemble a priori à un dilemme ne l'est en fait pas, car sans aucune hésitation, il répond : « *La musique.* » S'il aime beaucoup son professeur, les activités de son groupe et les plaisirs de la composition finissent par l'emporter.

C'est un moment charnière dans sa vie : c'est pendant ses années de lycée qu'il prend la décision ferme de devenir compositeur professionnel. Plus que jamais, il se met à écouter tous les genres musicaux – classique, rock, jazz... – afin d'absorber tout ce qu'il peut et de devenir un compositeur complet. Le seul genre sur lequel il choisit de faire l'impasse est la *kayôkyoku*, la chanson

---

7. À cause de ce support périssable, et parce qu'il n'écrit pas de partitions, presque tout ce qu'il a composé dans les années 1970 est malheureusement perdu. « *Dire que j'aurais pu les sauvegarder si j'avais eu un séquenceur à l'époque* », regrette-t-il aujourd'hui.
8. Âgé de seulement neuf ans de plus qu'Uematsu, Kawazoe est originaire de Kami, près de Kôchi. Il décède en 1988 dans un accident de train lors d'un voyage scolaire en Chine.

populaire japonaise de l'ère Shôwa[9], dont il considère avoir été suffisamment imprégné dans son enfance. Du fait de ses lacunes, il est convaincu qu'il doit absolument étudier la musique avec bien plus de persévérance que n'importe qui d'autre. Son plus précieux allié est alors son baladeur, qu'il s'est acheté grâce à un petit boulot de livreur de journaux. Une nouvelle fois, l'éclectisme dont fait preuve Nobuo Uematsu dès son adolescence ne fait que tracer la voie du compositeur qu'il va devenir en le motivant à puiser dans de nombreux genres, y compris lorsqu'il commence plus tard à s'intéresser aux musiques du monde.

Lors de son passage au lycée de Kôchi, il croise la route de futurs talents dont le plus célèbre est le musicien Tetsurô Oda, aujourd'hui l'un des compositeurs de pop les plus demandés au Japon, auteur de tubes vendus à plusieurs dizaines de millions d'exemplaires. Oda a connu une expérience comparable à celle d'Uematsu : féru de guitare, dont il joue en empruntant celles de ses camarades de dortoir, il se prend de passion pour la musique occidentale en écoutant les émissions de radio nocturnes. Il est si enthousiaste qu'il est surnommé « l'empereur de la nuit » par ses amis et qu'il passe son temps à les forcer à écouter la musique qui lui plaît – principalement du rock progressif. Uematsu lui-même est « victime » de ses recommandations, apparemment très insistantes[10]. Bien décidé à consacrer sa vie à la musique, Oda profite même du lycée pour fonder un groupe nommé Potatoes, qui se consacre notamment à l'interprétation de morceaux de Deep Purple et de Jimi Hendrix, ce qui n'est d'ailleurs pas très bien vu dans ce lycée strict où les professeurs n'aiment guère ce nouveau style de musique venu de l'étranger.

Lorsqu'il doit déménager à Tokyo à cause du travail de son père, Oda se trouve contraint d'abandonner Potatoes, et Nobuo Uematsu intègre le groupe en guise de membre remplaçant. Mais alors qu'ils passent plus de temps à répéter entre eux qu'à jouer devant un public, il finit par se lasser, car il est bien décidé à renouer avec les sensations exaltantes des concerts. Le groupe prend alors

9. Un genre principalement représenté entre les décennies 1950 et 1980, considéré comme le précurseur de la J-Pop actuelle.

10. Lorsqu'ils se retrouvent des années plus tard, en août 2012, pour participer à une réunion d'anciens élèves, Oda et Uematsu montent ensemble sur scène pour discuter de cette époque. Ils organisent aussi un mini concert – l'un à la guitare et au chant, l'autre au piano – au cours duquel ils jouent des chansons des Beatles, de James Taylor et de Cat Stevens.

l'initiative de négocier avec la direction du lycée pour qu'elle lui laisse une salle de cours où organiser des petits concerts le samedi après-midi, ce qu'elle finit par accepter. Heureux d'avoir un endroit où ils peuvent se produire, les membres de Potatoes proposent des événements réguliers qu'ils nomment les « Minna no uta » (« chanson pour tous »). Uematsu pousse le vice jusqu'à enregistrer leurs représentations sur cassette et à débarquer dans une station de radio locale pour demander aux responsables de les diffuser à l'antenne. Le groupe joue ses propres morceaux, que les membres préparent selon une mécanique bien rodée : ses amis écrivent les paroles, puis Uematsu les met en musique et leur présente le résultat. Leur production est intensive, avec plusieurs dizaines de morceaux à leur actif.

C'est également au lycée qu'Uematsu rencontre Kôji Shibano, devenu par la suite illustrateur et avec qui il noue une fidèle amitié. Il fera appel à lui à plusieurs moments de sa carrière, par exemple pour illustrer son essai *Jinsei omou ga mama* inclus dans l'édition spéciale de l'album *Final Fantasy 1987-1994*, pour dessiner le logo de son label Dog Ear Records, ou encore pour créer l'imagerie de son album *10 Short Stories*.

UN CHEMIN SEMÉ D'EMBÛCHES

La musique à tout prix

C'est au moment de choisir une université pour poursuivre ses études que Nobuo Uematsu décide de se spécialiser pour de bon dans la musique. Mais lorsqu'il présente ses intentions à ses parents, son père s'y oppose immédiatement ; il préfère sans doute que son fils se consacre à des sujets plus « sérieux ». La matière scolaire dans laquelle le jeune homme se débrouille alors le mieux est l'anglais, mais pour une raison qui est en réalité bien proche de sa passion pour la musique. À force d'écouter énormément de rock en anglais et d'en lire les paroles, il s'est finalement habitué à cette langue. Même s'il décrète que personne ne l'empêchera de devenir compositeur, son père ne lui laisse guère le choix et l'envoie étudier la langue et la littérature anglaise à l'université de Kanagawa, à Yokohama. Il déménage dans cette gigantesque métropole portuaire située à l'extrémité sud de Tokyo ; un changement d'environnement pour le moins radical en comparaison avec Kôchi, modeste ville de province. À défaut d'être dans la filière qu'il désire suivre, il prend tout de même ses études d'anglais au sérieux, ce qui n'est pas forcément le cas des autres étudiants. Il est déçu de constater que beaucoup se contentent de valider leurs unités sans assister aux cours. De son côté, il voit également ces années d'université à venir comme une période au cours de laquelle il peut essayer de tisser des liens avec le monde de la musique professionnelle. Cela se révélera difficile.

Lors du premier été de sa vie sur le campus de Kanagawa, le jeune Uematsu a une idée audacieuse. Puisqu'il étudie l'anglais, il considère que le moment est venu de faire un voyage initiatique aux États-Unis. Il y a pourtant un problème, et non des moindres : il n'a ni argent ni passeport pour concrétiser son petit projet. Ayant appris que des bateaux partent régulièrement du port de

Yokohama en direction des États-Unis, il a l'idée folle de s'infiltrer illégalement à bord de l'un d'entre eux, et s'empresse de l'annoncer à un étudiant plus âgé qui le parraine – un « *sempaï* », comme le disent les Japonais –, et qui est également un musicien. Mais peu de temps après, ce dernier lui envoie une lettre pour tenter de l'en dissuader. Selon lui, s'il se fait prendre, il va au-devant de très gros ennuis. Pour le convaincre, il lui fait alors une proposition : rêvant de devenir un musicien professionnel, il a décidé de monter un groupe et invite Uematsu à le rejoindre. En cas de succès, ils auraient là un moyen légitime de voyager dans le reste du monde !

Touché par le contenu de cette lettre, il accepte de renoncer à son voyage illégal et intègre le nouveau groupe. Si celui-ci joue sur le campus, il lui arrive également de se rendre au cœur de Tokyo pour se produire dans de petites salles comme Head Power et La.mama à Shibuya, JAM à Shinjuku, ou d'autres disparues depuis. Cela ne rapporte pas beaucoup, et l'argent qu'il obtient chaque soir part presque entièrement dans le prix du ticket de métro entre Yokohama et Tokyo, lui laissant à peine de quoi se payer à manger. Qui plus est, il doit se déplacer avec son propre matériel – notamment son piano électrique Roland et son synthétiseur –, qui est particulièrement encombrant et rend les déplacements pénibles. Pour autant, c'est une expérience extraordinaire et inespérée : plus que jamais, il vit son rêve de musicien, persuadé qu'il pourra en faire son métier et éviter de devenir un nouvel employé quelconque dans un bureau.

Aussi épanouissante soit-elle, cette vie d'étudiant et de musicien ne peut pas durer. Plus le temps passe, plus l'heure du diplôme approche, et avec elle la nécessité de prendre une décision quant à sa vie future. Au fil des années, les musiciens qui jouent avec lui dans ses différents groupes se rangent l'un après l'autre pour entrer dans la vie active, le laissant de plus en plus seul à vouloir continuer. Pour cette raison, et à cause des difficultés techniques et financières liées aux voyages vers le centre de Tokyo pour pouvoir jouer, Nobuo Uematsu finit par se faire une raison : la vie de musicien n'est peut-être pas faite pour lui, d'autant qu'en dehors des synthétiseurs, il n'est pas suffisamment bon avec les instruments.

Quitte à affronter en solo le monde de la musique, sans doute vaut-il mieux être compositeur, activité isolée s'il en est. Même s'il ne sait pas bien lire et écrire les partitions, l'arrivée des synthétiseurs et des enregistreurs multipiste lui permet de composer sans avoir recours au papier – la technique consiste à enregistrer séparément chaque piste, la machine étant capable de superposer la nouvelle aux précédentes. Naturellement, il reste un obstacle à cette vocation : son père, toujours hostile à l'idée de voir son fils faire carrière dans la musique. Il peut cependant compter sur une circonstance que d'aucuns considéreraient comme providentielle : lors de l'année de son diplôme universitaire, ses parents sont en Belgique, où son père a été transféré dans le cadre de son travail. Ils y restent pendant quelques années, et cette distance donne au jeune homme une sorte de liberté[11].

Parallèlement à ses études d'anglais à l'université, Nobuo Uematsu commence à assister aux cours de Takumi Iwasaki dans une école de musique tokyoïte spécialisée dans les synthétiseurs. Passionné de rock progressif et de musique minimaliste, Iwasaki – qui n'est que de quatre ans son aîné – commence une carrière fulgurante dans le domaine de la musique de publicités, à une époque où l'exercice est en pleine réinvention[12]. Il se consacre pleinement aux nouvelles possibilités sonores offertes par l'arrivée des synthétiseurs grand public au cours des années 1970 et 80, au point de remporter plusieurs fois d'affilée les concours organisés par Roland ; une entreprise japonaise d'instruments électroniques. Ses cours sont ainsi centrés sur l'utilisation de ces nouveaux outils. Étonnamment, Uematsu se rend vite compte qu'il connaît déjà une grande partie de ce qui lui est enseigné, ce qui est sans doute lié au fait qu'il pratique déjà le synthétiseur de son côté depuis plusieurs années et qu'il s'est dans le même temps littéralement gorgé de musique, principalement dans les genres nouveaux qui sont aussi ceux de prédilection d'Iwasaki. Au bout d'un certain temps, remarquant qu'il semble connaître son sujet, ce dernier lui propose même un travail de professeur à temps partiel, ce qui lui permet de le remplacer ponctuellement.

---

11. De même que l'occasion de rendre visite à ses parents en Belgique, pays avec lequel il développe une certaine familiarité. C'est en particulier à ce moment qu'il commence à s'intéresser de près à la bande dessinée belge.

12. Au Japon, il n'est pas rare que les musiques des publicités soient composées spécifiquement pour elles au lieu d'être empruntées ailleurs – il peut même s'agir de chansons enregistrées avec de grands noms. De nombreux artistes célèbres s'y sont essayés, dont Joe Hisaishi et Yôko Kanno.

L'âge sombre de Nobuo Uematsu

Malgré sa persévérance, Uematsu sort de l'université sans avoir réussi à s'introduire dans le monde de la musique professionnelle. L'avenir du jeune homme de 23 ans est des plus mornes : il n'a nullement envie de renoncer à son rêve, mais il se trouve désormais contraint d'entrer rapidement dans la vie active s'il souhaite manger et se loger sans vivre exclusivement aux dépens de sa compagne Reiko, rencontrée pendant ses années d'université et dont il partage désormais la vie. Il entre dans une période qu'il appelle aujourd'hui l'« âge sombre », correspondant aux cinq années séparant la fin de ses études universitaires de son entrée chez Square. Uematsu survit au jour le jour en vagabondant d'un petit boulot harassant à un autre, les fameux « *baïto* » : professeur remplaçant à l'école de musique d'Iwasaki certes, mais aussi guide de camions, livreur pour Tokyu Hands, réceptionniste de parking, d'entreprise... Le tout en tentant d'entretenir à bout de bras ses opportunités musicales. Mais comment faire, alors que les groupes formés sur le campus de son université sont voués à être dissous et qu'il n'a jusque-là pas réussi à percer dans l'industrie ?

Un jour, la coupe est pleine. Ayant accepté un petit boulot d'extermination de termites, il se retrouve dans les combles d'une maison, à se contorsionner pour dénicher tant bien que mal les parasites. Au beau milieu de ce pénible moment, une pensée lui traverse l'esprit : « *Qu'est-ce que tu fous ici ? Tu ne t'étais pas juré de faire de la musique ?* » Le déclic est instantané. Cette fois, c'est décidé, il deviendra compositeur quoi qu'il en coûte. Immédiatement après cette révélation, Nobuo Uematsu arrête purement et simplement tous les emplois qu'il cumule, dans le but de se consacrer exclusivement à la recherche d'une porte d'entrée vers la carrière musicale à laquelle il aspire depuis si longtemps. C'est évidemment risqué, car pendant ce temps, il n'aura plus de sources de revenus pour contribuer au loyer du logement qu'il partage avec Reiko à Hiyoshi ; un quartier situé au nord-est de Yokohama où il s'est installé après ses études. Mais il est prêt à en endosser la responsabilité.

Sans attendre, il se met à traquer les offres d'emploi en lien avec la musique, notamment dans un magazine spécialisé dans le recrutement. Son attention est alors attirée par une proposition de composition de musique pour la publicité. Mais comme la rumeur dit que les sociétés du secteur reçoivent des montagnes de cassettes de démo de la part des postulants et qu'elles n'ont pas le temps de les écouter, il se dit qu'il doit trouver un moyen de se démarquer. Sa solution ? L'acharnement ! Chaque jour, il envoie une nouvelle cassette de démo à l'une des agences, en suivant un rythme régulier : il compose un morceau durant la journée, l'enregistre le soir, puis l'expédie par courrier le lendemain. Puisant dans l'univers musical qu'il aime, il n'hésite pas à employer parfois des styles très différents ; pour quelqu'un qui a grandi en étant bercé par des genres extravagants comme le rock progressif, il est en effet difficile de s'en tenir à une approche ordinaire.

Au bout d'un mois et demi de harcèlement quotidien, la stratégie finit par porter ses fruits et l'agence envoie une réponse dans laquelle Uematsu ressent de l'agacement, et dont la teneur est selon ses souvenirs à peu près la suivante : « *Ça suffit, vous n'avez qu'à passer nous voir.* » Il leur rend alors visite et découvre les coulisses de la réalisation des publicités pour la télévision, mais elles sont si différentes de ce qu'il s'imaginait qu'il en conclut que cet univers ne l'intéresse pas, et qu'il ne veut pas en faire sa spécialité. De plus, les morceaux proposés par différents compositeurs sont en fait mis en concurrence, si bien qu'il ne saura jamais si ses musiques ont réellement été utilisées. Il crée également des pistes pour des spots spécifiquement destinés à la radio, dont un jingle publicitaire pour les supermarchés Marui[13], mais bien qu'il s'agisse de l'un de ses premiers travaux rémunérés en tant que compositeur, la paie est trop faible pour en vivre. L'expérience n'en reste pas moins plaisante et instructive.

Chercher à subsister exclusivement grâce à sa musique est évidemment une décision difficile, voire déraisonnable pour quelqu'un n'ayant jamais bénéficié d'une éducation académique. Les temps sont de plus en plus durs et Nobuo Uematsu doit se résoudre à renouer avec les petits boulots s'il ne veut pas vivre uniquement aux dépens de Reiko. Il en trouve notamment un dans une boutique de location de cassettes audio de son quartier. Mais le manque de ressources est tel qu'il arrive parfois que l'eau courante soit coupée dans son appartement.

En guise d'encouragement, il peut compter sur un groupe d'amis qui, presque tous les soirs, se réunit chez lui pour refaire le monde et se lancer dans des débats

13. Une opportunité qui lui est donnée par l'intermédiaire de la chanteuse d'un des groupes auxquels il a appartenu quand il était étudiant, Random House.

enflammés sur l'art. C'est aussi un bon moyen de mettre en commun leurs ressources, chacun apportant de quoi boire et manger. Uematsu surnomme ces soirées « Hiyoshi Ryôzanpaku » – le « mont Liang de Hiyoshi », d'après le nom du quartier général des 108 héros du roman chinois *Au bord de l'eau*.

Tous partagent de mêmes ambitions artistiques, dans des genres divers et variés. Parmi eux se trouvent des aspirants écrivains, peintres, calligraphes, photographes, cinéastes ; il y a même un médium. La difficulté de percer dans ces domaines les condamne le plus souvent à être au chômage ou à enchaîner les « baïto ». Aucun d'entre eux n'a envie de rentrer dans le rang et de devenir employé de bureau, ces « salarymen » dont le mode de vie est l'équivalent japonais du « métro, boulot, dodo » français. Au milieu de la folie consumériste de ces années 1980 qui sont la dernière décennie du miracle économique japonais, ces soirées chez Nobuo Uematsu sont un moment rassurant où les amis peuvent se retrouver, penser à autre chose et s'encourager mutuellement dans leurs voies respectives.

Chercher à percer dans un domaine peut cependant contraindre à faire quelques concessions. Ainsi, c'est par l'intermédiaire de l'aspirant réalisateur du petit groupe d'ami que Nobuo Uematsu est présenté à la Nikkatsu, une société de médias japonaise, pour participer à la création de bandes originales de... films pornographiques. De 1971 à 1988, la Nikkatsu propose une gamme largement fournie de longs-métrages pour adultes, mais Uematsu ne s'illustre que sur deux d'entre eux, en 1983 : *Takushii untenshi nikki* (« journal d'un chauffeur de taxi ») et *Ojôsan no matagura* (« l'entrejambe de madame »).

Comme on peut aisément l'imaginer, les conditions de travail sur de telles productions sont à la fois peu idéales et faiblement exigeantes : sans pouvoir regarder les films ni avoir son mot à dire sur le produit fini, il compose en quelques jours à peine une cinquantaine de morceaux sur un enregistreur huit pistes, le tout étant ensuite remis à un arrangeur qui s'occupe du reste. Compte tenu des délais serrés, aucune retouche ne lui est demandée. Tout de même consciencieux, Uematsu fait appel à un ami bassiste qui l'aide à enregistrer la musique de l'un des deux films. Ce n'est certes pas un travail particulièrement glorieux – sa famille est toutefois au courant –, mais il a au moins le mérite d'être payé. Le morceau qu'il écrit pour une scène à trois dans une cuisine lui vaut même des compliments, même si on lui reproche une musique de fin trop gaie pour l'un des films. Tout avis est bon à prendre, quel que soit le sujet...

PARTIE 2

Square, la rencontre fatidique

PREMIERS PAS DANS LE JEU VIDÉO

Au bon endroit, au bon moment

Au milieu des années 1980, plongé dans cette période qu'il nomme aujourd'hui son « âge sombre », Nobuo Uematsu rêve plus que jamais de gagner sa vie grâce à la musique. Faire carrière dans un domaine artistique est cependant bien difficile, surtout pour quelqu'un qui n'a pas suivi de cursus académique, et sa situation est de plus en plus précaire. Le jeune homme peut alors compter sur le soutien de sa compagne Reiko, bien sûr, et sur celui d'amis fidèles qui se réunissent presque tous les soirs chez eux : tous partagent les mêmes aspirations et les mêmes difficultés, mais ils se serrent les coudes.

Un jour, l'un des membres du petit groupe, qui est aspirant illustrateur, invite une de ses connaissances d'université à l'une de ces soirées chez Nobuo Uematsu. La jeune femme, nommée Miki Yukino'ura, a une particularité étonnante : elle est graphiste dans le jeu vidéo, et ce non loin de là, chez Square. Elle vient alors de participer à la conception du tout premier jeu du modeste studio. Uematsu est très surpris d'apprendre qu'on peut « travailler » dans le jeu vidéo, ce qui est extrêmement rare à l'époque.

Square a en effet vu le jour peu de temps auparavant, sous l'impulsion d'un entrepreneur nommé Masafumi Miyamoto. Fils du PDG de la compagnie d'électricité Denyûsha, Miyamoto n'est cependant guère intéressé par le domaine de l'énergie, auquel il préfère celui de l'informatique et du jeu vidéo. Ainsi fonde-t-il, en octobre 1983, une filiale de la société de son père qui doit se consacrer exclusivement au développement de jeux pour ordinateurs : il lui donne le nom de Square. Néophyte en matière de création de jeux, il n'en est pas moins déterminé à inventer une formule mettant davantage en avant le travail collectif qu'individuel. Square est initialement pensé comme une sorte de cybercafé avant l'heure – une « Computer System House » comme le dit la carte de visite dont disposent les contributeurs. Miyamoto l'établit dans le quartier de Hiyoshi à Yokohama, dans l'ancien local d'un coiffeur, pour en faire une dépendance de la filiale de Denyûsha où de jeunes prodiges de la programmation et de l'infographie peuvent venir démontrer leurs compétences. Les deux premières personnes à participer à l'entreprise de Miyamoto sont deux étudiants en ingénierie informatique de l'Université nationale de Yokohama, nommés Hironobu Sakaguchi et Hiromichi Tanaka[14]. Ensemble, et avec l'aide de quelques autres jeunes talents, ils se lancent dans la conception de leur tout premier jeu, *The Death Trap*, commercialisé à la fin de l'année 1984.

Un autre soir – vraisemblablement en 1985 –, alors que Miki Yukino'ura fait une nouvelle fois partie des convives, elle confie à Nobuo Uematsu que Square recherche une personne pour une tâche très précise en rapport avec la musique. La petite société souhaite en effet joindre à son nouveau jeu, *Cruise Chaser Blassty*, un disque en guise de cadeau promotionnel, mais elle a besoin d'une personne capable d'arranger les morceaux de musique. Un certain Takashi Uno a déjà composé une partie de la bande originale, mais il est parti en cours de projet, forçant Square à trouver un remplaçant pour s'occuper de cette nouvelle tâche. La mission propose 5000 yens de l'époque par morceau arrangé, ce qui est assez modeste, mais Uematsu sait qu'il n'a que peu d'occasions de gagner de l'argent en faisant de la musique.

Il accepte la proposition de Yukino'ura, qui sert alors d'intermédiaire pour présenter le nouveau venu à la petite équipe de Square. Mais en rencontrant Hironobu Sakaguchi, le *game designer* de *Blassty*, Nobuo Uematsu est surpris de trouver un visage familier : en effet, Sakaguchi passe de temps en temps dans la boutique de cassettes où Uematsu a un petit boulot, celle-ci se trouvant juste à côté du local de Square !

---

14. Hironobu Sakaguchi est bien sûr le créateur de *Final Fantasy*. Hiromichi Tanaka a participé à la conception des trois premiers épisodes de la série, avant de devenir l'une des têtes pensantes de *Secret of Mana* et sa suite, *Seiken Densetsu 3*, puis le producteur de *Xenogears*, *Chrono Cross* et *Final Fantasy XI*.

Comme décidé, la mission confiée à Nobuo Uematsu est la préparation d'arrangements de quelques morceaux de *Cruise Chaser Blassty*, un jeu de combat de *mecha* en cours de développement, afin de les inclure sur un flexi disc à but non commercial. Le flexi disc, que les Japonais nomment « sonosheet » d'après l'une des désignations anglaises de l'objet, est un format de disque microsillon couramment utilisé à des fins promotionnelles entre les années 1960 et 1980 du fait de son faible coût et de sa facilité de distribution. En effet, comme son nom l'indique, il est souple et peut donc être aisément glissé dans des magazines ou des livrets.

À cette occasion, Uematsu décide d'associer au projet un ami batteur avec qui il a joué dans un groupe, Shizuo Aizawa. Il forme avec lui un duo nommé « Lego System », dans lequel ils pratiquent tous les deux le synthétiseur. Pour fixer le résultat sur bande, ils se servent d'un enregistreur multipiste. Un autre ami, l'illustrateur Kôji Shibano, crée même un logo pour Lego System. Mais le flexi disc de *Blassty* est leur première et dernière apparition en tant que groupe, d'autant que les deux musiciens comprennent rapidement que, pour des raisons évidentes, ils ne pourront pas utiliser ce nom plus longtemps.

En fin de compte, Takashi Uno n'étant plus associé au projet, on demande à Nobuo Uematsu de composer lui-même quelques morceaux supplémentaires pour le jeu. Pour ce faire, il emploie directement du papier à musique en s'aidant d'un synthétiseur, puis envoie les partitions telles quelles à Square, qui s'occupe de leur intégration. Tous les premiers jeux de Square sont développés sur les ordinateurs de l'époque, notamment les PC-8801 et PC-9801 de la Nippon Electric Company (NEC), dont la plupart des modèles utilisent des puces sonores de type PSG conçues par Yamaha. Ces puces, dont l'acronyme signifie *programmable sound generator*, « générateur de son programmable », permettent l'utilisation de la synthèse sonore par modulation de fréquence. Mieux connue sous le nom de « FM » en anglais, cette technique produit un son synthétique relativement riche, surtout – dans le contexte du jeu vidéo – par rapport à ce qui est possible sur les premières consoles de salon.

Quant au flexi disc de *Blassty*, raison pour laquelle Uematsu est associé au projet en premier lieu, il est directement inclus dans le boîtier du jeu, qui sort en avril 1986 au Japon. L'objet, rouge vif et translucide, comporte seulement trois morceaux, tous arrangés et joués au synthétiseur par le fameux duo Lego System. Indifférenciés, les thèmes originaux sont issus du travail d'Uno et Uematsu...

mais pas seulement, puisque le thème principal, première piste du disque, est en réalité signé par Hironobu Sakaguchi lui-même ! C'est que Sakaguchi, d'ores et déjà voué à une carrière de *game designer*, entretient le rêve secret de devenir musicien. Mais il n'en aura jamais l'occasion, et cette modeste contribution à la bande originale de *Blassty* reste parmi ses uniques travaux parus au grand jour – même si l'information n'est pas indiquée dans le générique du jeu.

Par la suite, Nobuo Uematsu aide ponctuellement la petite société en adoptant son mode de fonctionnement quelque peu particulier. En effet, à l'époque de Denyûsha Square, les seuls employés à temps complet sont chargés de la comptabilité et de la gestion. Les développeurs, y compris les membres fondateurs comme Sakaguchi ou Tanaka, sont tous à temps partiel ou contractuels, car ils sont dans leur grande majorité étudiants ou jeunes diplômés. Pour Uematsu, cela signifie qu'il peut continuer à concilier plusieurs petits boulots. Après *Blassty*, il rend sporadiquement visite à l'équipe de Square, au point de s'y faire de nouveaux amis en plus de Miki Yukino'ura. Il n'hésite pas à venir avec des cassettes audio contenant des démos de ses nouvelles compositions pour les faire écouter à la petite équipe, si bien qu'il est finalement sollicité pour écrire ponctuellement quelques morceaux. Mais pour lui, il s'agit simplement de les dépanner : il ne se voit pas le faire éternellement.

Le deuxième projet de Square auquel il participe est *Alpha*, un jeu d'aventure sur NEC PC à base de commandes textuelles, doté de graphismes en 2D d'inspiration manga richement animés – pour l'époque. Il fait en réalité office de suite à deux précédents *softs* du studio, *The Death Trap* et *Will: The Death Trap II*. Alors que ceux-ci sont largement chapeautés par Hironobu Sakaguchi, *Alpha* est essentiellement imaginé par Hiromichi Tanaka. Cette fois-ci, Uematsu travaille seul sur la bande originale, mais en dehors de son thème principal élaboré, l'habillage musical d'*Alpha* est singulièrement sommaire et avant tout fonctionnel ; il en crée d'ailleurs également les effets sonores. Qu'à cela ne tienne, le jeu va là encore sortir accompagné de son flexi disc promotionnel. Du fait du matériau disponible, le disque ne compte en fait que deux morceaux réarrangés pour le synthétiseur : une reprise du thème du prologue s'ouvrant sur une narration en anglais, ainsi qu'une mélodie inédite inspirée par le personnage féminin principal du jeu, Chris. Malgré la disparition du nom Lego System, Shizuo Aizawa prête une nouvelle fois main-forte à son ami pour la programmation des rythmes. *Alpha* est commercialisé en juillet 1986.

Une offre que vous ne pouvez pas refuser

Au fil des mois, Nobuo Uematsu et le personnel de Square nouent des liens de plus en plus forts. Hironobu Sakaguchi continue lui-même à passer lui rendre visite dans sa boutique de location de cassettes. Le jeune créateur de jeux est alors, dit-on, particulièrement friand des Southern All Stars, un groupe de rock japonais très populaire et encore actif aujourd'hui, ainsi que d'artistes occidentaux comme Kate Bush.

Pour Square, les choses s'accélèrent rapidement en 1986, quand Masafumi Miyamoto décide de racheter la société à son père pour l'émanciper de son statut de filiale de Denyûsha et en faire un éditeur de jeux indépendant. La principale conséquence de ce changement est le recrutement à temps complet d'une partie des personnes aux statuts plus fragiles qui contribuent à la conception des jeux. Dans cet ambitieux chamboulement, Hironobu Sakaguchi s'apprête à occuper le poste de directeur du département de développement et de planification, ce qui va lui donner un pouvoir certain sur l'organisation future de Square, en particulier sur le choix des créateurs à embaucher. Pour consolider ses rangs, la petite société passe des annonces dans les universités locales[15], et conforte des collaborateurs déjà fidèles.

Un jour, alors qu'ils se croisent par hasard dans la rue, à Hiyoshi, Hironobu Sakaguchi annonce à Nobuo Uematsu la nouvelle de l'indépendance prochaine de Square. Et c'est à cet instant qu'il demande au compositeur s'il souhaite rejoindre la compagnie en tant qu'employé à temps complet. Sans hésitation, Uematsu accepte. Aucun dépôt de CV ni entretien : les mois ayant précédé et le travail d'Uematsu sur les projets de Square sont sans doute suffisants à Sakaguchi pour savoir qu'il tient déjà son homme.

Quant à Uematsu... Cela fait quelques années déjà qu'il vivote entre des petits boulots qui lui permettent à peine de vivre décemment. De son propre aveu, il lui arrive de manger ses nouilles instantanées en deux fois pour faire des économies, ce qui n'est certainement pas viable sur le long terme – l'énergie

---

15. C'est de cette manière qu'est par exemple recrutée Kazuko Shibuya, la future graphiste des modèles 2D des personnages des premiers *Final Fantasy*.

de la jeunesse finit par s'épuiser sous la pression de l'entrée dans la vie active. Alors qu'il est bien décidé à demander Reiko en mariage, il sait que cela lui sera difficile tant qu'il n'aura pas une situation financière plus stable. Certes, Reiko a déjà un travail à temps complet et peut subvenir à leurs besoins – il dira plus tard qu'il vivait grâce aux primes de sa compagne –, mais il est naturel pour lui d'espérer mieux pour l'avenir.

L'espoir de gagner sa vie uniquement en faisant de la musique est faible, d'autant qu'il rêve plus que toute autre chose de s'illustrer dans le cinéma, de préférence dans un genre plus distingué que celui des longs-métrages pornographiques – ce qui semble particulièrement inaccessible, surtout pour quelqu'un n'ayant pas suivi une éducation musicale académique. Nobuo Uematsu est pourtant porté par sa fascination inaltérable pour les musiques de film, tout particulièrement les chefs-d'œuvre européens comme la somptueuse bande originale de Nino Rota pour le *Roméo et Juliette* de Franco Zeffirelli. Lui aussi aspire à écrire des mélodies aussi belles et émouvantes, et le jeu vidéo tel qu'il existe au milieu des années 1980 semble très peu propice à une telle expression.

Malgré l'enthousiasme généré par l'aventure de l'indépendance, Square reste une toute petite société animée par des créateurs très jeunes – Uematsu est l'un des plus âgés – dans une industrie du jeu vidéo encore cantonnée pour beaucoup au rôle de simple gadget divertissant. Même s'il accepte immédiatement l'offre de Sakaguchi, Uematsu n'a évidemment pas devant lui la promesse de la carrière qu'on lui connaît aujourd'hui, et l'avenir demeure très incertain. Selon les circonstances et les autres possibilités qui peuvent s'ouvrir à lui, il s'imagine même quitter Square au bout de deux ou trois ans. En attendant, ce premier job est une offre inespérée pour enfin gagner un salaire régulier et envisager des projets avec Reiko. Ils se marient le 12 décembre 1986.

Une autre raison, plus saugrenue mais parfaitement crédible pour quiconque connaît l'amour de Nobuo Uematsu pour le paranormal, le motive peut-être à saisir sans hésiter la proposition de Sakaguchi. Une semaine avant qu'Uematsu croise Sakaguchi dans la rue, son ami poète et médium Minoru Miura lui fait une prédiction : les astres lui ont dit qu'il est sur le point de faire une rencontre qui va changer sa vie et le muer en un compositeur de renommée mondiale ! Une prophétie démesurée, qui laisse le jeune homme pantois tant sa situation personnelle est précaire. Rétrospectivement, l'anecdote a pourtant une valeur décisive, puisque Miura a vu juste. Difficile de ne pas accorder alors à Uematsu qu'il existe bien des forces surnaturelles guidant le destin, d'autant qu'il connaîtra plus tard d'autres expériences similaires...

La date d'entrée officielle de Nobuo Uematsu chez Square est le 1er avril 1986. En réalité, les choses sont bien plus floues : de son propre aveu, il traite dans un premier temps ce travail avec l'esprit d'un contributeur temporaire, comme auparavant, en particulier en matière d'horaires. Il s'agit uniquement d'une date à valeur administrative, probablement rétroactive, liée au fait que les exercices fiscaux japonais commencent toujours à la date du 1er avril. Les choses se déroulent en fait sur une durée de plusieurs mois, avec d'abord le déménagement des locaux du quartier de Hiyoshi, à Yokohama, vers celui de Ginza, au cœur de Tokyo : un bond certain sur le plan du prestige, mais aussi sur celui du loyer. L'impression de richesse que ce changement renvoie est d'ailleurs l'un des critères qui motivent Uematsu à accepter la proposition de Sakaguchi : s'ils ont les moyens de s'installer dans un tel quartier, c'est que les affaires doivent bien tourner !

Ce n'est qu'au mois de septembre 1986 que Square est officiellement établie en tant que société indépendante. Le jeu qui marque la fin de l'ère Denyûsha et le début de la nouvelle époque est *King's Knight*, un *shoot'em up* à défilement vertical de style *heroic fantasy* qui est le tout premier *soft* original de Square pour la Famicom de Nintendo. Son développement, commencé à Hiyoshi, se termine à Ginza, et il paraît finalement en septembre. *King's Knight* constitue le premier contact de Nobuo Uematsu en tant que compositeur avec la Famicom, une console 8-bit fabriquée par Nintendo. Sortie au Japon en 1983, elle est renommée Nintendo Entertainment System (ou NES) lors de son arrivée en Amérique du Nord en 1985 puis en Europe à partir de 1986. Contrairement aux PC sur lesquels sont sortis *Blassty* et *Alpha*, elle ne possède pas de puce sonore à synthèse par modulation de fréquence et limite les musiciens à trois sons élémentaires simultanés.

Pour écrire le thème principal de *King's Knight*, Uematsu se laisse influencer par la bande-son de Junko Ozawa pour *Tower of Druaga*, sorti sur Famicom en août 1985. Square achète alors tous les jeux vidéo disponibles pour les mettre à la libre disposition de ses employés, et c'est par ce biais qu'Uematsu emprunte *Tower of Druaga* pour l'essayer chez lui. Le thème principal est si entêtant qu'il rêve immédiatement de composer lui aussi une mélodie à ce point mémorable. Résultat : sans le plagier le moins du monde, le morceau de la carte du monde de *King's Knight* déborde d'une même énergie communicative, preuve de la polyvalence certaine d'Uematsu ! Mais le caractère obsédant de cet air est également lié à un point plus élémentaire : il tourne en boucle sans interruption pendant de très longues minutes. Le jeu ne compte en fait qu'une petite poignée de morceaux complets, plus quelques courts jingles...

À la recherche du premier succès

En 1986 et 1987, Square développe et publie tour à tour plusieurs jeux, principalement sur Famicom et Famicom Disk System – sur ce périphérique de la Famicom, dont les jeux sont stockés sur disquette, les *softs* sortent sous le label « DOG ». En tant qu'unique compositeur du studio, Nobuo Uematsu travaille sur leurs bandes originales : *Suishô no Dragon* (« le dragon de cristal ») en décembre 1986, *3-D WorldRunner* (de son nom japonais *Tobidase Daisakusen*) en mars 1987, *Aliens: Alien 2* en avril 1987, *Cleopatra no Mahô* (« le trésor maudit de Cléopâtre ») en juillet 1987, *Rad Racer* (*Highway Star* au Japon) en août 1987 et *JJ* (suite de *3-D WorldRunner*) en décembre 1987. Des projets divers et variés, entre simulations de course et aventures textuelles, aux inspirations parfois surprenantes.

Ainsi, Uematsu a bel et bien écrit les musiques d'une adaptation du film *Aliens* de James Cameron sous forme de jeu d'action à défilement horizontal, développé par Square sur ordinateurs MSX. Mais dans cette partition de l'époque 8-bit, on ne retrouve évidemment rien de la bande originale de James Horner. Le jeu lui-même est extrêmement simpliste. Cependant, bien malin celui qui peut deviner qu'Uematsu en est le compositeur, puisqu'il est crédité sous le pseudonyme improbable de « Kentarô Hayabusa », dont le nom de famille signifie « faucon pèlerin ». Une excentricité qui est en fait une blague des développeurs, qui imaginent les noms qu'ils se donneraient s'ils commençaient une carrière dans le catch : le producteur Hiromichi Tanaka se surnomme « Cellotape Tanaka », et le graphiste Takashi Tokita[16] « Dirty Tokita ». Uematsu, qui a longtemps rêvé

16. Tokita, qui signe avec *Aliens* son tout premier jeu chez Square, devient par la suite concepteur en chef de *Final Fantasy IV* puis réalisateur de *Live A Live*, *Chrono Trigger*, *Parasite Eve* et des nouveaux épisodes de la série *Hanjuku Hero* sur PlayStation 2.

de devenir lutteur, trouve que ce nom de Kentarô Hayabusa donne le sentiment d'avoir affaire à une véritable armoire à glace.

Aucun de ces jeux, souvent médiocres, n'entre dans l'histoire. Par conséquent, leurs musiques écrites par Nobuo Uematsu demeurent confidentielles, car il n'est à l'époque pas encore question d'en distribuer les bandes originales – les flexi discs de *Blassty* et *Alpha* sont uniquement de belles exceptions. Il faut attendre vingt ans, au milieu des années 2000, pour que Square devenu Square Enix initie le projet d'une compilation en CD des musiques de ces jeux de l'époque pré-*Final Fantasy*. Mais cette démarche nécessite la plongée dans de très anciens fichiers sonores, et les producteurs du département musical de l'éditeur butent très rapidement sur un écueil : les créateurs de l'époque ne prenant pas l'importance des sauvegardes très au sérieux, les archives révèlent parfois de mauvaises surprises. En partie corrompues, les musiques de certains jeux, dont *Aliens*, ne permettent pas de restituer tous les instruments.

Lorsque Square Enix présente le résultat de son « archéologie sonore » à Nobuo Uematsu, ce dernier ne peut que constater l'absence de certains instruments, et insiste pour que la compilation ne paraisse qu'à condition de proposer les musiques telles qu'elles ont été composées à l'époque, ce que ces problèmes d'ordre technique rendent difficile voire impossible. Bien qu'annoncé furtivement dans une brochure promotionnelle, le projet est malheureusement annulé. Aujourd'hui, le seul moyen d'écouter ces bandes originales est l'émulation, un procédé permettant de faire fonctionner les anciens jeux sur PC et d'en extraire certaines parties, dont les musiques, à partir desquelles des fans minutieux n'hésitent pas à créer leurs propres compilations pour les proposer sur des sites de partage de vidéos.

Mais revenons dans les années 1980. Malgré l'enthousiasme avec lequel Square enchaîne ces jeux, et les ventes plutôt bonnes de quelques-uns d'entre eux, le jeune studio comprend qu'il a eu les yeux plus gros que le ventre, notamment en choisissant de s'installer dans un bel immeuble de Ginza. Au bout d'un an à peine, la direction n'arrive plus à payer le loyer et décide de déménager dans un endroit bien plus modeste. En septembre 1987, Square prend ses quartiers dans un immeuble de bureaux communs d'Okachimachi, dans l'arrondissement de Taitô. Le loyer est dix fois moindre, et cela influe sur les conditions de travail : le bâtiment est en triste état, et ceux qui sont assis près des fenêtres peuvent par exemple sentir des courants d'air. C'est dans cette ambiance plus sommaire que l'une des équipes de Square entre dans la dernière ligne droite du développement d'un jeu qui va sceller le destin de ses géniteurs... Nobuo Uematsu le premier.

FINAL FANTASY I ET *II*, NAISSANCE D'UNE SÉRIE

Branle-bas de combat

En 1986, lorsque pour la première fois plusieurs groupes séparés sont établis chez Square, Hironobu Sakaguchi prend la tête de la « A-Team », l'équipe A, et propose la conception d'un jeu de rôle sur Famicom. Mais il a au départ bien du mal à réunir les autres créateurs autour de lui, car le genre est encore confidentiel... D'abord frileuse, la direction de la société change d'avis en constatant le succès surprise du tout premier *Dragon Quest*, qui démocratise instantanément ce type de jeu vidéo totalement nouveau dans l'archipel. L'état financier de Square est alors de plus en plus inquiétant. Sakaguchi, qui n'a pas réussi à percer commercialement jusque-là, imagine que ce jeu sera peut-être le dernier, non seulement pour la société, mais aussi pour lui. Il s'agit bien sûr de *Final Fantasy*, au nom très symbolique.

Malgré ce point de départ difficile, Sakaguchi et sa petite équipe parviennent à donner à leur jeu en gestation un cachet unique par rapport aux précédentes productions du studio, avec la présence du programmeur prodige Nasir Gebelli, du scénariste Kenji Terada qui est spécialisé dans les séries d'animation, et du dessinateur Yoshitaka Amano qui commence à acquérir une certaine notoriété dans le domaine de l'illustration de romans fantastiques. Le président de Square, Masafumi Miyamoto, suggère aussi à Sakaguchi de faire appel à des musiciens populaires, même si la Famicom n'est qu'une console 8-bit et que cela limite grandement les possibilités sonores. Parmi les noms mis sur le tapis figurent le groupe de rock Southern All Stars, que Sakaguchi lui-même apprécie beaucoup, ou la chanteuse Yumi Arai[17]. Mais Sakaguchi tient à ce que ce soit Nobuo Uematsu qui compose les musiques du jeu. Il lui demande donc de se mettre tout de même au travail.

Les deux hommes ayant déjà collaboré sur plusieurs projets, celui-ci ne devrait pas être différent des autres. Sakaguchi a la réputation d'être intransigeant, ce qui lui donne quelques difficultés pour réunir autour de lui l'équipe de *Final Fantasy*. Musicalement parlant, ses exigences sont assez précises, et il commence par expliquer à Uematsu les pistes dont il a besoin : la plus importante est celle des combats, mais il lui en faut aussi une pour les villages, plusieurs pour l'exploration… Pourtant le compositeur découvre assez vite qu'il peut jouer avec la prétendue sévérité de son supérieur. Selon une anecdote semble-t-il fondatrice de la relation entre les deux créateurs, lorsqu'Uematsu soumet ses premiers morceaux à Sakaguchi, celui-ci les refuse tout net, le renvoyant à son étude. Mais le compositeur, satisfait de son travail, n'est pas prêt à tout reprendre. Facétieux, il modifie simplement l'ordre des pistes et revient auprès de Sakaguchi sans altérer quoi que ce soit d'autre : cette fois-ci, il valide sans hésitation... « *Tu m'as bien roulé !* », s'est-il exclamé, en racontant l'histoire vingt ans plus tard lors d'un entretien avec Uematsu accompagnant la promotion de *The Last Story*[18].

En réalité, la seule instruction indiscutable qu'il lui donne est de faire en sorte que le résultat ne ressemble surtout pas aux compositions de Kôichi Sugiyama pour *Dragon Quest*. En tant que premier grand succès du jeu de rôle à la japonaise sur console, le tout premier *Dragon Quest* est évidemment un mètre étalon pour tous les développeurs qui souhaitent à leur tour explorer ce genre nouveau, mais Sakaguchi décrète immédiatement que son *Final Fantasy* tentera de s'en écarter du mieux que possible. Puisque le jeu de rôle nippon est encore balbutiant, Nobuo Uematsu ne sait pas tout à fait en quoi peut bien consister la bande originale de ce type de *soft*, et Sakaguchi lui conseille malgré tout d'essayer *Dragon Quest* quelques heures pour se faire une idée.

17. Surtout connue en Occident pour son interprétation de la chanson « Rouge no Dengon », qui ouvre le film *Kiki la petite sorcière* (1989) du Studio Ghibli.
18. Entretien faisant partie de la série « Iwata demande », où le président de Nintendo de l'époque Satoru Iwata interroge les créateurs des jeux publiés sur ses consoles.

Le risque que cela influence son travail à venir et contrevienne à l'instruction de Sakaguchi de ne pas ressembler à *DQ* est faible : Uematsu lui répond qu'il est de toute façon bien incapable de composer à la façon de Sugiyama, car contrairement à ce dernier, il n'a aucune formation classique – il trouve d'ailleurs que les musiques de *Dragon Quest* s'enferment un peu trop dans cette approche. Uematsu décide de se concentrer avant tout sur les mélodies, plutôt que sur la construction des morceaux. Concernant le thème des combats, il trouve que celui de Sugiyama pour le premier *Dragon Quest* est beaucoup trop peu étudié sur le plan de la mélodie, et se met en tête d'explorer beaucoup plus cet aspect. La musique des combats du premier *Final Fantasy* commence donc par un thème inquiétant, marquant le début des hostilités, avant de laisser place à une portion plus enjouée.

En réalité, Uematsu suit toujours son propre instinct, et sa principale source d'inspiration vient du scénario de Kenji Terada et des illustrations de Yoshitaka Amano. Pourtant, alors que la nature forcément synthétique des sons procurés par les consoles des années 1980 aurait pu encourager les compositeurs de jeux vidéo à créer des bandes originales proches de la musique électronique à l'époque en plein boom, des personnes comme Sugiyama ont une influence décisive sur l'orientation globale de la musique de jeu vidéo japonaise. Le compositeur de *Dragon Quest*, en n'hésitant pas à écrire des morceaux découlant de son bagage classique – puis en proposant de véritables concerts avec orchestre –, fait comprendre qu'il est possible de traiter le domaine avec sérieux, et cette idée-là, Nobuo Uematsu ne la rejette pas.

L'émergence des jeux de rôle, qui traitent de sujets plus profonds que les plus divertissants *shoot'em up* ou jeux de course, remplit un rôle crucial dans cette nouvelle trajectoire artistique. Uematsu lui-même a écrit des bandes originales plus frivoles, voire caricaturales, pour les précédents jeux de Square, qu'il s'agisse de *King's Knight* et de son thème de niveau inspiré par *The Tower of Druaga*, de la musique vaguement orientalisante de *Cleopatra no Mahô*, ou encore des thèmes énergiques mais parfaitement impersonnels de *3-D WorldRunner*. La bande-son du premier *Final Fantasy*, tout en conservant parfois une légèreté certaine, amorce un glissement vers des compositions plus sérieuses. De plus, alors que les productions antérieures de Square sont généralement de courte durée – de quelques dizaines de minutes à une poignée d'heures –, *Final Fantasy* est conçu pour s'étaler sur des dizaines d'heures, ce qui représente un grand changement en matière de volume et d'utilisation de la musique.

Questions de technique et d'imagination

La qualité sonore très rudimentaire proposée par les consoles et ordinateurs de l'époque est bien sûr la principale difficulté que pose la composition pour le jeu vidéo, et sans doute le plus grand frein à l'expression d'émotions vives et universelles. De son côté, le premier *Final Fantasy* a pour support la Famicom. Nobuo Uematsu connaît la machine et commence à s'habituer à son fonctionnement, même s'il n'est pas lui-même chargé de la programmation musicale et doit suivre les indications de Sakaguchi sur la question, sans trop comprendre au départ ce qui justifie les limitations qu'on lui soumet. Celles-ci sont en réalité imposées par la quantité de ressources consommées par les autres éléments de chaque scène, et la différence peut se jouer au moindre petit *byte* de données. Pour *Final Fantasy*, l'essentiel de la programmation se trouve entre les mains d'une seule personne, Nasir Gebelli, et cela inclut la partie sonore. Uematsu se fonde sur une dizaine de formes d'enveloppe – et donc de timbres – préparées par Gebelli, avec qui il n'est pas directement en contact et ne peut négocier de possibles besoins particuliers. Mais surtout, le compositeur ne peut utiliser que trois sons simultanément, en puisant dans les cinq types de canaux sonores de la Famicom. Il doit alors faire des choix de combinaisons – mélodie, basse et arpèges, ou deux mélodies et basse, par exemple –, puis écrire lui-même chaque note une par une et programmer les répétitions.

Comme la plupart des concepteurs de jeux vidéo de cette époque, il travaille sur un ordinateur à architecture MSX. Tous doivent se battre avec les mêmes limitations, et les compositeurs ont tout intérêt à être des programmeurs eux-mêmes s'ils veulent tirer le meilleur parti de moyens sonores extrêmement réduits. Ce n'est cependant pas le cas d'Uematsu, et Square n'est encore qu'un petit développeur qui n'a pas les mêmes ressources que des éditeurs déjà majeurs comme Konami et Namco. Ces derniers, ainsi que Nintendo, conçoivent même des puces sonores supplémentaires venant compléter celles de la Famicom, ce qui donne à leurs bandes originales des particularités qui les rendent facilement reconnaissables.

Ce cadre très limité a finalement encouragé les compositeurs à redoubler d'ingéniosité. S'il ne dispose pas des moyens de Konami ou Namco, Nobuo Uematsu n'en est pas moins capable de jouer modestement avec les sons de la Famicom pour créer des textures plus riches – par exemple, exploiter les effets de fondu sur une note, ou jouer la même mélodie sur deux canaux, mais en modifiant légèrement la fréquence et le tempo du second canal pour créer un effet plus chatoyant et expressif. Le constat peut sembler ironique, mais du fait des possibilités bien cadrées du son Famicom, il est finalement assez facile de se sentir en pleine possession de ses moyens, et les possibilités ne peuvent de toute façon pas être illimitées.

Des années plus tard, alors que les nouvelles générations de consoles proposent des capacités techniques bien plus évoluées, certains créateurs de jeux vidéo prolongent volontairement l'esthétique unique des premiers âges du média, y compris en matière de musique – un style surnommé « *chiptunes* », signifiant littéralement « musiques de puces sonores ». Encore de nos jours, c'est à ces sonorités élémentaires qu'est souvent réduite la « musique de jeu vidéo » dans les médias généralistes.

La question des inspirations et des possibilités techniques réglée, un défi des plus inhabituels reste à relever pour le compositeur : quelle est la musique d'un village, d'une grotte, d'un combat, d'un aéronef ? Comment illustrer en musique ce qui est silencieux dans la vie quotidienne ? Nobuo Uematsu écrit de la musique de jeu vidéo depuis plusieurs mois déjà, et il a bien fallu qu'il se mette à l'œuvre rapidement, sans forcément trouver le temps de réfléchir au sujet mystérieux de la musique pour l'image. Des années de tâtonnement plus tard, il finit par se demander si accentuer les émotions avec de la musique n'est pas une sorte de mensonge, car nul n'a besoin de musique d'accompagnement pour rire dans les moments joyeux ou pour pleurer lors des événements tristes. Mais dans ces cas précis, les gens sont affectés dans leur quotidien *réel*. Avec le temps, Uematsu comprend que son rôle de compositeur est d'« *amplifier les émotions qu'on peut ressentir dans un monde* imaginaire *et de les transmettre à tous*[19] ». À l'époque du premier *Final Fantasy*, la place de l'émotion est encore limitée : les histoires ne sont pas aussi raffinées que dans les épisodes suivants, et les joueurs passent le plus clair de leur temps à explorer un monde sauvage et à combattre des monstres.

19. Il l'écrit en ces termes dans l'une de ses chroniques pour le magazine *Weekly Famitsu*, regroupées dans le livre *Minna sô nano?*, publié par Enterbrain en 2002.

Le tout premier morceau qu'Uematsu termine est le thème d'ouverture solennel qui illustre l'apparition du logo de *Final Fantasy*. Il est rapidement devenu pour lui la mélodie fondatrice du jeu, puis de la série. En définitive, il compose une vingtaine de morceaux pour ce premier épisode : une musique d'ouverture et une autre de fin, un thème principal entendu sur la carte du monde, une piste de combat bien sûr – encore unique à ce moment-là –, des pistes d'exploration dans les villages et les donjons, une musique pour les traversées en bateau et une autre pour les voyages en aéronef, quelques courts morceaux et jingles pour accompagner les différents menus...

Et pourtant, il en manque encore une. À la toute fin du développement de *Final Fantasy*, alors que le travail d'Uematsu est a priori terminé et qu'il pense pouvoir souffler un peu, Hironobu Sakaguchi déboule devant son bureau pour lui réclamer en urgence un tout dernier morceau, et non des moindres puisqu'il doit accompagner le texte introductif du jeu ainsi que l'écran titre. Pressé par le temps, le compositeur n'a que quelques instants pour imaginer et écrire une courte mélodie, qui prend la forme d'une succession d'arpèges très élémentaires. Elle est tout naturellement nommée « prélude »... avant de devenir, par la force des choses, une sorte de second thème principal de la série, plus spécifiquement associé aux cristaux dans certains épisodes. Nobuo Uematsu exprime plus tard sa gêne à l'idée qu'une musique composée à la hâte soit restée présente aussi longtemps dans l'histoire de la série, mais à partir de *Final Fantasy IV*, il ajoute aux arpèges de base une nouvelle mélodie qui va elle-même évoluer, notamment quand d'autres compositeurs rejoignent le paysage musical de la série et créent des arrangements divers et variés, parfois intégrés discrètement au hasard de morceaux inédits.

Cet héritage est désormais acquis pour tous les joueurs de *Final Fantasy*, mais au moment de la sortie du premier épisode, en décembre 1987, il s'agit encore d'un probable chant du cygne pour Square, tout du moins pour Sakaguchi. Ce dernier a déjà dû lutter durement en interne pour réunir une équipe prête à travailler avec lui, alors il n'est pas prêt à abandonner au dernier moment. Sakaguchi est tellement déterminé qu'il va présenter *Final Fantasy* en personne à la presse de jeu vidéo de l'époque pour qu'elle en parle le plus possible, et supplier sa direction de produire deux fois plus d'exemplaires que prévu. Même s'il s'est convaincu qu'il arrêtera le jeu vidéo si *Final Fantasy* est un échec, il tente le tout pour le tout... Son pari fonctionne. De cette expérience, Uematsu tire un profond respect pour Sakaguchi. Il découvre en lui une obstination qui lui fait comprendre qu'ils ne sont plus de simples jeunes gens créant des petits jeux vidéo, mais bien des adultes capables d'accomplir de grandes choses.

La suite logique

La combativité de Hironobu Sakaguchi permet non seulement au jeu de se vendre très correctement, mais aussi de déclencher dans la foulée le développement d'une suite, *Final Fantasy II*, dont la création commence bien vite avec les mêmes concepteurs que le premier. Conforté par les bonnes ventes de ce dernier, Sakaguchi occupe désormais le poste de « réalisateur », même si la petite taille des équipes de l'époque fait que tout le monde met la main à la pâte dans la mesure de ses capacités. À la suite de leur collaboration sur le premier *Final Fantasy*, Sakaguchi fait davantage confiance aux choix de Nobuo Uematsu et lui donne de moins en moins d'instructions détaillées : tout juste lui remet-il une liste des pistes dont il va avoir besoin.

Ce deuxième épisode marque bien sûr la naissance de la série en tant que telle. Si les concepteurs décident d'emblée que ce ne sera pas une suite directe du premier, cela n'empêche pas Uematsu d'en reprendre quelques thèmes, scellant l'héritage de la saga. Le prélude, la fanfare de victoire et la ligne de basse de la musique des combats font ainsi leur grand retour, mais pas encore le thème d'ouverture du premier épisode – qui est voué à devenir celui de la série[20]. Pourtant, si la bande originale de *Final Fantasy II* occupe une place importante, c'est avant tout parce qu'elle marque la naissance d'un autre morceau récurrent : celui des chocobos ! Mais il n'est alors qu'une courte boucle d'environ sept secondes, et la mélodie complète est en fait introduite dans l'épisode suivant. Le thème bondissant est inspiré à Uematsu par un dessin de l'animal réalisé par son collègue Kôichi Ishii, sur lequel il semble gigoter l'arrière-train avec nonchalance.

20. Sachant que les développeurs ont beaucoup apprécié ce morceau dans le premier *Final Fantasy*, Uematsu le reprend finalement dans *FFIII*. C'est à ce moment-là que, d'un commun accord, les créateurs décident qu'il va s'agir du thème principal de la série. Le compositeur continue ensuite à le peaufiner, mais c'est dans *FFVIII* qu'il trouve selon lui la forme « ultime » du morceau, pour la première fois entièrement orchestré.

La naissance de cette musique devenue emblématique de la série ne peut évidemment pas occulter la véritable teneur de la bande-son de *FFII*, qui prolonge l'optique sérieuse et mystérieuse posée par son prédécesseur. Et pour cause ! Dès ce second épisode, les créateurs choisissent de renforcer la présence du scénario, ce qui se constate dès la séquence d'ouverture. Plus question de simplement propulser le joueur sur la carte du monde après un bref texte sur fond bleu : *FFII* débute alors que quatre jeunes gens tentent de fuir leur village attaqué par les troupes impériales, avant d'être rattrapés et abattus lors d'une scène de combat qu'il est impossible de remporter... L'ambiance est posée.

Du fait des enjeux du scénario, la bande originale d'Uematsu se fait à la fois plus solennelle, avec entre autres le thème de l'armée rebelle – l'une de ses mélodies les plus mémorables –, et plus obscure, par exemple dans les morceaux du château de Pandémonium et de la tour de Mysidia. Malgré ses réticences initiales à puiser dans la musique classique, comme le fait *Dragon Quest*, Uematsu se permet pour la première fois dans *FFII* des emprunts directs, quoique tout de même anecdotiques, à des œuvres bien connues du répertoire : la *Valse de l'empereur* de Johann Strauss fils et le *Lac des cygnes* de Tchaïkovsky, l'un de ses compositeurs préférés. Ce dernier thème est repris lors de la scène où une Lamia déguisée en princesse Hilda tente de séduire le héros Firion. Uematsu récidive la même année, en 1988, dans le jeu humoristique *Hanjuku Hero* – là, la musique du *game over* n'est autre que la *Marche funèbre* de Frédéric Chopin. Un grand classique.

Alors que le développement de *Final Fantasy II* et celui de *Hanjuku Hero* se chevauchent déjà, l'équipe B de Square planche dans le même temps sur *Square's Tom Sawyer*, une adaptation du roman de Mark Twain sous forme de jeu de rôle. Nobuo Uematsu se retrouve à travailler presque simultanément sur les trois projets. Ce n'est pourtant pas utile : même si ce troisième jeu est terminé, Square attend en réalité plusieurs mois avant de le commercialiser – peut-être pour éviter la concurrence directe avec un autre jeu inspiré des aventures de Tom Sawyer, publié par l'éditeur Seta en février 1989 sur Famicom. Celui de Square est finalement lancé en novembre.

Arrangements ultérieurs

Si vous avez joué aux deux premiers épisodes de *Final Fantasy*, il ne s'agit sans doute pas des éditions originales sur Famicom, mais plutôt d'un de leurs nombreux remakes ou conversions. Dans le catalogue de Square – ou Square Enix aujourd'hui –, ces deux jeux figurent en effet parmi les plus fréquemment transposés sur de nouvelles plates-formes. Dès 1989, le développeur Microcabin conçoit un portage pour ordinateur MSX2, et la bande originale est actualisée afin d'utiliser la synthèse par modulation de fréquence, ce qui donne un son plus riche. C'est Tadahiro Nitta, qui travaille alors chez Microcabin, qui signe les arrangements – l'un des premiers travaux de sa carrière. Nitta est connu en tant que compositeur de *Genei Toshi*, *Elm Knight, Lucienne's Quest* et de la série *Xak*, entre autres, ainsi que pour son infime participation à *Shenmue*.

Il faut néanmoins attendre une décennie pour que Square dépoussière les deux premiers *Final Fantasy* afin d'accompagner le lancement de la WonderSwan Color, une console portable de Bandai exclusive au Japon. *Final Fantasy I* est porté le premier, en décembre 2000. À cette occasion, le studio chargé de cette tâche, Tose, apporte quelques améliorations. L'équipe – qui compte plusieurs compositeurs – adapte la musique à la puce sonore de la console, qui est dotée de quatre canaux à modulation d'impulsion codée, sans pour autant lui apporter de grands changements. Pour le joueur, la différence avec la Famicom est subtile et le son n'est que légèrement plus riche, mais une poignée de pistes inédites est tout de même écrite, dont des thèmes de combat pour les boss et une musique accompagnant la nouvelle séquence d'introduction venant remplacer le modeste texte sur fond bleu de la version d'origine.

Pour le portage de *Final Fantasy II* sur WonderSwan Color, qui paraît en mai 2001, Square décide d'aller plus loin. Les superviseurs du projet, confié à un autre studio nommé Kan Navi, choisissent de confier la création musicale à un membre du département sonore de Square, Tsuyoshi Sekito. Celui-ci, qui signe là sa toute première contribution à un jeu de la série, reçoit du réalisateur l'instruction de prolonger certains des morceaux d'origine en créant un nouvel arrangement dans la seconde boucle, ce qui s'assimile presque à de nouvelles compositions. L'effet est particulièrement notable dans le thème de la carte du monde, qui se voit doté d'un nouveau passage plus envolé. Sekito pense certes en rester là, mais c'est sans compter sur la décision de Square de porter ces deux éditions de *Final Fantasy* et *Final Fantasy II* sur la première PlayStation l'année suivante : du fait des capacités sonores plus évoluées de la console, Sekito doit réviser ses arrangements en sélectionnant de véritables *samples* d'instruments. Pour le premier *Final Fantasy* aussi, Tose doit voir les choses en plus grand, avec des arrangements plus longs et délicats, donnant une nouvelle beauté aux mélodies d'origine. Ces remakes serviront de modèle à toutes les versions ultérieures des deux épisodes.

Plutôt cassette ou CD ?

Alors que le développement de *Final Fantasy II* touche à son terme, un dénommé Yukio Kakehi entre en contact avec Square. L'homme, qui est producteur pour la maison de disques Polystar, propose à l'éditeur de publier la bande originale de *Final Fantasy*. Avec son collègue Yûji Kudô, Kakehi vient tout juste d'inaugurer un nouveau label, nommé DATAM – pour « Data Music » –, exclusivement destiné à la publication d'albums de jeu vidéo. Leurs premières sorties concernent la série *Dragon Slayer* de Nihon Falcom, *Last Armageddon* et les jeux de Data East, et le succès du premier *Final Fantasy* ne leur a pas échappé.

Pour Nobuo Uematsu, c'est une surprise : il n'a pas eu lui-même l'idée que ses musiques puissent être publiées séparément. Square accueille la proposition avec enthousiasme, et c'est ainsi que le 21 décembre 1988, quelques jours après la sortie japonaise de *FFII*, la toute première bande originale de la série est éditée en CD et en cassette, réunissant les musiques des deux épisodes. Mais alors que ces dernières ont une durée d'environ 48 minutes, l'album est complété par quelques morceaux inutilisés de *FFII*[21], mais aussi et surtout par deux pots-pourris au synthétiseur d'environ sept minutes chacun. Puisant dans ses relations, Kakehi confie leur arrangement à Michiaki Katô – un compositeur et guitariste dont il vient de publier une B.O. pour une série d'animation – et l'interprétation à Hiroyuki Takei.

21. Dont l'un d'eux dira quelque chose aux joueurs de *Final Fantasy VI*...

Yukio Kakehi ne s'arrête pas en si bon chemin. Dans le même temps, il propose à Square d'organiser un concert orchestral des musiques des deux premiers *Final Fantasy*, et d'en prendre en main lui-même la préparation. L'idée de Kakehi est cependant originale, puisque les places du concert ne sont pas mises en vente, mais offertes par tirage au sort aux personnes ayant rempli et renvoyé une petite carte incluse dans le boîtier de la bande originale de *Final Fantasy I* et *II*. La carte commence en effet par la question : « *Souhaitez-vous être invité au concert "soirée Final Fantasy" ?* », avant de se poursuivre par un bref sondage demandant par quel moyen les acheteurs ont entendu parler de l'album, quel est leur genre de jeu vidéo de prédilection, ou encore ce qu'ils pensent de la musique. Au total, 1 500 personnes sont tirées au sort et invitées à se rendre à la salle Gotanda U-Port de Tokyo le 20 mai 1989 – un jour de pluie, paraît-il – pour assister au tout premier concert pour grand orchestre de l'histoire de *Final Fantasy*. Il est dédié à la mère de Hironobu Sakaguchi, qui vient de disparaître.

Pour Nobuo Uematsu, cette expérience est la découverte d'un domaine entièrement nouveau, ce qui est à la fois intéressant et intimidant. Ne connaissant rien à ce monde, il laisse Yukio Kakehi sélectionner lui-même les orchestrateurs et les musiciens, et le moins que l'on puisse dire, c'est qu'il ne se moque pas de lui : le producteur mobilise en effet Katsuhisa Hattori, compositeur très reconnu au Japon[22] de musique classique ainsi que de bandes originales de films et de séries d'animation, et Takayuki Hattori, son fils, qui n'est alors âgé que de 23 ans. Quant à l'interprétation, elle est l'affaire de l'orchestre symphonique de Tokyo, ni plus ni moins. Alors qu'il n'est qu'un modeste compositeur de musiques de jeu vidéo autodidacte qui maîtrise seulement les rudiments de l'écriture des partitions, Uematsu se trouve associé à un prestigieux musicien qu'il respecte beaucoup et au représentant de la nouvelle génération Hattori, plus jeune que lui de six ans, mais d'ores et déjà capable d'orchestrations raffinées ; dans leur travail d'arrangements, ils n'hésitent d'ailleurs pas à corriger quelques erreurs techniques de composition. Il n'en faut guère plus pour alimenter le complexe

22. Fils de Ryôichi Hattori, l'un des pères de la musique pop japonaise, Katsuhisa Hattori est un francophile averti, ayant étudié au Conservatoire national supérieur de musique de Paris. Il y est suivi par son fils Takayuki.

d'infériorité du jeune Uematsu, qui est bien plus habitué à l'esprit bon enfant des concerts de rock et ne se sent pas à sa place autour de professionnels de la musique savante. Naturellement invité à monter sur scène le jour J, il est si tendu que sa voix en tremble.

Dans le livret qui accompagne le disque de l'enregistrement du concert, *Final Fantasy Symphonic Suite* – paru en juillet 1989 –, il raconte avoir le sentiment d'assister au « mariage » de ses musiques avec le duo Hattori, comme s'il s'agissait d'une dépossession. Bien qu'admiratif de cette collaboration avec ces grands musiciens et heureux d'assister à un événement aussi exceptionnel pour lui, Uematsu reste tout de même dubitatif devant certains choix d'orchestrations, par exemple la batterie qui accompagne le thème des boss de *FFII*. Pour autant, l'expérience est enrichissante, et joue même un rôle important dans certains de ses choix futurs : l'orchestre doit-il être la destination ultime de ses musiques, comme pour *Dragon Quest* ? Et si c'est le cas, doit-il absolument en laisser le travail d'adaptation à d'autres mains sans pouvoir s'en mêler, faute d'aptitudes en la matière ?

Remarqué par le maître

En parlant de *Dragon Quest*, un autre nom s'invite dans la vie de Nobuo Uematsu après le lancement du premier *Final Fantasy* – Kôichi Sugiyama en personne ! Un jour, alors qu'il est au bureau chez Square, Uematsu est appelé pour prendre un coup de téléphone qui vient d'arriver. À l'autre bout du fil : un employé du bureau de Sugiyama, à qui ce dernier a confié la mission d'entrer en contact avec « le compositeur de *Final Fantasy* » pour lui transmettre ses compliments et ses encouragements. Interloqué, Uematsu croit au départ à un canular. C'est pourtant vrai, et ce n'est d'ailleurs pas surprenant. À son arrivée dans le petit monde bourgeonnant de la musique de jeu vidéo avec *Dragon Quest*, en 1986, Sugiyama se prend d'affection pour les différents artistes qui l'animent, au point de jouer aux autres *softs* populaires. De son côté, il commence par nouer des liens entre ses propres travaux et la musique classique, à l'occasion d'événements nommés « Family Classic Concert », destinés à attirer les parents autant que les enfants. Le premier d'entre eux, en 1987, associe les thèmes des deux premiers *Dragon Quest* et *Le Carnaval des animaux* de Camille

Saint-Saëns. Usant de sa notoriété, Sugiyama n'hésite pas à mettre en avant les compositeurs des autres jeux dans les années qui suivent, en organisant par exemple dès 1991 un concert annuel du meilleur de la musique de jeu vidéo japonaise, ou en participant à des émissions de télévision révélant les coulisses des studios de développement.

Avant même le *Symphonic Suite* et la sortie de *Final Fantasy II*, Kôichi Sugiyama est le tout premier à faire jouer la musique de *Final Fantasy* en concert, et c'est à cette occasion que les deux hommes se rencontrent. Il s'agit alors uniquement d'un quatuor de vents – hautbois, flûte, clarinette et basson – qui reprend le thème de la grotte de Matoya de *Final Fantasy I*, mais Uematsu est impressionné par le résultat, tant il lui semble qu'il est finalement facile de remplacer les sons électroniques par de véritables instruments pour obtenir des morceaux beaux et harmonieux. Le concert, qui se déroule dans une petite salle, compte également dans son programme une sélection de musiques de jeux vidéo de l'époque. Autre motif de satisfaction pour le jeune compositeur : pour la toute première fois, des fans viennent à sa rencontre pour lui demander des autographes. N'ayant pas anticipé une telle demande, et alors qu'il n'a jamais réfléchi à se créer une signature, il se contente d'écrire son nom.

Ce rapprochement effectué entre les deux hommes, Kôichi Sugiyama commence, à partir de *Final Fantasy II*, à décrocher lui-même son téléphone pour complimenter Nobuo Uematsu de vive voix. Ce n'est pas qu'un échange de politesses, puisqu'il lui fait un véritable inventaire de ce qui lui a plu ou déplu, tout en soulignant les points sur lesquels il doit travailler pour s'améliorer[23]. Sugiyama ne fonde d'ailleurs pas ses impressions sur les bandes originales, puisqu'il joue directement aux jeux, preuve s'il en est de l'enthousiasme avec lequel il traite le domaine !

Pendant les années qui suivent, à chaque nouvelle sortie de *Final Fantasy* jusqu'au sixième épisode, Uematsu peut être certain que le maître va l'appeler pour procéder à l'inspection des travaux finis. Cela ne s'arrête pas là, puisque Sugiyama l'invite également – paraît-il avec insistance – à adhérer à la Japanese

---

23. Ainsi, Sugiyama fait par exemple remarquer à Uematsu qu'il a fait de beaux progrès pour le thème des villes dans *Final Fantasy II* par rapport à celui du premier.

Composer Arranger Association, une association de compositeurs et arrangeurs japonais dont il est membre du conseil d'administration[24]. Ce faisant, il lui donne accès à un tout nouveau réseau dans lequel se trouvent quelques-uns des musiciens les plus connus du pays. Mais en réalité, Uematsu préfère forger son propre réseau, constitué de gens dont il se sent plus proche des sensibilités musicales. Il demeure néanmoins toujours membre de la JCAA à ce jour, s'acquittant notamment de sa cotisation annuelle, bien qu'il n'assiste à aucune de ses réunions.

24. Et dont le président n'est autre que Katsuhisa Hattori.

FINAL FANTASY III, PREMIER APOGÉE

La tête hors de l'eau

Si *Final Fantasy II* confirme l'existence de *Final Fantasy* en tant que série, c'est à partir du troisième épisode que le succès se confirme et que les créateurs commencent à comprendre qu'ils tiennent une pépite d'or entre les mains. Deux mois avant le lancement de *Final Fantasy III*, un signe positif se manifeste : après deux ans et demi dans l'immeuble vétuste de Taitô, où Square a dû s'installer pour faire de grosses économies quelques années plus tôt, l'éditeur peut à nouveau aspirer à un cadre de travail plus agréable et déménage dans le quartier tokyoïte d'Akasaka. Alors que Nobuo Uematsu avait rejoint Square avec l'idée qu'il n'y resterait probablement qu'un ou deux ans avant de chercher un poste plus ambitieux ailleurs – de préférence dans le cinéma –, le succès croissant de *Final Fantasy* en décide autrement. La prophétie faite par son ami Miura, la semaine avant son « entretien d'embauche » improvisé avec Sakaguchi dans les rues de Hiyoshi, commence à se vérifier.

Dernier épisode à être développé sur Famicom, *Final Fantasy III* est un ambitieux chantier qui donne véritablement naissance à l'idée selon laquelle chaque nouveau représentant de la série doit aspirer à être à la pointe de la technologie de son époque. L'équipe menée par Hironobu Sakaguchi verse toute son énergie dans le développement du jeu, qui devient l'un des plus aboutis techniquement de la console.

Nobuo Uematsu ne peut toujours compter que sur les trois canaux sonores de la Famicom, mais pour la première fois, il a un allié de poids : un programmeur qui se consacre spécifiquement à la musique, Hiroshi Nakamura. Jusque-là, la bande-son était programmée en même temps que tout le reste par Nasir Gebelli, et le fait qu'il ne parlait pas japonais limitait beaucoup la communication. En conséquence, s'il s'agit toujours de la même console, la qualité sonore connaît une percée remarquable dans *Final Fantasy III*. Avec l'aide de Nakamura, qui conçoit un système permettant de lire les fichiers MIDI, Uematsu n'a plus l'obligation d'entrer chaque note une par une dans le programme, et est par exemple capable de manipuler lui-même les formes d'onde pour obtenir un son plus riche. Les recherches des deux collègues sur le bruit blanc donnent des percussions bien plus convaincantes, profitant principalement aux thèmes de combat. Dans ces derniers, ils réussissent à introduire un son de grosse caisse révolutionnaire, qui n'existe pas du tout dans les musiques des deux premiers épisodes, en détournant astucieusement le bruitage qu'émet la Famicom lorsqu'elle rencontre une erreur. Cette trouvaille permet à Uematsu de donner une saveur un peu plus unique à sa musique. De son côté, l'utilisation de l'écho confère une plus grande densité aux morceaux d'exploration. Superbement inspirés, ces derniers figurent parmi les chefs-d'œuvre de l'ère 8-bit grâce à l'étonnante douceur de leurs sonorités : parmi eux, « Eternal Wind », musique de la carte du monde – habituellement considérée comme le thème principal du jeu –, jouit d'une mélodie envolée, doublée du fameux écho, et portée par un accompagnement énergique rehaussé d'une basse.

Du fait de l'immense volume du jeu, qui nécessite l'emploi d'une cartouche de capacité supérieure, *Final Fantasy III* connaît également un bond spectaculaire dans le nombre de morceaux. Nobuo Uematsu se doit de répondre au très copieux contenu imaginé par ses collègues, et compose ainsi une quarantaine de morceaux, là où les deux précédents *Final Fantasy* n'en comptent qu'une vingtaine chacun. Les thèmes commencent alors à se diversifier selon les situations : notamment, il n'est plus question d'employer un seul thème pour tous les villages ou un autre pour tous les donjons. La bande-son n'en est que plus pertinente et adaptée aux différentes ambiances abordées par cet épisode extrêmement ambitieux, qui ne fait qu'annoncer les évolutions futures de la série.

L'abondance de morceaux n'en reste pas moins une donnée nouvelle pour Uematsu, qui subit au moins une fois pendant la conception de *FFIII* le syndrome de la page blanche. Au moment de se mettre au travail sur la musique de la séquence de fin, il se trouve en effet incapable de saisir la moindre idée. Plutôt que de tourner en rond dans son bureau de Square, il prend une décision radicale et opère une retraite créative de deux jours à Tateyama, paisible ville côtière située au bout de la péninsule de Chiba, au sud de Tokyo. Une méthode à laquelle il aura recours dans plusieurs autres cas.

Un retour qui s'est fait désirer

Il faut attendre une quinzaine d'années pour que *Final Fantasy III* fasse son grand retour, après une tentative de portage ratée sur WonderSwan Color au début de la décennie 2000. Un remake intégral voit enfin le jour en 2006 sur DS, et puisque ses graphismes sont entièrement revisités en 3D, il est aussi nécessaire de réarranger intégralement la bande originale – une mission confiée à Tsuyoshi Sekito et Keiji Kawamori, qui sont alors membres du groupe des Black Mages en plus de leurs fonctions de compositeur et arrangeur (pour l'un) et de programmeur du synthétiseur (pour l'autre). Inspirés par la refonte visuelle, ils commencent par créer quelques démos avec l'idée de se détacher grandement des musiques d'origine en évitant d'utiliser le son brut du synthétiseur. Mais lorsqu'ils présentent le résultat à Nobuo Uematsu, superviseur de la bande-son, la réaction est sans appel : c'est beaucoup trop. Sekito et Kawamori décident donc de revenir à un style plus proche du synthétiseur, avec comme principe de ne pas égratigner l'œuvre d'origine.

Quant à Uematsu, Hiromichi Tanaka – qui produit et réalise ce remake – lui demande d'écrire une nouvelle musique destinée à accompagner la cinématique en images de synthèse qui va servir d'introduction au jeu. Son instruction est simple : il faut qu'elle comprenne au moins en partie le thème principal du jeu, « Eternal Wind ». Le compositeur respecte la demande de son ami, mais quitte à revenir à *FFIII* tant d'années après, il souhaite rompre la répétitivité du morceau en ajoutant juste après un nouveau thème énergique ressemblant à une musique de combat. Pour lui, c'est tout naturel : un grand voyage comme celui que raconte le troisième épisode de la série n'est pas seulement léger et délicat, il compte aussi ses moments pénibles, qui nécessitent d'autant plus de motivation.

Mais ce n'est malheureusement pas l'esprit que cherche Tanaka, qui refuse la proposition. Renonçant totalement à sa première idée, Uematsu décide d'utiliser un arrangement du thème bien plus mélancolique d'Aria, convaincu que cela fera mouche auprès du réalisateur. C'est une évidence : en combinant deux des plus belles mélodies de *Final Fantasy III*, le résultat ne peut qu'être éblouissant, d'autant que la version finale est orchestrée. Uematsu fait appel à Hiroyuki Nakayama, un tout nouvel orchestrateur avec lequel il est en train de travailler sur les musiques de *Blue Dragon* et *Lost Odyssey*. Aérien et nostalgique, le morceau porte le nom judicieux de « Kaze no tsuioku » : « les Souvenirs du vent ».

Les mystères du vent éternel

Bien que la bande originale des deux premiers *Final Fantasy* ait été publiée à peine deux ans plus tôt, la politique de Square en la matière change à l'époque du troisième épisode : aucune bande originale n'est alors éditée parallèlement à la sortie du jeu. Ce choix est celui du PDG, Masafumi Miyamoto, qui souhaite se différencier des autres sociétés de jeu vidéo. Au lieu des musiques telles quelles, il insiste pour que Nobuo Uematsu prépare un album d'arrangements, probablement pour que le résultat soit plus attrayant sur le plan des sonorités. Mais, preuve du succès grandissant de la série, Square reçoit petit à petit un grand nombre de lettres de joueurs qui réclament également une véritable bande originale. Même si Uematsu renonce d'abord à l'idée, la demande est devenue suffisamment nombreuse pour que l'éditeur revienne sur sa précédente décision et publie la bande originale de *FFIII* le 15 juillet 1991, plus d'un an après la sortie du jeu… et quelques jours avant celle du quatrième épisode.

Alors qu'il est déjà passé à la nouvelle génération de consoles, avec une Super Famicom qui permet d'imiter de véritables instruments, Uematsu écrit dans le livret de la bande originale de *FFIII* qu'il éprouve déjà une forme de nostalgie pour la pureté des sons de la Famicom. Celle-ci constitue, pour lui, un monde musical totalement unique, même s'il s'agit peut-être de la forme d'expression la plus techniquement limitée de l'histoire de la musique. Ce regret précoce n'est sans doute pas étranger au fait que la genèse des musiques de *Final Fantasy IV* vient de se faire dans la douleur, comme nous le verrons...

Mais en attendant, pour accompagner le lancement du troisième épisode, Nobuo Uematsu répond à la requête de son PDG et commence à travailler sur un album d'arrangements – le tout premier de la série. Il peut une nouvelle fois compter sur le précieux soutien du producteur Yukio Kakehi de Polystar, qui va l'éditer. Intitulé *Yûkyû no kaze densetsu*, « la légende du vent éternel », cet album concept se fonde sur des pots-pourris de musiques de *Final Fantasy III* – ainsi que plusieurs compositions inédites –, introduits par une voix relatant l'histoire du jeu. Chose étonnante : cette narration, bien qu'écrite en japonais par le scénariste du jeu Kenji Terada, est récitée en anglais par un dénommé Jeff Levy. Sa voix caverneuse, que d'aucuns considèrent comme un peu sinistre, contraste de façon frappante avec les arrangements d'Uematsu, qui optent pour un style orchestral assez neutre, conférant aux musiques de *FFIII* une étonnante clarté.

De bon conseil, Yukio Kakehi laisse Uematsu libre de revisiter la musique comme il l'entend. Bien que la plus grande partie de l'album doive être écrite pour le synthétiseur – avec l'assistance du manipulateur Hironori Hôki –, Uematsu dispose pour la première fois de la possibilité d'enregistrer certains segments en studio. Il pense alors que l'occasion est idéale de concrétiser quelques-unes de ses ambitions artistiques : d'un côté, il rêve d'écrire une ballade pour voix féminine ; de l'autre, il souhaite développer des sonorités plus « ethniques » – ce que l'on serait tenté d'appeler de la « musique du monde », selon nos définitions occidentales, malgré le caractère réducteur d'un tel terme.

Conformément à la première de ces deux envies, Uematsu compose deux chansons inédites aux textes en anglais – « Roaming Sheep », « les moutons errants », et « The Breeze », « la brise » –, les deux premières chansons de l'histoire de *Final Fantasy*. Leur interprète est Sizzle Ohtaka – écriture stylisée de son nom japonais Shizuru Ôtaka –, qui appartient au duo Dido dont Uematsu a croisé la route de l'autre membre, Michiaki Katô, lors de la préparation des arrangements de la bande originale des deux premiers épisodes. Si ces deux morceaux sont exclusifs à cet album d'arrangements, les amateurs de *Final Fantasy* retrouvent « Roaming Sheep » quelques années plus tard, en 1994, dans l'un des spots publicitaires de *FFVI*.

Quant au choix d'insuffler un esprit de musique du monde, il s'illustre tout spécialement dans une composition inédite inaugurant la piste « Their Spiritual Leader », un chant tribal uniquement accompagné de percussions dont les circonstances de l'enregistrement constituent à elles seules une histoire à part entière. Uematsu les raconte dans le livret de l'album avec un intérêt d'autant plus certain qu'il est un passionné notoire des choses occultes. Afin de donner à ce chant un goût exotique, il ajoute aux paroles en japonais elles-mêmes sibyllines quelques mots signifiant « gloire à dieu » en égyptien ancien et en hébreu – rien d'offensant, garantit-il.

Pourtant, des événements inexpliqués se produisent dans le studio : des bruits étranges se font entendre, les haut-parleurs se mettent à trembler, l'un des amplificateurs de la console émet de la fumée et les plombs sautent purement et simplement. Même si les employés du studio expliquent à Uematsu qu'ils n'ont jamais vu cela, on peut estimer qu'il s'agit uniquement d'une défaillance de l'installation électrique... Sauf qu'au moment d'écouter la cassette de l'enregistrement, l'équipe constate qu'on peut entendre des voix qui ne sont pas prévues sur les partitions. De surcroît, les photos prises lors de la session laissent apparaître des lumières étranges. Cerise sur le gâteau : la voiture de Kakehi tombe brutalement en panne sur l'autoroute. Un enchaînement de circonstances pour le moins mystérieux, dont on ne sait si la description est volontairement romancée par Uematsu. Mais, décrit-il, il finit par s'inquiéter pour la vie de ses collaborateurs : et si une entité maléfique était en train de s'opposer au « *monde sacré de* Final Fantasy » ? Par chance, les enregistrements se terminent sans que personne n'y laisse sa peau. Pour lui, leur salut est venu de la voix radieuse de Sizzle Ohtaka, qui a chassé le mauvais sort.

Final Fantasy III Yûkyû no kaze densetsu, que la communauté en dehors du Japon appelle plus communément *Legend of the Eternal Wind*, paraît en CD et cassette le 25 mai 1990, un peu moins d'un mois après le lancement du jeu. À ce jour, personne n'a perdu la vie à la suite de son écoute...

Yukio Kakehi constate à cette occasion tout l'intérêt de Nobuo Uematsu pour la chose occulte. Pas effrayé par le déchaînement des forces obscures lors de l'enregistrement de « Their Spiritual Leader », il lui propose peu de temps après de l'aider sur l'un des nouveaux projets de l'éditeur Polystar : il est en effet producteur de la bande originale de la série de documentaires *The British Museum*, consacrée aux trésors du célèbre musée londonien et diffusée par la NHK en 1990 et 1991. La musique est l'œuvre de Michiru Ôshima et Masatsugu Shinozaki, qui forment alors un duo nommé Shikibu. C'est en cherchant une personne capable d'écrire des paroles mystérieuses pour l'une des compositions d'Ôshima que Kakehi pense à Uematsu. Ce dernier porte son dévolu sur l'énochien, une langue construite dont on raconte qu'elle est celle des anges – cela ne fait d'ailleurs strictement aucun doute pour lui, et gare à ceux qui voudraient lui faire croire qu'elle a été inventée de toutes pièces au XVIe siècle par John Dee et Edward Kelley, deux occultistes anglais. Ne pratiquant pas lui-même l'énochien, Uematsu se contente de tirer des mots d'un poème existant et de les réassembler sur la musique, ce qui signifie que le résultat est sans doute incorrect ; mais cela ne le rend-il pas plus occulte encore ? En résulte une musique au charme exotique et délicat, intitulée « Undine - Mizu no seirei wo yobu uta » (« chant d'invocation de l'esprit des eaux ») et interprétée par la même Sizzle Ohtaka que l'album d'arrangements de *Final Fantasy III*.

Aujourd'hui encore, Nobuo Uematsu est très reconnaissant envers Yukio Kakehi, dont on peut dire qu'il est la personne grâce à qui les premières bandes originales et les premiers albums d'arrangements de *Final Fantasy* ont vu le jour. Pour le jeune Uematsu, qui n'a alors jamais eu l'occasion de voir sa musique publiée dans le commerce, la connaissance par Kakehi du milieu de la production, de l'édition et de la distribution musicale est un bien précieux. Toujours de bon conseil, il lui donne quelques clés pour communiquer au mieux avec les musiciens, à travers des comparaisons parfois surprenantes : « *Un musicien doit connaître le goût des aliments, un compositeur doit savoir ce qui a bon ou mauvais goût.* » Depuis, Kakehi a totalement quitté le monde de la musique, et tient un petit bar-restaurant dans le quartier de Shinjuku, à Tokyo. La métaphore culinaire ne venait pas de nulle part...

L'outil pour devenir un chef

Les enregistrements de *Final Fantasy III Yûkyû no kaze densetsu* ont une autre conséquence, peut-être pas aussi improbable ou anecdotique qu'elle n'en a l'air. Il faut bien comprendre que nous sommes alors en 1990, et que Nobuo Uematsu, à 31 ans, ne porte pas encore l'instrument par lequel il est désormais connu de tous : sa moustache. Lors du développement du premier *Final Fantasy*, Hironobu Sakaguchi ouvre la marche en laissant pousser la sienne – qu'il n'a pas quittée depuis –, et défie Uematsu de faire de même, mais ce dernier refuse. Il raconte la suite : « *Au moment de la création de* Final Fantasy III, *nous avons enregistré un album de morceaux arrangés en studio. Mais comme j'avais un visage enfantin, j'avais l'air plus jeune que tout le monde et les musiciens ne me prenaient pas au sérieux, ce qui était vexant. Puis, pendant le développement de* FFIV, *je travaillais sans rentrer tous les jours à la maison, alors une barbe de plusieurs jours a poussé. Un jour, en me regardant dans le miroir, j'ai trouvé que j'avais vieilli et j'ai pensé qu'en me laissant pousser la barbe, on arrêterait de penser que je suis jeune et de me regarder de haut. Depuis, je me suis laissé pousser la moustache.* »

L'anecdote est encore plus cocasse lorsqu'on la complète par le témoignage du tout premier compositeur recruté par Nobuo Uematsu pour rejoindre la petite équipe sonore de Square : Kenji Itô. À l'arrivée de ce dernier, en mars 1990, Uematsu est l'employé le plus âgé, et même s'il ne porte pas encore sa célèbre moustache, Itô comprend très vite qu'il est traité avec grand respect par ses collègues. Uematsu fait immédiatement preuve de bienveillance à son égard, si bien qu'Itô – qui a neuf ans de moins que lui – le considère comme un véritable tuteur.

Alors que les effectifs de Square commencent à s'élargir et que le nombre de projets simultanés est de plus en plus important, il devient nécessaire pour Uematsu de trouver un musicien capable de l'épauler en interne. Kenji Itô, qui rêve de devenir auteur-compositeur, a entendu parler de la possibilité de travailler dans le jeu vidéo grâce à un professeur de son université – le succès de *Dragon Quest III* n'a pas échappé à ce dernier, ce qui encourage Itô à déposer sa candidature chez plusieurs éditeurs, dont Square. Uematsu, qui étudie plusieurs dizaines de dossiers, est séduit par celui d'Itô car la démo qui l'accompagne démontre qu'il est avant tout capable d'écrire de belles mélodies. Cet aspect est crucial pour le compositeur de *Final Fantasy*, car l'époque est encore aux sonorités 8-bit de la Famicom et de la Game Boy – une mélodie limpide est la clé d'une bande-son mémorable.

La première bande originale du jeune Itô est un travail conjoint avec Uematsu : *SaGa 2 Hihô Densetsu*, suite sur Game Boy de *Makai Tôshi SaGa* – les joueurs américains la connaissent mieux sous le titre de *Final Fantasy Legend II*[25]. Plus tard, Itô devient le compositeur attitré de la nouvelle série engendrée par ces deux premiers titres, *SaGa*, et tout particulièrement de la trilogie *Romancing SaGa* sur Super Famicom. Parallèlement, il compose les musiques de *Seiken Densetsu: Final Fantasy Gaiden*, un jeu de rôle sur Game Boy qui donne naissance à la série *Mana* – ce premier épisode paraît en Amérique sous le titre *Final Fantasy Adventure*, et en Europe, sous celui de *Mystic Quest*. Nobuo

25. Partition inutilisée de *Seiken Densetsu* mise à part, *Makai Tôshi SaGa* (1989) et *SaGa 2: Hihô Densetsu* (1990) sont les deux seuls jeux Game Boy sur lesquels Uematsu travaille, ce qui le force à étudier les particularités de la machine – dont la possibilité d'obtenir un son stéréo en branchant des écouteurs.

Uematsu compose pourtant une vingtaine de morceaux pour ce jeu, mais ils sont abandonnés au profit de ceux d'Itô.

Un an plus tard, en 1991, un second nouveau venu rejoint les rangs de leur équipe musicale : Hiroki Kikuta. Ce dernier, qui postule au départ chez Nihon Falcom mais dont la candidature est rejetée, répond sans grande conviction à une offre d'emploi de Square – plutôt intéressé par les bornes d'arcade, il n'a en effet jamais essayé l'un des jeux de la société, et considère que cela risque d'être éliminatoire. C'est mal connaître les critères de sélection de Nobuo Uematsu, qui propose très rapidement un entretien d'embauche à Kikuta, au cours duquel il lui fait immédiatement remarquer qu'il a retrouvé des influences de rock progressif dans la démo qu'il a envoyée. Les deux hommes se mettent alors à partager leur passion commune pour ce genre musical dans une ambiance chaleureuse, mais cela ne rassure guère le postulant, qui pense que sa candidature est en mauvaise voie et qu'Uematsu fait simplement la conversation pour tenter de ne pas trop l'accabler. Mais non : il est bel et bien pris, et commence chez Square en participant au débuggage de *Final Fantasy IV*.

Alors que l'époque est désormais à la Super Famicom et non plus à la Famicom, Uematsu pense certainement qu'il n'est plus autant nécessaire de chercher un compositeur capable de créer des mélodies claires. Hiroki Kikuta est recruté davantage par affinité, ce qui a d'ailleurs un impact inattendu sur Kenji Itô : fin connaisseur de musique classique, mais parfait ignorant en matière de rock progressif, ce dernier fait l'objet des taquineries régulières d'Uematsu et de Kikuta, qui lui reprochent – jamais méchamment – de ne rien connaître à leur genre musical de prédilection. Pas rancunier, Itô consulte Uematsu quelques années plus tard lorsqu'il s'attelle à *SaGa Frontier*[26], car le contexte moderne du jeu lui donne l'idée d'employer un style progressif.

Au début des années 1990, la présence de trois compositeurs chez Square est logique. Le département de développement compte en effet trois équipes principales, respectivement dirigées par Hironobu Sakaguchi, Akitoshi Kawazu et Hiromichi Tanaka. Sakaguchi est toujours la tête pensante de *Final Fantasy*.

26. Édité en 1997 sur PlayStation.

Kawazu, lui, prolonge la série *SaGa* de la Game Boy en initiant le développement de *Romancing SaGa* sur Super Famicom. Quant à Tanaka, il prend avec son collègue Kôichi Ishii la direction de l'équipe qui va concevoir *Secret of Mana*, suite du *Seiken Densetsu* qui est sorti sur Game Boy.

En sa qualité de chef du département musical, Uematsu doit désigner qui est associé à chaque projet – sachant, bien entendu, que *Final Fantasy* restera son pré carré. Il commence par laisser Kenji Itô choisir entre *Romancing SaGa* et *Secret of Mana*. Itô, qui vient tout juste de terminer la bande originale de *Seiken Densetsu*, formule le souhait de s'occuper de la suite, mais après une journée de réflexion, Uematsu lui demande de proposer ses services à Akitoshi Kawazu. Ainsi Hiroki Kikuta se retrouve associé au projet *Secret of Mana*, mais comme le développement de ce dernier n'en est encore qu'à ses débuts, il participe d'abord à la conception des bruitages du premier *Romancing SaGa*.

À cette époque, Square met un point d'honneur à laisser ses concepteurs libres d'organiser eux-mêmes leur propre travail, tant que le résultat est là. Nobuo Uematsu prolonge cette culture au sein de l'équipe musicale. Par conséquent, ses membres associent rarement leurs forces sur un même projet, ce qui génère parfois un climat de concurrence amicale entre eux. Tant qu'ils prennent la responsabilité de leurs choix, les musiciens et créateurs sonores de sa petite équipe sont relativement autonomes.

PARTIE 3

L'ère prospère de la Super Nintendo

FINAL FANTASY IV, UN NOUVEAU MONDE

Changement d'ère

Un changement de console représente toujours une période importante pour un développeur de jeu vidéo, car il affecte toutes les équipes et nécessite la mise au point de nouveaux moyens technologiques. Lorsque Square entame *Final Fantasy IV*, son tout premier jeu sur Super Famicom – Super NES ou Super Nintendo en Occident –, la charge de travail des développeurs décuple. Nobuo Uematsu, disposant maintenant d'une console plus puissante, doit lui aussi s'adapter : les processeurs audio de la SNES permettent d'exploiter huit canaux dédiés simultanés, au lieu de trois sur NES, et de reproduire la sonorité des instruments réels grâce à la technique du *sampling* – l'échantillonnage, en bon français. Pour la première fois, il est en mesure d'exprimer au moins en partie sa sensibilité musicale dans un jeu. Ce pas en avant est crucial : de l'aveu du compositeur, même si le succès de *Final Fantasy* était en train d'éclater, il aurait certainement fini par quitter Square s'il avait perpétuellement dû écrire des musiques avec trois sons élémentaires.

L'amélioration de la qualité sonore de *FFIV* n'est d'ailleurs pas qu'une simple question de canaux. Elle est due à l'arrivée d'un nouveau programmeur entièrement spécialisé dans la musique et les effets sonores : Minoru Akao, qui fait son entrée chez Square en 1989. Son métier consiste à programmer les outils qui permettent la création et la lecture de toute la partie sonore du jeu. En particulier, il conçoit une cartouche spéciale à destination des créateurs des bruitages, qu'ils peuvent insérer dans une SNES pour manipuler et ajuster les sons en temps réel. Sur *FFIV*, les créateurs des bruitages sont Kenji Itô, qui compose en parallèle les musiques de *Final Fantasy Adventure* sur Game Boy, et Akira Ueda, recruté en tant que graphiste, mais qui travaille là sur son tout premier jeu[27].

De leur côté, Nobuo Uematsu et Minoru Akao collaborent de très près pendant toute la gestation de *Final Fantasy IV*. Alors que le temps est extrêmement limité pour découvrir et apprivoiser les nouveaux outils de développement, les deux hommes arrivent régulièrement dans leur bureau de Square vers 6 heures du matin pour faire de nombreux essais. Pour Uematsu, il est malheureusement clair qu'il ne peut pas espérer atteindre un degré de qualité satisfaisant en se conformant aux horaires normaux de bureau. Une grande partie de leur temps se consacre à la préparation des échantillons sonores. Disponible pour la première fois dans la série avec ce quatrième épisode, la technique de l'échantillonnage sonore permet au compositeur de manipuler les sons numérisés de véritables instruments, et ainsi d'écrire des morceaux plus élaborés, si bien qu'il peut commencer à imaginer qu'il n'écrit pas de la musique typique des jeux vidéo – encore invariablement associés aux sonorités 8-bit – mais bien de la « vraie » musique.

Puisque le budget ne permet pas d'enregistrer des instruments en studio, Uematsu et Akao doivent travailler à partir de CD spécifiquement conçus à cet effet : une fois un échantillon sélectionné, ils n'ont plus qu'à le décliner sur toute l'étendue de l'instrument concerné. Du fait des limitations de mémoire, il est alors impensable d'échantillonner plusieurs sons pour un même instrument, ce qui signifie que le résultat peut sembler moins naturel dans les timbres les plus éloignés de la source. L'échantillonnage est qui plus est une technique gourmande en espace – une ressource particulièrement précieuse pour tous les développeurs, qui se battent pour en disposer du plus possible : engagée dès l'époque de la NES, la « lutte » pour le moindre petit *byte* disponible reste alors vive – quoique parfaitement cordiale. Les chefs de projet et les programmeurs ont pour habitude de se réserver, par sécurité, des dizaines voire des centaines

27. Témoin précieux de cette époque, Akira Ueda raconte son expérience plus précisément dans la préface du livre *L'histoire de Final Fantasy VI - La divine épopée* (éditions Pix'n Love, 2017).

de *bytes* de plus que ce dont ils ont réellement besoin, ce qui signifie qu'ils sont les cibles les plus fréquentes de ceux qui veulent récupérer un peu de mémoire. Cela arrive fréquemment à la fin du développement, quand tous les contenus du jeu sont noués ensemble.

La concrétisation de la bande originale de *Final Fantasy IV* est particulièrement éprouvante pour Nobuo Uematsu et ses collègues : pendant la durée du développement, soit un peu plus d'un an, il n'est pas rare que les membres de l'équipe restent dormir au bureau dans leurs sacs de couchage, et le compositeur lui-même passe le plus clair de son temps sur les musiques. Les moments de répit sont rares, et lorsqu'ils se produisent, les créateurs se réunissent dans la salle de détente de Square pour boire ensemble ou même jouer de la musique – Nobuo Uematsu est souvent le premier à proposer ces pauses de groupe, et il vient parfois avec sa guitare pour improviser un morceau. Mais tous retournent bien vite au travail, et Uematsu a pour habitude de se cloîtrer dans son bureau. Du fait du nouveau support, obtenir un résultat satisfaisant exige une série de tâtonnements.

Les sources de pression ne viennent d'ailleurs pas uniquement de l'intérieur de Square. En découvrant les musiques du jeu *ActRaiser*, sorti en décembre 1990 – en plein pendant le développement de *FFIV* –, Uematsu est stupéfait par leur qualité sonore. Travaillant lui aussi sur Super Nintendo, le compositeur Yûzô Koshiro réussit à conférer une couleur orchestrale unique à sa bande originale – le morceau « Fillmoa » notamment, thème du tout premier niveau, est resté dans toutes les mémoires pour son incroyable authenticité. Piqué au vif, Uematsu décrète alors qu'il doit absolument faire mieux, si bien qu'il mobilise dans l'urgence son collègue Akao et reprend de zéro l'échantillonnage de toutes les pistes de *FFIV* dans l'espoir d'atteindre cet objectif. Sans rancœur, il admet plus tard qu'il n'y est pas parvenu.

Trouver le son de *Final Fantasy*

Pour les joueurs, cela n'enlève évidemment rien au plaisir de découvrir les musiques de *Final Fantasy* sur une plate-forme bien plus expressive que la Famicom. Toutes considérations techniques mises à part, le fait que l'échantillonnage permette d'imiter des instruments réels soulève une question cruciale pour Uematsu : quel style va-t-il employer ? Quel son la musique de *Final Fantasy* doit-elle avoir ? Depuis quelques années déjà, Kôichi Sugiyama – encore lui – transforme ses mélodies de *Dragon Quest* à trois sons en de magnifiques orchestrations classiques, que ce soit lors des concerts ou sur des albums, ce qui dirige naturellement l'idéal de la musique de jeux de rôle japonais vers cette approche – malgré la popularité grandissante de *Final Fantasy*, c'est bien *Dragon Quest* qui est le représentant du genre à ce moment-là. Finalement, même *Final Fantasy* fait l'objet d'une réorchestration symphonique peu de temps auparavant, que le compositeur décrit comme « *le mariage de sa fille* » – preuve s'il en est qu'il sent ses œuvres lui échapper.

Les choses n'ont pas changé depuis le premier *Final Fantasy* : n'ayant jamais étudié la musique de manière académique, Uematsu se sait incapable de créer une partition cherchant à reproduire un orchestre. Mais pour lui, il est tout à fait acceptable de refuser cette évidence. Maintenant qu'il peut ajouter de l'expressivité à son œuvre, il est d'autant plus tentant de la diriger vers un terrain différent, s'inspirant davantage des musiques du monde. Il a déjà fait un premier pas vers ce domaine dans l'album d'arrangements de *FFIII*, prouvant son intérêt pour des genres plus exotiques et, peut-être, moins consensuels. La conception occidentale de la *fantasy*, qui puise principalement dans le Moyen-Âge et les vieilles légendes européennes, lui semble être une piste fructueuse. Uematsu a grandi dans les années 1960 sur l'île japonaise de Shikoku – une région rurale, bercée de spiritualité et même de surnaturel –, ce qui le rend naturellement sensible à l'imaginaire de forêts mystiques, de fées et de châteaux que les *Final Fantasy* développent. La musique celtique, une découverte récente dont la beauté le fascine, est une source d'inspiration notable.

La bande originale de *Final Fantasy IV* utilise ainsi principalement des échantillons sonores de flûte, de trompette, de cordes, de harpe, de batterie et de basse. Les moments les plus paisibles et romantiques sont menés par la flûte, tandis que les scènes les plus héroïques se trouvent associées à la trompette. Mais pour Uematsu, l'ajout d'une batterie réaliste est l'une des nouveautés les plus importantes du processeur sonore de la SNES – bien qu'il ait déjà réussi à trouver des effets comparables sur NES –, car elle lui permet de renforcer le développement rythmique des morceaux. Cela, non seulement pendant les combats, qui sont d'autant plus prenants, mais aussi pendant l'exploration

– en atteste le thème principal mémorable que l'on entend sur la carte du monde.

Selon la situation, d'autres instruments viennent rompre l'approche globale de la bande originale. Le thème des chocobos signe son grand retour avec un morceau de samba, genre musical qu'il aurait été impensable de recréer sur NES. Le grand méchant, Golbez, est sans surprise associé au son de l'orgue. Et, au paroxysme de l'aventure, alors que les joueurs se lancent dans un grand voyage vers la lune, ils sont accueillis sur la surface sans vie de l'astre de la nuit par des sonorités synthétiques surnaturelles et inquiétantes : les cordes qui se joignent au morceau, « Another Moon », sont elles-mêmes plongées dans un écho rappelant le vide de l'espace.

Malgré les extravagances du scénario, une thématique bien précise a un effet crucial sur la vision qu'a Uematsu du domaine dans lequel il travaille : pour la première fois dans la série, une histoire d'amour joue un rôle de premier plan dans l'intrigue, ce qui en amplifie nécessairement le potentiel émotionnel. Du fait des graphismes en 2D encore très limités, le développement de cette histoire d'amour, ici entre le héros Cecil et le personnage de Rosa, dépend alors principalement de l'écriture du scénario... et de la musique. Pour Uematsu, l'occasion se présente enfin de faire dans un *Final Fantasy* ce dont il rêve depuis longtemps : écrire des mélodies romantiques aussi marquantes que celles des chefs-d'œuvre du cinéma européen qu'il aime tant – une mission qui déclenche chez lui un changement d'état d'esprit quant aux possibilités du jeu vidéo. Ainsi offre-t-il à Cecil et Rosa un « Theme of Love » débordant de sentiments.

Lorsque, quinze ans plus tard, Square Enix confectionne un remake intégral de *Final Fantasy IV* sur Nintendo DS, l'idée d'écrire une chanson thème est posée. La mélodie du « Theme of Love » ne peut que convenir parfaitement. La question la plus cruciale est donc de savoir qui aura le privilège de la chanter. Puisqu'il ne s'agit pas d'un tout nouveau jeu mais d'un remake, le producteur Takashi Tokita décide qu'au lieu de chercher une célébrité, il est peut-être plus judicieux de trouver quelqu'un ayant joué à la version originale de *FFIV*. De fil en aiguille, Tokita lance un casting géant, qui prend la forme d'un concours organisé par Square Enix à l'été 2007, avec à la clé la promesse de signer avec une maison de disques et de commencer une carrière.

L'éditeur reçoit plus de 800 candidatures des quatre coins du Japon, et après une première phase de sélection qui fait tomber ce nombre à 50 personnes, les responsables du jeu font appel à Nobuo Uematsu pour qu'il les aide à désigner l'heureux gagnant. Lorsqu'il n'en reste plus qu'une poignée, le choix est d'autant plus difficile que le niveau est élevé, mais puisque Tokita cherche quelqu'un connaissant le jeu d'origine, c'est le dossier joint avec chaque candidature qui les aide à faire leur choix.

L'heureuse élue est Megumi Ida, une jeune employée d'une boutique de disques qui vit à Hokkaido. Son dossier respire tellement l'amour de *Final Fantasy IV* qu'il achève de convaincre les juges, déjà séduits par sa voix légèrement voilée et d'une grande douceur. Ida, qui signe grâce à sa victoire un contrat avec BMG Japan, a alors le privilège d'interpréter cette chanson intitulée « Tsuki no Akari » (« clair de lune »), dont les paroles sont écrites par Takashi Tokita et dont Uematsu confie les arrangements à Ken'ichirô Fukui pour qu'il en fasse une jolie ballade riche en piano – rappelant « Kiss Me Good-Bye » de *FFXII*, en moins pop. Malheureusement, cette agréable nouveauté est réservée à la version japonaise de *FFIV* DS : normalement entendue dans le générique de fin, elle est remplacée par un autre morceau du jeu dans les éditions occidentales. Quant à Megumi Ida, elle ne parviendra pas à capitaliser sur « Tsuki no Akari » pour faire carrière dans la chanson, et retournera à Hokkaido pour reprendre son poste de vendeuse[28].

Détour par l'Irlande

Mais revenons en 1991. Outre Minoru Akao, *Final Fantasy IV* marque l'arrivée d'un autre collaborateur important pour le compositeur : Kensuke Matsushita, alors employé de la maison d'édition NTT Publishing. Ayant

---

28. La musique de *Final Fantasy* la rattrape toutefois neuf ans plus tard, en 2016, lorsque le compositeur de *FFXIV* Masayoshi Soken fait le tour du Japon pour la promotion de la bande originale de l'extension *Heavensward* : profitant d'une rencontre publique qui se déroule dans le magasin HMV de Sapporo où travaille Ida, il l'invite à chanter « Oblivion », thème du combat contre Shiva, devant les clients ! L'interprète de « Tsuki no Akari » n'a d'ailleurs nullement abandonné la série, puisqu'elle joue désormais à *FFXIV*.

constaté la popularité grandissante des albums de musique de jeu vidéo, Matsushita suggère à sa hiérarchie de diversifier ses activités en s'intéressant également à l'édition de disques, et c'est alors qu'elle noue un tout premier partenariat avec Square pour la bande originale de *Final Fantasy IV* en lieu et place de Polystar – après un galop d'essai en décembre 1990, pour un guide officiel de *SaGa 2 Hihô Densetsu* dans lequel est également inclus un CD de 8 cm des musiques du jeu. Chose étonnante : alors que *FFIV* sort le 19 juillet 1991 au Japon, la bande originale réunissant les 44 pistes paraît en CD et cassette plus d'un mois plus tôt, le 16 juin. Kensuke Matsushita entame à cette occasion une mission de direction de la publication des albums de Square pour le compte de NTT, et devient rapidement un ami proche d'Uematsu. Quelques années plus tard, il est purement et simplement recruté par Square pour poursuivre son activité de production en interne.

Suivant la voie ouverte par *Final Fantasy III*, le quatrième épisode va lui aussi proposer un prolongement de son univers musical à travers un album d'arrangements. Nobuo Uematsu découvre en réalité la musique folklorique irlandaise grâce à un disque de chansons traditionnelles jouées au *hammered dulcimer*. Lui qui pense plutôt à U2 ou à Enya lorsqu'on lui parle de « musique irlandaise » vient de pousser la porte d'un tout autre univers, qui le captive immédiatement. Ainsi décide-t-il de sceller les inspirations celtiques déjà abordées dans le jeu, mais en poussant la logique encore plus loin : il fait arranger et jouer les musiques directement par des musiciens irlandais. Comment les trouver ? Le problème est résolu par NTT Publishing, dont le distributeur Americana Records se spécialise – comme son nom l'indique – dans les musiques des États-Unis, notamment le bluegrass. Ce style bien connu de musique folklorique américaine trouve en réalité ses origines dans les traditions musicales d'Irlande et d'Angleterre, apportées au Nouveau Monde lors des vagues d'immigration des XVIIIe et XIXe siècles. Les réseaux d'Americana Records s'étendent donc jusqu'en Irlande, ce qui leur permet de suggérer à NTT et Uematsu une musicienne locale capable de les aider : une dénommée Máire Breatnach, dont la carrière de violoniste vient de commencer.

En août 1991, un mois à peine après le lancement japonais de *Final Fantasy IV*, Nobuo Uematsu s'envole pour l'Irlande afin d'assister aux enregistrements, qui se déroulent aux studios Starc de Dublin. C'est ici que, pendant deux semaines, un petit groupe de musiciens donne vie à des arrangements dans la plus authentique tradition irlandaise, signés de Máire Breatnach elle-même. Tout en conservant l'ambiance mystérieuse, voire surnaturelle de certains thèmes de *FFIV*, elle souligne avant tout la beauté simple et communicative des musiques d'origine – un esprit chaleureux qui ne peut qu'enchanter Uematsu. Alors que les thèmes du jeu sont parfois très courts, Breatnach n'hésite pas à les agrémenter de passages inédits, le plus souvent festifs – y compris quand cela ne semble pas vraiment s'y prêter, pendant le thème solennel du roi des nains Giott ou au beau milieu de l'atmosphère fantasmagorique de « Illusionary World »[29].

Tout comme Máire Breatnach, les musiciens de *Celtic Moon* sont encore des anonymes, et ils ne parviennent pas à gagner leur vie en jouant de leurs instruments respectifs. Comme ils travaillent pendant la journée, les enregistrements de l'album se déroulent le plus souvent en soirée : certains reviennent même des champs à bord de véhicules chargés de légumes. Ils doivent également savoir faire preuve de patience, car le studio se trouve à proximité d'une usine d'automobiles dont le bruit est parfois tellement fort qu'ils doivent interrompre les sessions... Quelques années plus tard, alors qu'il regarde une vidéo du célèbre spectacle *Riverdance*, Nobuo Uematsu a la surprise de reconnaître certains des musiciens avec qui il a travaillé sur *Celtic Moon*, dont Máire Breatnach et le joueur de cornemuse Ronan Browne. Il a la satisfaction de constater que la plupart des interprètes ont réussi à devenir des musiciens professionnels à plein temps.

L'intérêt d'Uematsu pour la culture musicale irlandaise vient du fait qu'il la voit comme une tradition toujours extrêmement vivante et populaire, que les Irlandais s'approprient spontanément et dont l'identité est suffisamment forte pour qu'elle ne stagne pas. Se tourner vers ce style est également un excellent moyen pour lui de se détacher de l'automatisme qui veut que la musique de jeu vidéo tende vers l'univers de l'orchestre, et d'obtenir un résultat plus chaleureux. L'édition originale de l'album, qui est agrémentée de photographies de paysages typiques de l'Irlande, porte même le message « *pour les enfants du monde entier* » en anglais.

---

29. Preuve de l'impact de *Celtic Moon*, ce passage uniquement présent dans l'album est repris dans certains arrangements ultérieurs du morceau, dont une version jazzy sur le disque *SQ Swing* (2014).

C'est que pour Uematsu, la musique celtique a quelque chose de profondément familier et pénétrant. Malgré sa simplicité, elle a selon lui le pouvoir de s'adresser à tous, et c'est pour cette raison qu'il veut la partager avec le plus grand nombre.

Mais à l'époque de la sortie de *Final Fantasy IV Celtic Moon*, elle n'est pas encore des plus populaire au Japon, et certaines critiques sont particulièrement dures : le son typique du *fiddle* – le violon joué à l'irlandaise – et les percussions, en particulier, ne sont pas tout à fait du goût des joueurs japonais. Même les employés de Square n'apprécient guère l'album, considérant que le style est trop « sale » et qu'il est dommage d'avoir voyagé aussi loin pour un résultat pareil. Uematsu reconnaît certes que la musique est brute, qu'elle « *sent la terre* », mais il sait que c'est là toute la saveur de la tradition irlandaise et que c'est ainsi qu'il faut l'envisager.

Le temps lui donne finalement raison, *Celtic Moon* étant peu à peu devenu l'un des disques d'arrangements les plus populaires de la série – ce qui lui fait dire plus tard qu'il est peut-être sorti trop tôt[30]. Il est aussi le symbole d'une véritable ouverture sur le monde de la part d'Uematsu – et ce n'est que le début. Il rêve pendant longtemps d'en produire une suite, un *Celtic Moon 2* selon ses propres termes, mais faute de temps à lui consacrer, il ne peut jamais mener à bien le projet.

En dehors de *Final Fantasy*, la musique celtique finit même par s'inscrire directement dans l'univers de la musique de jeu vidéo japonaise. Quelques années plus tard, Yasunori Mitsuda prend lui aussi la direction de l'Irlande pour y enregistrer les chansons du jeu *Xenogears*, mais aussi l'album arrangé *Creid* – on y retrouve même Máire Breatnach au violon. Le producteur Ken'ichi Funayama, qui veut publier deux albums d'arrangements de musique de jeu vidéo à la mode irlandaise, se tourne quant à lui vers le même Ronan Browne que *Celtic Moon*. Parus en janvier 2001, les deux albums intitulés *Melody of Legend* comptent même des reprises de *Final Fantasy* : « Eyes On Me » du huitième épisode, arrangée par Hitoshi Sakimoto, et « Melodies of Life » du neuvième, par Yasunori Mitsuda. Le monde est petit !

30. Des années plus tard, Uematsu est ravi de découvrir que l'album a créé des vocations. C'est en particulier le cas du musicien Toshi Bodhran – pseudonyme intégrant le nom de l'instrument de percussion irlandais dont il est l'un des rares Japonais à avoir fait sa spécialité.

Nouvelles expériences

Final Fantasy IV inaugure une véritable frénésie de sorties d'albums en tous genres. La collaboration entre Square et NTT Publishing est si étroite que Nobuo Uematsu et Kensuke Matsushita sont en contact régulier et se rencontrent très fréquemment. De leurs discussions naissent de nombreuses idées. L'une d'elles est de publier des disques de petit format, 8 cm, à des prix abordables pour le jeune public qui souhaite écouter quelques pièces de son jeu préféré : ainsi, en septembre 1991, *Final Fantasy IV Minimum Album* propose six pistes sommairement arrangées, plus des morceaux non retenus dans le jeu.

Une autre idée va devenir l'un des rendez-vous les mieux connus de l'histoire musicale de *Final Fantasy* : celle de produire des transpositions pour le piano. Alors que *Dragon Quest* multiplie les albums pour orchestre et les concerts qui vont avec, les deux hommes se sentent probablement encouragés à explorer des voies différentes, qui aboutissent sur l'idée du piano solo – peut-être ignorent-ils alors que deux disques d'arrangements pour piano de *Dragon Quest* sont sortis en août 1990... Cependant, ce *Final Fantasy IV Piano Collection* qui paraît en avril 1992 n'est pas principalement conçu pour être écouté en disque : il s'agit d'un livre relié contenant les partitions, destinées aux pianistes en herbe, de treize morceaux sélectionnés par Uematsu. Alors que les arrangements, signés Shirô Satô[31], sont relativement simples, le CD qui est incrusté dans un écrin de la couverture sert en fait d'exemple. Les morceaux y sont joués par Toshiyuki Mori[32]. Cette composante pédagogique demeure dans les deux *Piano Collections* qui suivent, jusqu'à la transition, à l'époque de *Final Fantasy VIII*, vers des arrangements plus complexes, surtout destinés à l'écoute pure.

Malgré ce détour bienvenu par l'Irlande et le monde du piano, la musique de *Final Fantasy IV* croise tout de même la route d'un orchestre le 15 septembre 1991, lors de la première édition du *Game Music Concert*, un grand concert

31. Shiro Satô est depuis devenu accordéoniste professionnel.
32. Toshiyuki Mori est aujourd'hui un producteur de musique pop ayant travaillé avec de nombreux artistes japonais de renom. Si lui et Shiro Satô sont encore de modestes inconnus à l'époque de *FFIV*, Nobuo Uematsu trouve alors en eux d'autres grands amateurs de rock progressif.

organisé par... Kôichi Sugiyama, bien sûr. Le compositeur de *Dragon Quest*, qui joue alors le rôle de porte-parole de la musique de jeu vidéo au Japon, réunit le Tokyo City Philharmonic Orchestra pour interpréter une sélection de morceaux tirés entre autres de *Super Mario*, *The Legend of Zelda*, *Wizardry* et, donc, *FFIV*. « Red Wings », « Theme of Love » et « Epilogue » sont confiées aux bons soins de l'orchestrateur Katsuhisa Hattori et de son fils Takayuki, comme lors du concert symphonique des deux premiers *Final Fantasy* en 1989.

Parallèlement à *Final Fantasy IV*, l'illustrateur Yoshitaka Amano organise en 1991 une exposition de ses œuvres pour la série de jeu vidéo. Intitulée « Dawn » et se déroulant évidemment au Japon, elle a une particularité notable : Nobuo Uematsu compose une bande-son exclusivement pour cet événement, d'une dizaine de morceaux environ, en reprenant au passage quelques-unes des mélodies de *Final Fantasy*. Le visiteur peut ainsi se plonger dans l'univers de la série non seulement à travers les tableaux comme toujours somptueux d'Amano, mais aussi via les mélodies qui accompagnent habituellement les joueurs.

Pour Uematsu, c'est la première fois que, en tant qu'employé de Square, il travaille sans la limite contraignante des huit sons simultanés infligée par la Super Famicom – sans parler bien sûr de celle des trois sons de la génération précédente, qu'il n'a laissée derrière lui qu'à peine un an plus tôt. Dans l'espoir que cette « bande originale d'exposition » soit publiée, il confie le disque de master à NTT Publishing, mais l'éditeur ne s'en sert finalement pas et Uematsu n'en reverra plus jamais la couleur. Kensuke Matsushita ayant quitté NTT il y a très longtemps maintenant, qui sait où il peut bien se trouver aujourd'hui ?

FINAL FANTASY V, MES CHERS AMIS

Une avancée technique au service de l'art

L'enfantement dans la douleur des musiques de *Final Fantasy IV* a au moins un avantage : celui de permettre à Nobuo Uematsu et Minoru Akao d'appréhender la Super Nintendo et d'ouvrir la voie vers la suite. Avec *Final Fantasy V*, la musique de la série continue son essor, notamment grâce à des innovations techniques.

Depuis le tout premier *Final Fantasy*, Nobuo Uematsu est confronté à un problème gênant : après chaque combat, la musique d'exploration reprend toujours au tout début, et non là où elle s'est arrêtée avant la bataille. Même lors du passage sur Super Nintendo avec *FFIV*, cet écueil est toujours présent. Il est facile d'imaginer pourquoi, sur le plan de la composition, cette particularité technique est contraignante : Uematsu sait très bien que les joueurs, constamment interrompus par les combats aléatoires, ne vont que très rarement entendre ses morceaux d'exploration jusqu'au bout – le seul moyen de le faire est de passer du temps dans les menus, ce qui n'est pas idéal pour apprécier les compositions dans leur contexte. Il lui semble donc inutile d'écrire de trop longues pistes. Sur NES, celles-ci ne durent le plus souvent qu'une trentaine de secondes. Dans *FFIV*, elles atteignent bien plus souvent la minute, avec des refrains mémorables, mais le rythme de jeu fait qu'il est assez rare de les entendre.

Il est grand temps que cela change. Alors que *Final Fantasy V* est en préparation, Minoru Akao s'emploie à créer un système permettant d'interrompre le thème d'exploration pendant la durée du combat et de le relancer là où il s'est arrêté : le jeu garde en mémoire la mesure à laquelle la piste s'arrête, afin de reprendre au même endroit. Une véritable libération pour Nobuo Uematsu, qui n'hésite plus alors à écrire des musiques de plus d'une minute. Exemple de cette innovation, la piste « Slumber of Ancient Earth » – entendue dans la grande pyramide du désert – reprend un thème de forêt très sommaire de *Final Fantasy III*, mais bien plus étoffé et élaboré. Le compositeur, manifestement satisfait de cette mélodie inquiétante, l'utilisera encore dans *FFIX*, dans le thème de Kuja.

Le nombre de morceaux devient lui-même plus important. Après 44 pistes dans *FFIV*, Uematsu en compose près d'une soixantaine pour le *V*. L'ampleur grandissante des jeux est telle que, lorsqu'il examine le contenu prévu dans *FFV* et prépare sa première liste de musiques potentielles à composer, Uematsu évalue qu'il lui en faut plus de cent ! Ce qui, dans la limite du temps imparti et de ses propres capacités, est beaucoup trop, d'autant qu'il sait très bien qu'il va en écrire bien plus, son processus créatif se fondant sur de nombreux tâtonnements. Il fait alors en sorte de réduire ce nombre autant que possible, en désignant par exemple les situations qui partageront une même piste musicale.

À cette époque, Uematsu n'est pas très à l'aise avec l'idée d'écrire autant pour un seul jeu, craignant que le sentiment qu'il souhaite communiquer ne se dilue. Pourtant, il est aussi inquiet qu'un nombre trop limité de morceaux donne au joueur l'impression d'entendre toujours la même chose. Par la force des choses, alors que chaque nouvel épisode de *Final Fantasy* est de plus en plus copieux, il va être nécessaire de multiplier également les pistes musicales. L'un des grands ressorts de son style se révèle alors : l'emploi d'un grand nombre d'arrangements des mêmes mélodies – dont un thème principal fort –, un moyen efficace d'établir une certaine cohésion[33].

33. Un jour – probablement à cette époque –, Kôichi Sugiyama reproche à Uematsu d'écrire beaucoup trop de pistes pour ses jeux : si cela devient la norme, cela risque de compliquer la tâche des autres compositeurs. Sugiyama lui aurait affirmé : « *Comme tu composes 50 morceaux pour* Final Fantasy, *là où 20 suffiraient, on me demande d'en faire autant dans* Dragon Quest, *alors baisse la moyenne !* » Un conseil qu'il se gardera bien d'appliquer...

Héroïsme et mélancolie

Nobuo Uematsu entame *Final Fantasy V* à l'hiver 1991, quelques mois après la sortie du quatrième épisode, lorsque Hironobu Sakaguchi lui remet le scénario du jeu – un bloc de 150 pages dont les premiers mots évoquent le lever du soleil dissipant les nappes de brume et révélant la silhouette du château de Tycoon. Cette description très visuelle va donner lieu à une première dans l'histoire de la série : la création d'une longue séquence d'ouverture dont la musique est directement calée sur l'image. Ainsi, alors que l'astre du jour se lève sur le château surplombant de vastes étendues verdoyantes, une paisible musique s'éveille lentement... jusqu'à ce que de lourdes notes de piano l'interrompent, au moment où les futurs héros du jeu découvrent avec inquiétude que le vent vient de s'arrêter. L'effort de mise en rapport direct entre la musique et l'image est encore timide, mais notable, d'autant que l'introduction s'achève dans un grondement sourd par la chute d'une météorite, animée en fausse 3D grâce au mode 7 de la Super Nintendo – des visuels particulièrement spectaculaires pour l'époque. C'est le point de départ d'une sombre aventure, dont l'ambiance reste unique dans l'histoire de *Final Fantasy*.

Final Fantasy V est un jeu teinté d'une étrange mélancolie et d'une discrète noirceur qui se traduisent directement dans la bande originale. Des moments de nostalgie ponctuent régulièrement l'aventure, une impression présente dans le thème de Lenna par exemple. Après *FFIV*, qui lui donne l'occasion de créer son propre style grâce à l'échantillonnage d'instruments réels, Uematsu relève avec *FFV* un nouveau défi, en adoptant une couleur musicale appropriée à ce jeu empreint d'une atmosphère singulière. Il est par conséquent possible de reconnaître immédiatement si une musique est tirée du quatrième ou du cinquième épisode : si, dans *FFIV*, la trompette est principalement associée aux thèmes de combat et aux morceaux les plus ténébreux, dans *FFV* elle devient l'instrument de l'aventure héroïque menée par les quatre protagonistes.

Cela ne prive évidemment pas le compositeur de s'essayer à quelques excentricités. Inspiré par son passage en Irlande pour l'enregistrement de l'album *Celtic Moon*, il se permet d'inclure un *reel* irlandais – une musique de danse traditionnelle – à *FFV* : « Harvest », un énergique thème de village. Dès l'époque de la NES, il rêve d'inclure des touches de folk dans sa musique, ce qui est naturellement très difficile à cause des capacités limitées de la console. Même s'il n'est pas question pour lui de forcer ce type de musique dans le jeu si le contexte ne s'y prête pas, il commence avec « Harvest » à affirmer nettement ses intentions. Cela ne se limite d'ailleurs pas aux sonorités celtiques : il commence aussi à suivre des cours de musique turque. Pour les fans d'Uematsu, que ce soit dans *Final Fantasy* ou non, l'un des attraits de son style est le caractère inattendu des genres qu'il utilise parfois – des écarts jamais trop fréquents, mais toujours surprenants. Il ne fera qu'accentuer cette approche au fil des ans.

En matière d'inattendu, la musique la plus célèbre de *Final Fantasy V* reste certainement « Clash on the Big Bridge » – un thème de combat qui ne ressemble à aucun autre, que les joueurs peuvent entendre lorsqu'ils affrontent Gilgamesh, personnage loufoque lui-même resté dans les mémoires. En 2001, quand Square organise un sondage de popularité afin de désigner une musique de la série qui serait interprétée par Rikki en plus de la chanson thème de *FFX*, « Clash on the Big Bridge » arrive troisième derrière le thème d'Aerith et « Not Alone » de *FFIX*. Difficile cependant d'imaginer la chanteuse, imprégnée de la beauté et de la douceur des chants traditionnels des îles méridionales du Japon, s'essayer à une musique de combat absolument effrénée...

Parallèlement à son intrigue principale, *Final Fantasy V* propose une quête secondaire parfaitement accessoire, et sans autre récompense pour le joueur que la satisfaction de voir son héros, Bartz, devenir un musicien confirmé – et l'ajout d'une compétence pour le job Barde. Le monde du jeu compte huit pianos, le plus souvent dans des bars, devant lesquels il est possible de s'arrêter pour jouer quelques notes. Une telle idée est déjà présente dans le troisième épisode, mais sous une forme bien plus élémentaire : le joueur peut entendre quelques notes hasardeuses de la « Lettre à Élise » de Beethoven – pour l'anecdote, Uematsu restitue en réalité l'interprétation de son collègue Hiroyuki Itô, l'un des concepteurs des bruitages.

Dans *FFV*, à chaque arrêt devant un nouvel instrument, le personnage franchit une nouvelle étape dans son apprentissage, un concept amusant glissé à Uematsu par Hironobu Sakaguchi. La première fois est évidemment une catastrophe : le pauvre Bartz peine à suivre le métronome en voulant faire un simple do-ré-mi-fa-sol-la-si-do. Lorsqu'il découvre son cinquième piano, ayant assimilé ses gammes, il abandonne enfin le métronome et se lance dans une première œuvre classique : le tout début de la « Marche militaire n°1 » de Schubert – qui se termine tout de même par une jolie fausse note. Suivent alors « Beautiful Dreamer » de Stephen Foster, la « Marche turque » de Mozart et, sur le tout dernier piano, la première des « Deux arabesques » de Debussy. Au départ tenté de conclure ce crescendo par le « Clair de lune » du même Debussy, Uematsu découvre que, mystérieusement, peu de gens autour de lui la connaissent, et il lui préfère la première arabesque. Le piano continue à remplir un petit rôle dans *Final Fantasy VII* : dans la chambre de Tifa, le joueur peut lui-même jouer les différentes notes. En interprétant le thème principal, il déverrouille l'ultime technique de combat de la jeune héroïne !

L'album de la bande originale de *Final Fantasy V* paraît le 7 décembre 1992 chez NTT Publishing et, pour la première fois dans la série, les musiques occupent deux disques. Uematsu souhaite pourtant réunir l'intégralité des morceaux sur un seul disque, craignant qu'un double album soit trop onéreux pour des enfants – 3300 yens contre 2300 pour la B.O. de *FFIV* –, mais il y a trop de pistes. Suivant la logique du *Minimum Album* imaginé pour l'épisode précédent, les petites bourses peuvent à défaut se rabattre dès le 20 octobre sur un disque de 8 cm intitulé *Final Fantasy V 5+1*, à 930 yens seulement, comprenant cinq pistes du jeu et un arrangement pour la puce sonore de la Super Famicom du thème de la grotte de Matoya du tout premier *Final Fantasy*.

Des traditions du Grand Nord

Quand arrive le moment de préparer un album d'arrangements de *Final Fantasy V*, Nobuo Uematsu tourne son regard vers la Finlande, dont les traditions musicales l'intéressent particulièrement. Il vient en effet de découvrir le kantele, un instrument à cordes pincées typique, ainsi que le chant traditionnel same[34] nommé joik – prononcé « yoïk » –, et il rêve d'en enregistrer sur sa propre musique. Comme pour *Final Fantasy IV*, il semble bien plus attrayant de se rendre directement sur place. À la demande de NTT Publishing, l'intermédiaire

34. Les Sames sont un peuple autochtone de Laponie.

est cette fois-ci le compositeur-entrepreneur Shirô Sagisu[35], qui commence au début des années 1990 à développer ses activités en Europe et possède un bureau à Paris, capable de rayonner dans le reste du continent selon les besoins.

Nobuo Uematsu prend la décision d'arranger lui-même ses musiques pour ce nouvel album, qui va porter le nom fort chaleureux de *Dear Friends*, « Chers amis », en référence au morceau paisible du même nom qui accompagne la scène de fin de *FFV*. Les enregistrements commencent au Japon en décembre 1992 – le mois de la sortie du jeu –, avec la partie vocale de la piste « Pirates Ahoy ». La tentation d'y inclure des cris de pirates est trop forte, et pour ce faire, il n'y a pas besoin d'aller chercher très loin : le leader n'est autre que l'un des producteurs exécutifs du disque, Yoshitomo Sakuma, tandis que ses quatre matelots sont campés par Nobuo Uematsu, Takashi Tokita, Michio Okamiya et Kazuyuki Kurashima – ces trois derniers sont respectivement réalisateur, responsable publicitaire et illustrateur chez Square. Les notes du livret de l'album se permettent même de préciser que Reiko Uematsu et Hiroyuki Itô prennent en charge l'approvisionnement en vivres et en boissons.

À la suite de ce qui est certainement une belle tranche de rigolade, Nobuo Uematsu s'envole pour la Finlande l'année suivante, en janvier 1993, afin d'assister au reste des enregistrements au studio Finnvox de Helsinki. Un groupe d'une quinzaine de musiciens finlandais est réuni pour donner vie aux arrangements d'Uematsu, avec guitares, flûtes, bouzouki, violon, cornemuse, accordéon, basse et percussions. Mais au centre de toutes les attentions se trouvent les deux acteurs qui intéressent le plus le compositeur : le kantele et le joik. Le premier est entre les mains de Timo Väänänen, un jeune interprète – seulement 22 ans – depuis devenu l'un des grands experts de l'instrument dans son pays. Mais Uematsu prépare l'album sans avoir de kantele à sa disposition, et il n'a pas étudié de près la musique folklorique finlandaise. Ses arrangements restent donc simples, au plus près des musiques d'origine, et ne tirent pas pleinement parti de ses possibilités.

---

35. Né en 1957, Shirô Sagisu est surtout connu en tant que compositeur des séries animées *Attacker You!* (*Jeanne et Serge*), *Kimagure Orange Road* (*Max et Compagnie*), *Nadia, le secret de l'eau bleue*, *Neon Genesis Evangelion* ou encore *Bleach*, ainsi que des films *Casshern*, *Attack on Titan* et *Shin Godzilla*.

Quant au joik, il est de la responsabilité d'un trio de chanteuses nommé Angelin Tytöt, composé d'Ulla Pirttijärvi et des sœurs Ursula et Tuuni Länsman[36]. Leur première intervention, le thème principal « Ahead On Our Way », introduit l'album par une invitation immédiate au voyage. Mais elles brillent surtout dans la chanson « My Home, Sweet Home » – où les paroles mêlent l'anglais et le same du Nord, la plus parlée des langues sames – et dans « As I Feel You Feel », éblouissante reprise méditative du thème de la forêt de Mua, traversée de chants joik et portée par une narration en same. Nobuo Uematsu se dit moyennement satisfait de ses enregistrements de joik, dont il laisse la libre interprétation aux trois chanteuses, mais ils n'en témoignent pas moins d'une ouverture sur le monde alors relativement inédite dans le monde bourgeonnant de la musique de jeu vidéo japonaise.

À ce regard bienveillant sur les traditions d'ailleurs s'ajoute une véritable humanisation de la musique, qui se manifeste avant tout dans l'objet : parue le 25 mars 1993, la première édition de *Final Fantasy V Dear Friends* est un digipak dont la couverture et le livret sont littéralement constellés de photographies – et d'une petite poignée d'images du jeu seulement. Uematsu a en réalité invité ses collègues de Square et ses amis à lui apporter des photos en tous genres, d'eux-mêmes et de leurs connaissances, pour former un immense pêle-mêle de visages familiers ou non. Le cliché le plus pittoresque montre Nobuo Uematsu, Hironobu Sakaguchi et quelques-uns de leurs amis prenant la pose torse nu, dans des circonstances que l'on ne peut qu'imaginer. Sur la page en face, un bébé est tout sourire : c'est Uematsu lui-même. Sur la couverture, en bas, un cliché en noir et blanc montre une petite fille africaine, « Mamé-chan » comme la surnomme Uematsu. Par le biais d'une association humanitaire, sa femme et lui l'ont parrainée en lui envoyant de l'argent tous les mois jusqu'à sa majorité – n'ayant pas d'enfants, le couple y voit un moyen de se rendre utile à quelqu'un[37].

36. Leur groupe existe toujours et compte de nouveaux membres, bien qu'Ulla Pirttijärvi mène désormais une carrière en solo. Renommé Angelit, il publie plusieurs albums mélangeant rythmiques et instrumentations modernes avec des chants traditionnels sames.
37. Une générosité qui ne se limite pas à Mamé-chan : aujourd'hui, c'est un jeune garçon thaïlandais qui est « fils adoptif » du couple Uematsu. Les enfants n'ont jamais rencontré leurs bienfaiteurs, mais l'association s'engage à transmettre quelques nouvelles aux donateurs.

L'auditeur est invité à se sentir membre de cette petite famille, de ces *chers amis* qui donnent son titre à l'album. La dernière page du livret porte une mention en anglais d'Uematsu, sans doute destinée aux personnes qui se retrouvent dans sa musique : « *Merci à celles et ceux d'entre vous qui m'ont soutenu. Je n'aurais rien pu faire sans votre aide.* »

Multiplication de nouveaux visages

Final Fantasy V n'est pas le seul jeu de Square à voir le jour en décembre 1992. Parallèlement, une nouvelle équipe de développement menée par Takashi Tokita livre *Hanjuku Hero: Aa, Sekai yo Hanjuku Nare...!!* sur Super Famicom, suite du *Hanjuku Hero* paru en 1988 sur Famicom. Nobuo Uematsu a écrit les musiques de ce dernier, mais alors que le développement de ce nouvel épisode et celui de *FFV* se chevauchent, il doit trouver une solution de rechange car il n'a tout simplement pas les moyens de se consacrer aux deux projets. Ses autres compositeurs ne sont pas non plus disponibles et, pour ne rien simplifier, Square s'encombre d'un déménagement du quartier d'Akasaka à celui d'Ebisu en mars 1992. Uematsu fait alors un pari audacieux : il propose aux développeurs de demander à Kôichi Sugiyama en personne de signer les musiques de ce nouveau jeu. L'offre est osée, car Sugiyama travaille sur *Dragon Quest V*, commercialisé en septembre 1992 au Japon. Mais le célèbre compositeur, qui aime beaucoup le premier *Hanjuku Hero*, est fort enthousiaste à l'idée de participer à sa suite et accepte la proposition de Square – à la grande surprise d'Uematsu.

En réponse, Kôichi Sugiyama lui lance un défi pendant la préparation de la deuxième édition de son *Game Music Concert* : qu'Uematsu orchestre lui-même des morceaux de *Final Fantasy V*. C'est évidemment ambitieux, car Uematsu n'a jamais appris cet exercice extrêmement complexe. Il se charge néanmoins de deux pièces : le thème d'ouverture et la valse du bal du château de Tycoon.

Même si Sugiyama lui rend visite pour lui prodiguer des conseils d'écriture[38], Uematsu est très déçu lorsqu'il entend le résultat, joué par le Tokyo Memorial Orchestra sous la direction de Kôsuke Onozaki le 12 septembre 1992. Les morceaux sont effectivement très scolaires et sonnent peu – surtout lorsqu'on les compare aux autres réorchestrations du concert. Pour autant, Sugiyama tente de réconforter Uematsu en lui disant qu'il est simplement au « niveau 1 » de l'orchestration, comme dans un jeu de rôle, et qu'il ne peut que progresser. Pour Uematsu, c'est néanmoins scellé : l'exercice a au moins l'intérêt de lui confirmer qu'il n'est pas fait pour ce procédé, et qu'il ne compte pas passer au niveau 2. Cela ne fait que valider son orientation dans *FFIV* et *V*, qui tend bien plus vers le folk, le rock progressif et les musiques du monde.

Pendant le développement de *Final Fantasy V* et *Hanjuku Hero: Aa, Sekai yo Hanjuku Nare...!!*, l'équipe sonore de Square voit tout de même l'arrivée d'un nouveau membre en la personne de Yasunori Mitsuda. Le jeune homme, qui finit ses études et cherche un job, découvre dans un magazine que l'éditeur recherche un compositeur. Le domaine du jeu vidéo l'intéresse peu mais, ne trouvant pas d'autres offres d'emploi, il se décide à postuler. Début février 1992, il envoie un CV et une cassette de démo contenant trois morceaux. Ne recevant pas de réponse, il appelle directement Square pour avoir des nouvelles. Au bout du fil, on lui répond que Nobuo Uematsu ne peut pas juger son cas à partir de trois morceaux seulement : il doit en envoyer d'autres.

Trois démos supplémentaires plus tard, il décroche enfin un entretien... au cours duquel il fait preuve d'une insolence certaine. Devant Uematsu et Minoru Akao, il annonce d'emblée qu'il n'a jamais joué à un *Final Fantasy*, seulement aux vieux jeux de Square sur PC – dont *Blassty* et *Alpha* qu'il ne semble pas tenir en haute estime –, et qu'il voit uniquement ce poste comme un tremplin pour la suite. Cette audace plaît beaucoup à Uematsu, qui l'embauche – à l'écoute de ses démos, il est aussi séduit par son sens de la mélodie.

---

38. Entre autres, Sugiyama explique à Uematsu qu'il n'est pas nécessaire de noter précisément l'exécution du rythme de valse comme il l'a fait, et qu'il suffit de noter « valse viennoise » au sommet de la partition pour que les musiciens comprennent immédiatement l'effet recherché.

Pourtant, alors que Mitsuda est recruté en tant que compositeur, il est immédiatement affecté aux bruitages de *Final Fantasy V*, avant de se retrouver catapulté ingénieur du son sur *Hanjuku Hero: Aa, Sekai yo Hanjuku Nare...!!*, ce qui lui donne certes l'immense privilège de programmer les compositions de Kôichi Sugiyama, mais aussi l'impression d'avoir été trompé sur la marchandise. Il faut dire qu'à ce moment-là, les effets sonores des jeux Square sont conçus en grande partie par les compositeurs eux-mêmes – principalement Kenji Itô puis Hiroki Kikuta, et même Uematsu –, voire par des employés d'autres départements : c'est le cas d'Akira Ueda et de Masanori Hoshino, tous deux graphistes. Tous ceux qui ont l'oreille musicale sont en fait les bienvenus pour participer au son. L'arrivée de Yasunori Mitsuda est donc d'autant plus appréciable qu'elle offre deux mains supplémentaires.

Deux mains d'ailleurs très talentueuses, ce qu'Uematsu constate lorsqu'il voit Mitsuda résoudre un casse-tête qui les bloque depuis des mois dans *Final Fantasy V* : celui du cri du dragon Syldra. Le nouveau venu, déjà exercé à la reconstitution de voix – dont le cri de Godzilla – en synthèse par modulation de fréquence, n'a aucun mal à obtenir un résultat convaincant. Lorsqu'Uematsu entend un des premiers essais à travers la paroi de son bureau, il accourt devant Mitsuda, éberlué : c'est exactement ce qu'ils cherchent. « *N'y touche plus* », lui aurait-il même dit. Entre les techniques innovantes mises au point par Minoru Akao, les doigts de fée de Yasunori Mitsuda et les expérimentations des compositeurs – avec comme illustre exemple la partition de Hiroki Kikuta pour *Secret of Mana* –, la qualité du son des jeux Square s'améliore considérablement en l'espace de quelques années.

À long terme, le bricolage qui semble reléguer la création des bruitages au second plan ne peut cependant être viable – d'autant que le petit génie Mitsuda commence à se lasser d'être exclusivement associé à cette tâche et pose un ultimatum à Hironobu Sakaguchi en personne : s'il ne le laisse pas composer la bande originale d'un jeu, il démissionne sans autre forme de procès ! La démarche est osée, mais le résultat bénéfique, puisque Sakaguchi lui propose un projet en cours de préparation : un certain *Chrono Trigger*. Parallèlement, pour ne pas perdre son élan, Square est contraint de prendre les bruitages au sérieux, avec l'arrivée à partir de 1993 de plusieurs personnes dévouées à cette question.

En 1993, Uematsu recrute également Yôko Shimomura qui, sans surprise, contribue d'abord aux effets sonores de *Romancing SaGa 2* sous la supervision de Mitsuda – bien que ce dernier lui fasse rapidement comprendre qu'elle n'est pas du tout faite pour cette tâche. Ce qui arrange bien Shimomura : elle a quitté son poste chez Capcom – où elle a notamment écrit les musiques de *Street Fighter II* – parce qu'elle rêve de composer pour des jeux de rôle. Or, Square est le seul studio de jeu vidéo qui semble convenir à ses attentes, même si cela signifie qu'elle doit déménager d'Osaka, où elle vivait jusqu'alors, pour s'installer à Tokyo. Finalement, son souhait est exaucé quand elle est nommée compositrice de *Live A Live*, un nouveau jeu de rôle en préparation sur Super Famicom par l'équipe de Takashi Tokita.

En l'espace de quelques années, l'équipe sonore de Square s'agrandit nettement, mais ce que ses membres ignorent, c'est la superbe carrière qui attend la plupart d'entre eux. Les noms de Kenji Itô, Hiroki Kikuta, Yasunori Mitsuda et Yôko Shimomura font aujourd'hui partie des plus célèbres du monde de la musique de jeu vidéo japonaise. Ils prennent leur envol dans la pépinière de Square – à l'exception peut-être de Shimomura qui a déjà une belle expérience chez Capcom. Tous sont redevables à Nobuo Uematsu, qui leur a donné leur chance. « *Mon talent pour dénicher celui des autres est assez épatant, non*[39] *?* », s'amuse-t-il.

39. S.A., « Exclusive: Interview with the Maestro - Nobuo Uematsu », *VGChartz.com*, 7 janvier 2011, http://www.vgchartz.com/article/83380/exclusive-interview-with-the-maestro-nobuo-uematsu/

FINAL FANTASY VI, LE GOÛT DU TRIOMPHE

L'heure de la fierté

Dès ses premières secondes, *Final Fantasy VI* tire un trait radical sur l'héritage de ses cinq prédécesseurs. Dans une séquence d'introduction digne d'un film d'horreur, un ciel d'orage pourpre défile lentement sous le timbre pesant d'un orgue de plus en plus insistant, jusqu'à ce que surgisse le logo en lettres de feu. Le ton est donné. En découvrant cette musique des plus inhabituelles lors de la conception du jeu, Hironobu Sakaguchi ne peut s'empêcher d'émettre quelques doutes auprès de Nobuo Uematsu. Mais il s'agit du sixième *Final Fantasy* et les deux hommes se connaissent désormais très bien : Uematsu lui assure simplement que le résultat fonctionne bien et, sans insister davantage, Sakaguchi acquiesce.

Pendant longtemps, le compositeur aborde chaque nouveau *Final Fantasy* avec la crainte que la pression soit trop difficile à gérer. Mais le sixième épisode ? Il l'a pleinement adopté. Dans un entretien avec Sakaguchi reproduit dans le livret de la bande originale du jeu, il proclame, comme libéré : « *Aujourd'hui, je peux le dire avec fierté : "La musique de* Final Fantasy *est l'œuvre de Nobuo Uematsu". C'est passionnant, la musique de jeu vidéo.* » L'époque à laquelle il pensait que celle-ci ne serait pour lui qu'une courte étape vers un domaine plus prestigieux est entièrement révolue. Il fait réellement le travail de ses rêves.

Final Fantasy VI est une œuvre ambitieuse à plus d'un titre, et pas uniquement par sa bande-son. Après un cinquième épisode fidèle à l'imaginaire classique du jeu de rôle – la *fantasy* médiévale –, *FFVI* fait un bond en avant spectaculaire. Il se distingue de manière remarquable grâce à un contexte inédit inspiré de la révolution industrielle européenne, une galerie de personnages aux sentiments exacerbés mais sans protagoniste unique, et une histoire découpée en deux parties divisées par un impressionnant rebondissement.

Le jeu est créé par une équipe d'une trentaine de personnes, qui se connaissent bien, n'hésitent pas à s'entraider et maîtrisent désormais à merveille la Super Nintendo. Square trouve un équilibre parfait entre le nombre de créateurs à l'œuvre, suffisant pour conserver une communication amicale, et le potentiel qu'ils sont capables d'obtenir. *Final Fantasy* va brutalement changer d'échelle dès l'épisode suivant – la taille du groupe augmente considérablement. Aujourd'hui encore, Nobuo Uematsu garde un souvenir ému de l'époque de *FFVI*. Même si les ultimes phases de développement épuisent les dernières ressources des membres de l'équipe, ils savent qu'il s'agit d'un mal nécessaire, car ils confectionnent un jeu d'exception. Uematsu en tire une entière satisfaction et considère aujourd'hui ce moment comme l'un des meilleurs de sa carrière.

Comme touché par la grâce, Nobuo Uematsu signe avec la bande originale de *Final Fantasy VI* l'une de ses œuvres les plus abouties. Avec l'aide toujours aussi précieuse du programmeur Minoru Akao, mais aussi d'un nouvel allié en la personne de l'ingénieur du son Eiji Nakamura, il tire profit des capacités sonores de la Super Nintendo afin d'insuffler à sa musique un timbre immédiatement reconnaissable, bien plus développé et raffiné que dans *FFV*. Uematsu déploie une palette de styles jusque-là inédite dans la série. Si certains d'entre eux sont purement parodiques, l'atmosphère posée par la bande-son de *FFVI* n'en reste pas moins profondément mélancolique, teintée de mystère. Puisant dans l'expressivité exacerbée des héros romantiques – dans le sens noble du terme –, une tristesse d'un genre nouveau s'exprime dans des thèmes comme « Coin Song », « Forever Rachel » ou « Epitaph », qui transcrivent les douleurs et les regrets d'Edgar et Sabin, de Locke et de Setzer avec une étonnante tendresse.

FFVI offre également des moments d'un onirisme plus détaché et méditatif, comme la musique de la forêt fantôme – dont les cordes étonnamment délicates accompagnent une flûte voilée –, le thème délicat de Gau ou encore « Dark World », morceau minimaliste et sépulcral du monde réduit en ruines. Dans ce dernier, comme dans d'autres, Nobuo Uematsu associe à ses compositions des effets sonores venant naturellement enrichir le panorama qu'elles développent : un souffle mystérieusement organique résonne dans les grottes de Narshe, une pluie battante inonde la musique de Zozo, le thème du train fantôme débute par l'arrivée dudit véhicule, une machinerie mécanique sonne le rythme dans le laboratoire de recherche magitek... Des tissus sonores plus complexes, à l'image de l'introduction du dernier donjon, annoncent déjà ce que l'on entendra plus tard sur la première PlayStation.

Malgré la gravité de l'histoire de *Final Fantasy VI*, Nobuo Uematsu n'hésite pas à s'offrir également quelques moments comiques, dont « Spinach Rag », un « ragtime aux épinards » dont le titre est une parodie probable du « Maple Leaf Rag » de Scott Joplin (littéralement, « le ragtime de la feuille d'érable »), et cette « Johnny C Bad » qui est une allusion on ne peut plus évidente à « Johnny B. Goode » de Chuck Berry. D'autres morceaux sont parfaitement ironiques, thématique dans laquelle s'inscrit à merveille la musique du manoir d'Owzer, « The Magic House », pourtant ressuscitée de *Final Fantasy II* ! Quoiqu'en termes d'ironie, la palme revient certainement au thème de Kefka, dont les airs grandiloquents n'ont rien de la musique terrifiante d'un grand méchant. Il faut attendre sa reprise dans le combat final pour en entendre un arrangement proprement agressif.

Les personnages principaux de *Final Fantasy VI* jouent un rôle absolument fondamental dans le jeu, si bien que sans eux, son histoire ne raconterait finalement plus grand-chose – dans la deuxième moitié de l'aventure, où le joueur est libre de les retrouver dans l'ordre qu'il souhaite, l'intérêt narratif ne vient plus que de la résolution successive des intrigues de chacun d'entre eux. Cette omniprésence des protagonistes a un impact direct sur la bande originale. Nobuo Uematsu commence dès *FFIV* à composer des thèmes musicaux pour les personnages, mais pour une poignée d'entre eux seulement, et seule Lenna a le sien dans *FFV*. Dans *FFVI*, chacun des quatorze personnages jouables, ainsi que le grand méchant Kefka, a son propre thème musical – seuls les frères Edgar et Sabin partagent la même musique. Même les plus mystérieux des personnages optionnels, Gogo et Umaro, ont droit à ce privilège.

Hironobu Sakaguchi insiste auprès du compositeur pour qu'il écrive une musique par personnage, ce qui est loin de le ravir, car ces thèmes lui demandent toujours une attention très particulière : les héros sont forcément l'un des aspects les plus cruciaux d'un jeu comme *Final Fantasy*, et leur musique joue un rôle essentiel dans leur présentation. Uematsu les compose tout de même en faisant montre d'une étonnante diversité, mais ce sont avant tout les thèmes des femmes qui sont devenus les plus emblématiques. La jeune Relm est d'ailleurs le personnage préféré d'Uematsu dans *FFVI* : il écrit pour elle un morceau d'une grande douceur, utilisant une imitation de cornemuse – une nouvelle touche d'inspiration celtique. Ce sont pourtant Terra et Celes qui occupent la place la plus importante dans l'histoire. Si *FFVI* n'a pas de héros unique, c'est le thème de Terra que l'on peut entendre sur la carte du monde dans la première partie, et celui de Celes s'invite dans l'opéra – cette dernière est également le premier personnage jouable de la seconde partie du jeu. Les thèmes des personnages trouvent leur apothéose dans la musique de fin qui, du haut de ses 21 minutes et 36 secondes dans sa version disque, demeure à ce jour le plus long morceau unique jamais écrit pour la série.

Extravagances maîtrisées

Le plus grand moment de *Final Fantasy VI*, et sans doute l'une des scènes les plus mémorables de toute la série, est l'opéra. Yoshinori Kitase, le coréalisateur chargé du scénario, se prend de passion pour le personnage de Celes au point de lui offrir dans l'histoire une place bien plus importante que celle prévue par Hironobu Sakaguchi dans son synopsis. Épousant le contexte de faux XIXe siècle européen du jeu, et ne reculant devant aucun artifice d'intrigue inattendu, Kitase imagine que son personnage de prédilection participe à un opéra en guise de subterfuge pour attirer l'attention de Setzer Gabbiani. Possesseur du seul aéronef au monde, dont les héros ont grand besoin pour poursuivre leur quête, Setzer est avant tout un grand séducteur, épris de la cantatrice interprétant le rôle féminin principal de l'opéra *Maria et Draco*. Bien sûr, qui dit opéra dit musique, et Kitase compte évidemment sur Nobuo Uematsu.

Seulement, n'ayant pas reçu de formation classique et n'ayant pas du tout baigné dans cet univers, Uematsu n'a jamais vraiment écouté d'opéra. En temps normal, ou dans un *Final Fantasy* précédent, cela aurait dû l'inquiéter énormément : par le passé, il lui arrivait de fuir les difficultés en prenant quelques jours de vacances pour relâcher la pression. Mais cette fois-ci, il se met à l'œuvre avec un enthousiasme tel qu'il imagine une démo de 45 minutes ! Hironobu Sakaguchi est obligé de lui dire que c'est beaucoup trop et qu'une quinzaine suffit amplement, d'autant que dans la scène imaginée par Kitase, le spectacle doit être coupé avant la fin.

S'il n'y a aucune pénurie créative, un problème technique subsiste : qui dit opéra dit aussi chant. La SNES permet a priori d'utiliser des échantillons de voix réelles, ce que d'autres développeurs parviennent à exploiter pour inclure des chansons à leurs jeux – par exemple dans *Tales of Phantasia* en 1995 –, mais leur numérisation nécessite une grande capacité de cartouche et un effort de programmation supplémentaire. Résultat : *FFVI* opte pour des voix synthétiques imitant les chants des trois protagonistes de l'opéra, Draco, Maria et Ralse. Mais le texte, écrit par Yoshinori Kitase, apparaît tout de même à l'écran en respectant scrupuleusement la mélodie. Le résultat demeure aujourd'hui une merveille d'entrelacement de narration, de scènes jouables et de musique.

Évidemment, comme Nobuo Uematsu compose l'opéra de *FFVI* à sa façon, ce qui doit arriver arrive : à la sortie japonaise du jeu, en avril 1994, Kôichi Sugiyama se jette sur son téléphone pour enguirlander ce bougre qui a eu l'outrecuidance de composer un opéra sans lui demander conseil. Pas rancunier, et sans doute conscient qu'il s'agit d'une œuvre unique en son genre, Sugiyama le qualifie d'office dans la quatrième édition de son *Game Music Concert*, qui se déroule le 4 septembre 1994 au Suntory Hall de Tokyo. Il en confie l'orchestration à son ami Kôsuke Onozaki, qui reprend les quatre parties originales et y ajoute un épilogue inédit pour constituer une pièce de 23 minutes intitulée « Yume no chikai » (« le serment rêvé »). Alors que pour des raisons scénaristiques, le jeu met un terme à l'opéra avant sa conclusion, cette version orchestrée profite de son épilogue pour donner au trio amoureux une résolution heureuse : à l'issue de leur duel, Ralse accepte finalement de laisser Draco reprendre la main de Maria, le priant de prendre soin d'elle avant que le trio n'entonne à l'unisson une dernière célébration de l'amour.

L'opéra n'est rejoué en concert que dix ans plus tard, en 2004, à l'occasion de la tournée *Tour de Japon*, mais dans une nouvelle orchestration plus condensée de Shirô Hamaguchi, excluant le morceau « Grand Finale » pour retomber à 12 minutes – la tournée mondiale *Distant Worlds* reprend par la suite cet arrangement. Mais la reprise la plus étonnante de l'opéra est proposée en 2008 par Nobuo Uematsu dans le troisième album de son groupe de rock, les Black Mages. Cet opéra entièrement rock, agrémenté d'une narration en japonais reprenant le texte exact du jeu, est interprété par les trois solistes de la version orchestrale de *Tour de Japon*. Il propose avant tout un segment central inédit, nouvellement composé par Uematsu pour illustrer – enfin ! – la fameuse scène du duel entre Draco et Ralse. Le compositeur réfléchit à cet ajout depuis des années : pendant le développement de *FFVI*, il écrit déjà quelques ébauches de la suite sans pouvoir les concrétiser. Il écrit lui-même les paroles de ce nouveau segment pour que l'histoire de l'opéra, alors renommé « Darkness and Starlight », soit enfin complète. Cette nouvelle formule de l'opéra est encore transformée en pièce orchestrale pour *Distant Worlds*, l'arrangement du grand combat étant confié à Tsutomu Narita. Serait-ce enfin la forme parfaite de l'œuvre ?

L'autre pièce maîtresse de la bande originale de *FFVI* est le thème de son combat final, « Dancing Mad », mais sa durée monumentale – près de 18 minutes dans sa version disque – n'est que le reflet d'un affrontement dantesque. Ses quatre phases voient l'écran s'élever petit à petit jusqu'au sommet d'une immense tour mécanico-organique portant des créatures aux formes élaborées et des corps dénudés évoquant des tableaux de la Renaissance, et c'est cette construction ambitieuse qui encourage la création d'un segment musical séparé pour chaque partie. Dans les précédents *Final Fantasy*, l'affrontement final appelle toujours un thème de combat plus copieux que les autres, mais aucun d'entre eux n'est un manifeste esthétique comme celui du sixième épisode. « Dancing Mad », de son titre japonais « Yôsei ranbu » (« la danse folle de l'étoile séductrice »), témoigne une fois encore de l'enthousiasme extraordinaire avec lequel Nobuo Uematsu compose la bande originale de *Final Fantasy VI* – cette piste-là aussi, il l'écrit sans vouloir s'arrêter, dans une progression hors norme qui n'est pas sans rappeler le rock progressif cher au compositeur.

Bien que le morceau évoque certainement la musique baroque, notamment dans l'emploi de sa fugue à l'orgue, Uematsu l'imagine sans chercher à s'enfermer dans une approche purement classique. Une optique qui se confirme dans la quatrième et dernière partie, reprise énergique d'inspiration progressive du thème de Kefka. Cerise sur le gâteau, le rire de l'odieux personnage est glissé juste avant l'ultime boucle de cet ultime segment. Cet effet sonore mémorable, qui accompagne le personnage tout au long du jeu, est enregistré par le créateur des bruitages, Yoshitaka Hirota, qui rejoint des années plus tard le groupe Earthbound Papas d'Uematsu en tant que bassiste[40].

Le triomphe convivial

Pour beaucoup de joueurs, ce sixième épisode représente l'apogée d'une certaine vision de *Final Fantasy*. Pour Nobuo Uematsu, et sûrement quelques autres de ses collègues, c'est tout autant le cas, mais d'une manière différente. Car si les fans gagnent un jeu d'une qualité exceptionnelle, ses créateurs atteignent, eux, la plus agréable des convivialités, qui leur permet de surmonter les intenses dernières semaines de développement. Et c'est en musique que ce sentiment se cristallise, dans une chanson non incluse au jeu mais présente sur un mini-album intitulé *Final Fantasy VI Special Tracks*, publié le 25 avril 1994[41]. Intitulée « Chikazuku yokan » (« un pressentiment qui approche »), cette chanson est la réponse d'Uematsu à l'un des désirs profonds de Hironobu Sakaguchi : musicien contrarié, celui-ci a toujours rêvé de sortir son propre disque sans jamais en savoir l'occasion, car la réalisation de jeux vidéo a pris le pas sur toutes ses autres ambitions[42]. Pourtant, alors que les derniers mois avant la sortie de *FFVI* sont si fastes, il se sent manifestement pousser des ailes et souhaite renouer avec ses premières amours – non sans un peu d'aide.

Uematsu compose « Chikazuku yokan » le 7 février 1994, dans la dernière ligne droite avant le lancement du jeu – la date est si importante pour lui qu'elle est mentionnée en tant qu'unique remerciement dans les crédits du *Special*

40. Certains joueurs connaissent Hirota en tant que compositeur principal de la série *Shadow Hearts*, sur laquelle il travaille après son départ de Square. Encore quelques années plus tard, devenu président du studio de production musicale TTS Products, Yoshitaka Hirota supervise la partie sonore de *Theatrhythm: Final Fantasy* et de ses suites.
41. Le disque contient également deux thèmes de village inutilisés – et étrangement festifs –, un « remake » du thème de Troia de *FFIV* dans le style de *FFVI*, et un remix de « Techno de Chocobo ».
42. Sakaguchi étudie même le piano – ce qui n'est pas le cas d'Uematsu – à partir de cinq ans, avant de créer un groupe au lycée.

Tracks. Le texte qu'il écrit plus tard dans le livret du disque d'arrangements pour orchestre *Grand Finale* évoque plus précisément ses sentiments. Il y affirme que « *le résultat, associé aux magnifiques paroles de Hiroyuki Itô qui me comprend parfaitement, est ma plus grande œuvre* », ajoutant qu'il se moque bien de l'avis des autres. « *En vérité, j'ai écrit cette chanson pour guérir de profondes blessures dans le cœur d'un ami proche* », précise-t-il, sans s'étendre davantage – cela ne concerne que les intéressés. Et pour les autres ? « *Je l'ai écrite pour transmettre ce message : "Vivons simplement. Vivons en accord avec nos sentiments. Vivons honnêtement. Les amis débordent d'amour là où on ne le voit pas."* »

Si le chant de « Chikazuku yokan » peut sembler hasardeux, ce n'est pas sans raison : ses interprètes ne sont pas des professionnels, mais... l'équipe de *Final Fantasy VI*, au sein de laquelle l'ambiance est si bonne que tous ses membres acceptent de participer au petit projet quand Hironobu Sakaguchi en pose l'idée – comme une bande d'amis créant une chanson pour garder le souvenir indélébile d'un grand moment. Aussi incroyable que cela puisse paraître, les trois couplets sont interprétés par Sakaguchi, Nobuo Uematsu et Tetsuya Nomura eux-mêmes, tandis que le chœur qui les accompagne est formé du reste de l'équipe. Poussant cette personnalisation jusqu'au bout, le boîtier du disque abrite un grand dépliant montrant la quarantaine de développeurs, tout sourire, formant une longue frise en noir et blanc. Uematsu y est entouré de Hiroyuki Itô, évidemment, et d'Eiji Nakamura, son ingénieur du son, tous les trois les bras fièrement croisés.

Et puisqu'une belle photo ne suffit pas, l'équipe de développement produit également une cassette vidéo promotionnelle, intitulée « *Final Fantasy VI* Original Video » et distribuée en exclusivité aux abonnés du magazine *V Jump*. Alors que la cassette présente avant tout l'univers et les personnages du jeu, les créateurs s'incrustent littéralement dans les décors en y faisant les pitres, jusqu'à apparaître finalement tous ensemble sur la scène de l'opéra, comme dans une photo de classe, pour y interpréter « Chikazuku yokan ». Une séquence mémorable, dans laquelle on peut notamment voir Sakaguchi faire du play-back – déclenchant l'hilarité de ses collègues –, et la première rangée profiter du refrain pour se mettre à lever les jambes en rythme, à l'initiative d'Uematsu. Ce dernier, qui découvre pour la première fois la vidéo définitive lors de la préparation du présent ouvrage, ne peut s'empêcher d'en rire avec une touche d'émotion : « *C'est si ringard !* » Mais qu'importe : par nostalgie pour cette belle époque, il exprime en 2014 le rêve de réunir les créateurs de *FFVI* et de faire un nouveau jeu en 2D qui puisse prolonger, voire surpasser, ce que cet épisode a accompli[43].

Une mission peut-être impossible, à en juger par une déclaration tonitruante de Hironobu Sakaguchi lors de la fête célébrant la fin du développement. Selon une tradition de Square à cette époque, toute l'équipe se réunit une fois le jeu terminé pour faire ensemble le dernier niveau jusqu'au générique de fin, où elle trinque enfin en l'honneur du dernier-né. Uematsu raconte la suite dans les notes du livret de l'un des albums de *Final Fantasy XIV* : « *M. Sakaguchi, pourtant connu pour sa sévérité, fit un discours : "Grâce à chacun de vous, nous avons créé le meilleur jeu du monde – non, de l'univers ! Merci !" J'ai alors pleuré à chaudes larmes. Celles-ci m'ont fait comprendre à quel point je m'étais investi dans cette œuvre. Je souhaite que les* Final Fantasy *continuent à être une source de joie non seulement pour les joueurs, mais aussi pour les développeurs !* »

Des manifestations de familiarité et de proximité comme la chanson commémorative sont d'autant plus étonnantes que *Final Fantasy VI* est un énorme succès commercial. Cela se répercute sur les ventes de la bande originale – même s'il s'agit du premier triple album de la série, ce qui hisse son prix à 3 800 yens. Lorsque le jeu sort aux États-Unis sous le nom de *Final Fantasy III*[44], fin 1994, le bureau américain de Square distribue une réédition de la B.O. nommée « Kefka's Domain ». Il s'agit de la toute première fois que la musique de Nobuo Uematsu est officiellement publiée en CD en dehors du Japon.

Impasses créatives

Alors que la composition de la bande originale de *Final Fantasy VI* est une expérience qui comble absolument Nobuo Uematsu – il dit encore aujourd'hui que c'est l'œuvre qui compte le plus de morceaux dont il est fier –, le travail

43. Un vœu formulé dans la note de programme d'un concert du Lapis Dream Orchestra, une formation de musiciens amateurs se spécialisant dans les hommages aux jeux vidéo.
44. À l'ère Nintendo, seuls le premier, le quatrième et le sixième épisode sont publiés en Amérique, d'où le changement de numéro : *Final Fantasy IV* devient *FFII* et *Final Fantasy VI*, *FFIII*.

sur les albums arrangés qui suivent se révèle être l'une des pires déceptions de sa carrière, l'entraînant dans une véritable crise existentielle qui va avoir une influence importante sur son approche créative à venir. Début 1994, alors que le jeu n'est pas encore sorti au Japon – le jour tant attendu arrivera le 2 avril –, le compositeur très occupé planche d'ores et déjà sur un duo comparable à ce dont les deux précédents épisodes ont bénéficié : d'un côté, le traditionnel album d'arrangements pour piano, et de l'autre, un disque plus thématique – des reprises pour orchestre. Une nouvelle fois, c'est vers l'Europe que son regard se tourne, avec une destination par disque.

La première étape est l'Autriche, pour le *Piano Collection*. Par l'entremise de l'agence de Shirô Sagisu, un pianiste britannique est désigné pour arranger et interpréter une sélection de morceaux de *FFVI*, et toute l'équipe se retrouve à Vienne pour les enregistrements. Mais la veille de ceux-ci, alors qu'Uematsu rencontre le musicien, son comportement lui met la puce à l'oreille : l'homme, manifestement doté d'une grande confiance en lui – son identité ne sera jamais révélée –, lui affirme qu'il n'a écrit aucune partition et lui assure qu'il improvisera tout le moment venu. La situation est déjà insolite, mais il n'aura de toute façon jamais l'occasion de prouver ses dires : le lendemain, dans le studio, il est incapable de jouer la moindre note car ses mains sont soudainement prises de tremblements. Sans autre forme de procès, l'équipe japonaise annule tout, renvoie le musicien à Londres et rentre à Tokyo. Finalement, l'album est enregistré au Japon par une jeune pianiste, Reiko Nomura, d'après des arrangements écrits par Shirô Sagisu – ce dernier, pourtant, n'est pas crédité dans le livret accompagnant le CD.

Ces péripéties ne sont cependant qu'un simple contretemps à côté de ce qui attend Nobuo Uematsu lors de la production de l'album orchestral de *FFVI*, intitulé *Grand Finale*. Les arrangements sont confiés à Shirô Sagisu, également chargé de la coordination auprès des musiciens, et à Tsuneyoshi Saitô. Ce dernier est alors surtout connu en tant que claviériste du groupe new age japonais Kryzler & Kompany – aux côtés notamment du violoniste Tarô Hakase[45] –, mais l'approche principalement électronique et délicieusement

45. Que les joueurs de *Final Fantasy XII* (2006) connaissent en tant que producteur et compositeur du poème symphonique « Hope » qui fait office de générique de fin.

kitsch de Kryzler & Kompany ne doit pas dissimuler le fait que Saitô dispose d'une formation classique. Concernant l'enregistrement, après l'Irlande pour *Celtic Moon* et la Finlande pour *Dear Friends*, l'Europe semble une nouvelle fois être une destination de choix.

Un pays en particulier est tout désigné : l'Italie. Le sixième épisode de *Final Fantasy* multiplie en effet les clins d'œil à ce pays, ne serait-ce que dans les noms de ses personnages, et l'un de ses plus grands moments est un opéra – une forme artistique précisément née là-bas. Ainsi la petite équipe japonaise voyage à Milan pour assister aux enregistrements, qui se déroulent du 19 au 21 mars 1994 aux studios Logic en présence de deux formations : l'orchestre symphonique de Milan pour les morceaux de grande ampleur et l'ensemble Archi Della Scala pour les arrangements de musique de chambre. Cette fois-ci, les sessions peuvent bel et bien se tenir... Mais dans quelles conditions !

Le chef d'orchestre qui fait le déplacement depuis le Japon – et dont Uematsu préfère ne pas révéler l'identité, car il n'est pas crédité dans l'album définitif – se trouve rapidement confronté aux réticences de l'orchestre milanais, dont les musiciens préfèrent jouer à leur façon au lieu de suivre ses indications. Incapable de se faire respecter, le chef finit par craquer, mettant un terme provisoire à l'enregistrement. Celui-ci peut finalement reprendre lorsque l'un des violoncellistes – un dénommé Roberto Politi – prend sa relève et dirige ses collègues, qui l'écoutent avec bien plus d'attention, mais cela signifie également que son pupitre se voit réduit d'un instrument. La musique n'est alors plus qu'entre les mains des musiciens italiens, sans intervention de l'équipe japonaise – et certainement pas celle de Nobuo Uematsu qui, peut-on le penser, n'ose encore guère se mêler de questions d'orchestration. On ne peut qu'imaginer le désarroi du compositeur qui, à l'autre bout du monde, entend des arrangements dont il n'est pas l'auteur être interprétés sans grande conviction par un orchestre étranger.

Alors que les enregistrements sont finalement dans la boîte, Uematsu rentre au Japon absolument dépité. Non seulement les sessions en studio à Milan se sont déroulées dans des conditions déplorables, mais il ne se reconnaît de toute façon pas dans les arrangements de Sagisu et Saitô. Il propose d'annuler purement et simplement la publication du disque, ce qui est naturellement inconcevable pour l'éditeur NTT Publishing : des frais ont été engagés pour sa production, et sa sortie est d'ores et déjà annoncée. Uematsu indique alors qu'il ne compte pas faire semblant de l'aimer et que, si l'album doit bel et bien paraître, il écrira son avis sincère dans les notes qui l'accompagnent – ce qu'il fait, donnant lieu à l'un des textes les plus personnels et les plus surprenants jamais vus dans l'un de ses livrets. Ne mâchant pas ses mots, il annonce d'emblée que la représentation qu'il se fait de ses propres musiques a été réduite en miettes : en d'autres termes, il ne se retrouve pas du tout dans le résultat. Mais au lieu de blâmer les deux arrangeurs, il endosse l'entière responsabilité de cet échec. Tout cela s'est produit parce qu'il n'a pas assez affirmé sa vision et parce qu'il a stupidement cru que, puisque tout s'était bien passé jusque-là, tout irait bien également cette fois-ci. Trop effrayé à l'idée que ses ingérences dans le processus puissent être considérées comme des manifestations d'égoïsme, il a renoncé à défendre vigoureusement son ambition en tant qu'artiste. Mais le résultat de ce choix vient de lui éclater à la figure plus violemment que jamais : ne pas se prononcer pour éviter de froisser les susceptibilités des autres, ce n'est pas leur rendre service ni se rendre service à soi-même.

L'album *Final Fantasy VI Grand Finale* paraît au Japon le 25 mai 1994, mais Nobuo Uematsu ne l'écoutera plus jamais. La rupture est radicale à plus d'un titre : non seulement il ne reprendra jamais la moindre partition de ce disque pour les concerts des musiques de *Final Fantasy* – il s'agit toujours d'arrangements nouvellement écrits[46] –, mais il ne collaborera plus jamais avec l'agence de Shirô Sagisu. Affirmant qu'on ne l'y reprendrait plus, il décrète qu'il cadrera personnellement tout futur travail d'arrangement et d'orchestration – ce qui démontre l'ampleur de la déception vécue à l'issue de ce pénible projet.

À la lumière des difficultés de sa conception et des confessions d'Uematsu, il est difficile de savoir quel jugement porter sur *Grand Finale*. En dehors du Japon, du fait de la barrière de la langue, rares sont les fans de *Final Fantasy VI* ayant pris connaissance du message contenu dans le livret. Uematsu, pourtant, y évoque sans ambiguïté son envie de prévenir tous ceux qui seraient tentés de lui dire qu'ils aiment cet album, car il lui est semble-t-il impossible de dissocier

46. En 2002, le premier concert orchestral de *Final Fantasy* depuis l'enregistrement de *Grand Finale* propose ainsi le thème de Terra... dans une toute nouvelle orchestration commandée pour l'occasion à Shirô Hamaguchi.

le traumatisme de son enregistrement de la qualité intrinsèque du résultat – un constat d'autant plus nécessaire que le titre choisi, « Grand Finale », sous-entend qu'il s'agit d'un aboutissement triomphal. Pourtant, les auditeurs étrangers estiment souvent que les arrangements de *Grand Finale* sont trop éloignés des musiques d'origine, ce en quoi ils rejoignent l'analyse du compositeur. Les reprises des thèmes de Kefka et de l'aéronef, le Blackjack, figurent parmi les plus inattendues. Mais d'autres morceaux incluent des moments superbement inspirés, qui découlent naturellement des atmosphères romantiques et européennes abordées par *Final Fantasy VI.* C'est en particulier le cas de la reprise délicieusement contrastée du thème de la forêt fantôme, mêlant douceur des bois et vocalises discrètes, ainsi que de remarquables arrangements baroques du thème de Gau et de celui des villes, « Kids Run Through The City Corner ». Le disque se clôt sur un véritable air d'opéra, adapté de l'Aria de Celes, interprété en italien par la soprano espagnole d'origine bulgare Svetla Krasteva.

Voyage en chansons

Quelques années après ses précédentes contributions à l'univers musical de *Final Fantasy*, le producteur Yukio Kakehi propose en cette année 1994 une nouvelle idée à Nobuo Uematsu : celle de créer un album entièrement constitué de reprises chantées de la série. Convaincre le compositeur de participer au projet n'a rien de difficile, tant Uematsu a déjà éprouvé le désir d'écrire des ballades pour des voix féminines dans les albums d'arrangements des précédents *Final Fantasy.* Cette fois-ci, Kakehi sait déjà parfaitement quelle chanteuse il va lui présenter : il s'agit de Lisa Ooki, autrice-compositrice-interprète d'une grande polyvalence qui fait ses débuts en 1986 et participe à deux groupes de rock progressif, Pageant et Mr. Sirius[47]. Son univers musical ne peut alors que plaire à Nobuo Uematsu, bien que l'album de chansons qui entre alors en production ne porte en rien les traces du genre progressif. Il n'en reste pas moins d'une grande

47. Lisa Ooki – dont le nom se voit aussi écrit « Risa Ohki » ou « Risa Oki » selon le choix de transcription du japonais – connaît quelques années plus tard une petite heure de gloire lorsqu'elle interprète la version japonaise de la chanson « When She Loved Me » de *Toy Story 2.*

diversité stylistique, les onze reprises des six premiers *Final Fantasy* passant volontiers d'une région du monde à une autre, entre orchestrations gracieuses de Masatsugu Shinozaki[48], pop éthérée ou bossa-nova chaleureuse arrangée par le guitariste Yoshirô Nakamura. Lisa Ooki, en plus d'arranger le chant et les chœurs, les interprète de sa voix chaude et limpide dans plusieurs langues et avec une aisance remarquable – au japonais attendu et à l'anglais prévisible s'ajoutent le français et le portugais. Yukio Kakehi a raison de se réjouir de la rencontre entre Ooki et les mélodies d'Uematsu : cet album éclectique, publié en juin 1994 et intitulé *Final Fantasy Vocal Collections I -Pray-*, est d'une envoûtante douceur.

Le « I » de son titre trahit le souhait d'en créer un second volume, ce qui est fait dès l'année suivante. Dix nouveaux morceaux de *Final Fantasy I* à *VI* sont sélectionnés pour constituer *Love Will Grow*, volet vocalement plus diversifié grâce à la présence d'une seconde chanteuse, Ikuko Noguchi. Celle-ci s'illustre entre autres sur une composition inédite spécialement écrite par Nobuo Uematsu, intitulée « Valse des Amoureux » – en français dans le texte, car il s'agit d'une authentique valse musette, arrangée et jouée à l'accordéon par le Français Patrick Nugier. Pour une note plus exotique, mieux vaut se tourner vers la reprise de « My Home, Sweet Home » de *Final Fantasy V*, interprétée en duo par Lisa Ooki et Ikuko Nogushi dans ce qui semble être une langue imaginaire aux sonorités européennes... mais qui est en fait du japonais à l'envers.

Après cette fructueuse collaboration, Nobuo Uematsu et Lisa Ooki ne se retrouvent pourtant qu'une vingtaine d'années plus tard, à l'occasion d'un concert imaginé par la société japonaise 2083 – dont le fondateur Kenji Saitô se consacre au rayonnement de la musique de jeu vidéo dans son pays. Organisé le 1er juin 2014 à Hachiôji et intitulé « Playing Uematsu Works! ~Celtic Fantasy~ », il propose des réinterprétations de quelques-uns des morceaux des albums arrangés de *Final Fantasy* de l'époque Super Famicom... ce qui passe par *Pray* et *Love Will Grow*. À cette occasion, Uematsu semble ravi d'assister

48. Son nom ne vous dit sans doute rien, mais le violoniste Masatsugu Shinozaki et les cordes de son ensemble instrumental interprètent l'immense majorité des musiques orchestrées des B.O. de *Final Fantasy* depuis la fin des années 1990.

à une telle plongée dans le passé[49]. Si l'idée de faire un concert des « Vocal Collections » traverse l'esprit des deux artistes dès 1994, au point que Lisa Ooki aborde le sujet à maintes reprises avec le producteur Yukio Kakehi, il faut attendre deux décennies, et l'initiative de ces jeunes passionnés, pour qu'elle se concrétise. Un an plus tard, en 2015, Uematsu lui-même invite d'ailleurs Lisa Ooki à la quatrième édition du « Fantasy Rock Fes ». Elle y interprète également quelques chansons de ses deux albums pour *Final Fantasy*, un beau cadeau pour les fans de ces arrangements désormais bien connus.

49. Particulièrement d'ailleurs parce que le concert rejoue de nombreux morceaux de l'album *Celtic Moon*, dont l'accueil mitigé à l'époque l'attriste, mais qui gagne en popularité au fil du temps.

PHANTASMAGORIA, UN PAS DE CÔTÉ

Images de l'esprit

Au beau milieu de cette période pourtant déjà bien remplie, Nobuo Uematsu manifeste une demande un peu plus personnelle, mais qui lui tient particulièrement à cœur : celle de composer un album solo – autrement dit, qui ne serait lié à aucun jeu vidéo et émergerait uniquement de son imagination. Certainement porté par l'immense réussite de la bande originale de *FFVI*, qui lui avait fait dire qu'il était enfin fier de se présenter en tant que « Nobuo Uematsu, auteur des musiques de *Final Fantasy* », il souhaite lever le voile sur une facette plus intime de son art.

Grâce au rapport de confiance établi depuis plusieurs années et au succès des derniers albums publiés conjointement, NTT Publishing accepte de produire ce projet. Uematsu se lance alors dans l'écriture de ce qui va devenir *Phantasmagoria*. Officiellement, il le fait en tant que salarié de Square, mais avec l'avantage de ne pas être contraint par une console – à l'époque la Super Famicom – et la fameuse limite critique des huit sons simultanés. Luxe supplémentaire, *Phantasmagoria* est en partie enregistré en studio avec des musiciens – même si, pour cela, Uematsu doit en réalité prendre deux semaines de ses propres congés.

Pour les admirateurs de Nobuo Uematsu, c'est aussi une grande première : *Phantasmagoria* constitue un voyage inédit dans l'univers musical du compositeur. Pour lui, il n'est pas question de chercher à créer des tubes, ni de faire en sorte que l'une des musiques se démarque nettement des autres, ni même de transmettre un message précis. Il veut avant tout partager un peu du calme et de la douceur qu'il chérit lui-même, loin des musiques parfois plus dures ou ténébreuses de *Final Fantasy*. Les neuf morceaux principaux de *Phantasmagoria* forment autant de tableaux différents, mais paisibles, dont certains trahissent les inspirations de musique *new age* qu'Uematsu affectionne alors beaucoup – en particulier dans la superbe piste éponyme –, de même qu'un goût toujours aussi prononcé pour l'exotisme. Alors qu'il profite des albums d'arrangements de *Final Fantasy IV* et *V* pour concrétiser son intérêt pour les musiques d'Irlande et de Finlande, c'est son attrait pour l'Amérique latine qu'il exprime cette fois-ci, dans le morceau « Maya no tami » (« le peuple maya ») qu'il enregistre avec deux instruments originaires des Andes[50] : une flûte quena et un petit luth charango, joués respectivement par Akira Tanaka et Ilich Montesinos.

La place du charango dans *Phantasmagoria* ne se limite d'ailleurs pas à la musique, puisque Nobuo Uematsu prend la pose avec le sien sur les photos qui composent la couverture et le livret de l'album. Celles-ci, représentant l'artiste au milieu d'une grande étendue de sables dorés, sont prises dans un lieu bien connu des Japonais : les dunes de Tottori, au sud-ouest du pays, véritable curiosité géologique donnant le sentiment de se trouver en plein désert. À l'origine, l'équipe de production émet l'idée d'aller dans le désert par excellence, le Sahara, pour procéder à cette petite séance photo, mais la proposition est rapidement éliminée faute de budget. En vérité, Uematsu lui-même n'est pas tellement partant pour décorer l'album avec des photos de lui, et aurait préféré que NTT trouve des images capables d'accompagner les thématiques abordées par la musique. L'avant-dernière page du livret abrite tout de même une jolie illustration crayonnée accompagnant le morceau « Angel Hands » (« mains d'ange »), signée par Tomoe Inazawa, l'une des graphistes des décors de *Final Fantasy VI*, qui écrit également les paroles de l'une des musiques.

Justement, *Phantasmagoria* se démarque en matière de paroles : elles ne sont pas chantées, mais lues. Pour l'un de ces morceaux, « Fukai umi - Blue » (« océan profond »), Nobuo Uematsu propose à son ami Minoru Miura de reprendre un de ses poèmes, qu'il apprécie particulièrement, pour le mettre en musique. Souvenez-vous : Miura est le médium qui lui avait prédit que sa vie allait changer une semaine avant que Hironobu Sakaguchi lui propose de

50. D'aucuns feront remarquer à Uematsu que les Mayas ont en réalité vécu à l'endroit de l'actuel Mexique, et non dans les Andes, mais qu'importe : il ne s'agit que d'un titre.

devenir un salarié de Square. Mais pour lui, il est avant tout poète. Une dizaine d'années plus tôt, avant l'époque de Square, Uematsu et Miura participent ensemble à des récitations en public dans de minuscules salles de spectacle, où ils mélangent lecture et musique. Pendant que le poète déclame ses textes, le compositeur joue des morceaux de musique écrits avec un autre compagnon.

Mais alors qu'Uematsu a le souvenir d'un artiste d'une grande assurance, Miura est saisi d'un trac inattendu lors des enregistrements de *Phantasmagoria*, rendant sa voix plus hésitante qu'espérée par le compositeur. Déçu, il ne renonce cependant pas à ajouter la piste sur l'album, mais il se sent tout de même coupable d'avoir embarqué son ami dans ce projet qui ne le met pas autant en valeur qu'il le souhaitait. Quelle que soit la faiblesse de Minoru Miura, « Fukai umi - Blue » dépeint une scène maritime d'une grande délicatesse, où la voix posée du poète se mêle aux timbres apaisants de la flûte et du hautbois.

Phantasmagoria s'ouvre sur un autre de ces poèmes mis en musique : « Ame no hi, kodomotachi wa » (« les jours de pluie, les enfants... »). Ici, le texte est signé par Nobuo Uematsu lui-même. Il l'avait écrit une vingtaine d'années plus tôt, alors qu'il était adolescent, puis avait par la suite composé un accompagnement musical pour les lectures en public auxquelles il participait dans les années 1980. Il en prépare un nouvel arrangement pour son album solo. Le poème raconte les méditations d'un jeune enfant qui, regardant la pluie tomber par la fenêtre, tente de se remémorer sa vie dans le ventre de sa mère, mais n'y parvient pas. Comme une métaphore de la naissance, il peut enfin, lorsque la pluie cesse, s'aventurer dans le monde extérieur où les flaques d'eau luisent au soleil. Pour Nobuo Uematsu, qui croit en la réincarnation – sans pour autant adhérer à une religion –, il existe certainement un moyen de se souvenir de ces instants passés dans ce « monde aquatique ». Ce sentiment inspire également le nom *Phantasmagoria* : une vision imaginaire qui est peut-être la réminiscence d'une vie passée[51]. L'eau symbolisant cet autre monde apparaît comme l'une des thématiques récurrentes du disque.

---

51. À l'origine, la fantasmagorie est le nom d'un type de spectacle populaire aux XVIIIe et XIXe siècles, employant des illusions d'optique pour donner l'impression de faire apparaître des fantômes.

Jamais sans mon *Final Fantasy*

Il y a bien une piste réellement chantée dans *Phantasmagoria*, la dixième, mais elle n'est pas l'œuvre de Nobuo Uematsu à proprement parler : « Final Fantasy », une reprise surprenante du thème principal de la série que les joueurs japonais de l'époque connaissent avant tout parce qu'elle sert d'accompagnement à l'un des spots publicitaires de *FFVI* – les affiches promotionnelles de *Phantasmagoria* ne manquent d'ailleurs pas d'annoncer qu'il s'agit de l'album contenant « *la musique de la pub télé de* Final Fantasy VI ».

Le directeur musical de l'agence de publicité sollicitée par Square propose à une compositrice et interprète avec qui il a déjà travaillé plusieurs fois, Chinatsu Kuzuu, d'écrire la bande-son du spot. Kuzuu, qui au départ est peu partante, accepte immédiatement en découvrant qu'il s'agit de l'éditeur de *Final Fantasy*, puis se lance dans un arrangement d'un genre très particulier du thème principal de la série – la voix grave de la chanteuse est principalement accompagnée par un clavecin, une flûte et une trompette synthétiques. Pour couronner le tout, les paroles sont incompréhensibles, pour la simple et bonne raison qu'elles sont dans une langue imaginaire créée par Kuzuu, nommée « uuzuk » – son nom à l'envers, bien sûr. Mais après avoir écrit une version très volubile, Kuzuu craint qu'elle soit trop en décalage avec le morceau d'origine, plus solennel, et prépare au dernier moment un arrangement plus simple : c'est celui-là qui sera retenu.

Kuzuu ne s'attend sans doute pas à ce que son travail attire l'attention de Nobuo Uematsu lui-même. Le compositeur connaît en fait déjà son nom, qu'il remarque en tombant sur la pochette de son premier album lors d'une visite dans une boutique de location de musique, mais il ne sait pas très bien comment se prononce son nom de famille[52]. C'est en discutant avec une connaissance qu'il se rend compte qu'il a déjà entendu sa voix dans des publicités et que c'est elle qui interprète celle de *FFVI*. Cet arrangement de sa propre composition l'intrigue et le séduit à la fois, et il se dit qu'il aimerait entendre la chanson en entier et même la sortir en CD un jour. De fil en aiguille, il a l'idée de

52. C'est une particularité des noms propres japonais : les idéogrammes dits *kanji* peuvent se prononcer de différentes façons. Le nom Kuzuu, 葛生, est suffisamment rare pour que le Japonais moyen ait un doute sur sa prononciation.

l'ajouter à l'album solo qu'il est en train de produire et passe par l'agence de publicité de Square pour entrer en contact avec Chinatsu Kuzuu, qui donne son accord. Puisqu'il ne dure que quelques secondes dans le spot, le morceau est nouvellement enregistré pour l'occasion, ce qui permet à Uematsu et Kuzuu de se rencontrer. Autre résultat de cette collaboration, le compositeur propose à la chanteuse de lire le poème « Ame no hi, kodomotachi wa ».

Il n'est guère surprenant que l'univers musical de Kuzuu intéresse Uematsu. Elle revendique en effet ouvertement ses racines dans la musique britannique, et tout particulièrement le rock progressif dont il est lui-même extrêmement friand – elle n'hésite pas à utiliser dans ses chansons des sonorités synthétiques brutes et naïves rappelant les groupes de musique progressive des années 1980, notamment les héritiers japonais de l'école de Canterbury. Certains morceaux de *Phantasmagoria* puisent aussi dans de telles inspirations, surtout « Dogs on the Beach ».

Une prophétie partagée

Cependant, *Phantasmagoria* ne compte pas uniquement dix pistes. En laissant tourner le CD après la dixième, les auditeurs découvrent une mystérieuse piste cachée dans laquelle un homme s'exprime dans une langue énigmatique. Un ajout si mystérieux que NTT Publishing se sent obligé de glisser un feuillet dans le livret de l'album afin d'expliquer de quoi il retourne. Le texte du feuillet reproduit un faux dialogue entre Kensuke Matsushita et Nobuo Uematsu, dans lequel le premier s'étonne de voir une onzième piste alors qu'il n'y en a que dix d'annoncées, et se plaint qu'on ne comprend rien à ce qu'il s'y raconte. Y a-t-il eu un problème quelque part ? Pas du tout, lui répond Uematsu, rompant volontiers le mystère : il s'agit en fait d'une prophétie en langue tamoule, qu'il a enregistrée quelques mois plus tôt lors d'un voyage en Inde. Rassuré, Matsushita peut conclure : « *Donc ce CD n'est pas défectueux, en fait.* »

Matsushita joue volontairement à l'idiot. Il sait très bien ce qu'est cette étrange prophétie, et pour cause : il a lui-même fait partie du voyage. Les deux collègues, accompagnés d'une femme passionnée d'occultisme comme Uematsu, ont littéralement improvisé cette petite expédition en Inde, dans la région méridionale du Tamil Nadu. L'expérience n'est cependant pas uniquement destinée à assouvir leur curiosité, puisqu'elle doit nourrir un essai que le compositeur va écrire pour accompagner une compilation de musiques de *Final Fantasy* en cours de préparation chez NTT Publishing. Ayant appris l'existence de la divination dans les « feuilles d'Agastya », cette jeune femme propose à Uematsu de se rendre dans un lieu où l'on est capable de prédire leur avenir au moyen de cette méthode, ce qui pique forcément sa curiosité.

Plus facile à dire qu'à faire : en l'absence d'adresse précise, les compagnons de voyage suivent la vague description du trajet qu'on leur a donnée. Quelque part dans la banlieue de Madras, au bout d'une bonne heure de route, ils tombent finalement sur un garçon à vélo qui, par chance, travaille dans un temple où sont données les prophéties d'Agastya et les guide jusque-là. « *On aurait dit un RPG* », plaisante aujourd'hui le compositeur.

L'astrologie nadi raconte qu'il y a plusieurs millénaires, le dieu Agastya dicta à un groupe de sages les destins de tous les êtres vivants sur Terre. Ces vénérables inscrivirent la parole divine en alphabet vatteluttu sur des feuilles de palmier et tout un chacun peut désormais se rendre sur place pour se faire lire son avenir. Il suffit de donner son empreinte digitale – le pouce gauche pour les femmes et le droit pour les hommes – et d'écrire son nom pour qu'un voyant nadi cherche la bonne feuille, ce qui nécessite une part de tâtonnement et de questions auxquelles il faut simplement répondre par l'affirmative ou la négative. Mais lorsqu'il finit par lui demander : « *Composes-tu de la musique qui fait plaisir aux enfants ?* », puis par lui donner correctement les prénoms de son père (Susumu), de sa mère (Nobuko) et de sa femme (Reiko), ainsi que sa date de naissance (le 29 mars 1959), Nobuo Uematsu est ébahi. Si ébahi d'ailleurs qu'il y retourne six mois plus tard pour en avoir le cœur net : peut-être le voyant a-t-il pu connaître les noms de ses proches, et peut-être les inscriptions en vatteluttu sur les feuilles sont-elles purement factices, pour épater le chaland. Il se met en tête de vérifier que son prénom et celui de sa mère, qui n'ont qu'une lettre de différence, sont bien marqués tels quels sur la feuille, car si c'est le cas, ils doivent apparaître quasiment de la même manière. Lorsqu'on lui montre la feuille, il peut constater avec stupéfaction que c'est le cas. La prophétie est bel et bien écrite.

La piste sonore présente dans *Phantasmagoria* est un extrait de la lecture qui lui a été faite en tamoul – on y entend même le divinateur citer son prénom. Bien sûr, une traduction est proposée aux voyageurs. L'histoire donnera une nouvelle fois une crédibilité troublante à la prédiction, en tout cas sur un point qu'Uematsu accepte de partager : les feuilles d'Agastya promettent en effet que le compositeur rencontrera quelques années plus tard un immense succès avec l'une de ses chansons. Nous sommes alors en 1994, soit cinq ans avant le raz-de-marée provoqué en Asie du Sud-Est par la chanson thème de *Final Fantasy VIII*, « Eyes On Me ».

Uematsu ne peut évidemment pas le savoir par avance, mais il n'en est pas moins sensible à cette expérience qui le touche personnellement, et choisit de la partager sur son album solo via ce morceau caché – car, pour qui en doute encore, l'attrait pour l'ésotérisme fait partie intégrante de sa vie et de sa personnalité. Il écrit un récit de sa mésaventure, photos à l'appui, dans l'essai *Jinsei omou ga mama* (« la vie comme je l'entends ») publié sous la forme d'un petit livret cartonné dans l'édition limitée du disque *Final Fantasy 1987-1994*.

CHRONO TRIGGER ET *GUN HAZARD*, LA TRANSITION

Dépannage

À l'été 1994, alors qu'il prend deux semaines de congés pour l'enregistrement de son album *Phantasmagoria*, Nobuo Uematsu reçoit un coup de téléphone inattendu de Hironobu Sakaguchi. Ce dernier est bien ennuyé : il a absolument besoin de quelqu'un pour terminer l'écriture de la bande originale de son futur hit, *Chrono Trigger* – une collaboration historique entre les créateurs de *Final Fantasy* et ceux de *Dragon Quest* –, car le compositeur assigné au jeu, Yasunori Mitsuda, n'est plus capable de mener à bien son travail. Le jeune Mitsuda, enthousiasmé par le premier projet que lui confie Sakaguchi, dort au bureau afin d'avoir tous ses outils sous la main s'il trouve une mélodie qui l'intéresse. Luttant contre ses lacunes au détriment de sa santé, il accouche dans la douleur de dizaines de morceaux débordant d'une énergie communicative. Mais rongé par le stress, et accablé par une série d'ulcères à l'estomac, il finit à l'hôpital, incapable de poursuivre.

C'est dans ces circonstances que Sakaguchi appelle Uematsu à l'aide, ce qui ne fait qu'ajouter à la pression que ressent Nobuo. Il vit en effet plusieurs mois intenses, qui voient le lancement de *FFVI*, les expériences désastreuses de ses albums arrangés puis la préparation du premier disque de chansons de *Final Fantasy*, *Pray*, et de *Phantasmagoria*. Après les enregistrements de ce dernier, Uematsu s'exécute néanmoins, et comble les vides entre les morceaux déjà écrits par Yasunori Mitsuda en respectant scrupuleusement les instructions déjà définies par l'équipe de développement. En définitive, il compose pour *Chrono Trigger* neuf nouvelles pistes dans lesquelles son style transparaît volontiers, à mi-chemin entre les inspirations délicates de *Final Fantasy VI* et les ambiances plus obscures de ses œuvres à venir. Il arrange également le premier thème de boss, composé par Noriko Matsueda. Des années plus tard, il dit n'avoir que peu de souvenirs de sa participation au jeu, ajoutant sur ce point qu'il ne considère pas du tout cette bande originale comme une collaboration entre lui et Mitsuda. Il dépanne l'équipe de *Chrono Trigger*, ni plus ni moins, et ce sont bien les morceaux emblématiques de Yasunori Mitsuda qui sont entrés dans l'histoire.

En des circonstances plus normales

Mais les deux hommes ont l'occasion de collaborer réellement peu de temps après, quand Square leur confie la bande originale de *Front Mission: Gun Hazard*, édité sur Super Nintendo en février 1996. Bien qu'il soit peu resté dans les esprits, ce *soft* marque un tournant dans la carrière d'Uematsu. *Gun Hazard* est un jeu d'action à défilement horizontal faisant office de suite indirecte à *Front Mission*, un jeu de rôle stratégique sorti l'année précédente. C'est donc tout naturellement qu'Uematsu se décide à en écouter la bande originale, composée par Yôko Shimomura et Noriko Matsueda un an plus tôt. Et il la trouve de si bonne qualité qu'il se sent incapable de recréer un tel effet dans *Gun Hazard*.

Malheureusement pour lui, les développeurs intègrent temporairement les musiques de *Front Mission* à cette suite, et en découvrant le résultat, Uematsu estime qu'elles collent déjà très bien à l'image. Il va donc d'autant plus lui falloir créer autre chose, mais face à ce jeu d'inspiration militaire décrivant un conflit futur dans le monde réel, Nobuo Uematsu est loin d'être dans son élément : pour illustrer cet univers de guerre moderne et de métal, pas question d'imaginer mélodies envoûtantes à la *Final Fantasy*.

La bande originale de *Final Fantasy VI* constitue un tel paroxysme pour Nobuo Uematsu qu'il explique dès cette époque que, s'il avait eu à arrêter sa carrière juste après sa sortie, il ne l'aurait sans doute pas regretté. Les conditions sont réunies pour accoucher du projet idéal : le jeu est un succès, le disque de la bande originale se vend très bien et, mieux encore, Uematsu est pleinement satisfait de ce qu'il a accompli. Au lieu de se laisser abattre par ce *Gun Hazard* qui le force à bousculer ses habitudes, il décide d'explorer de nouvelles voies, comme un débutant cherchant à prouver ce dont il est capable. Faisant preuve d'une incroyable frénésie, il compose plus de 200 idées de morceaux, dont une grande partie est rejetée par le développeur. En fin de compte, il ne reste sur l'album de la bande originale de *Gun Hazard* que 30 pistes signées de sa main. Mais elles témoignent toutes d'une « découverte » pour le compositeur : celle d'un style beaucoup moins mélodieux, au profit d'atmosphères obscures qui préfigurent l'approche développée immédiatement après dans *Final Fantasy VII* et même *VIII*. D'un côté, des morceaux à la progression longue, aux rythmiques répétitives et métalliques, et dont les cloches et les chœurs synthétiques inspirent un sentiment d'inquiétude. De l'autre, des pistes aux accents *groove* et jazz plus décontractés, ou des thèmes d'action chargés d'une énergie positive ou héroïque. Un renouvellement sans précédent.

Yasunori Mitsuda, qui vient de faire son entrée dans la musique de jeu vidéo avec *Chrono Trigger*, est naturellement intimidé à l'idée de collaborer avec Nobuo Uematsu, qu'il considère comme un mentor beaucoup plus expérimenté que lui. Il ne se doute certainement pas que, avec son humilité habituelle, ce dernier trouve particulièrement instructif le travail avec un compositeur plus jeune que lui, dont il apprécie le style nouveau et loue l'appartenance à une « génération numérique » beaucoup plus habituée aux ordinateurs et à la programmation musicale que lui.

Cette génération est à l'honneur dans *Gun Hazard* : Junya Nakano – qui vient d'être recruté chez Square après quatre années chez Konami – et Masashi Hamauzu – en stage au département sonore du studio et sur le point d'obtenir un poste fixe – participent à une poignée de morceaux. Nobuo Uematsu va bien vite leur confier des projets plus ambitieux et, quelques années plus tard, il fait appel à eux pour devenir les premiers compositeurs autres que lui à composer pour un *Final Fantasy* de la série principale.

Des bruits bizarres

Mais en attendant, il est encore seul aux commandes. Alors qu'il achève *Front Mission: Gun Hazard*, Nobuo Uematsu mène une dernière expérience avant le prochain *Final Fantasy*. En 1995, lorsque Nintendo commercialise au Japon un module spécial de la Super Famicom nommé Satellaview permettant de télécharger des jeux en passant par le satellite, Square s'engage à développer plusieurs *softs* de petite ampleur pour enrichir le service. Parmi eux figure *DynamiTracer*, un jeu d'aventure dénué de combats, à mi-chemin entre jeu de rôle japonais classique et science-fiction, qui est édité en janvier 1996. Uematsu en signe la bande originale, consistant en une quinzaine de pistes dont la principale particularité est d'utiliser des échantillons de voix dans des genres jusque-là inattendus venant de lui, entre hip-hop et hard rock – on peut même y entendre une imitation de cri de chanteur. Les morceaux les plus étranges sont même ponctués de couinements de souris ou de borborygmes inélégants – on retrouve là quelques-unes des expériences d'intégration des bruitages qu'Uematsu a menées dans la bande-son de *FFVI*, mais en nettement plus déjanté. En l'absence des conventions habituelles d'une saga comme *Final Fantasy*, le compositeur n'hésite pas à défricher des territoires entièrement inédits pour lui.

PARTIE 4

Le début d'un triomphe planétaire

FINAL FANTASY VII, AU SOMMET DU MONDE

Changement d'échelle

Les premières minutes de *Final Fantasy VII* sont entrées dans la légende : la caméra erre parmi les étoiles, se confond avec la lueur verte d'une fuite d'énergie mako dans une ruelle sombre, dévoile la jeune Aerith dont on ignore encore tout, s'envole rapidement au-dessus de la ville inquiétante de Midgar, révèle le logo dans une superbe apothéose, puis replonge jusqu'à la gare où apparaît le héros Cloud ; sans aucune transition, le joueur prend alors les commandes de l'aventure. Ce plan-séquence vertigineux annonce l'épopée qui va affirmer le succès de *Final Fantasy* à l'échelon mondial. La musique qui l'accompagne est aussi le tout premier morceau écrit par Nobuo Uematsu pour le jeu.

C'est le réalisateur Yoshinori Kitase qui, en lui montrant la scène, lui demande de commencer par là. Son travail terminé, Uematsu est plutôt fier du résultat malgré le défi que lui pose cette nouvelle ambiance, mais Kitase et lui doivent encore passer l'épreuve le plus impitoyable : recevoir l'approbation de Hironobu Sakaguchi. Ainsi les trois hommes se réunissent dans le bureau d'Uematsu et regardent la vidéo. Sakaguchi se contente d'un « *very good* » en anglais, avant de partir sans rien ajouter. Il n'en faut pas plus au compositeur pour comprendre que son vieil ami est satisfait, et pour sentir que le projet *Final Fantasy VII* est de bon augure pour lui.

Final Fantasy VII marque l'arrivée de la série sur la première PlayStation, et la propulse dans une tout autre dimension. D'une quarantaine de personnes sur le sixième épisode, le nombre de concepteurs s'envole à plus de 120 pour le septième : de nouveaux visages rejoignent Square afin d'utiliser tous les outils nécessaires à la création d'un jeu aux ambitions techniques bien plus affirmées. Tous supervisés par Yoshinori Kitase, les départements se séparent et se spécialisent. C'est l'aube d'une ère bien plus ambitieuse, qui se détache de l'ambiance familiale dans laquelle un jeu comme *Final Fantasy VI* est conçu seulement quelques années auparavant. Mais concernant la musique, rien ne change vraiment pour l'instant. Revenu de ses doutes et renforcé par sa participation fructueuse à *Front Mission: Gun Hazard*, Nobuo Uematsu est fidèle au poste, accompagné de Minoru Akao à la programmation sonore.

À une époque où le format CD de la première PlayStation encourage certains développeurs à enregistrer leurs musiques en studio, ou en tout cas à employer des échantillons d'instruments d'une plus grande finesse, Nobuo Uematsu continue à œuvrer dans les limites imposées par la puce sonore de la console. Mais en réalité, les contraintes techniques du nouveau format et les grandes ambitions du jeu dans tous les domaines du développement ne lui laissent pas le choix. Dès le début, Hironobu Sakaguchi décrète en effet que *FFVII* doit comporter le moins de temps de chargement possible pour ne pas détourner l'attention des joueurs. Si l'équipe sonore choisissait d'utiliser des pistes enregistrées en studio, cela nécessiterait des chargements supplémentaires qui pourraient nuire à la fluidité de l'expérience.

Par conséquent, comparées à celles de jeux sortis à la même période, les musiques de *FFVII* sont moins fines. Jaloux d'*ActRaiser* pendant la conception de *FFIV*, Uematsu est cette fois-ci impressionné par le travail des compositeurs de Konami pour le premier *Suikoden* (1995). La bande originale de ce dernier est certes principalement écrite au synthétiseur, mais dispose d'un son nettement plus riche car les musiques sont presque toutes lues en direct sur le disque – la technique dite du *streaming*. C'est seulement possible parce que les chargements sont plus fréquents que dans *FFVII* et parce que les graphismes sont encore bien loin d'avoir fait le bond en avant spectaculaire de *FFVII* par rapport aux jeux Super NES, ce qui laisse plus de confort à la partie sonore.

Dans *FFVII*, Minoru Akao aurait tout à fait pu synthétiser des enregistrements réels à l'aide de la méthode du *sampling* : un CD entier aurait alors pu contenir jusqu'à 250 minutes de musique. Mais naturellement, comme un jeu n'est pas qu'une bande originale, il faut compter sur un espace très limité. Bien qu'il soit le premier *Final Fantasy* sur PlayStation, il nécessite déjà trois disques tant son contenu est énorme, et la priorité est donnée aux cinématiques en images de synthèse qui vont largement contribuer à l'impact du jeu. La possibilité technique d'utiliser des musiques enregistrées en studio est bien là sur la première PlayStation, mais il faut attendre la PlayStation 2, et même la 3, pour que les compositeurs se sentent plus à l'aise avec l'espace disque : *Final Fantasy XIII*, en 2009, sera le premier épisode dont la bande originale emploiera le *streaming* directement depuis le disque.

Mais par rapport à la Super Nintendo, la PlayStation offre à Uematsu bien plus de latitude : après 3 canaux sur NES, puis 8 sur SNES, la première console de Sony en propose 24. 8 sont réservés aux effets sonores, ce qui laisse au compositeur 16 canaux pour écrire sa musique. Cette multiplication du nombre de canaux permet par exemple d'enrichir le timbre des échantillons d'instrument grâce à une technique de superposition. En jouant en même temps et à la même hauteur deux sons légèrement nuancés – par exemple, des cordes douces d'un côté, plus rugueuses de l'autre –, il est possible de modifier subtilement le volume pour passer de l'un à l'autre et ainsi obtenir un résultat plus naturel. L'effet est cependant assez pénible à configurer et, de l'aveu même d'Uematsu, il passe totalement inaperçu auprès des joueurs, ce qui est évidemment plutôt frustrant.

Sa méthode de travail elle-même n'est pas forcément la plus productive, puisqu'il commence toujours par composer ses thèmes à l'aide de son clavier et de sa guitare avant de tenter de les programmer à l'aide d'un séquenceur, en s'assurant que la puce sonore de la PlayStation possède dans sa banque de sons tous les instruments dont il a besoin. Afin d'explorer diverses pistes, il lui arrive même de composer en utilisant une flûte à bec ou une mandoline. Ce tâtonnement a une conséquence inévitable : comme il lui arrive de ne pas trouver ce qu'il cherche, ou comme le résultat peut donner un son trop différent de ce qu'il imagine, il doit abandonner un certain nombre de morceaux. Ce n'est qu'à partir de l'épisode suivant, *Final Fantasy VIII*, que Nobuo Uematsu peut compter sur un programmeur spécialisé dans le synthétiseur, qui l'aide à restituer au mieux ses idées de composition et à avancer plus rapidement.

Plongée dans un monde obscur

Final Fantasy VII marque une rupture nette avec les épisodes précédents, annoncée dès *FFVI* mais pleinement consommée avec l'arrivée de la série dans un univers moderne. Les cinq premiers épisodes puisent leur inspiration dans une approche médiévale européenne et nordique : de cet imaginaire constitué de ciels bleus évocateurs et de grandes forêts vertes surplombées par des châteaux, Nobuo Uematsu tire de nombreuses mélodies héroïques qui contribuent à sa renommée.

Or, après un *FFVI* nettement plus mélancolique, ancré dans un monde plus proche du *steampunk*, *FFVII* plonge d'emblée le joueur dans une métropole sale et baignée de lumières artificielles agressives : Midgar. Impossible alors de l'illustrer par une bande originale propre et enjouée. Fort de son expérience sur *Front Mission: Gun Hazard*, Uematsu crée des musiques beaucoup plus atmosphériques, fondées sur des nappes de synthétiseur pesantes ou sur des effets sonores métalliques bien plus illustratifs : ils peuvent surgir des murs froids de la ville. Il faut attendre plusieurs heures de jeu pour sortir enfin de Midgar et découvrir le reste du monde, sans pour autant perdre l'optique mystérieuse de l'accompagnement musical, qui se fait même de plus en plus maussade alors que les événements pénibles s'enchaînent. Au terme de l'aventure, lorsque le météore visible dans le ciel annonce le funeste destin de la planète, la musique légère et envolée de la mappemonde se voit remplacée par le thème crépusculaire du grand cratère nord, aux notes de piano crues et insistantes.

À partir de ce septième épisode, l'image et le son semblent plus que jamais se fondre l'un dans l'autre, une démarche assumée par Uematsu qui est tout à fait conscient que sa présence participe à un tout. Les images étant devenues de plus en plus expressives, il aurait peut-être été dangereux pour lui d'écrire une musique trop riche ou exubérante, comme il a pu le faire à une époque où la bande originale apportait une respiration à des graphismes dépouillés. Mais la présence de ces nouvelles possibilités n'est pas une mauvaise nouvelle : aux moments les plus cruciaux, il a la chance de pouvoir proposer des morceaux toujours plus aboutis. Et l'arrivée d'une puce sonore plus puissante lui permet tout de même d'expérimenter d'autres styles musicaux, parfois plus proches de ses propres préférences.

De nombreux thèmes n'en restent pas moins affirmés et mémorables, notamment ceux de chacun des personnages principaux[53]. Parmi les plus emblématiques d'entre eux figure celui d'Aerith. De sa première apparition paisible et éthérée dans l'église abandonnée du secteur 5 de Midgar à sa bouleversante réorchestration lors de la scène fatidique – sans oublier les trois notes subtilement glissées dans les dernières secondes de la séquence finale –, le thème d'Aerith émeut les joueurs comme peu d'autres musiques de la série. Si le destin du personnage, l'un des plus célèbres de l'histoire du jeu vidéo, contribue certainement à l'aura entourant ce morceau, il est difficile de nier que Nobuo Uematsu fait aussi appel à l'un de ses plus grands talents : celui d'écrire une mélodie qui touche directement le cœur des gens, en dépit des limites techniques. En 2001, le single de la chanson thème de *Final Fantasy X*, « Suteki da ne », est accompagné d'une reprise du thème d'Aerith chantée par Rikki, sur des paroles d'Emiko Shiratori. Ce n'est pas un hasard : le morceau est désigné par un sondage de popularité organisé sur le site Internet de Square, au cours duquel il écrase purement et simplement tous les autres candidats, avec 1194 votes contre 285 pour la deuxième place – occupée par « Not Alone » de *Final Fantasy IX*.

S'il n'est pas encore question d'une version chantée du thème d'Aerith à l'époque de *FFVII*, l'arrivée du support CD et les ambitions décuplées en matière de marketing encouragent assez naturellement l'équipe de Square à se poser la question de l'ajout d'une chanson thème. Quelques années plus tôt, alors qu'il travaille encore dans les limites de la SNES, Nobuo Uematsu lui-même accueille les premières consoles affublées d'un lecteur de CD-ROM avec l'idée que cela lui permettra enfin d'ajouter du chant à sa musique. Dans un entretien croisé avec le compositeur Kôhei Tanaka[54] publié à l'automne 1998 dans la revue Gekura, il confie : « *C'est vrai que la PlayStation a un meilleur son que la NES ou la Super NES et qu'on peut avoir de beaux sons de guitare ou d'instruments avec. Mais j'ai*

53. À l'exception, étrangement, de Cloud. Certains l'associent cependant au thème principal du jeu – entendu sur la carte du monde –, interprétation par exemple retenue par l'orchestrateur Jonne Valtonen dans la symphonie en trois parties qu'il crée pour le concert *Final Symphony*.
54. Principalement connu pour ses bandes originales de nombreuses séries d'animation, dont *One Piece*. Moins représenté dans le jeu vidéo, Kôhei Tanaka compose tout de même la musique des séries *Sakura Wars* et, plus récemment, *Gravity Rush*.

l'impression que, davantage que la guitare, c'est la voix naturelle qui charme le cœur des auditeurs. » À commencer probablement par le sien...

Cependant, la priorité donnée par Sakaguchi à la fluidité de l'expérience de jeu dissuade le compositeur de concrétiser son envie dans *FFVII*, car chaque besoin additionnel de mémoire risque de générer des chargements supplémentaires. Arrivée tardivement dans le processus de développement, l'idée d'inclure une chanson thème est finalement abandonnée car les thèmes de l'histoire se prêtent peu à son écriture. Qu'à cela ne tienne, les concepteurs vont trouver dans l'épisode suivant une occasion idéale.

Cela n'empêche pas Nobuo Uematsu de s'intéresser timidement à la question des enregistrements réels dès *FFVII*, et le résultat de cette première expérience est entré dans la légende de la musique de jeu vidéo : « One-Winged Angel », « l'ange à une aile », thème du combat final contre Sephiroth. La popularité de cette musique, certainement la plus connue de toute la série, se juge à la place qu'elle occupe dans les nombreux concerts de *Final Fantasy* – il s'agit souvent du tout dernier morceau, voire du rappel sous les acclamations du public. En 2006, lors du grand concert *Voices* qui se tient à Yokohama, l'ovation des spectateurs conduit Uematsu et le chef d'orchestre Arnie Roth à jouer la piste deux fois de suite – et ce, dans sa nouvelle version issue du film *Advent Children*. Lors des concerts *Distant Worlds*, le compositeur se glisse même régulièrement sur scène pour chanter aux côtés des choristes, quand Arnie Roth n'invite pas le public à entonner « Sephiroth ! » en même temps que le chœur.

En 2009, l'arrangeur Jonne Valtonen joue même avec les attentes des fans venus assister au concert symphonique *Symphonic Fantasies* à Cologne en ne glissant qu'une poignée de secondes du morceau dans un grand pot-pourri de *Final Fantasy*... court extrait immédiatement coupé par le thème des chocobos, déclenchant l'hilarité de la salle. Preuve de l'immense impact généré par cette musique.

Genèse d'une légende

Pourtant, lorsque le compositeur la présente pour la première fois au reste de l'équipe de *Final Fantasy VII*, celle-ci n'est pas très enthousiaste et doute de son potentiel en tant que musique de combat final. C'est à force de persuasion que Nobuo Uematsu réussit à faire comprendre à ses collègues pourquoi il *faut* que ce soit cette piste. Quelques jours plus tard, elle est définitivement adoptée. Il a certainement raison d'insister, car l'écriture de ce morceau est une expérience totalement inédite pour lui. Au fur et à mesure des épisodes, la musique du dernier combat devient de plus en plus imposante, et Uematsu considère là encore qu'il atteint un sommet dans *FFVI* avec « Dancing Mad ». La question est désormais de savoir comment passer derrière cette œuvre hors norme, et pour le compositeur, le seul moyen de s'en sortir avec les honneurs est de partir dans une nouvelle direction, quitte à s'embarquer dans des domaines qu'il maîtrise mal.

La plupart du temps, Nobuo Uematsu fait confiance à son inspiration et n'éprouve pas le besoin d'écouter d'autres musiques pour trouver des idées. Mais aux grands maux, les grands remèdes : l'étincelle qui donne naissance à « One-Winged Angel » est en grande partie venue d'une œuvre majeure de la musique orchestrale, le *Sacre du printemps* d'Igor Stravinsky, un ballet célèbre pour avoir provoqué un gigantesque scandale lors de sa création à Paris, en 1913, du fait de la modernité radicale de la musique et de sa chorégraphie. Il est pourtant devenu une pièce incontournable de la musique savante du XXe siècle. Rude et viscéral, le *Sacre du printemps* démontre que, loin de l'image doucereuse que peut avoir la musique classique auprès du grand public, une œuvre pour orchestre peut être d'une grande dureté. L'ayant écouté plusieurs fois, Uematsu envisage de composer un morceau capable d'exhaler une sensation comparable.

Mais puisqu'il n'est pas question d'écrire de la musique classique à proprement parler – Uematsu se trouvant une nouvelle fois confronté à son absence d'éducation académique –, il explore d'autres concepts plus proches de lui. Car s'il y a bien une musique capable d'exprimer ce sentiment de fureur, c'est le rock, genre chéri du compositeur. Il se demande alors ce que donnerait un morceau de rock des années 1960 et 1970 s'il était joué par un orchestre, pour vérifier s'il est capable de conserver la même puissance rugueuse. Les toutes premières notes, répétitives et imposantes, sont même inspirées par l'idée de créer une version orchestrale de « Purple Haze » de Jimi Hendrix, qui commence par un accord répété de guitare électrique. C'est la raison pour laquelle Uematsu explique désormais bien volontiers que, pour lui, « One-Winged Angel » est un morceau de rock, une direction d'autant plus affirmée dans la reprise du film *Final Fantasy VII Advent Children* !

L'idée la plus fondatrice de toutes, pour Uematsu, est pourtant celle de renoncer à composer le morceau en suivant sa logique habituelle, qui veut que deux couplets s'enchaînent sur un refrain avant de reprendre au tout début. Au lieu de cela, il décide d'écrire chaque jour de courts segments de musique, de deux à quatre mesures en moyenne, sans se soucier de l'ordre dans lequel il les additionnerait ensuite. Ce petit rituel veut qu'il imagine ces courts fragments dès son arrivée à son bureau le matin, avant de passer à autre chose. Le processus dure environ deux semaines, jusqu'à ce que le nombre de mesures composées semble suffisant pour constituer un morceau entier.

Débute alors un véritable puzzle musical, durant lequel Uematsu colle les parties qui lui plaisent jusqu'à ce qu'elles forment une piste complète. Cette méthode inhabituelle pour lui explique pourquoi « One-Winged Angel » repose sur une construction plus complexe et élaborée que bon nombre de ses compositions, et n'est sans doute pas étrangère à son succès. Malgré cette réussite, il ne réutilise pourtant jamais cette façon de faire. De peur que le tour de magie ne fonctionne plus ?

Pourtant, la liste des défis nouveaux n'est pas encore terminée, car à ces considérations créatives s'ajoute celle de la présence d'un chœur. Si l'opéra de *Final Fantasy VI* est une première expérience de musique vocale, il ne s'agit que de voix synthétiques, et le support CD de la PlayStation est une invitation naturelle à enregistrer de véritables chanteurs. La première difficulté que cela pose est purement technique, comme le reste de la bande originale : compte tenu des limites de mémoire de la PlayStation et des besoins des autres développeurs, le programmeur Minoru Akao signifie à Nobuo Uematsu qu'il ne peut pas utiliser plus de quinze secondes de *samples* de voix au total. Ce n'est pas beaucoup, et pour en arriver là, Akao doit même dégrader considérablement la qualité des enregistrements, en supprimant notamment les silences pour économiser un maximum d'espace. Par le jeu des répétitions des mesures, il est cependant tout à fait possible de faire illusion. Ainsi, lorsqu'elles sont mises bout à bout, les parties chantées uniques de « One-Winged Angel » ne durent en fait qu'environ treize secondes !

Tout comme la composition du morceau, la mise au point des paroles ressemble à un jeu de découpage et de collage : plutôt que d'en écrire de nouvelles, Uematsu copie directement quelques passages de *Carmina Burana*, tels qu'ils sont repris dans l'œuvre de Carl Orff, non sans ajouter le nom de Sephiroth pour personnaliser le morceau. Convaincu que personne ne retrouvera jamais l'origine des paroles, il cède tout de même à la curiosité et fait une recherche sur Internet le lendemain de la sortie japonaise de *Final Fantasy VII*. Il ne lui faut guère longtemps pour trouver ce message d'un internaute : « *Ça vient de* Carmina Burana ». La prochaine fois, peut-être va-t-il falloir créer des paroles inédites...

Ne reste plus alors que la question des interprètes. Nobuo Uematsu se tourne vers une des nouvelles recrues du département sonore de Square : Masashi Hamauzu, arrivé dans la société en 1996. Sachant qu'il a étudié la musique vocale à l'université, il lui demande s'il est capable de réunir un groupe de solistes en piochant parmi ses connaissances. Hamauzu s'y emploie, et rejoint lui-même en tant que basse le petit ensemble de huit interprètes ainsi formé. À cette époque, les chants sont enregistrés dans un minuscule studio des bureaux de Square. Deux personnes seulement peuvent s'y tenir en même temps, et avec un total de huit personnes, il n'est pas possible de créer l'effet d'un chœur de plus grande taille. Cela force l'équipe sonore à utiliser la technique dite du « dubbing » pour multiplier les enregistrements et renforcer l'effet de groupe. Fort de cette expérience, Uematsu fait plusieurs fois appel à ces interprètes par la suite, par exemple pour l'enregistrement des chœurs de *Final Fantasy VIII*, *X* (les hymnes des priants) ou *XI* (le thème d'ouverture). Il les surnommera d'ailleurs le « groupe Hamauzu », bien que Hamauzu lui-même n'y chante plus après sa participation initiale.

Les joueurs de *FFVII* peuvent également remarquer la présence d'un extrait d'une œuvre classique lors de la scène où le président de la corporation Shinra contemple, depuis son luxueux bureau, l'effondrement dramatique d'un quartier entier de Midgar. Il s'agit en réalité d'un très court passage de la troisième partie de *La Création* de Joseph Haydn, chanté pour l'occasion par Minae Fujisaki et Daisuke Hara, avec Masashi Hamauzu au synthétiseur. C'est parce qu'il s'interroge sur ce que pourrait bien écouter ce sinistre personnage dans un passage aussi terrifiant qu'Uematsu se tourne vers Hamauzu, qui lui suggère l'une ou l'autre œuvre du compositeur autrichien. Pour lui, un morceau de musique classique aussi léger et délicat ne pourrait en effet que renforcer l'horreur de la scène.

Assurément, l'impact de *Final Fantasy VII*, qui reste à ce jour l'épisode le plus vendu de la série – plus de dix millions d'exemplaires dans le monde –, se répercute sur la carrière de Nobuo Uematsu : plus il y a de joueurs, plus il se trouve parmi ceux-ci de gens touchés par la musique... et qui cherchent dans le générique le nom de son auteur. Alors qu'il reçoit déjà des courriers de fans japonais depuis le premier *Final Fantasy*, il commence à en arriver du reste du monde, et certains sont particulièrement élaborés. Il reçoit par exemple un CD intitulé « Hommage à Nobuo Uematsu » de la part d'un jeune Américain, ou encore une cassette audio sur laquelle un admirateur joue du piano pendant 120 minutes.

Les joueurs du monde entier devront encore attendre quelques années avant de faire plus ample connaissance avec l'homme qui se cache derrière ces musiques – que ce soit en découvrant son visage ou en le voyant en personne –, mais une grande machine vient de s'enclencher, pour le compositeur comme pour Square. *Final Fantasy* tourne définitivement la page de l'« ère familiale » en n'appartenant plus à un petit groupe d'amis, mais à une grande hiérarchie formée de plusieurs équipes aux créateurs très spécialisés, qui n'ont pas vocation à communiquer directement entre elles – c'est la mission des chefs d'équipe. Le succès est si gigantesque que ladite machine peut très facilement devenir folle...

À la recherche d'une forme maîtrisée

Alors que la tradition est jusqu'à présent de préparer un album d'arrangements autour d'une thématique donnée quelques mois après la sortie du jeu, *Final Fantasy VII* fait exception. À la place, Square publie un disque de compilation intitulé *Reunion Tracks*[55]. Son existence est principalement motivée par le fait que la bande originale est onéreuse dans sa version complète – elle compte quatre disques – et que l'éditeur souhaite proposer une option plus économique

55. Début 1996, l'éditeur fonde une filiale, DigiCube, entièrement consacrée à la publication et à la distribution de ses jeux et produits dérivés, notamment musicaux. L'album de la bande originale de *FFVII* est la première de la série à porter le nom du nouveau label. Après plusieurs années d'intense activité, DigiCube dépose le bilan fin 2003.

sous la forme d'un *best of*. La sélection est fondée sur les pistes les plus populaires chez les joueurs : les acheteurs de la bande originale complète peuvent en effet répondre à un sondage à l'aide d'un petit carton inclus à l'intérieur du boîtier et le renvoyer à l'éditeur. Nobuo Uematsu prend tout de même l'initiative d'ajouter quelques-unes de ses pistes préférées, notamment « Cosmo Canyon », très populaire également au sein de l'équipe de développement, à commencer par le réalisateur Yoshinori Kitase.

Les résultats du sondage ne manquent toutefois pas d'interloquer Uematsu, qui par exemple ne s'attend pas à trouver en si bonne position la piste « Rufus Welcoming Ceremony », à laquelle il ne trouve rien de particulier. Il pense même qu'après avoir entendu cette marche pompeuse tourner en boucle pendant de longues minutes lors du passage dans la ville de Junon, les joueurs n'ont aucunement envie de la réécouter par la suite. Fort de cette découverte, il prendra un malin plaisir à faire un clin d'œil aux joueurs de *FFVII* en arrangeant ce morceau dans le neuvième épisode.

Malgré tout, Uematsu estime que la sortie de cette compilation est un peu précoce, puisqu'elle paraît le 22 octobre 1997, un peu plus de neuf mois après la version quatre disques. Il insiste donc pour inclure un petit bonus, qui prend la forme de trois thèmes réorchestrés. Nobuo Uematsu choisit trois musiques qui lui tiennent particulièrement à cœur : le thème principal, celui d'Aerith et, naturellement, « One-Winged Angel ». Une piste cachée, accessible en revenant en arrière à partir du premier morceau, permet également d'entendre le thème du combat final réorchestré, sans la partie chantée.

Pour préparer l'enregistrement, il a cependant besoin de trouver un orchestrateur, tâche d'autant plus cruciale qu'Uematsu n'a absolument pas envie de reproduire l'expérience désastreuse de *Final Fantasy VI* ou même de confier la préparation des morceaux à d'autres personnes, comme il a été contraint de le faire pour l'album *Symphonic Suite* des deux premiers *Final Fantasy,* par exemple. Cette fois-ci, il entend trouver un moyen de travailler au plus près des partitions, sans laisser à quelqu'un d'autre le soin de procéder aux arrangements. Ces derniers représentent une étape cruciale de l'écriture musicale, car ils définissent la personnalité d'un morceau en ajoutant de la variété harmonique à la composition d'origine et en désignant les choix d'instruments.

Uematsu souhaite tellement que ces versions orchestrées de *FFVII* lui ressemblent qu'il décide de les arranger lui-même, quitte à ce que la qualité en pâtisse – ce n'est guère son domaine de prédilection. Mieux habitué à l'ordinateur, c'est donc sous la forme de fichiers MIDI qu'il pose les fondations des morceaux. Naturellement, l'orchestration à proprement parler – l'art infiniment savant de répartir au mieux l'instrumentation au sein d'un groupe de musiciens – reste hors de sa portée et nécessite l'intervention d'un spécialiste. Là encore, Uematsu tient à constituer lui-même le cadre dans lequel le projet progresse. Pour que le résultat enregistré en studio soit fidèle à sa vision, il se met en quête d'un orchestrateur capable de reprendre directement ses fichiers MIDI afin de coller au plus près de ses intentions. L'homme doit être rompu non seulement à l'art des partitions, mais aussi de l'informatique.

La perle rare porte le nom de Shirô Hamaguchi, un jeune musicien ayant rejoint un an plus tôt Imagine, une agence spécialisée dans la composition et la production musicale pour les arts visuels, comptant parmi ses membres des personnalités comme Kôhei Tanaka et Kow Ôtani. Uematsu pousse la logique jusqu'à exiger que Hamaguchi fasse l'acquisition du même expandeur que lui – un Roland SC-88 – pour s'assurer qu'il retrouve exactement les sons et effets qu'il souhaite obtenir lorsqu'il ouvre les fichiers MIDI sur son propre ordinateur. Le processus n'est pas à sens unique : en procédant à l'orchestration de ce qu'il reçoit sous forme synthétique, Hamaguchi fait divers ajustements. Il propose parfois des changements d'instrumentations, qu'il envoie à Uematsu en les restituant au format MIDI pour qu'il les valide ou propose de nouveaux changements. Grâce à ces nombreux allers et retours sous forme numérique, Uematsu a enfin la garantie que les orchestrations qui en résultent respectent sa vision, d'autant qu'il décide d'être également plus exigeant pendant les enregistrements en studio – au point que certains de ses proches ayant pu assister aux séances croient voir une tout autre personne.

Ce renouveau se ressent immanquablement dans les trois morceaux bonus du disque *Reunion Tracks* : très proches des morceaux originaux, ils ne sont aucunement destinés à être transformés en œuvres de musique classique et emploient simplement l'expressivité inégalable d'un véritable orchestre – et d'un chœur complet dans « One-Winged Angel » – pour offrir de plus belles nuances... et, dans le cas du thème d'Aerith, susciter des sentiments nettement plus exaltés.

Dans le livret de *Reunion Tracks*, Uematsu regrette néanmoins que les orchestrations de Shirô Hamaguchi ne reflètent pas suffisamment la personnalité du jeune homme. Simple amabilité de circonstance ou admiration sincère pour son travail ? L'histoire confirmera la seconde hypothèse. Le duo aura l'occasion de récidiver, ce qui donnera à Hamaguchi l'occasion de se faire un nom. En effet, Hamaguchi reste pendant plusieurs années le principal orchestrateur de *Final Fantasy*, réconciliant peu à peu le compositeur avec l'idée d'unir ses forces à celles d'un collaborateur bien choisi, qui magnifie incontestablement ce qu'il imagine. Uematsu trouve une méthode de fonctionnement dont il est satisfait, qui l'autorise à contrôler au maximum l'orchestration de ses œuvres. Et dès l'épisode suivant, les musiques orchestrées font une entrée remarquée dans le patrimoine musical de la série.

Toutefois, l'habituel disque d'arrangements pour piano manque à l'appel. L'absence initiale de cet album n'est pas un acte volontaire, simplement l'illustration de la période d'effervescence dans laquelle Square s'enfonce après la sortie de *FFVII*. L'immense succès du jeu, non seulement au Japon mais aussi dans le reste du monde, change l'échelle et l'état d'esprit de Square. Dans un contexte où toutes les équipes sont désormais occupées en quasi-permanence, l'idée de préparer un album *Piano Collections* pour le septième épisode n'est même pas posée. La tradition reprend avec *Final Fantasy VIII*, probablement parce que le studio trouve une formule plus pointue grâce aux arrangements de Shirô Hamaguchi.

L'idée d'un album piano de *FFVII* revient néanmoins sur le tapis six ans après la parution du jeu : c'est finalement en 2003 qu'Uematsu et Hamaguchi unissent leurs forces pour combler ce vide. Hamaguchi fait appel à l'un de ses amis d'université, Seiji Honda, pour interpréter la sélection. Honda n'est guère familier du nom *Final Fantasy*, mais lorsqu'il en parle avec l'un de ses amis du Conservatoire de Paris où il a étudié, le flûtiste Kazunori Seo, celui-ci s'empresse de lui dire que ce n'est pas n'importe quel jeu vidéo, mais une légende à part entière. Seo en sait quelque chose : fan de *Final Fantasy* depuis le sixième épisode, il a lui-même eu la chance de côtoyer Nobuo Uematsu[56]. Il n'en faut pas plus à Seiji Honda pour comprendre qu'il se lance dans un projet ambitieux, si bien qu'il se demande même s'il sera à la hauteur des attentes. Son interprétation dépasse les limites de l'album, puisque trois morceaux sont repris tels quels dans la bande originale du film *Final Fantasy VII Advent Children*.

---

56. Voir le chapitre consacré à *Final Fantasy X*.

La face cachée de la lune

Final Fantasy VII n'est pas le seul jeu vidéo de 1997 dans lequel on peut entendre la musique de Nobuo Uematsu. Mais l'autre est pendant longtemps resté un secret bien gardé, pour une raison simple : il ne s'agit pas d'une production Square, et il est bien sûr malvenu pour un employé de travailler pour le compte d'un concurrent. Le *soft* en question est *moon: Remix RPG Adventure* sur PlayStation, un jeu de rôle japonais hors norme, connu pour l'habileté avec laquelle il manipule les codes déjà bien établis du genre. Il est en fait conçu par un petit groupe d'anciens développeurs de Square, dont les *game designers* Ken'ichi Nishi, Tarô Kudô et Yoshirô Kimura, et les illustrateurs Kazuyuki Kurashima et Akira Ueda[57]. Puisqu'ils sont amis d'Uematsu, ils lui proposent d'écrire une unique piste pour leur nouveau jeu, qui affiche d'ailleurs une bande originale extrêmement luxueuse confectionnée par une trentaine d'artistes différents.

Ayant signé une ébauche de morceau, Uematsu a l'idée de proposer à Yasunori Mitsuda d'écrire la suite avec lui. Celui-ci, occupé par *Xenogears*, accepte avec enthousiasme. Il lui propose d'emblée de faire jouer la mélodie par de l'accordéon, car il est précisément en train d'en fabriquer un lui-même, ce qui ne manque pas d'étonner Uematsu. Plus spécifiquement, Mitsuda décide de tailler sur un accordéon un motif de chat qu'il a lui-même imaginé, afin de créer ce qu'il surnomme un « nekodéon », à partir du mot *neko* qui signifie « chat » en japonais (peut-on alors parler de « chaccordéon » ?). Ce morceau est l'occasion idéale d'étrenner l'instrument, et c'est bien Mitsuda en personne qu'on peut entendre sur le morceau : il interprète également la guitare basse et les percussions, tandis qu'Uematsu est à l'harmonium. Joviale et ravissante, la piste s'intitule « Kutsushita no ana », ce qui signifie – ça ne s'invente pas – « le trou dans la chaussette ».

Afin de garantir leur anonymat, les deux compositeurs apparaissent dans le générique de *moon* sous le nom « Asunaro Boys », *asunaro* étant le nom d'un

57. Nishi a notamment travaillé sur *Chrono Trigger*, Kudô sur *Super Mario RPG*, Kimura sur *Romancing SaGa 2* et *3*, Kurashima sur *Live A Live* et Ueda sur *Secret of Mana*. Ils fondent le studio Love-de-Lic pour le développement de *moon*, avant de poursuivre avec *UFO: A Day in the Life* sur PlayStation et *L.O.L.: Lack of Love* sur Dreamcast, eux aussi salués pour leur esprit avant-gardiste.

genre de cyprès japonais. Prescription aidant, le secret est levé quelques années plus tard, ce qui ne fait que contribuer à l'aura de ce *soft* devenu culte auprès d'un petit public de passionnés du jeu de rôle japonais.

Dix petites pousses

En 1997, Nobuo Uematsu participe aussi, cette fois au grand jour, à un nouveau projet en collaboration avec le producteur Ken'ichi Funayama, qui souhaite lancer une gamme au sein de son label musical, Biosphere Records. Uematsu, qui a lui-même envie de composer d'autres œuvres en solo, imagine un concept original : celui de demander à quelques-uns des grands noms de la musique de jeu vidéo japonaise d'écrire chacun un morceau pour constituer un album dit « omnibus » autour d'une thématique donnée, sans aucun lien avec les jeux. Il soumet tout d'abord l'idée à son ami Toshiyuki Sasagawa[58], qui est séduit et l'aide à formuler la ligne directrice. Uematsu s'occupe de contacter les heureux élus, parmi lesquels figurent Miki Higashino (*Suikoden*), Tsukasa Tawada (*Dungeon Master*), Hitoshi Sakimoto (*Final Fantasy Tactics*), Shinji Hosoe (*Ridge Racer*) ou Yûzô Koshiro (*Streets of Rage*).

En se fondant sur le thème du calme, tous sont libres de développer leurs propres univers musicaux, créant un album d'une grande diversité. Celui-ci s'achève même sur un morceau de quinze minutes signé par la compositrice de *Bomberman*, June Chikuma, qui y exprime sa passion pour la musique arabe. Publié en avril 1998, le disque s'intitule *Ten Plants*, comme pour symboliser « dix pousses » ayant bourgeonné dans cette même industrie. Puisque le monde est petit, le livret est illustré par... Kazuyuki Kurashima et Akira Ueda, de *moon* ! Le groupe Thelonious Monkeys, qui se charge d'une partie de la bande originale du jeu, apporte également sa contribution à *Ten Plants*.

Quant à Nobuo Uematsu, il choisit tout naturellement de faire une musique qui lui ressemble et d'écrire une chanson, « Ashita no yume mo wasurete »

58. Un pianiste et compositeur qui travaille de 1984 à 2001 chez l'éditeur japonais Hudson, avant de quitter le domaine pour devenir... médium. À croire que Nobuo Uematsu les attire !

(« oublier le rêve de demain »), dont Hiroyuki Itô imagine une fois encore les paroles. S'il la compose sans interprète précise en tête, Ken'ichi Funayama lui propose de faire appel à Yôko Ueno, une chanteuse connue pour sa participation de 1986 à 1993 au groupe Zabadak – justement édité par le label de Funayama. L'enregistrement, qui se déroule en octobre 1997, comble Uematsu de joie, car il est entouré de bons amis musiciens[59]. Il se mêle à eux pour jouer de la guitare à huit cordes – même si c'est en fait un modèle à douze cordes –, mais le manche très large de l'instrument le gêne, si bien qu'il bloque avec un mouchoir les deux dernières cordes – ce qui en bloque en fait quatre.

Un *Ten Plants 2* est publié en octobre 1999, toujours sous la houlette de Nobuo Uematsu et Toshiyuki Sasagawa, mais avec de nouveaux contributeurs, dont Yasunori Mitsuda, Takayuki Nakamura (*Virtua Fighter*) et Chinatsu Kuzuu. La thématique plus spécifique de ce deuxième volet, celle des chansons pour enfants, lui donne une saveur plus pop et acidulée. Pour sa contribution, intitulée « Ashita no tenki » (« le temps qu'il fera demain »), Uematsu collabore pour la première fois avec la chanteuse CHiCO[60]. Ils se rencontrent peu de temps avant, lors d'une soirée de dégustations de bières chez lui[61] où elle est conviée à l'improviste par le musicien Hidenobu Ôtsuki – ils travaillent alors tous les deux pour le compte de Ken'ichi Funayama au sein du Studio GUIDO. Alors qu'elle connaît déjà sa musique, principalement l'album *Celtic Moon* de *Final Fantasy IV* qu'elle adore, CHiCO ne comprend pas tout de suite qu'il s'agit bien du même Uematsu. Ce n'est que quelque temps plus tard, alors que le courant passe bien avec lui et sa femme Reiko et qu'ils mangent ensemble à plusieurs reprises, qu'elle découvre qu'il possède chez lui un disque d'or et qu'elle fait le rapprochement... pour son plus grand plaisir.

59. Parmi eux, Jim Ediger, un musicien canadien qui est à l'époque le professeur de violon irlandais de Nobuo Uematsu. Quelques années plus tard, il fait appel à lui pour arranger la chanson « Pure Heart », version du thème d'Aerith incluse au single de la chanson thème de *Final Fantasy X*.
60. De son vrai nom Hiroyo Yamanaka, elle est également compositrice et travaille sur le jeu *Minna de Tamagotchi World* (1997). Elle est mieux connue en tant que membre du duo ACE, avec Tomori Kudô, qui compose une partie des musiques de *Xenoblade Chronicles* et de sa suite.
61. Des bières qu'il brasse d'ailleurs lui-même.

CHiCO a pourtant bien failli prêter sa voix à la chanson d'Uematsu du premier *Ten Plants* : Funayama lui propose d'en chanter une démo avant de lui préférer Yôko Ueno. La deuxième fois est la bonne. Il faut dire que sa voix, d'une fraîcheur enfantine, se prête parfaitement à la thématique du second disque. La collaboration la plus connue entre Nobuo Uematsu et CHiCO demeure cependant plus tardive : l'album *10 Short Stories*, paru en 2010.

FINAL FANTASY VIII, L'OCCIDENTALISATION

Une ouverture inoubliable

Final Fantasy VIII commence par un chant mystérieux, accompagnant la douce image du flux et du reflux d'une belle mer bleue sur une plage déserte. En 1999, une telle animation en images de synthèse fait toujours son petit effet. Puis la caméra s'avance vers l'océan et une véritable musique orchestrée retentit. En quelques images et notes, le huitième épisode de la série affiche toutes ses ambitions, et cette scène d'ouverture étrange, parsemée de séquences entrecoupées et de textes sibyllins, en dit beaucoup sur le jeu, son histoire et ses personnages, sans que le joueur ne puisse encore les comprendre. Là où *FFVII* débute sur un plan-séquence plongeant immédiatement dans l'action, *FFVIII* s'ouvre sur des scènes spectaculaires et symboliques, gorgées de mystères. Le ton est posé.

Pour Nobuo Uematsu, c'est une occasion en or de démontrer à sa façon le potentiel cinématographique du jeu. Après avoir donné sa chance à Shirô Hamaguchi sur les pistes orchestrales de l'album *Final Fantasy VII Reunion Tracks*, il lui propose de travailler directement sur un épisode. Ils conçoivent ensemble ce thème d'introduction, intitulé « Liberi Fatali », « les enfants du destin », qui devient le tout premier morceau entièrement orchestré entendu dans un *Final Fantasy*. Autre particularité, Uematsu doit se fonder sur le story-board pour que la musique corresponde exactement à l'image : un procédé auquel il a déjà eu recours, ne serait-ce que pour la scène d'introduction de *Final Fantasy V*, mais qui prend avec le huitième épisode un tournant bien plus précis et intense.

Après s'être contenté de reprendre des passages de *Carmina Burana* pour « One-Winged Angel » dans *FFVII*, le compositeur sait qu'il ne peut pas s'en sortir aussi facilement à chaque fois qu'il veut utiliser des paroles, d'autant plus quand celles-ci doivent être en latin. Alors que le scénariste de *FFVIII*, Kazushige Nojima, imagine un texte de base en japonais, Nobuo Uematsu se met en quête d'une personne capable d'en faire une traduction en latin... avant de se rendre compte que cela ne court pas les rues. Après une séance de recherche sur Internet, il découvre que cette perle rare se trouve à Kyoto et porte le nom de Tarô Yamashita, un spécialiste de langue latine et de littérature classique occidentale auteur de plusieurs livres et manuels scolaires sur le sujet. Sans attendre, Uematsu envoie un e-mail à l'intéressé et, le lendemain, il bondit dans un train pour Kyoto afin d'obtenir sa précieuse traduction. Après la sortie du jeu, certains connaisseurs de la langue latine remarquent néanmoins que le titre du morceau comporte une faute d'accord, puisqu'il faut en réalité écrire « liberi fatales ». Interpellé sur son site Web, Yamashita reconnaît l'erreur, sans se l'expliquer...

Cette collaboration va néanmoins se prolonger, et Square fait régulièrement appel à Tarô Yamashita en tant que traducteur japonais-latin pour *Final Fantasy VII Advent Children*, *Final Fantasy XIII* et *XIII-2*, et même *Final Fantasy XV*. Plus tard, Uematsu lui-même se tourne vers le spécialiste pour les paroles du thème principal de *Super Smash Bros. Brawl*.

Le chœur est une fois encore confié au « groupe Hamauzu », doté de quelques nouveaux membres. C'est également lui qui interprète le chant « Fithos Lusec Wecos Vinosec », l'incantation que l'on retrouve à différents moments de l'histoire, des premières secondes de « Liberi Fatali » jusqu'à l'introduction ensorcelante du thème du combat final, où les voix semblent littéralement tournoyer autour de l'auditeur. Cette formule, qui n'a en apparence aucun sens, est en réalité une anagramme imaginée par Kazushige Nojima, dont la clé réside en partie dans l'un des titres de la bande originale : « Succession of Witches », « la succession des sorcières ». Si l'on enlève toutes les lettres de ce titre à « Fithos Lusec Wecos Vinosec », il ne reste plus que le mot anglais « love », amour. La rencontre de ces deux thématiques, écho direct à l'intrigue de *FFVIII*, laisse un vaste champ d'interprétations que les joueurs se feront un plaisir d'arpenter. La musique participe alors intégralement au jeu et à son histoire. Nojima et Uematsu, toujours aussi complices, s'amuseront une nouvelle fois avec les lettres et les mots dans *Final Fantasy X*.

La musique d'un monde réaliste

Si la musique de *Final Fantasy VII* est imaginée pour respecter scrupuleusement l'instruction de Hironobu Sakaguchi selon laquelle rien ne doit interrompre le flot du jeu, ce qui limite les possibilités techniques, Nobuo Uematsu décide de faire preuve d'un peu plus d'exigence sur le huitième épisode. Et pour cause ! Frustré de constater que *FFVII* conserve malgré tout de nombreux chargements, il pense avoir été floué sur la marchandise : « *Quand j'ai vu le jeu terminé, je me suis rendu compte que les graphismes étaient tellement détaillés qu'ils n'avaient de toute façon pas eu d'autre choix que d'allonger les temps de chargement. Je me suis demandé : "Pourquoi devrais-je faire des compromis et eux non ?" C'est pour ça que j'ai utilisé un orchestre avec chœur dans le morceau d'ouverture de Final Fantasy VIII*[62] *!* » Outre ce début marquant, la musique du reste du jeu semble elle-même plus propre et mieux taillée pour son support, même si elle utilise toujours en grande partie la puce sonore de la PlayStation. Afin de l'aider dans sa tâche, Uematsu peut compter à partir de cet épisode sur l'aide d'un collaborateur spécialisé dans la programmation du synthétiseur. Square vient tout juste d'en recruter plusieurs et, pour choisir celui qui aura l'honneur de l'assister, le compositeur organise… une partie de pierre-papier-ciseaux dans son bureau. Le destin sélectionne Keiji Kawamori.

La présence de ce dernier signifie qu'Uematsu peut se consacrer spécifiquement à la composition des morceaux en employant ses méthodes habituelles, sans avoir à s'occuper en plus de leur intégration, ce qui représente un gain de temps certain. Le métier de Kawamori consiste à recevoir les fichiers MIDI du compositeur puis à en assurer la programmation dans le jeu, en leur appliquant notamment les timbres – un peu à la manière d'un arrangeur, à cela près qu'il manipule des instruments exclusivement virtuels. De plus, Uematsu peut se tourner vers lui s'il souhaite essayer des choses un peu plus complexes, d'autant que le caractère de Kawamori est semble-t-il très conciliant. Le compositeur s'en amuse : « *Je crois que je ne l'ai jamais entendu discuter une proposition. Il répond juste : "D'accord" !* »

62. Simon PARKIN, « Never-Ending Story: Final Fantasy 30th Anniversary », *Edge* n°314, janvier 2018.

Le fait que des ingénieurs soient entièrement dédiés à cette tâche contribue largement à l'amélioration de la qualité sonore des bandes originales de Square à la fin des années 1990[63]. Keiji Kawamori continue à participer à la plupart des *Final Fantasy* numérotés qui suivent, y compris lorsqu'ils sont confiés à d'autres compositeurs. Aujourd'hui, il occupe le poste de producteur musical sur la plupart des épisodes pour consoles.

Prolongeant cet effort sur la qualité purement technique de la musique, le département sonore de *Final Fantasy VIII* fait enregistrer les bruitages des séquences cinématiques en images de synthèse dans un studio spécialisé à Hollywood. De l'aveu d'Uematsu, cette petite folie consomme la plus grande partie du budget alloué à la partie sonore du jeu.

La bande originale de *Final Fantasy VIII* ne connaît autrement que peu d'extravagances : elle s'accorde au ton plus sérieux et occidental adopté par le jeu, et s'inscrit dans la décision de Nobuo Uematsu de mettre sa partition légèrement en retrait pour ne pas qu'elle déborde sur les visuels et l'histoire dont la place devient écrasante. Tout juste peut-on sentir dans certaines pistes qu'il s'amuse à rendre quelques hommages. En arrivant dans la station spatiale d'Esthar et en découvrant les joies de l'apesanteur, le joueur est accompagné de la polka « Dance with the Balamb-fish », clin d'œil à la valse du *Beau Danube Bleu* de Strauss fils reprise dans *2001, l'Odyssée de l'espace* – cette référence tout à fait volontaire est glissée à Uematsu par Yoshinori Kitase, réalisateur du jeu et cinéphile notoire. Nul n'oubliera également la scène du tournage de film avec Laguna, qu'Uematsu illustre naturellement par un ragtime au piano, cliché s'il en est des débuts du cinéma, rehaussé d'un son de pellicule.

Quant au thème des chocobos, « Mods de Chocobo », il s'inspire de la sous-culture londonienne des mods, remontant aux années 1960 : on peut même y entendre la guitare Fender Telecaster qu'Uematsu vient d'acheter – il en semble si fier que l'instrument est mentionné dans le titre du morceau sur la bande originale. Dans son enthousiasme, il compte même remplir *FFVIII* de reprises

63. Outre Kawamori, ces « programmeurs du synthétiseur » sont Hidenori Iwasaki, Ryô Yamazaki, Hirosato Noda et Takeharu Ishimoto. Ce travail nécessitant de toute façon une grande connaissance musicale, Square les met ultérieurement à contribution en tant que compositeurs.

de la musique du chocobo plus farfelues les unes que les autres : une « Voice de Chocobo » conçue à partir d'échantillons de voix, un « Ali Baba de Chocobo » et un « Go-go de Chocobo » dont les titres laissent songeur… Mais il n'intègre finalement aucune d'entre elles, faute de leur trouver une utilité.

L'un des titres de piste ne peut qu'attirer l'attention des francophones : « Ami », un morceau touchant joué principalement au piano, une simplicité instrumentale dont Uematsu fait peu usage jusqu'alors à l'intérieur d'un jeu. Cette musique remplit un rôle essentiel dans l'aventure, et emprunte en réalité son nom au livre *Ami, l'enfant des étoiles* de l'écrivain chilien Enrique Barrios. Ainsi, pour le compositeur, ce titre est en fait un clin d'œil à la langue espagnole plutôt qu'au français ! Le récit d'*Ami* est une ode à l'amour de l'autre et un plaidoyer pour un monde pleinement réconcilié – fasciné par les petits hommes verts, Uematsu s'est-il intéressé à ce livre à cause de son titre japonais, qui parle d'un « petit extraterrestre » ?

Des écarts, tout de même

Au moment d'écrire la musique du combat de fin, le compositeur se trouve devant un obstacle de taille : comment succéder à « One-Winged Angel » ? L'inventivité inédite de ce morceau marquant est un pari unique, qu'il serait trop simple de réitérer. Ayant bien du mal à trouver des idées, Uematsu procède par élimination. Il écarte les chœurs, déjà utilisés la fois précédente, et décide de reprendre la phrase d'introduction de tous les thèmes de combat des six premiers *Final Fantasy*, qu'il a justement choisi d'abandonner dans *FFVII* – dans le tout premier *Final Fantasy*, il imagine cette introduction de sorte qu'elle coïncide avec l'arrivée des commandes de combat, mais avec le passage à la PlayStation, la durée des chargements des batailles s'allonge et ne convient plus autant qu'auparavant.

Quoi de plus marquant alors que de renouer avec cette phrase musicale connue de tous les amateurs de la série au moment le plus critique du huitième épisode ? Elle sert de base à ce qui va devenir « The Extreme », donnant le point de départ immédiatement frénétique de ce tout nouveau morceau d'un esprit rock progressif bien plus manifeste que « One-Winged Angel ». S'y ajoute un passage introductif mémorable : le joueur se trouve pris dans la spirale inquiétante du chœur « Fithos Lusec Wecos Vinosec » déformé, puis le piano et la harpe créent une pause douce et nostalgique amorçant d'autant mieux la transition avec la suite de la piste et le cœur de cet ultime combat.

Nobuo Uematsu ne chôme d'ailleurs pas pour mettre en musique les quatre phases de l'affrontement final de *Final Fantasy VIII*, et les joueurs se souviennent tout autant de la musique accompagnant l'avant-dernier boss, « Maybe I'm a Lion ». Son rythme étrangement enlevé et ses solos de synthétiseur témoignent également de la profonde affection d'Uematsu pour la musique progressive des années 1970.

Ces quelques morceaux dérogent à l'instrumentation nettement plus sobre et cinématique choisie par Nobuo Uematsu pour la majorité des scènes d'action. Le compositeur considère en effet qu'il doit accompagner le ton plus hollywoodien de l'aventure, ce qui ne l'arrange guère car il n'est pas du tout spécialisé dans l'écriture de ce type de musique. On comprend mieux pourquoi il cherche des inspirations dans certaines bandes originales de films américains, le thème de l'assaut de Dollet « The Landing » rappelant quelques passages de *The Rock* sorti quelques années plus tôt. Une précédente version de ce morceau, présente dans la première démo jouable du jeu avant d'être remplacée, ressemble encore plus à la partition du long-métrage de Michael Bay. Il doit la composer en urgence lors du développement de cette démo, proposée en juillet 1998, mais il ne trouve finalement pas d'endroit où la placer dans le jeu définitif.

Uematsu désigne volontiers « Shuffle or Boogie » – le thème du jeu de cartes Triple Triad –, comme l'un de ses préférés de la bande originale : il prend beaucoup de plaisir à composer ce morceau sautillant et loufoque, similaire à ceux des précédents épisodes. « Silence and Motion », accompagnant l'immense ville futuriste d'Esthar, lui tient également à cœur. Inspiré par la musique minimaliste – un mouvement de la musique contemporaine notamment représenté par Philip Glass et Steve Reich –, il veut susciter un sentiment de mystère en répétant un même motif – un son brut de synthétiseur associé à un rythme étrange. Mais cette impression surprenante s'envole finalement lorsque surgit le refrain, éclatant de lumière.

L'un de ses passages préférés de *Final Fantasy VIII* n'en reste pas moins la toute fin de l'épilogue. Au terme d'un long générique irrigué par un impressionnant thème orchestré, Squall et Linoa se regardent sur le balcon du Balamb Garden sous un ciel étoilé : le romantisme de l'histoire culmine à cet instant que le compositeur choisit d'illustrer avec les arpèges apaisants du « Prelude » – jusque-là absents du jeu, si l'on excepte leur évocation dans le thème de *game over*. Une manière pour lui de conclure sur une note positive, familière à tous les joueurs de *Final Fantasy*. Il admet d'ailleurs qu'en découvrant la musique intégrée à l'image, il ne peut retenir une petite larme.

Ma première chanson d'amour

C'est à ce terreau émotionnel que l'on doit l'arrivée d'une chanson thème. Celle-ci va même trouver sa place dans le scénario du jeu : le personnage qui l'interprète, Julia Heartilly, l'écrit ainsi pour exprimer au soldat idéaliste Laguna Loire les sentiments qu'elle est incapable de lui communiquer par la parole. La guerre les sépare trop vite et les empêche de vivre leur amour. Ils reprennent leur vie, chacun de leur côté, et ont des enfants… qui se retrouvent sans le savoir des années plus tard et deviennent les deux héros du jeu. Magie de la narration : la chanson semble finalement écrite pour eux aussi, et après avoir entendu plusieurs évocations instrumentales tout au long de l'aventure, le joueur trouve finalement la véritable « Eyes On Me » au moment où Squall et Linoa partagent, dans un vaisseau perdu au milieu de l'espace, leur premier instant romantique.

Ayant écrit la mélodie au préalable, Nobuo Uematsu doit naturellement résoudre la question la plus importante : qui va prêter sa voix à la toute première chanson d'un *Final Fantasy* ? L'équipe de *FFVIII* se lance dans une grande concertation, chaque membre pouvant apporter au bureau les disques d'interprètes de son choix, qu'ils écoutent tous ensemble dans l'espoir de trouver quelqu'un d'approprié. Toutes les pistes sont explorées et des albums de Céline Dion ou Mariah Carey finissent même dans la pile des propositions. Finalement, lorsque se lance la première piste d'un CD de Faye Wong, toute l'équipe s'accorde à dire qu'elle tient sa chanteuse. Nobuo Uematsu ne la connaît que de nom, mais il sent immédiatement que sa voix correspond à ce qu'il cherche.

Ce qu'il ignore encore, c'est que le disque a en réalité été glissé dans la pile par le scénariste Kazushige Nojima, lui-même un grand fan de Faye Wong – au point qu'il est déjà allé la voir en concert à Hong Kong. Nojima avoue plus tard avoir eu peu d'espoir de la voir sélectionnée, en raison de sa popularité alors assez limitée au Japon. Mais en réalité, le fait qu'elle soit chinoise correspond parfaitement à l'esprit international recherché à l'époque par *Final Fantasy*. Conformément à cette logique, « Eyes On Me » va d'ailleurs être interprétée en anglais uniquement, car pour l'équipe, il semblera moins choquant pour un Japonais d'entendre une chanson en anglais que pour un Américain ou un Européen d'entendre une chanson en japonais. Cette logique n'empêche pas Uematsu et Nojima, peu de temps après, d'écrire « Suteki da ne » de *Final Fantasy X* uniquement en japonais. Mais les intentions ne sont pas les mêmes.

C'est ce même esprit international qui encourage Nobuo Uematsu à enrichir le style pop purement occidental de « Eyes On Me » de quelques touches plus asiatiques, qu'il s'agisse des premières notes de santour, un type de *hammered dulcimer* du Moyen-Orient, ou de celles de flûte japonaise traditionnelle *shinobue* après le refrain. La partie instrumentale est arrangée par Shirô Hamaguchi et enregistrée au studio Sound City de Tokyo puis, du fait de l'emploi du temps chargé de Faye Wong, Uematsu et une petite équipe de Square font le déplacement jusqu'à Hong Kong, au studio AVON, pour procéder aux enregistrements du chant. Pour le compositeur, qui depuis peu contrôle tout, l'expérience est quelque peu amère, car la star a ses petites habitudes auxquelles elle ne compte pas renoncer, et son agent fait en sorte que cette session n'y déroge pas : Faye Wong doit enregistrer la chanson seule et dans l'obscurité, et il ne faut pas la déranger. Ils doivent qui plus est se contenter d'une seule prise, ce qui est très peu pour obtenir un résultat optimal.

Mais sans surprise, le choix de cette artiste a un effet retentissant, tout particulièrement en Asie du Sud-Est où la popularité de Faye Wong n'est plus à prouver. Les feuilles d'Agastya, lues à Uematsu lors de son voyage en Inde quelques années plus tôt, ne s'étaient pas trompées ! Au Japon, alors que la chanteuse s'apprête à faire ses débuts publics avec son premier concert en mars 1999, le single édité chez EMI s'écoule à plus de 500 000 exemplaires. « *Ça aurait été le jackpot si j'avais été en free-lance et non un salarié de Square !* », s'amuse le compositeur[64]. Dans le pays, ce record pour une chanson de jeu vidéo n'est battu que par « Hikari » d'Utada Hikaru pour *Kingdom Hearts* – de Square également –, qui frôle les 600 000 exemplaires en 2002. La bande originale complète de *FFVIII*, sortie le 1er mars 1999 et comptant quatre disques, profite également de cet élan d'enthousiasme en trouvant plus de 250 000 acquéreurs.

« Eyes On Me » remporte le prix de la chanson de l'année dans la catégorie « musique occidentale » des 14e *Annual Japan Gold Disc Awards*, ce qui rapporte à Uematsu un joli trophée qui trône fièrement chez lui encore aujourd'hui. Le choix de la catégorie peut surprendre, puisqu'il s'agit d'une chanson sino-japonaise, mais elle s'explique par un unique critère éliminatoire : les paroles sont en anglais – bien que ce soit un anglais un peu maladroit, écrit par Kako Someya. Quelques années après, à l'occasion de la préparation d'un nouvel album arrangé de la série avec la chanteuse Manami Kiyota, *Mahoroba*, une version japonaise de « Eyes On Me » est finalement écrite, intitulée « Natsu no album » (« album d'été ») et nouvellement arrangée par le guitariste Yûji Hasegawa. C'est Kazushige Nojima lui-même qui rédige les paroles japonaises, mais plutôt qu'une traduction littérale de l'anglais, il préfère raconter une histoire totalement différente, séparée de *Final Fantasy VIII*, décrivant une douce nostalgie estivale comme les Japonais savent si bien les évoquer.

Encore un peu plus tard, c'est l'interprète de la chanson thème de *Final Fantasy XII*, Angela Aki, qui fait une nouvelle reprise de « Eyes On Me », accompagnée uniquement de piano, et revenant cette fois aux paroles en anglais... mais en apportant quelques petites retouches pour les rendre plus naturelles. Le morceau est proposé dans un single publié trois mois avant le lancement japonais de *FFXII*. L'opération est évidemment intéressée : l'édition limitée du disque comprend un DVD sur lequel figure une bande-annonce inédite du jeu ainsi que sa chanson, « Kiss Me Good-Bye ».

64. Dans un entretien sur la chaîne Denfaminicogamer en novembre 2016. Mais Uematsu est loin de rêver d'une richesse qui lui serait passée sous le nez. « *Je me consacre aux jeux, pas à l'argent* », ajoute-t-il.

La nouvelle formule, grandeur nature

Fort de leur collaboration fructueuse sur l'album *Reunion Tracks* de *FFVII* et les pistes orchestrées de *FFVIII*, Nobuo Uematsu propose à Shirô Hamaguchi d'appliquer à nouveau leur efficace méthode de travail, mais afin de créer cette fois-ci un disque tout entier : *Fithos Lusec Wecos Vinosec*, un album de reprises orchestrales du huitième épisode, publié en novembre 1999. Est-ce un pied de nez à *Final Fantasy VI Grand Finale* ? Toujours est-il que le livret l'annonce sans ambiguïté : la musique est « composée, *arrangée* et produite par Nobuo Uematsu », et « orchestrée par Shirô Hamaguchi ». Grâce à ce processus – préparer ses morceaux au format MIDI sur ordinateur avant de les confier à Hamaguchi et de surveiller méticuleusement le résultat –, il exorcise définitivement ce précédent échec et reprend pleinement le contrôle de sa musique, quoi que les autres pensent du résultat.

Ici, la présence d'un orchestre n'est pas un prétexte à faire de la « musique classique ». Très fidèles aux morceaux d'origine et d'une grande sobriété, les arrangements agissent avant tout comme un prolongement de l'esprit des morceaux au synthétiseur de la bande originale, comme s'ils pouvaient venir tout naturellement les remplacer. Incontournables, les trois thèmes déjà orchestrés dans le jeu sont même inclus : « Liberi Fatali », « Eyes On Me » et « Ending Theme ». L'album est présenté comme un « *best of* arrangé de *FFVIII* », tout simplement, et ses partitions, inchangées, figurent encore aujourd'hui en bonne position dans les concerts de la tournée *Distant Worlds*.

Après une absence remarquée à la suite du lancement de *Final Fantasy VII*, la tradition des albums d'arrangements pour piano reprend avec *FFVIII*. L'arrivée de Shirô Hamaguchi marque l'abandon de l'ancienne formule, qui conserve jusqu'à *FFVI* une vocation pédagogique évidente : les arrangements sont volontairement simples, et le disque, associé à un livre de partitions, sert avant tout d'exemple pour les pianistes débutants. Désormais, l'album n'est pas accompagné de partitions et se destine à l'écoute pure, proposant à ce titre des arrangements plus élaborés. Leur interprétation est confiée à la pianiste Shinko Ogata, qui prête déjà son jeu fleuri à la réorchestration de « Love Grows » dans l'album *Fithos Lusec Wecos Vinosec* peu de temps auparavant. Ce choix de laisser à Hamaguchi plus de liberté dans ses reprises ne prive pas l'éditeur japonais spécialisé Doremi de publier un livre de partitions, pour le plus grand plaisir des fans également pianistes.

FINAL FANTASY IX, LA FIN D'UN TEMPS

Remplacé par un compositeur inconnu ?

Le 23 juillet 1999, une rumeur inquiétante bruisse sur Internet. Le site américain *Core Magazine*, alors l'une des références de l'actualité du jeu vidéo, affirme que Square a décidé de remplacer Nobuo Uematsu par le célèbre compositeur Ryûichi Sakamoto pour écrire la bande originale de *Final Fantasy IX* ! Le rédacteur s'offre même le luxe de préciser que la nouvelle a provoqué un tollé au sein de l'équipe de développement. S'il ne fait aucun doute que Sakamoto – auteur par exemple de la bande originale du *Dernier Empereur* – est un musicien de talent, cette révélation semble ébranler la présence suprême d'Uematsu aux commandes de la musique de *Final Fantasy*. Et ce, alors que le huitième épisode est sur le point de paraître en Amérique.

Seulement voilà : l'information est totalement fausse. Nobuo Uematsu en a vent en novembre 1999, en lisant le courrier d'un jeune joueur américain qui s'indigne de le savoir remplacé par, écrit-il, « *un compositeur inconnu* ». Curieux, Uematsu s'aventure sur Internet dans l'espoir de localiser la source de cette rumeur. Malheureusement pour lui, *Core Magazine* n'est pas le seul coupable. En effet, à sa grande surprise, il lit que Square *aurait* effectivement mentionné le nom de Ryûichi Sakamoto à la presse. Et Uematsu lui-même *aurait* affirmé avoir arrêté la composition de jeu vidéo. Déjà à l'époque de *Final Fantasy VI* d'ailleurs ! Et de toute façon, il *aurait* quitté Square après la sortie de *FFVIII*. Et *serait* en cure après des ennuis de santé – et donc indéfiniment en congé. Et sa femme l'*aurait* quitté. Mais finalement, il *participerait* bien à *Final Fantasy X*. Un tissu d'absurdités contradictoires, une succession de mauvaises blagues à l'origine incompréhensible et une intrusion gênante dans la vie privée contre lesquels Uematsu se déclare plus tard impuissant. C'est aussi cela Internet : une tribune libre dans laquelle nul n'est engagé à rien.

En réalité, Nobuo Uematsu est bien au travail sur *Final Fantasy IX* depuis plusieurs mois déjà. Après avoir terminé *FFVIII*, sorti en février 1999 au Japon, il rejoint au mois d'avril l'équipe chargée du nouveau jeu dans les bureaux hawaïens de Square, à Honolulu. Il va y rester jusqu'en mai 2000. Lors de cette époque faste pour l'éditeur, les créateurs de Tokyo et d'Hawaii unissent leurs forces pour préparer les avancées futures de *Final Fantasy*. Nobuo Uematsu est naturellement invité à contribuer à tous ces projets. Mais avant de passer à la nouvelle génération de consoles, ce *FFIX* doit mettre un terme à la série sur la première PlayStation. Il semble donc crucial que les créateurs de Square en fassent un aboutissement technique et artistique, à l'image du sixième épisode sur Super Nintendo.

Final Fantasy IX hérite pourtant d'une tâche bien plus importante encore : celle de renouer avec les inspirations des épisodes les plus anciens. L'existence du jeu reste un secret de polichinelle tout au long de l'année 1999. En juin, le rédacteur en chef du célèbre magazine *Famitsu*, Hirokazu Hamamura, relate dans un article sa rencontre avec quelques développeurs de Square à Hawaii, s'interrogeant sur la nature de ce qu'ils préparent. Il raconte même avoir croisé Nobuo Uematsu par hasard dans un centre commercial de Honolulu. Mais il manque dans son équation l'homme le plus important : Hironobu Sakaguchi lui-même. Après *FFVII* et *VIII*, fortement marqués par le style de Yoshinori Kitase et de Tetsuya Nomura, *FFIX* doit devenir le dernier épisode profondément influencé par le créateur original de la série. Il revient à un univers plus médiéval et fantastique, tranchant nettement avec ses deux prédécesseurs. Pour Uematsu, l'occasion est rêvée de se détacher de l'optique sérieuse et cinématographique de *FFVII* et *VIII* pour retrouver une approche folklorique qui lui tient davantage à cœur, et perpétuer les moments plus décontractés ou comiques des plus vieux *Final Fantasy*.

Œuvre médiévale née sous les tropiques

Dans le livret de la bande originale de *Final Fantasy IV* – dont les musiques lui donnent beaucoup de fil à retordre –, Uematsu dit rêver d'échapper aux doutes et au stress en partant travailler à Hawaii. Cinq épisodes plus tard, son souhait devient enfin réalité, et sa productivité en est directement affectée. Le ciel bleu et les eaux turquoise de l'océan Pacifique sont une source de motivation bien plus grande que le paysage urbain d'une mégapole comme Tokyo, même s'il doit s'enfermer dans un bureau sans fenêtres du bâtiment de Square à Honolulu pour composer. Résultat de cette ambiance propice : tous les deux ou trois jours en moyenne, une musique de *FFIX* est née. Au terme de son labeur, au début du mois d'avril 2000, il a écrit l'œuvre la plus abondante de sa carrière – environ 150 morceaux dans sa version définitive.

Difficile de croire que, lors des premières discussions entre lui et le réalisateur Hiroyuki Itô, les deux hommes concluent que des thèmes pour chaque personnage, une musique de combat et une dizaine de morceaux tristes ou sombres à usage multiple feront l'affaire. Il est pourtant évident que cela ne suffira pas – mais pour la dernière fois chez Square, le compositeur va pouvoir s'investir intégralement dans le jeu, ce qui explique la démesure du résultat.

Pour autant, composer une bande originale d'inspiration *fantasy* au milieu d'un environnement tropical semble étrangement déplacé, et cela n'échappe pas à Uematsu. Si Hawaii lui inspire bien l'une des nouvelles variations du fameux thème des chocobos, « Ukule le Chocobo »[65], il s'autorise deux semaines de congé qu'il met à profit pour un voyage... en Europe, cœur évident de la musique médiévale. À cette occasion, il visite notamment des châteaux en Allemagne. Mais il ne se contente pas de s'imprégner d'un lieu. Après l'ambiance moderne et spectaculaire de *FFVIII*, *FFIX* s'apprête à proposer un univers plus humain, plus chaleureux, qui se prête parfaitement à l'utilisation d'instruments européens antérieurs à l'époque préclassique.

Pour que leur son semble authentique, la puce sonore de la PlayStation est peu satisfaisante : il faut de véritables enregistrements. Nobuo Uematsu se tourne d'abord vers un groupe de musiciens spécialisés dans les instruments anciens, le Catherina Gaku Gassôdan, dont il apprécie les disques et les concerts. À son grand dam, ils déclinent la proposition, car ils ne veulent pas participer à un jeu vidéo – ils tiennent à se consacrer exclusivement à l'interprétation de musiques médiévales.

---

65. Uematsu insiste : le titre est bien « Ukule le Chocobo », et non « Ukulele de Chocobo » comme certains l'écrivent parfois – les thèmes du célèbre oiseau jaune ont effectivement pour habitude d'utiliser le mot « de », mais cette fois, le compositeur ne résiste pas à l'envie de faire un jeu de mots.

Avec l'aide de son ami producteur, Ken'ichi Funayama, il se rabat alors vers d'autres connaisseurs plus ouverts, ayant déjà participé à l'enregistrement d'albums pour Square : Kunihiko Kurosawa – qui se surnomme lui-même le « ménestrel moderne » – et Haruo Kondô – un spécialiste de la cornemuse et du tournebout –, qui l'aident pour les arrangements et l'interprétation, ainsi que Hidenobu Ôtsuki qui l'assiste dans la manipulation du synthétiseur. Ne reste plus alors que l'évolution technique manquant cruellement aux musiques de *Final Fantasy VII* et *VIII* : renonçant à l'utilisation exclusive des instruments disponibles dans la puce sonore de la console, la bande originale du neuvième épisode bénéficie de l'intervention plus fréquente du *sampling* afin d'intégrer les enregistrements réalisés avec Kurosawa et Kondô, et donc de diversifier les timbres.

Le résultat s'entend dès les premières secondes du jeu, dans le thème de l'écran titre « A Place to Call Home », « un endroit où l'on se sent chez soi ». Nostalgique, la mélodie de ce morceau traverse ensuite l'intégralité de l'aventure et incarne le désir de son héros, Djidane, de retrouver ses racines. Uematsu en écrit d'abord un prototype intitulé « FU-RU-SA-TO », le mot japonais signifiant « ville natale », mais il ne l'utilise jamais dans le jeu – la piste est uniquement incluse en bonus dans un *best of* de la bande originale édité aux États-Unis. Dans l'histoire du jeu, des variations interviennent à chaque fois qu'un nouvel indice dirige Djidane vers ses origines et, à ce titre, chacun des huit morceaux arrangés par Kunihiko Kurosawa a une saveur distincte. D'autres morceaux abandonnés puisant dans cet esprit sont présents sur le cinquième disque de la bande originale. Ce dernier, intitulé *Original Soundtrack Plus*, est publié séparément quelques mois après un premier quadruple album – il faut bien cinq CD pour accueillir les 150 musiques du jeu ! Les noms de code de ces pistes trahissent clairement leurs intentions : « Kogaku Motet 3 » (motet de musique ancienne 3, le motet étant un chant traditionnellement liturgique à plusieurs voix) et « Mediterranean ».

Quelques années plus tard, un *Final Fantasy* dérivé, le *Crystal Chronicles* sur GameCube, reprend l'idée des inspirations médiévales et baroques et la pousse plus loin encore : la compositrice Kumi Tanioka et l'arrangeur et programmeur Hidenori Iwasaki y utilisent de nombreux instruments anciens afin de générer une ambiance médiévale d'une grande douceur. Sauf que cette fois-ci, Iwasaki réussit là où Uematsu a échoué, en convainquant les musiciens de Catherina Gaku Gassôdan d'interpréter les musiques. En réalité, ils ne trahissent pas leur principe fondateur, puisqu'ils sont crédités en tant que « Roba House »[66], le nom de l'organisation du musicien Garyû Matsumoto et de la salle de concert du groupe. Ils ne sont pas si rigides qu'ils en ont l'air : avec leur second groupe, nommé Roba no Ongakuza, ils se consacrent à des spectacles de musique moderne ou pop, principalement à destination des enfants[67].

Si la bande originale de *Final Fantasy Crystal Chronicles* opte uniquement pour ces inspirations, Uematsu ne veut pas composer l'intégralité des musiques de *FFIX* dans un style ancien, de peur que le résultat semble trop homogène et lassant. Pour lui, cette originalité est simplement un bon moyen de rompre la possible monotonie des autres morceaux. La bande originale de *FFIX* semble ainsi plus romantique, plus intimiste, teintée d'un voile grandissant de mystère alors que les héros partent explorer des continents oubliés.

Preuves de modernité

Autre façon d'évoquer le passé : des reprises de musiques des anciens épisodes de *Final Fantasy* interviennent à différents endroits du jeu. Certains des éléments de *FFIX* étant des références directes à ses prédécesseurs, Nobuo Uematsu pense prolonger l'idée à travers la bande-son. Les fans de longue date peuvent retrouver une mélodie de *Final Fantasy I* au Pic de Goulg, entendre quelques notes discrètes de *FFII* dans le château Pandémonium, faire fonctionner un phonographe jouant le thème de Doga et Unéi de *FFIII*, ou encore surprendre la troupe du Prima Vista interpréter la fanfare de la cérémonie de Rufus de *FFVII*... Cette dernière est un clin d'œil manifeste à ce morceau auquel Uematsu ne trouve lui-même rien de spécial, mais dont il découvre la popularité après la sortie du jeu.

Le thème du principal antagoniste, Kuja, est lui-même le nouvel arrangement d'une modeste musique de forêt apparue dans *FFIII*, reprise dans la grande

66. Littéralement, « la maison de l'âne ».
67. Preuve que tout vient à point à qui sait attendre, Garyû Matsumoto finit quinze ans plus tard par arranger « A Place to Call Home » pour flûtes à bec et percussions au nom de Roba House, à l'occasion de la tournée de concerts *BRA★BRA*.

pyramide du désert de *FFV*. Ses multiples variantes dans *FFIX* sont mémorables par leur piano sinistre et leur rythme obsédant, dans lequel certains croient entendre une référence à « We Will Rock You » de Queen. Ce n'est pas du tout volontaire de la part d'Uematsu : « *Ce n'est pas comme s'ils avaient inventé ce rythme* », rétorque-t-il quand on lui signale la similitude. Le thème de Kuja fait une première apparition remarquée à la toute fin du premier disque du jeu, alors que les personnages principaux, accablés par une défaite cinglante, sont nargués sous une pluie battante par sa silhouette mystérieuse. Les scènes en images de synthèse de cet épisode sont d'autant plus saisissantes que, pour la première fois dans la série, les musiques correspondantes sont intégralement composées en suivant rigoureusement l'action à l'écran, orchestrées par Shirô Hamaguchi, et enregistrées en studio – dans *FFVIII*, ce privilège n'est réservé qu'aux scènes d'ouverture et de clôture. Cette particularité, associée à l'amélioration notable de l'instrumentation des morceaux synthétiques et à la générosité des mélodies, fait de la bande originale de *Final Fantasy IX* l'une des œuvres les plus fines et les mieux produites de la carrière de Nobuo Uematsu. Un triomphe d'autant plus symbolique qu'il va s'agir du dernier épisode de la série dont il signe les musiques entièrement seul – avant, en tout cas, son retour pour la première version de *FFXIV*.

Pour assurer la postproduction des musiques et des bruitages des séquences cinématiques, Square s'offre même les services du célèbre studio Skywalker Sound, fondé par George Lucas et installé dans des collines boisées au nord de San Francisco. En mai 2000, Nobuo Uematsu s'y rend en personne, quelques jours à peine après avoir terminé l'écriture de la bande originale, pour assister au travail de l'équipe locale dont le professionnalisme et l'étonnante décontraction l'impressionnent. Le cadre rural n'est sans doute pas étranger à ce constat. En quelques jours, la partie sonore de *FFIX* est prête pour le lancement japonais, le 7 juillet. Dans le cadre de la campagne promotionnelle du jeu sur l'archipel nippon, Square s'associe à Coca Cola pour la conception d'un court spot publicitaire en images de synthèse, dans lequel les héros de *FFIX* courent dans les rues d'Alexandrie pour tenter d'attraper une capsule magique aux couleurs de la célèbre marque de soda. Une reprise orchestrée de la chanson thème fait office d'accompagnement musical.

Air pour une voix intemporelle

De son côté, la préparation de la chanson thème débute dès le mois de mai 1999. Portée par l'immense succès de « Eyes On Me », la fine équipe de *FFIX,* qui se trouve à Hawaii, se prend à rêver. Lors d'une réunion, elle évoque les idées les plus folles : Céline Dion ? Non, *Titanic* vient à peine de sortir. Phil Collins ? Trop tard, il a chanté pour *Tarzan*. Elton John ? Tout le monde l'a entendu dans *Le Roi Lion*. Et puis tant qu'à faire, pourquoi ne pas demander à Paul McCartney, George Harrison et Ringo Starr de reformer les Beatles, rien que pour *FFIX* ? Ils pourraient même faire une tournée !

La réalité reprend toutefois vite le dessus, et les impératifs de budget avec elle. Et de toute façon, le plus important reste à faire : Uematsu, resté discret pendant la réunion, finit par admettre qu'il n'a encore rien composé.

Le plus souvent, le thème principal – généralement associé à la carte du monde – est le premier qu'Uematsu crée pour un jeu. Mais dans le cas de *FFIX*, le compositeur commence

par écrire une musique extrêmement enjouée, trop sans doute pour accompagner l'exploration habituellement paisible, si bien qu'elle n'est jamais utilisée. Les joueurs peuvent la trouver en bonus sur la bande originale *Plus*, où elle s'intitule simplement « Main » (principal). Sa mélodie, néanmoins, reste le thème principal du jeu, arrangé sous de nombreuses formes – y compris dans la chanson.

Quelques semaines après la première réunion et ses réflexions enflammées, le réalisateur Hiroyuki Itô convoque Uematsu pour reprendre la discussion, plus sérieusement cette fois. En réalité, Itô a une idée d'interprète derrière la tête, et elle est assez folle elle aussi, en tout cas pour le public japonais : Momoe Yamaguchi, nom qui suffit à surprendre Uematsu. Il faut dire que cette actrice et chanteuse, après avoir connu une popularité fulgurante pendant son adolescence au début des années 1970, avait décidé de mettre un terme à sa carrière à 21 ans pour se marier avec l'acteur Tomokazu Miura et entamer une vie de femme au foyer. Depuis lors, elle s'est strictement tenue à sa retraite et n'a plus jamais fait d'apparitions publiques – autant dire que les chances qu'elle accepte de faire son retour pour un *Final Fantasy* sont absolument infimes. Mais si par chance cela arrivait, le pays entier parlerait de l'événement ! Itô et Uematsu élaborent un plan nommé « Shiosai », du nom d'un des films les plus connus de Momoe

Yamaguchi, et le premier se dévoue pour lui écrire une lettre. Ils ne recevront jamais de réponse.

Le plan B – ou peut-être C si l'on considère Céline Dion ou les Beatles comme des propositions valides – vient finalement du chargé de production Akira Kashiwagi. Entrant d'emblée dans le vif du sujet, il demande à Uematsu s'il se souvient de Toi et Moi. Ce duo formé par Sumio Akutagawa et Emiko Shiratori a lui aussi connu son heure de gloire dans les années 1970, tout particulièrement après leur interprétation à la cérémonie des Jeux olympiques d'hiver de Sapporo en 1972. Le groupe s'était séparé l'année suivante, puis reformé en 1998 – des retrouvailles scellées par une nouvelle intervention aux J.O. d'hiver, de Nagano cette fois. Nobuo Uematsu n'écoute plus leurs chansons depuis le collège et, histoire de lui rafraîchir la mémoire, Kashiwagi lui laisse le dernier album solo publié par Shiratori, dont il est lui-même un grand fan.

En l'écoutant, Uematsu est immédiatement saisi par cette voix familière, identique à ses souvenirs de jeunesse. Plus d'une vingtaine d'années après, Emiko Shiratori ne s'est pas du tout démodée et a même sans doute gagné en maîtrise. Séduit par cette voix intemporelle, Uematsu comprend que sa future chanson est faite pour elle, car c'est précisément ce sentiment que lui et Hiroyuki Itô veulent inspirer : un morceau qui garde en lui le souvenir immuable d'un amour passé. Alors la proposition officielle est soumise, et la réponse est positive. Itô écrit les paroles japonaises sous son nom de plume Ciomi. Aussitôt embarquée dans le projet *FFIX*, Shiratori fait montre d'un grand enthousiasme et se déplace pour chanter la démo. Naturellement, Shirô Hamaguchi prend en charge les arrangements pour en faire une jolie chanson pop. « Melodies of Life » est née.

L'enthousiasme est tel autour de cette chanson qu'elle devient vite un pilier de *FFIX*, bien plus que « Eyes On Me » ne l'est dans *FFVIII*, puisqu'elle revient à plusieurs occasions dans le jeu. Fredonnée par Emiko Shiratori, la mélodie est prêtée au personnage de Grenat, pour qui elle fait office de lien avec ses origines. On la surprend plusieurs fois en train de la chantonner, seule, lors de ses moments de nostalgie. Le jour où elle revient sans le savoir dans son village d'origine, alors presque abandonné, elle comprend que c'est de là qu'elle vient en l'y entendant. En ce sens, elle est le miroir de « A Place to Call Home » pour Djidane.

Bien qu'enregistrée en japonais, « Melodies of Life » est également adaptée en anglais pour le marché occidental. Traduites une première fois par Kako

Someya, déjà auteur d'« Eyes On Me » pour l'épisode précédent, les paroles sont néanmoins réécrites par un membre de l'équipe de localisation de Square, Alexander O. Smith, pour sembler plus naturelles. Smith assiste même aux enregistrements afin d'aider Emiko Shiratori à affiner sa prononciation. Le 20 février 2002, les deux langues sont réunies dans une seule interprétation lors du concert *20020220: music from Final Fantasy*, à Tokyo. Au terme de plusieurs couplets et d'un premier refrain en japonais, Shiratori se lance dans un ultime refrain en anglais, pour ce qui reste à ce jour l'une des plus belles versions de la chanson.

Si l'expérience de Nobuo Uematsu sur le jeu est enthousiasmante à plus d'un titre, *Final Fantasy IX* est le premier épisode de la série principale à ne pas recevoir d'album d'arrangements pour orchestre ou autres ensembles musicaux, en partie sans doute par manque de temps de la part du compositeur, qui commence à subir les contraintes associées à son poste de vice-président de Square Sounds – la filiale de l'éditeur dédiée à la musique.

Grâce à la réussite de la nouvelle formule nouée avec Shirô Hamaguchi et inaugurée avec le huitième épisode, *FFIX* peut néanmoins profiter d'un album d'arrangements pour piano quelques mois après le lancement du jeu : c'est le premier de toute la série – après la tentative manquée du sixième épisode – à être interprété par un pianiste non japonais, le Hollandais Louis Leerink. Lors de leur première rencontre, Leerink confie à Uematsu que son objectif en tant qu'artiste est de faire rêver les enfants, ce qui ne manque pas de le séduire. On comprend alors mieux d'où vient la magnifique douceur de ce très bel album.

PARTIE 5

Trop pour un seul homme

FINAL FANTASY X, ŒUVRE À SIX MAINS

Ne jamais rien jeter

La scène d'ouverture de *Final Fantasy X* est empreinte d'une profonde gravité. Un groupe de personnages que l'on ne connaît pas encore est réuni autour d'un feu de camp sous un magnifique coucher de soleil, au milieu d'une cité en ruine au-dessus de laquelle flottent d'étranges lueurs effilées. L'image est accompagnée d'une paisible mélodie au piano qui, sans jamais s'envoler, exprime d'ores et déjà la tristesse du monde dans lequel le joueur s'apprête à poser le pied. C'est « Zanarkand »[68], régulièrement citée par Nobuo Uematsu comme l'une de ses musiques préférées de la série, au point qu'il admet avoir toujours un mouchoir à portée de main lorsqu'elle est jouée à un concert – à en juger par l'accueil toujours enthousiaste et ému réservé par les spectateurs à ce morceau, il n'est pas le seul. « Zanarkand » semble si parfaitement adaptée à cette scène d'introduction qu'il est difficile d'imaginer qu'elle n'a en réalité... pas été écrite pour *FFX*.

Nobuo Uematsu compose en fait ce morceau en 2000 pour un ami flûtiste, Kazunori Seo – 26 ans seulement –, mais il renonce finalement à la lui proposer car il la trouve trop triste. Comme il l'aime beaucoup, il pense cependant pouvoir la réutiliser ultérieurement et la range dans un tiroir en attendant la

68. « Zanarkand » est le titre anglais officiel du morceau, mais beaucoup le connaissent par ses traductions littérales du japonais : « At Zanarkand » ou « To Zanarkand » – cette dernière est cependant erronée, le titre japonais « Zanarukando nite » signifiant bel et bien « à Zanarkand ».

bonne occasion. Uematsu ne renonce pas à sceller son amitié avec Seo dans un projet de disque et, en janvier 2001, Square publie une compilation de musiques relaxantes de *Final Fantasy* nommée *Potion*, sur lequel est ajoutée une piste bonus, « Dear Friends » de *FFV*, arrangée pour le piano et la flûte par Yôko Shimomura. Seo, qui a étudié au Conservatoire national supérieur de musique et de danse de Paris et vit dans la capitale, convie son ami français Laurent Wagschal à l'accompagner au piano.

Alors que *Final Fantasy X* prend forme dans le courant de l'année 2000, l'équipe de développement a besoin de musiques et se tourne, quelque peu impatiente, vers Nobuo Uematsu. Un peu pressé par le temps, le compositeur trouve que le moment est venu de déterrer cette composition qu'il aime tant, pensant que ses collègues trouveront un endroit où l'utiliser. Il l'arrange rapidement pour le piano, s'enregistre en train de la jouer afin de disposer d'un prototype, et l'envoie aux planificateurs. Ces derniers ne sont au départ pas très enthousiastes et ne savent pas trop où la mettre. Motomu Toriyama, le réalisateur affecté au scénario, la pose finalement sur la séquence d'ouverture. Et là, c'est le miracle : toute l'équipe est immédiatement séduite. *FFX* vient de trouver l'un de ses thèmes principaux et, quand Uematsu regarde à son tour le résultat, il est tellement enthousiaste qu'il écrit immédiatement un e-mail à Toriyama pour le féliciter de son choix. Un message qu'il orne d'un « GOOD ! », en anglais et en majuscules dans le texte – ce qui rappelle ce que Sakaguchi lui dit, quelques années plus tôt, alors qu'il regarde avec lui la scène d'ouverture de *FFVII*. L'anecdote est révélatrice d'un fait : Nobuo Uematsu choisit rarement l'utilisation de ses compositions dans les jeux, remettant son jugement aux équipes chargées de la planification.

Pour parachever ce processus, la version définitive de « Zanarkand » – du nom de la ville détruite qu'elle illustre – est enregistrée en toute fin de développement avec une pianiste professionnelle, Yôko Mori. En effet, le jeu utilise jusque-là la démo jouée par Uematsu lui-même, ce qui lui inspire plus tard ce commentaire : « *On l'a échappé belle*[69] *!* » Cette mélodie mémorable est employée à plusieurs endroits du jeu dans des arrangements plus fournis, jusqu'à la reprise orchestrée

69. Studio BentStuff, *Final Fantasy X Ultimania Omega*, DigiCube, septembre 2002.

du thème de fin, extrêmement poignante. À l'occasion de la tournée japonaise *Tour de Japon* en 2004, Shirô Hamaguchi prépare une nouvelle version pour piano et orchestre, reprise régulièrement dans les concerts *Distant Worlds* – celle-là même dont le pouvoir lacrymal n'est désormais plus à prouver.

Pour la première fois, un besoin d'aide

Final Fantasy IX est lancé en juillet 2000 au Japon. Pourtant, le développement du dixième épisode bat déjà son plein sur la console suivante, la PlayStation 2, forçant Nobuo Uematsu à prendre le train en marche. Pendant un temps, *FFX* doit même paraître en mars 2001, huit mois seulement après son prédécesseur ! Il est finalement repoussé au mois de juillet, mais le calendrier n'en reste pas moins serré. Tiraillé entre ce manque de temps manifeste, ses obligations en tant que vice-président de Square Sounds et l'idée que le onzième épisode de la série est lui aussi en cours de préparation, Uematsu sent qu'il n'est plus capable d'endosser un tel projet seul. À contrecœur, car il n'est évidemment pas ravi de céder un peu de « sa » série, il prend la décision d'inviter d'autres compositeurs – une première dans l'histoire des épisodes principaux de *Final Fantasy*. Décidant de faire contre mauvaise fortune bon cœur, Uematsu se met en quête des personnes qui vont avoir le privilège d'entrer dans ce domaine bien gardé.

Son choix se porte sur deux noms qu'il accueille chez Square quelques années plus tôt : Masashi Hamauzu et Junya Nakano. Ceux-ci écrivent leurs premières musiques chez l'éditeur sous sa houlette, pour *Front Mission: Gun Hazard*, et révèlent ensuite des styles bien distincts qui séduisent Uematsu pour une raison simple : il est lui-même incapable d'écrire ce genre de musique. Car en réalité, il n'est pas question pour lui de chercher des assistants qui se contentent de le copier pour que *Final Fantasy* garde la même saveur. Si Hamauzu et Nakano doivent participer à la bande originale de *FFX*, c'est pour apporter quelque chose de neuf. Le premier fait déjà montre d'une audace sans précédent avec *Chocobo's Dungeon* et surtout *SaGa Frontier 2*, et Uematsu sait que sa contribution sera solide. Le second, quant à lui, propose dans *Another Mind* et *Threads of Fate* une approche étonnamment épurée, en contraste avec les mélodies claires écrites par ses collègues – un univers qui semble se prêter plutôt bien à la direction empruntée par *FFX*.

Leur aide est, en tout cas, inestimable. Lorsque le jeu est remastérisé sur PlayStation 3 et PlayStation Vita, en 2013, Nobuo Uematsu profite de la publication de la bande originale réarrangée du jeu pour affirmer dans le livret sa fierté d'avoir pu, grâce à ce projet, communiquer le talent de Nakano et Hamauzu au reste du monde. Au moins pour Masashi Hamauzu, les choses prendront une tournure favorable : c'est lui qui, quelques années plus tard, est désigné pour écrire la remarquable musique de *Final Fantasy XIII*.

Leur toute première réunion commune se déroule dès 1999, quand Hamauzu et Nakano font le déplacement au bureau de Square à Honolulu pour y retrouver Uematsu. Profitant de leurs talents respectifs, ce dernier fait de la bande originale de *FFX* un effort presque parfaitement partagé, chacun des trois hommes composant environ une trentaine de morceaux. Nobuo Uematsu compose tout de même la plus grande partie des pistes emblématiques : outre « Zanarkand », il signe l'hymne des priants qui occupe une place centrale dans l'histoire, les thèmes de tous les personnages principaux[70], la chanson thème et la musique des combats, qui faillit ne pas être la célèbre mélodie à la trompette qui marquera les esprits de tous les joueurs. Pendant le développement de *Final Fantasy X*, le producteur Yoshinori Kitase met en place une sorte de boîte à suggestions permettant aux développeurs du jeu de donner anonymement leur avis. Un certain nombre de personnes fait alors remarquer que le thème de combat ne leur plaît pas. Uematsu, qui l'aime pourtant, se décide à laisser la question en suspens, le temps de voir si d'autres avis négatifs parviennent à Kitase. Finalement, en l'absence de réclamations supplémentaires, il conserve le morceau tel quel.

Après de premières expérimentations dans les précédents épisodes, Nobuo Uematsu choisit de donner à certaines de ses musiques une fonction diégétique – autrement dit, elles sont audibles non seulement par le joueur, mais aussi par les personnages *à l'intérieur* de l'univers du jeu. Le fait que *Final Fantasy X* soit

70. Celui de Wakka, pourtant composé, reste finalement inutilisé, faute d'endroit où le placer. Les joueurs peuvent cependant l'acheter sous la forme d'une sphère musicale (numéro 71) à écouter dans l'auditorium de Luca, et la piste est ajoutée en bonus dans la bande originale de la remastérisation HD de *FFX*.

le premier épisode de la série à proposer des doublages le pousse de toute façon à réfléchir à la place qu'il donne à sa propre contribution : s'il sait que dans les neuf premiers épisodes, sa musique joue un rôle important dans l'illustration des émotions des dialogues écrits, il pense que les discussions entre les personnages vont désormais être suffisamment expressives et mises en scène pour que la bande originale puisse se mettre en retrait. La tension dramatique va provenir en grande partie du réalisme conféré aux personnages par les acteurs qui vont leur prêter leur voix. L'équipe des bruitages redouble elle-même d'efforts pour constituer l'environnement sonore des décors.

Mais les avancées offertes par la PlayStation 2 et son format DVD en matière de doublage sont tout autant l'occasion pour les créateurs de se poser cette question : après tout, si les personnages sont capables de parler, pourquoi ne pourraient-ils pas également chanter ? Yoshinori Kitase et le scénariste Kazushige Nojima imaginent ainsi l'hymne des priants, l'un des liens inattendus entre l'époque du héros Tidus et le monde dans lequel il se trouve catapulté au début du jeu. Nobuo Uematsu en écrit la mélodie mais, sachant qu'elle sera chantée, il se tourne naturellement vers Masashi Hamauzu pour préparer les nombreux arrangements du thème. Hamauzu, qui a étudié la musique vocale à l'université et compte parmi ses amis le fameux groupe de solistes ayant participé à *FFVII* et *VIII*, arrange une dizaine de variations pour différentes tessitures, chacune d'elles étant associée à un priant – des âmes prisonnières de la pierre, préservées dans des temples aux quatre coins du monde et capables d'offrir leur pouvoir aux « Invokeurs » venant les honorer.

Final Fantasy X raconte l'histoire de ce pèlerinage. Ce chant mystérieux et solennel accueille non seulement le joueur, mais aussi les héros à leur arrivée dans chaque nouveau temple. La sensation de mystère provient également des paroles qui, lorsqu'on les écoute attentivement, semblent totalement inventées. À l'image de l'incantation « Fithos Lusec Wecos Vinosec » de *FFVIII*, elles recèlent en réalité une astuce imaginée par Kazushige Nojima pour dissimuler un sens caché, et non des moindres puisqu'il représente l'une des plus grandes révélations du scénario. En déplaçant astucieusement les différentes syllabes, il est possible de reconstituer des paroles japonaises : « ieyui nobomeno renmiri yojuyogo hasatekanae kutamae » se transforme alors en « inore-yo Ebon-ju, yumemi yo inori-go, hatenaku sakae tamae », soit « prie, Yu Yevon ; rêve, priant ; que notre prospérité soit éternelle ».

Mais en matière de chants, la question la plus cruciale est évidemment celle de la chanson thème. Avec *Final Fantasy X*, elle se pose pour la troisième fois dans l'histoire de la série.

Le regard vers les îles

Ce dixième épisode est conçu autour d'une idée plutôt originale. Si le jeu propose bien un univers de *fantasy*, celui-ci ne s'inspire pas de l'Europe du Moyen-Âge, mais de l'Asie du Sud-Est. Cette impulsion est donnée par le producteur Yoshinori Kitase, qui souhaite aborder une ambiance différente de celle des deux précédents épisodes conçus par son équipe – *FFVII* et *VIII* –, tout en évitant de succomber au cliché médiéval. Les développeurs puisent donc leurs influences artistiques dans les îles méridionales du Japon, notamment celle d'Okinawa.

L'idée est favorablement accueillie par Nobuo Uematsu, car il s'intéresse alors lui-même aux musiques de cette région. C'est donc tout naturellement qu'il souhaite trouver un ou une interprète qui en soit originaire. À la suite d'une réunion organisée pour discuter des pistes envisageables, son collègue Kensuke Matsushita apporte une sélection de CD de musique de ces régions, qu'ils écoutent ensemble. Quand vient le tour d'un disque de chants traditionnels d'Amami Ôshima – une autre île située dans l'archipel des Satsunan, entre Kyûshû et Okinawa –, Uematsu est instantanément ensorcelé en découvrant la voix qui les interprète. Sans attendre, il s'exclame que c'est exactement ce qu'il cherche.

Cette voix qui émeut le compositeur est celle de Rikki, de son vrai nom Ritsuki Nakano, une jeune artiste originaire d'Amami Ôshima. Rapidement, Uematsu et Matsushita prennent contact avec elle. Ce qu'ils ne savent pas, c'est que Rikki connaît bien *Final Fantasy*, mais pas en tant que joueuse : elle possède en effet les singles des deux précédentes chansons de la série, « Eyes On Me » et « Melodies of Life », et est une grande admiratrice d'Emiko Shiratori. Elle accueille la proposition de Square avec un enthousiasme d'autant plus grand qu'elle « succédera » à cette dernière. Le choix de Rikki n'est pas forcément aussi populaire auprès de ses collègues de l'équipe de développement, qui pensent qu'Uematsu aurait mieux fait de se tourner vers une interprète plus célèbre afin de contribuer à l'impact commercial du jeu. Mais il se refuse à concevoir *Final Fantasy* comme un simple « produit » dont la chanson thème ne serait qu'une vitrine pour vendre, peut-être, quelques copies supplémentaires. Pour lui, la sélection de Rikki est une intuition artistique.

Quelques jours après la réponse positive de la chanteuse, son agent invite l'équipe sonore de Square à venir assister à un enregistrement en présence de Rikki, au Mad Studio de Tokyo, ce qui achève de convaincre Nobuo Uematsu : en l'écoutant chanter, simplement accompagnée d'un shamisen[71], il se sent immédiatement transporté ailleurs. Le soir même, en dînant avec Rikki, il pense tout haut que cette expérience lui donne follement envie de découvrir les chants traditionnels d'Amami Ôshima directement sur place. Cela n'échappe pas à l'attention de Matsushita, qui lui propose sans attendre d'y organiser un petit voyage, ni à celle de Rikki, qui promet de leur servir de guide s'ils font le déplacement. Il n'en faut pas plus au petit groupe pour convenir d'un voyage complètement improvisé – et de leur poche – à Amami Ôshima le week-end suivant.

Ce passage sur l'île ne dure que quelques jours, mais donne à Uematsu l'occasion de se familiariser avec une tradition qu'il a jusque-là trop peu étudiée. Depuis son enfance, époque à laquelle il découvre la musique classique et, surtout, les trésors du rock américain et européen, sa culture musicale est presque exclusivement occidentale, au détriment de certaines formes typiques de la musique de son pays, dont le *min'yô* – terme désignant tout ce qui touche de près ou de loin à l'art de la chanson traditionnelle japonaise. De plus, comme il a pu le constater en Irlande où les habitants n'hésitent pas à jouer spontanément d'un instrument dans les pubs, il comprend que les habitants des îles méridionales du Japon entretiennent une grande proximité avec la musique dans leur vie quotidienne. Rikki emmène ses hôtes dans un petit restaurant où, le plus naturellement du monde, les autres clients commencent à jouer du shamisen, à chanter et même à danser, tout en échangeant régulièrement les rôles. Cette authenticité, bien étrangère aux grands centres urbains – Tokyo le premier –, ne manque pas d'impressionner et d'émouvoir Uematsu.

---

71. Un instrument japonais traditionnel à cordes pincées. Le terme « shamisen » est aujourd'hui le plus connu, mais à Amami comme à Okinawa, il désigne en fait son ancêtre, le sanshin.

Rikki lui présente l'un des chanteurs traditionnels les plus célèbres d'Amami Ôshima, Shunzô Tsukiji. Maître de la *shima'uta*, la chanson typique de l'archipel, l'homme remporte en 1979 le grand prix national de *min'yô* – tout comme Rikki onze ans plus tard, alors qu'elle a seulement 15 ans ! Admiratif devant la popularité de Tsukiji auprès de la gent féminine – il a pourtant 65 ans lors de leur rencontre –, Uematsu l'est tout autant lorsqu'il commence à lui parler passionnément de la musique de son île. À l'issue de cette discussion, et après avoir assisté dans le restaurant à une démonstration on ne peut plus concrète de la vivacité de cette tradition populaire, il se trouve intimidé.

Compte tenu de l'ampleur de *Final Fantasy*, il ne prévoit pas de faire chanter à Rikki une chanson purement traditionnelle, mais plutôt pop. Sauf que, ayant constaté la beauté unique de l'univers musical d'Amami Ôshima, il craint désormais de la dénaturer. Tsukiji le rassure immédiatement : selon lui, pour qu'une culture reste en vie, elle doit être en accord avec son époque et s'ouvrir à ses possibilités. Qu'un jeu vidéo mondialement connu confie à une chanteuse traditionnelle sa chanson thème est l'occasion parfaite de mettre en lumière cette minuscule région du Japon. Tsukiji fait simplement promettre à Uematsu de composer une belle chanson pour sa protégée.

Le compositeur aurait très bien pu quitter Amami Ôshima sur cette note positive, mais il ne peut évidemment pas le faire avant d'avoir eu sa petite dose d'occulte... Il se trouve que les îles des Ryûkyû et d'Amami renferment également une tradition de femmes shamanes nommées les *yuta*. Le petit groupe fait la rencontre de l'un des rares hommes *yuta*, Terunobu Asechi – décédé en octobre 2015 –, qui fait des prédictions à chacun d'entre eux. Le voyant devine avec succès que Kensuke Matsushita a peu de temps auparavant subi un fort mal de dos, alerte Rikki d'une douleur aux fesses à venir, et prédit à Uematsu... qu'il va avoir un enfant. La nouvelle ne manque pas de le surprendre, car sa femme et lui n'ont rien prévu de tel, et ils ont passé l'âge. Le *yuta* insiste néanmoins, convaincu qu'une « âme » attend de devenir son enfant.

En réalité, tout s'éclaire quelque temps plus tard : à défaut d'enfant dans le sens premier du terme, Nobuo Uematsu et sa femme Reiko adoptent une adorable petite chienne de race beagle, qu'ils nomment Pao. La décision n'est pas entièrement spontanée, puisqu'elle remonte à quelques années plus tôt, mais la prédiction du *yuta* les y a peut-être encouragés. Quant à Rikki, il se trouve qu'elle s'est cogné le bas du dos contre un bureau après la prédiction du voyant. Celui-ci ne s'est donc trompé sur aucun point...

Il reste un ultime doute à dissiper pour le compositeur : la création de la chanson de *Final Fantasy X* va-t-elle bien se passer ? Le *yuta* répond simplement par l'affirmative, sans précision supplémentaire. Uematsu ne s'attend pas à une divination aussi sommaire, mais il s'en contente. Au moment de quitter Amami Ôshima, il est pleinement comblé, prêt à se mettre concrètement au travail pendant les semaines qui suivent.

Au moment de passer à la composition, il aurait dû se sentir en terrain conquis après le succès international de « Eyes On Me » et une « Melodies of Life » touchante de sincérité et de chaleur. Pourtant, l'inspiration a beaucoup de mal à lui venir. Tous les artistes rencontrent un jour de telles défaillances créatives, mais alors que l'échéance approche à grands pas et qu'il est incapable de trouver une piste satisfaisante, Uematsu pense qu'un changement d'environnement, aussi minime soit-il, peut l'aider. Un soir, il prend son synthétiseur, quitte son bureau et, après le départ des hôtesses, s'installe dans le hall d'accueil des bureaux de Square. Un choix étonnant mais salvateur : en l'espace d'une heure, il compose une dizaine de mélodies. Toutes lui semblent être de très bonnes candidates pour devenir la chanson de *FFX*, car il fait en sorte de garder à l'esprit le timbre de voix unique de Rikki pour les écrire, et n'a donc qu'à choisir celle qui lui semble la plus appropriée : une mélodie à la saveur japonaise qui, sans se limiter à l'échelle musicale un peu restreinte d'Okinawa, se prête volontiers à l'ornement typique des chants d'Amami. Il ne reste plus à l'arrangeur Shirô Hamaguchi d'intervenir avec ses doigts de fée : « Suteki da ne » est née – un titre en japonais d'une simplicité déconcertante, puisqu'il signifie « c'est magnifique ».

Les paroles sont, ici encore, confiées à Kazushige Nojima, mais c'est la première fois qu'il travaille sur la véritable chanson thème du jeu. Tout comme Uematsu, il s'inspire de la voix de Rikki pour les imaginer et, contrairement aux chansons des deux précédents épisodes, celles-ci sont en japonais dans toutes les versions du jeu : il est en effet difficile d'imaginer dissocier la voix d'une interprète de chants traditionnels de la langue dans laquelle ils sont habituellement entonnés. Le compositeur réfléchit à la possibilité d'ajouter une traduction des paroles sous forme de sous-titres dans les versions occidentales de *FFX*… ce qui ne se fera pas. Pour les joueurs ne comprenant pas le japonais, le meilleur moyen de saisir les paroles de Nojima reste d'en chercher une traduction sur Internet[72].

La mélodie de « Suteki da ne » revient plusieurs fois dans le reste de la bande originale de *Final Fantasy X*, y compris dans le thème de Yuna, mais l'une de ses reprises les plus marquantes est « A Fleeting Dream » (« un rêve évanescent »), que les joueurs peuvent entendre en explorant les ruines de Zanarkand à la fin de l'aventure. C'est Masashi Hamauzu qui, désireux de proposer sa propre version de « Suteki da ne », en signe l'arrangement. Mais il le fait sans idée précise de l'endroit du jeu où il peut être utilisé, et c'est l'équipe de planification du scénario qui la place à ce moment décisif de l'aventure. Fort bien avisée, elle a l'idée de ne pas interrompre la musique lors des combats, renforçant davantage son impact.

Un manifeste radical

En contraste fort avec « Suteki da ne », *Final Fantasy X* compte une deuxième chanson des plus surprenantes, « Otherworld » (« l'autre monde »). Jouée au tout début de l'histoire, dans la cinématique pendant laquelle Tidus est interrompu en plein match de blitzball par une attaque du monstre géant Sin, elle représente la première irruption du heavy metal dans un *FF*. Un choix extrêmement étonnant pour les habitués de la série, mais un soulagement pour Nobuo Uematsu qui trouve enfin le moyen d'exprimer sa véritable sensibilité musicale dans un jeu. Inconditionnel de rock depuis très longtemps, il n'a jamais réellement eu l'occasion de pousser ce style aussi loin dans *Final Fantasy*, faute de scènes appropriées – ses incursions dans le domaine du rock progressif pour certaines musiques de combat semblent parfaitement naturelles, tant cette variante du rock propose des constructions mélodiques élégantes et élaborées, mais le heavy metal est une option plus brutale... L'occasion offerte par le dixième

72. Ou d'écouter la version anglaise, finalement écrite près de dix ans plus tard pour les concerts *Distant Worlds*, traduction plutôt fidèle des paroles japonaises originales. Susan Calloway l'interprète sur le deuxième album de la tournée.

épisode est toutefois en or, et le compositeur saute dessus sans hésiter. Cette « Otherworld » furieuse, entendue pendant les premières minutes de *FFX* situées dans la mégapole moderne et exubérante de Zanarkand, s'oppose violemment au reste de l'histoire, où une musique bien plus paisible et nostalgique irrigue le monde profondément spirituel de Spira.

Comme « Otherworld » doit être une chanson, et en anglais de préférence, il faut naturellement trouver un interprète de heavy metal et un parolier. Uematsu se tourne vers Alexander O. Smith, qui l'a déjà aidé pour l'épisode précédent et qui prépare la traduction anglaise de *FFX* : par chance, il a justement rencontré dans un bar un certain Bill Muir, le chanteur du groupe de thrash metal indépendant Till I Die, qu'il présente à Uematsu. Ce dernier s'attend à voir un personnage au look radical, avec des piercings et des tatouages, et au caractère indomptable… mais découvre en fait un homme très cordial et à l'apparence tout à fait ordinaire – il apprend même avec stupéfaction qu'il ne boit pas, ne fume pas, ne se drogue pas, et est végétarien. Il faut toujours se méfier des clichés ! Alors que Muir enregistre la plus grande partie du chant, Smith est également mis à contribution par le compositeur, qui lui fait réciter le couplet parlé central à la manière d'un commentateur sportif.

Nobuo Uematsu arrange lui-même le morceau, puis enregistre la partie instrumentale en décembre 2000. Il ne se sent toujours pas très à l'aise lors des enregistrements pour orchestre, et préfère nettement la compagnie des groupes de rock. Sans surprise, il écrit donc, dans son journal en ligne, qu'« Otherworld » est enregistrée dans une atmosphère amicale. Il s'entoure du guitariste Shigekazu Kamaki, du bassiste Fumiaki Hirayama et d'un certain Chihiro Tabe à la batterie. Ce dernier est en réalité le nom d'artiste de Chihiro Fujioka, plus connu en tant que producteur et réalisateur de jeux Square des années 1990 comme *Final Fantasy Legend III* et *Super Mario RPG*, et qui vient de contribuer à la fondation du studio Alpha Dream. Quelques années plus tard, Uematsu propose à Fujioka de lui prêter à nouveau ses talents de batteur en lui offrant une place dans ses Earthbound Papas.

Même si *Final Fantasy X* est le premier épisode où figurent plusieurs compositeurs, et même si la série est mondialement connue depuis *Final Fantasy VII*, cette époque marque la reconnaissance de Nobuo Uematsu par le public occidental – en partie liée à la démocratisation d'Internet, qui permet aux joueurs de s'unir sous la forme de communautés pour célébrer *Final Fantasy* et ses musiques. Cette reconnaissance dépasse le simple cadre des fans : en mai 2001, le magazine américain *Time* intègre Uematsu dans la catégorie « musique » de son top 100 des personnalités internationales les plus novatrices.

Habitué à se rabaisser, Uematsu ne peut s'empêcher de noter dans son journal en ligne : « *Je ne sais pas pourquoi je suis dans* Time. » Mais le journaliste Christopher John Farley, qui écrit son portrait à l'occasion, n'hésite pas à comparer la contribution d'Uematsu à *Final Fantasy* à celle de John Williams à *Star Wars* – une analogie qui, bien qu'elle ne s'applique pas du tout à leur style mais plutôt à leur célébrité dans leurs domaines respectifs, est régulièrement reprise par la suite. Il arrivera même que des créateurs de jeux demandent à Uematsu de composer des morceaux qui « *ressemblent à du John Williams* », ce à quoi l'homme a une réponse toute faite, aussi cinglante qu'efficace : « *Si vous voulez du John Williams, vous n'avez qu'à aller lui demander !* » En réalité, une telle demande trahit une méconnaissance de l'univers d'Uematsu, qui lorgne très peu le monde de la bande originale de films américains.

Une tradition et des nouveautés

Conscient de la tradition qui remonte au quatrième épisode, Masashi Hamauzu formule le souhait de s'essayer lui-même aux arrangements d'un album *Piano Collections* de *Final Fantasy X*. Ce qui ne doit surprendre personne : Hamauzu démontre déjà son amour de l'instrument dans un disque de « pièces pour piano » reprenant ses compositions pour *SaGa Frontier 2*. Uematsu, qui n'aurait pas lui-même spontanément osé lui proposer, accepte volontiers. Sachant que l'album est entre de bonnes mains, il laisse même Hamauzu libre d'en établir la direction.

Le seul choix sur lequel il pèse est celui de l'interprète. Environ un an avant la production du disque, alors qu'il assiste à un concert de Rikki, Nobuo Uematsu est stupéfait par la pianiste qui joue à ses côtés, une dénommée Aki Kuroda. Diplômée de l'université des arts de Tokyo, elle étudie les grandes œuvres de la musique classique depuis son plus jeune âge, mais elle choisit d'élargir ses horizons en jouant diverses formes de musique contemporaine ou populaire. C'est en l'écoutant interpréter des morceaux de tango – dans un album de reprises d'Astor Piazzolla – qu'Uematsu comprend que la pianiste est tout à fait capable de jouer, dit-il, de manière « *sanguine* ». La présence de Kuroda auprès de Rikki lors de ce concert témoigne également de son intérêt pour la *shima'uta* : c'est d'ailleurs elle qui arrange et joue le morceau « Utikisama », inclus dans le single de « Suteki da ne ». Ravi de cette découverte, Uematsu considère qu'elle est la personne idéale pour ce nouvel album d'arrangements pour piano, car l'univers musical de *Final Fantasy* est lui aussi pluriel.

La photographie accompagnant le livret de *Final Fantasy X Piano Collections* illustre à merveille la configuration du projet : on y voit Aki Kuroda, assise au piano, jouant sous le regard de Masashi Hamauzu qui se tient debout derrière elle. Au fond du studio, accoudé, Nobuo Uematsu simplement les observe. Il comprend sans doute que la musique est entre de bonnes mains – tout juste donne-t-il son avis sur certains détails. En plus de saluer le mérite du jeu endiablé de Kuroda, il écrit dans le livret de l'album : « *Merci Hamauzu pour tes merveilleux arrangements. Tu es quelqu'un qui ira loin.* » Il ne croit pas si bien dire...

En 2010, c'est d'ailleurs vers Aki Kuroda que se tourne Hamauzu lorsqu'il entame l'album de reprises au piano de son *Final Fantasy XIII*, faisant de la pianiste la seule interprète ayant entièrement joué les disques *Piano Collections* de deux épisodes différents.

Le dixième épisode ne connaît pas d'autres albums d'arrangements, si ce n'est le maxi single *feel/Go dream* édité en octobre 2001. S'inspirant de la grande première établie par *FFX* – la présence de doublages –, il propose trois chansons interprétées par les voix japonaises de Yuna, Mayuko Aoki, et Tidus, Masakazu Morita. Au Japon, il n'est pas rare que les comédiens de doublage poussent également la chansonnette à l'occasion de singles accompagnant la promotion de jeux ou de séries d'animation – certains mènent même une double carrière et publient de véritables albums. Ici, Aoki et Morita chantent de nouveaux arrangements pop et rock des thèmes de leurs personnages respectifs, tandis que Nobuo Uematsu compose un morceau inédit, « Endless Love Endless Road », sur lequel les deux voix se rejoignent. Masashi Hamauzu et Junya Nakano participent eux-mêmes aux arrangements, et pour accentuer le caractère précieux du disque, la production s'offre les services du batteur des Southern All Stars, Hiroshi Matsuda, sur le morceau « Go dream », et confie l'écriture des textes à Hiromi Mori[73].

73. Un écrivain et parolier japonais ayant travaillé avec de nombreux groupes et chanteurs pop.

À plus d'un titre, le maxi single *feel/Go dream* est conçu en tant qu'objet promotionnel, associé au succès de *Final Fantasy X*. Il s'accorde à une nouvelle optique due à la fondation, en juillet 1999, de Square Sounds, une filiale de Square entièrement dédiée à la conception sonore[74]. Cette structure indépendante, dont le président est alors Susumu Arai et le vice-président Nobuo Uematsu, ne se consacre pas uniquement à la création de la musique et des bruitages des jeux de Square, mais aussi à la promotion des bandes originales et à la production d'albums en lien plus ou moins direct avec le jeu vidéo. En raison de sa relative indépendance par rapport à Square, la filiale offre même ses services à d'autres éditeurs – la bande-son de *Sidewinder F* pour Asmik Ace en 2001, dont la musique est signée Junya Nakano, est programmée et montée par les employés de Square Sounds.

L'entité tisse également des liens visibles avec le monde de la pop internationale, notamment pour l'un des premiers jeux Square sur PlayStation 2 : *The Bouncer*, dont la chanson thème « Love is the Gift » est produite par Narada Michael Walden – collaborateur de Mariah Carey, Whitney Houston ou Aretha Franklin – et interprétée par la star de RnB américaine Shanice Wilson. Puis, fin 2001, Square Sounds accompagne les débuts japonais d'Elva, une chanteuse de pop taïwanaise très populaire en Asie du Sud-Est, en lui fournissant une chanson spécialement composée par Nobuo Uematsu, « Show Me Your Love ».

Mais ces nouvelles activités sont loin de ravir le compositeur. Contraint par sa fonction de vice-président à assister à des réunions de plus en plus nombreuses, Uematsu voit le temps consacré à la composition se réduire. À certaines périodes, il ne peut même lui dédier que la moitié de ses journées. Alors qu'il rejoint Square quand la société n'est encore qu'un petit groupe de jeunes développeurs enthousiastes n'ayant pas à se soucier des pénibles démarches administratives, Uematsu assiste à la croissance effrénée de la structure, jusqu'à la démesure encouragée par les succès internationaux des plus récents épisodes de *Final*

74. Souhaitant développer ses activités, Square fonde plusieurs filiales au départ indépendantes, chacune spécialisée dans un domaine précis : outre Square Sounds, c'est par exemple le cas de Square Visual Works, département consacré à l'image de synthèse. Toutes sont finalement absorbées par la maison-mère en 2002.

Fantasy. Cette situation suscite chez lui un sentiment de perte de maîtrise et de direction. Lui qui aime plus que tout la composition et la création musicale, n'arrive plus à éprouver le même intérêt pour son travail. Le département Square Sounds est finalement réintégré à la maison-mère en 2002, ce qui met un terme aux activités de diversification engagées quelques années plus tôt, mais cela n'enlève guère à Uematsu le sentiment qu'une page est en train de se tourner et que l'avenir n'est plus aussi enthousiasmant.

FINAL FANTASY XI, ENCORE UN PEU PLUS LOIN

Imaginez qu'il n'existe aucun pays

À peine Nobuo Uematsu livre-t-il la bande originale de *Final Fantasy X* que l'épisode suivant l'attend déjà : son lancement japonais est prévu pour le printemps 2002, moins d'un an plus tard. Chantier entamé en même temps que les deux volets précédents, *Final Fantasy XI* va marquer une première dans l'histoire de la série. En effet, il s'agit d'un MMORPG, un jeu de rôle en ligne massivement multijoueur, genre alors confidentiel au Japon. Mais le jeu est en production depuis 1999 et il serait impensable qu'Uematsu se charge de l'intégralité de la bande originale alors qu'il doit signer celles de *FFIX* et *X*. Plus encore que pour *FFX*, l'idée de confier une partie de la tâche à d'autres compositeurs devient une nécessité.

Yasunori Mitsuda, d'abord approché par les développeurs après sa participation à leurs précédents jeux – *Xenogears* et *Chrono Cross* –, est contraint de décliner la proposition, trop occupé par d'autres projets – principalement *Xenosaga Episode I*[75]. Nobuo Uematsu choisit finalement Naoshi Mizuta, qui vient de terminer la bande originale de *Parasite Eve II*. Après quelques années passées chez Capcom, où il collabore à certains épisodes des séries *Street Fighter* et *Mega Man*, Mizuta répond en 1998 à une offre d'emploi publiée par Square.

---

75. La première rencontre entre Yasunori Mitsuda et la série a finalement lieu plus de quinze ans plus tard, en 2017, quand les développeurs de *Final Fantasy XV* font appel à lui pour écrire les thèmes principaux d'un chapitre téléchargeable supplémentaire, *Episode Ignis*.

Lors de son entretien d'embauche avec Uematsu, ce dernier ne manque pas de remarquer que le postulant est lui aussi originaire de Kôchi et qu'ils ont étudié dans le même lycée, ce qui le rend nostalgique. Encore aujourd'hui, Mizuta se demande à quel point cela a joué en sa faveur.

Pour des raisons de calendrier, Naoshi Mizuta commence à composer les musiques de *Final Fantasy XI* avant même qu'Uematsu ne le rejoigne. Afin de compléter l'équipe, Mizuta et Uematsu proposent à une autre jeune recrue, Kumi Tanioka, de leur prêter main-forte. Cela représente un couronnement certain pour la compositrice, bercée pendant toute son enfance par les mélodies des *Final Fantasy* et des autres productions Square auxquelles joue son frère – et qui n'aurait alors jamais imaginé obtenir un tel poste[76].

Si *Final Fantasy X* est un travail assez équitablement réparti, la bande originale de la version initiale de *FFXI* est surtout l'œuvre de Mizuta, avec une trentaine de morceaux au total. Tanioka et Uematsu, eux, signent respectivement une douzaine de pistes supplémentaires chacun.

Le concept d'un jeu praticable en ligne par de nombreuses personnes en même temps est d'autant plus fort dans *Final Fantasy XI* que Square, dans un souci d'universalité, veut proposer des serveurs partagés entre toutes les plates-formes et tous les continents, permettant aux joueurs du monde entier de se retrouver dans l'espace de cet univers persistant. Ce postulat, qui se concrétise lorsque le jeu est édité en Amérique du Nord puis en Europe quelques années plus tard, inspire beaucoup Nobuo Uematsu lorsqu'il se met au travail. Dans un sursaut d'optimisme, il écrit même dans le livret de la bande originale que ce beau rêve nous rapproche tous de celui de John Lennon dans sa célèbre « Imagine ».

Présence cruciale, mais minimale

L'un des grands moments de *FFXI* va être sa cinématique d'introduction, une scène de sept minutes entièrement conçue en images de synthèse, illustrant

76. Si elle ne contribue plus à *FFXI* après le jeu initial, Kumi Tanioka devient en 2003 la compositrice attitrée de la série *Final Fantasy Crystal Chronicles*.

le tragique conflit des nations unifiées du monde de Vana'diel contre les armées des ténèbres – un événement précédant de vingt ans l'histoire du jeu et qui garde une place centrale dans les extensions qui suivent. Naturellement, la tâche d'écrire l'accompagnement musical de cette vidéo emblématique est réservée à Uematsu. Du fait des spécificités techniques du jeu, qui utilise très lourdement les ressources de la PlayStation 2 afin de gérer un monde en ligne persistant, l'équipe de développement ne peut se permettre l'ajout que d'une seule piste entièrement orchestrée.

Nobuo Uematsu imagine une pièce en quatre parties, dont la plus importante doit devenir le thème principal. Au moment de choisir la langue dans laquelle le chœur de ce morceau va chanter, il se trouve devant un dilemme, car il tient à préserver le sentiment d'universalité que lui inspire le concept de *FFXI*. Pas question de japonais, donc, et l'anglais ou le latin sont trop évidents – les précédents épisodes en ont déjà fait bon usage. Il opte finalement pour l'espéranto, cette langue artificielle inventée à la fin du XIXe siècle pour faciliter la communication entre les différents pays. Certes, l'espéranto ne parviendra jamais à s'imposer comme langage international, mais ce sont les intentions fraternelles qui ont présidé à sa naissance qui motivent le choix d'Uematsu. Ce thème principal s'intitule « Memoro de la S^tono », « le souvenir de la pierre ».

Masato Katô, directeur du scénario et créateur de l'histoire originale de *FFXI*, écrit une première version en japonais des paroles de la chanson. Afin de les traduire en espéranto, l'équipe de Square se tourne vers Gaku Konishi, professeur de physique et figure notoire du milieu espérantiste japonais, qui commence à apprendre la langue à l'âge de 13 ans et signe les traductions de plusieurs romans japonais. Consciencieux, Konishi fait même en sorte d'accompagner les paroles d'une lecture en caractère japonais et de fournir aux choristes une explication de l'accentuation de la langue, afin de les aider à la prononcer le plus correctement possible.

C'est ainsi que l'enregistrement du thème d'ouverture de *Final Fantasy XI* est organisé en janvier 2002. Nobuo Uematsu est en terrain connu : il confie l'orchestration à Shirô Hamaguchi, en qui il a désormais pleinement confiance, et fait une nouvelle fois appel au « groupe Hamauzu » pour le chœur. Parmi les musiciens se trouvent des habitués des enregistrements avec Square, comme l'ensemble de cordes de Masatsugu Shinozaki, le flûtiste Takashi Asahi et le harpiste Tomoyuki Asakawa – ce dernier interprète le fameux « Prelude » qui ouvre le morceau. Quelques ennuis se posent cependant au moment de placer la piste sonore sur la cinématique : elle est un peu trop courte, ne colle pas exactement à l'image et un bruitage mal placé force l'équipe sonore à recommencer le mixage. Mais c'est à plus d'un titre la scène cruciale de *FFXI*, et il ne faut reculer devant rien pour qu'elle soit parfaite.

La seconde musique emblématique de Nobuo Uematsu dans *Final Fantasy XI* est le thème de Ronfaure. Profitant de leur nombre, les trois compositeurs font en sorte d'écrire chacun la musique de l'une des trois zones de départ dans lesquelles s'aventurent les joueurs débutants – un passage obligé de tout MMORPG, habitat de petits monstres de faible niveau. Ronfaure est la région forestière entourant la ville de San d'Oria et, sachant que les joueurs vont certainement y passer de nombreuses heures, Uematsu compose une musique d'exploration plus longue et élaborée que celles des *Final Fantasy* habituels : en plusieurs parties contrastées, tantôt enjouées, tantôt rêveuses, mais d'un esprit médiéval jamais exubérant, le morceau atteint plus de quatre minutes avant de reprendre.

Les musiques entendues au cours du jeu dénotent une remarquable économie de moyens sur le plan de l'instrumentation, mais ce n'est pas simplement un choix de direction musicale. À cause de la mémoire vive très limitée de la PlayStation 2, toutes les musiques composées doivent être programmées par des ingénieurs spécialisés afin qu'elles soient lues par la puce sonore de la console qui est spécifiquement prévue à cet effet – mais cela peut limiter beaucoup les possibilités. « Ronfaure » est programmée par Hidenori Iwasaki, qui collabore pour la toute première fois avec Nobuo Uematsu. Soumis à la pression que cela implique, il restitue chaque instrument dans un véritable travail d'arrangeur, en employant la bibliothèque de sons de la PS2.

Dans l'un des passages, il bute sur les limites de mémoire de la console, ce qui l'empêche d'intégrer correctement la mandoline, instrument pourtant central du morceau. À son grand désespoir, il doit demander à Uematsu de revoir le segment en question pour permettre l'intégration de tous les sons, tout en craignant la réaction du compositeur. Mais ce dernier n'est pas du tout choqué par l'initiative : ayant commencé sa carrière à une ère où il n'est possible d'obtenir que trois sons rudimentaires simultanément, il est plus qu'habitué à ce type de sacrifices.

La plus grande partie des musiques d'exploration et de combat de *Final Fantasy XI* est composée par Naoshi Mizuta avec le soutien de Kumi Tanioka, laissant à Nobuo Uematsu le soin de créer les thèmes utilisés lors des séquences cinématiques. Conscients qu'ils façonnent un *Final Fantasy*, les concepteurs du jeu décident de conserver l'importance accordée au scénario, mais dans le cas d'un MMORPG, cela signifie forcément que le nombre de cinématiques doit être copieux. Comme Uematsu ne peut composer des pistes pour chaque scène, il écrit sept morceaux à usage multiple, décrivant toute une palette d'émotions qui reflètent l'histoire de la toute première version de *FFXI* : la nostalgie, l'inquiétude, le doute, la tristesse ou encore le désespoir. De surcroît, Uematsu les compose principalement en janvier 2002, alors qu'il est victime d'un mauvais rhume qui rend ses conditions de travail plus pénibles. Les programmeurs – Iwasaki le premier – en font indirectement les frais, car Uematsu tarde à livrer ses fichiers. Le développement entre dans ses derniers mois, ce qui les force à accélérer la cadence sans sacrifier la qualité.

Le lancement de *Final Fantasy XI*, en mai 2002, est seulement le point de départ de cette grande aventure et l'équipe de développement enchaîne avec une première extension prolongeant le scénario. Cette mission nécessite un compositeur régulier : Naoshi Mizuta, qui compose les musiques de toutes les extensions et accompagne seul le projet jusqu'à sa fin, en novembre 2015. Il n'hésite néanmoins pas à emprunter quelques-unes des célèbres mélodies de Nobuo Uematsu : la musique des chocobos dans le scénario additionnel *Rise of the Zilart*, puis le thème principal de *Final Fantasy* dans *L'augure du cristal*.

Mais les compositions originales d'Uematsu pour *FFXI* font naturellement leur entrée dans l'héritage musical du jeu, et Mizuta en est parfaitement conscient : il reprend certaines de ses pistes lors des concerts et sur les albums de ses deux groupes, les Star Onions et les Nanaa Mihgo's. « Ronfaure » est également orchestrée par Shirô Hamaguchi pour le concert *Tour de Japon* en 2004, avant d'être inscrite au programme de la tournée mondiale *Distant Worlds* quelques années plus tard.

Cerise tardive sur le gâteau

Ce nom, *Distant Worlds*, d'où vient-il d'ailleurs ? De l'autre contribution inestimable de Nobuo Uematsu à la musique de *Final Fantasy XI*. Depuis le huitième épisode, la présence d'une chanson thème est une tradition, et l'idée d'en écrire une pour *FFXI* se présente pendant le développement de la version initiale du jeu. Elle ne se concrétise pas, mais en mai 2005, trois ans après le lancement, Nobuo Uematsu (devenu entre-temps indépendant) la ressuscite. Une échéance idéale se présente : les développeurs de *FFXI* préparent la dernière mise à jour du scénario de l'extension *Chains of Promathia,* sortie en septembre 2004. Cette ultime mission conclut un pan particulièrement noir de l'histoire du jeu. Une chanson accompagnant la séquence finale est donc un excellent moyen d'offrir un peu de sérénité aux joueurs et de construire un instant mémorable.

Alors que le choix de l'interprète est habituellement accompli lors d'une grande séance collective durant laquelle les membres clés de l'équipe écoutent ensemble des CD de leur propre collection, la décision est nettement plus rapide pour *FFXI.* Le producteur Hiromichi Tanaka suggère immédiatement un nom : celui d'Izumi Masuda, une chanteuse d'opéra spécialisée dans des reprises pop de morceaux de musique classique européenne dans ses deux premiers albums, édités en 2003 et 2004.

Nobuo Uematsu compose la nouvelle chanson, « Distant Worlds », « les mondes lointains », puis Naoshi Mizuta l'arrange pour cordes et guitare. Afin qu'elle entre en résonance avec les émotions des joueurs, Uematsu reprend la mélodie de « Memoro de la S^tono » lors du refrain, faisant de « Distant Worlds » une sorte de nouveau thème principal de *FFXI.* Et si l'utilisation d'une langue inhabituelle comme l'espéranto semble appropriée pour le chœur du thème d'ouverture, il est sans doute plus prudent d'opter pour une langue très parlée pour cette chanson plus pop. Sans surprise, c'est l'anglais qui est choisi : la scénariste de *Chains of Promathia* Yaeko Satô écrit une première ébauche en japonais, que le responsable de la localisation Michael-Christopher Koji Fox se charge de traduire en anglais.

Le jour de l'enregistrement avec Izumi Masuda, Uematsu lui demande d'abord de chanter avec une voix simple et limpide, mais comprend bien vite que ce serait gâcher le potentiel réel de la chanteuse, capable d'utiliser sa voix lyrique lors de moments bien choisis. Finalement, il l'autorise à ajouter un peu plus de force et d'émotion, donnant naissance à une chanson légère et gracieuse. Elle est posée sur les images magnifiques des paysages de l'île de Tavnazia, l'un des théâtres de *Chains of Promathia.*

Le jour où Square Enix et Nobuo Uematsu imaginent une nouvelle série de concerts reprenant les musiques de *Final Fantasy,* le compositeur pense que

« Distant Worlds » est un nom parfaitement approprié, car il évoque l'idée d'une tournée mondiale. La chanson est naturellement inscrite au programme dès le départ, dans un arrangement signé Sachiko Miyano et inauguré en février 2006 lors du concert japonais *Voices* : à cette occasion, « Memoro de la S^tono » et « Distant Worlds » sont réunies dans une musique de près de neuf minutes, interprétée sur scène par une Izumi Masuda enceinte et rayonnante.

HANJUKU HERO VS 3D, PAS JUSTE POUR RIRE

La guerre des mondes

Dans l'environnement de Square, qu'il trouve de moins en moins motivant, Nobuo Uematsu n'a plus guère de temps à consacrer à de nouveaux projets. La société multiplie les jeux en rapport plus ou moins direct avec *Final Fantasy*, et il ne peut contribuer à chacun d'eux : en 2003, *Final Fantasy X-2* arrive entre les mains du duo formé par Noriko Matsueda et Takahito Eguchi, tandis que Kumi Tanioka et Hidenori Iwasaki se chargent de *Final Fantasy Crystal Chronicles* – l'un des symboles du lien renoué entre Square et Nintendo. Pourtant, par le plus curieux des mystères, l'éditeur réactive une série dont le dernier épisode date de dix ans : *Hanjuku Hero*.

Pour son producteur et réalisateur, Takashi Tokita, faire appel à Nobuo Uematsu est l'évidence même. D'un esprit toujours totalement décalé, gorgé d'humour et de parodies, *Hanjuku Hero VS 3D* raconte l'histoire d'un jeune héros et de son royaume en 2D, brutalement aspirés dans un monde parallèle en 3D peuplé de monstres étranges formés de « polygones ».

Lorsque Tokita explique à Nobuo Uematsu ce synopsis, sorte de version romancée de l'histoire du jeu vidéo, le compositeur pense immédiatement filer la métaphore jusque dans la bande originale. Celle-ci propose des musiques à trois canaux qui semblent directement sorties de l'époque de la NES pour les éléments en 2D, puis des morceaux exploitant les capacités sonores avancées de la PlayStation 2 pour tout ce qui touche à la 3D. Et, quitte à utiliser la griffe inimitable de la NES, pourquoi ne pas tout simplement reprendre les musiques du tout premier *Hanjuku Hero*, sorti sur cette console en 1988 ? L'idée est bonne, mais un problème se pose : Nobuo Uematsu ne dispose plus des fichiers sources d'origine et a entre-temps changé d'équipement, ce qui signifie qu'il ne peut pas juste extraire ses compositions de l'époque pour les intégrer dans le jeu.

Pour surmonter cette difficulté, il confie au programmeur du synthétiseur qui l'assiste, Hirosato Noda, la responsabilité de reproduire – à l'oreille ! – les thèmes dont il a besoin. Uematsu ne choisit pas Noda sans raison : parmi les manipulateurs qui appartiennent à l'équipe sonore de Square, il est le plus porté sur la musique électronique, qui se prête le mieux à la restitution d'un tel environnement sonore. Même dans les nouvelles compositions plus « sérieuses » de la fin du jeu, qui se servent d'échantillons d'instruments réels pour se rapprocher de styles plus rock 'n' roll ou orchestraux, les inspirations électroniques ou sonorités de l'ère 8-bit ne sont jamais bien loin. L'influence de Kraftwerk se fait même parfois absolument évidente dans des pistes comme « Strange Orange » et « Unknown World » !

Une virgule plus conviviale

Amis de longue date, Nobuo Uematsu et Takashi Tokita n'ont curieusement collaboré que sur peu de jeux : *Hanjuku Hero VS 3D* donc, *DynamiTracer* en 1996, et plus anciennement le premier *Hanjuku Hero* et *Final Fantasy IV*. À l'époque de la NES, les deux hommes se voient très souvent. Au tout départ, Takashi Tokita ne travaille qu'à temps partiel chez Square et consacre une bonne partie de ses loisirs à la pratique du théâtre – encore aujourd'hui l'une de ses grandes passions. Uematsu l'aide en composant de la musique pour ses représentations. Toujours partant pour la rigolade, il transporte même cet esprit chez Square, où il écrit par exemple les « thèmes » de ses collègues, dont Hironobu Sakaguchi et Hiromichi Tanaka. Lorsque la production du premier *Hanjuku Hero* commence, Uematsu et Tokita tiennent un moyen de s'amuser « sérieusement ».

Plus d'une décennie après, Nobuo Uematsu est le compositeur incroyablement populaire d'une série de jeux vidéo connue dans le monde entier, mais cela signifie que les enjeux sont de plus en plus énormes. Forcément, les équipes de développement ont depuis longtemps dépassé le stade du « groupe d'amis », encore possible sur Super Nintendo. *Hanjuku Hero VS 3D* est l'occasion idéale pour Uematsu de renouer avec un projet aux proportions plus modestes, puisqu'il est l'œuvre d'environ 35 personnes – comme *FFVI.* Le compositeur pousse la logique jusqu'à aider Takashi Tokita à en assurer la promotion : au printemps 2003, les deux compères présentent leur œuvre au public dans plusieurs grands magasins japonais, au cours de petites séances comiques. Déguisés en moines zen en plein pèlerinage, tenue *samué* et bâton à l'appui, ils sont accompagnés du fantasque comédien Tekken – autoproclamé « super guerrier du futur » et intégré dans le jeu sous la forme d'un boss. Lors de leur passage à la boutique Shibuya Tsutaya de Tokyo, les trois trublions sont rejoints par le PDG de Square en personne, Yôichi Wada, puis par l'interprète des chansons du jeu, Isao Sasaki.

Le nom d'Isao Sasaki ne dit certainement rien aux joueurs occidentaux, mais sa voix suave a bercé l'enfance de très nombreux Japonais : acteur, comédien de doublage – il est la voix japonaise de Sylvester Stallone et de Superman –, il est également l'interprète flamboyant des génériques de dessins animés légendaires, dont *Casshern* (1973) et *Space Battleship Yamato* (1974). Takashi Tokita, qui est de cette génération, a l'idée d'en créer des parodies pour *Hanjuku Hero VS 3D*, et pousse le vice jusqu'à demander à Sasaki en personne de les interpréter. Le chanteur accepte immédiatement, ravi de voir que les enfants qui ont grandi en regardant *Casshern* ou *Yamato* sont désormais des adultes menant leurs propres projets. Pour Tokita, sa présence est d'autant plus intéressante que l'immense majorité des chansons de jeux vidéo optent pour des chanteuses – c'est le cas de *Final Fantasy* – et que sa voix d'homme, d'une tendresse nostalgique, se démarquera certainement.

Nobuo Uematsu compose alors deux chansons parodiant le plus fidèlement du monde les thèmes des génériques de début et de fin de *Yamato*, avec un esprit délicieusement rétro appuyé par les arrangements de son collègue Michio Okamiya, sur des paroles de Tokita lui-même. Dans « Tatakae! Hanjuku Hero » (« au combat, héros mollet »), dont le titre copie celui du générique de *Casshern*, le chant tonitruant d'Isao Sasaki accompagne une instrumentation héroïque. Pour pousser la référence jusqu'au bout, le morceau illustre une véritable séquence de dessin animé réalisée par Yoshinori Kanada, animateur célèbre pour sa participation à plusieurs films de Hayao Miyazaki[77]. D'un esprit plus nettement romantique, la seconde chanson, intitulée « Kimi nashi dewa... » (« sans jaune d'œuf », homophone de « sans toi »), ressemble à s'y méprendre à « Makka na Scarf » (« l'écharpe écarlate ») de *Yamato*. Il n'y a d'ailleurs aucune coïncidence à ce qu'Isao Sasaki apparaisse lors des événements promotionnels de *Hanjuku Hero VS 3D* vêtu d'une superbe... écharpe rouge.

Deux ans après *Hanjuku Hero VS 3D*, en 2005, la série gagne un nouvel épisode intitulé *Hanjuku Hero 4: The 7 Heroes*, donnant l'occasion à Takashi Tokita et Nobuo Uematsu de reprendre leurs postes respectifs. Le joueur y découvre qu'il n'existe pas un seul héros doté du pouvoir extraordinaire de contrôler les « egg monsters » (« monstres-œufs »), mais sept, et il se lance dans un grand voyage spatial pour rencontrer ces autres héros sur leurs planètes.

Afin de donner une saveur unique à chacune d'elles, allant de la musique électronique au rock furieux en passant par un faux air de western spaghetti, Uematsu s'entoure de six autres compositeurs pour former un groupe éphémère nommé les « Hanjuku Mages » – en référence à ses Black Mages, d'autant que Tsuyoshi Sekito et Ken'ichirô Fukui sont de la partie. Si Naoshi Mizuta, Hirosato Noda, Ai Yamashita et Ken'ichi Mikoshiba de l'équipe sonore de Square Enix participent également, le membre le plus notable de ces Hanjuku Mages est une vieille connaissance d'Uematsu : Kenji Itô – qu'il a recruté quinze ans plus tôt ! Pour se mettre dans l'esprit de *Hanjuku Hero*, Itô compose une poignée de parodies de ses musiques de *Romancing SaGa*. En résulte l'une des bandes originales hors *Final Fantasy* les plus soignées, mais aussi les plus méconnues de cette période chez Square Enix.

77. Yoshinori Kanada décède en 2009 à l'âge de 57 ans. Pour lui rendre hommage, Takashi Tokita anime en septembre 2011 une conférence lors du congrès de développeurs de jeu vidéo CEDEC, au cours de laquelle il raconte son expérience à ses côtés sur *Hanjuku Hero* et le remake de *Final Fantasy IV*.

PARTIE 6

L'HEURE DE L'INDÉPENDANCE

LE DÉPART DE CHEZ SQUARE

Une somme de raisons

Un peu plus d'un an après la fusion des sociétés Square et Enix, Nobuo Uematsu annonce dans un message envoyé aux membres de son fan-club officiel que le mois d'octobre 2004 est son dernier en tant que salarié. Si certains cherchent à y voir des divergences voire des querelles, il s'agit en réalité de la somme de plusieurs raisons… ainsi que d'un déclencheur des plus pragmatiques, ou plutôt géographiques. En effet, le déménagement en juillet 2003 des locaux de Square Enix du quartier de Meguro vers celui de Shinjuku lui fait perdre deux heures dans les transports chaque jour[78], et il n'aime pas le nouveau quartier à cause de la foule et de la circulation. Par ailleurs, plutôt que de démission, il préfère parler de « sotsugyô » (« sortir diplômé d'un établissement »), c'est-à-dire d'un départ en douceur préparé et en de bons termes : « *Je veux simplement travailler à mon propre rythme* », précise-t-il.

Cinq ans plus tôt, dans le livret de *Fithos Lusec Wecos Vinosec*, l'album arrangé de *FFVIII*, Uematsu donne déjà des indices sur ce qui va arriver : « *Je n'ai*

78. Au sujet de ce déménagement, Uematsu raconte au site *1UP* une anecdote étonnante : il aurait été décidé en concertation avec un voyant taïwanais. Si cette histoire peut paraître farfelue d'un point de vue occidental, elle tient la route dans un contexte japonais, sachant que celui qui préside alors Square Enix, Yôichi Wada, est sensible au feng shui, et que ce genre de paramètres invisibles peut être pris très au sérieux en Asie, en particulier lors de choix importants. Nombreux sont les hommes politiques, juristes et patrons à consulter des voyants concernant leur travail.

jamais pu m'imaginer encore salarié à cinquante ans », ce à quoi son interlocuteur, Hironori Hôki[79], répond de façon presque prémonitoire : « *Devenir indépendant à cinquante ans et créer sa société est une bonne idée.* » L'histoire aurait été plus belle si les chiffres avaient concordé, mais c'est finalement à l'âge de 45 ans qu'Uematsu crée sa propre structure, sans doute guidé par son intuition : « *Dès que j'ai un choix à faire, j'essaie de m'en remettre à mon intuition.* [...] *Cela se passe toujours mieux quand je fais fi du consensus pour agir de sorte à être en accord avec moi-même.* » Ce n'est pas pour rien que son premier ouvrage s'appelle *Jinsei omou ga mama* (« la vie comme je l'entends ») et son troisième et dernier en date, sorti en 2004, *Rakushite kurashitee naa* (« comme j'aimerais vivre sans soucis ! »). Dans l'article que le magazine *Time* lui consacre en 2001, à l'époque où il travaille encore à Meguro et peut s'autoriser des balades matinales au bord du fleuve Tama, au sud de ce quartier, il confesse : « *Pour moi, un environnement paisible est nécessaire afin de percevoir le moindre frémissement d'émotion.* » Tout l'inverse de Shinjuku, somme toute...

Pour Nobuo Uematsu, la taille de la société ou le salaire qu'elle lui verse n'ont en réalité que peu d'importance : depuis qu'il a décidé de consacrer sa vie à la musique, il est simplement heureux de pouvoir composer librement, sans se soucier de quoi que ce soit d'autre que des questions créatives. Avec la fondation de Square Sounds, en 1999, sa hiérarchie commence pourtant à lui demander d'endosser des tâches administratives en plus de ses fonctions de compositeur, ce qui le force à réaménager son emploi du temps et à consacrer la moitié des journées de travail à des réunions. Mais « *on ne compose pas dans une salle de réunion* », souligne-t-il, comme une évidence : les créateurs ne peuvent pas créer s'ils ne se trouvent pas dans un environnement propice. De fait, alors que la productivité d'Uematsu est phénoménale pendant ses quinze premières années chez Square, le début de la décennie 2000 ressemble à une véritable pénurie.

Square, qui plus est, grandit à la vitesse de l'éclair après le succès fulgurant de *Final Fantasy VII.* Mais cette croissance exponentielle entraîne de nombreux

79. Hironori Hôki est l'un des premiers « programmeurs de synthétiseur » japonais, mais aussi un voyant spécialisé dans le *sanmei*, une technique d'analyse chinoise centrée sur l'humain et fondée sur le calcul.

remous en interne. L'un des épisodes décisifs est celui du coût exorbitant du film en images de synthèse *Final Fantasy : Les Créatures de l'esprit*, à cause duquel Square annonce que son année fiscale 2001 est la première de son histoire à connaître des pertes. L'échec commercial du film à sa sortie en salles ne fait que confirmer l'ampleur du désastre. Le président du conseil d'administration de Square de l'époque, Tomoyuki Takechi, présente sa démission, et Hironobu Sakaguchi assume sa part de responsabilité en quittant ses fonctions de vice-président et directeur exécutif en mars 2001. S'il reste pendant un temps producteur exécutif sous contrat, son départ signifie que la gouvernance de la série *Final Fantasy* est vacante.

Même si Sakaguchi désigne implicitement Yoshinori Kitase comme héritier, différentes personnes commencent à vouloir créer leurs propres épisodes, ce qui entraîne une lutte de pouvoir que la direction a du mal à gérer et à laquelle Nobuo Uematsu ne souhaite pas prendre part. Si son vieil ami Sakaguchi est parti, peut-être est-il judicieux de le suivre – d'autant plus s'il entame une nouvelle aventure ailleurs, ce qui va inévitablement arriver...

Société en plein tourment, temps perdu dans des réunions qui ne l'intéressent pas, déménagement des locaux qui ne l'arrange pas, envie naturelle de reprendre le contrôle de sa vie... Ces facteurs finissent par se nouer en cette fin d'année 2004. Tous les compositeurs recrutés par Uematsu lors des premières années de l'expansion de Square décident eux-mêmes de voler de leurs propres ailes : Yasunori Mitsuda et Hiroki Kikuta en 1998, Kenji Itô en 2001 puis Yôko Shimomura en 2002 choisissent l'indépendance, forts de leur expérience fondatrice – et de la certitude, en tout cas pour certains d'entre eux, que Square fera encore appel à eux. Le départ du compositeur historique de *Final Fantasy* semble donc s'inscrire dans une continuité certaine, d'autant qu'il a encore moins de choses à prouver et qu'il n'aura aucun mal à trouver de nouveaux clients.

Malgré le contexte frustrant décrit ci-dessus, Square est un véritable lieu de miracles pour Nobuo Uematsu. Il est aujourd'hui encore reconnaissant envers cette société qui, pendant des années, cède à tous ses caprices : « *Quand j'y repense, Square Enix a un peu été comme une école de musique pour moi qui n'avais jamais fait d'études formelles. Ils m'ont donné vingt ans pendant lesquels j'ai pu apprendre à jouer et composer de la musique. Et je n'avais même pas de frais de scolarité à payer*[80] *!* » Qui plus est, ce départ n'empêche évidemment pas Uematsu de continuer à collaborer de près avec son ancien employeur, d'autant que des projets sont déjà en cours, dont le film *Final Fantasy VII Advent Children*. Quitter Square Enix en bons termes lui permet également de s'arranger plus facilement avec ses anciens collègues dès qu'il souhaite utiliser ses anciennes compositions pour des albums ou des concerts.

Une année de consécrations

Curieusement, si l'année 2004 marque le départ de Nobuo Uematsu de Square Enix, elle coïncide également avec une série d'événements qui confirment sa notoriété internationale. Plus que jamais auparavant, il va montrer son visage en public, et recevoir en retour la preuve de la profonde affection que lui portent depuis de nombreuses années déjà les fans de *Final Fantasy*. Cela ne doit plus seulement concerner le Japon : le reste du monde, enfin, va pouvoir faire connaissance avec lui.

Ce processus débute en réalité le 20 août 2003 en Allemagne, lorsque Nobuo Uematsu est invité à la toute première édition du concert accompagnant le salon Games Convention, à Leipzig[81]. L'événement est exceptionnel à plusieurs titres. Non seulement il s'agit du premier concert symphonique de musique de jeu vidéo à être organisé en Occident, mais c'est également la première fois qu'Uematsu fait une apparition lors d'un grand spectacle public en dehors du Japon. Le projet naît de l'impulsion du producteur allemand Thomas Böcker, qui souhaite célébrer les musiques de jeux vidéo du monde entier.

Au programme, le thème d'Aerith et le thème principal de *Final Fantasy* sont associés à des orchestrations tirées de *Headhunder*, *Outcast*, *Splinter Cell*, *Shenmue*, *The Legend of Zelda: The Wind Waker* ou encore *Medal of Honor*. Le

80. Simon PARKIN, « Never-Ending Story: Final Fantasy 30th Anniversary », *Edge* n°314, janvier 2018

81. La Games Convention est un salon de jeu vidéo dont la dernière édition s'est déroulée en 2008. La Gamescom de Cologne a ensuite pris le relais.

résultat est payant : l'événement se joue à guichet fermé. Ce n'est pourtant que le début. Le concert de la Games Convention devient un rendez-vous annuel jusqu'en 2007 – Uematsu y est à nouveau invité en 2004 et 2006 –, donnant à Böcker le tremplin idéal pour tracer sa route.

Pour un compositeur de musiques de jeu vidéo, il est difficile d'imaginer meilleure tribune que les concerts. Celui du 20 février 2002 à Tokyo, simplement intitulé *20020220*[82], donne une nouvelle impulsion à Square, prompt à multiplier les initiatives au fil des années suivantes. En mars et avril 2004, l'éditeur initie la première tournée de l'histoire de *Final Fantasy* : *Tour de Japon*, en français dans le texte[83], qui s'arrête à Yokohama, Tokyo, Sapporo, Nagoya, Fukuoka et Osaka – chaque fois avec des orchestres locaux, mais toujours sous le bâton du chef Taizô Takemoto, homme de confiance ayant dirigé le concert *20020220*. Producteur de la tournée, Nobuo Uematsu décide de suivre deux pistes pour en définir le programme : d'une part, il sélectionne les morceaux qu'il tient le plus à entendre interprétés par un orchestre ; d'autre part, il aspire à couvrir tous les épisodes de *Final Fantasy* sortis jusque-là. Cela le pousse à confier à Shirô Hamaguchi – bien sûr – le soin d'orchestrer quelques inédits, depuis entrés dans le « répertoire » des grands classiques des concerts de la série : « Zanarkand » de *FFX* dans sa version pour piano et orchestre, « Ronfaure » de *FFXI*, « Not Alone » de *FFIX*, ou encore le thème principal de *FFV*. En guise de belle surprise, *Tour de Japon* s'achève même sur une musique de *Final Fantasy VII Advent Children*, film en images de synthèse annoncé seulement quelques mois plus tôt – et qui ne sortira pas avant plus de deux ans.

Le public peut surtout assister à une grande première pour Uematsu : il se laisse convaincre de diriger lui-même l'orchestre pendant le rappel, le thème principal de la série, ce qui représente un petit défi pour lui. Quelques jours

---

82. Au fait, comment se prononce ce nom ? En japonais, Uematsu dit « ni maru maru ni maru ni ni maru », « ni » signifiant « deux » et « maru », « zéro ». Mais libre à vous de choisir l'option que vous préférez.
83. Sur la page Internet officielle du concert, Nobuo Uematsu prend soin d'apporter ce petit correctif (à lire, paraît-il, avec la voix de l'humoriste japonais Hidekazu Nagai) : « *J'ai oublié de vous le signaler, mais en fait, Tour de Japon, c'est grammaticalement incorrect. En fait, il faudrait apparemment écrire Tour du Japon. C'est des Français qui me l'ont dit. Donc c'est vrai.* »

auparavant, il retrouve son ami Shôgo Sakai de HAL Laboratory[84] pour qu'il lui donne quelques cours de direction d'orchestre, mais l'exercice est difficile, et la tentation d'aller boire un verre au bout d'une demi-heure pour parler d'autre chose trop irrésistible. Uematsu se prépare tant bien que mal en regardant des vidéos de Taizô Takemoto interpréter le même morceau lors du concert *20020220*, deux ans plus tôt, pour essayer de l'imiter.

Le jour de chaque concert, le cérémonial est bien rôdé : Takemoto lance l'ultime rappel et dirige lui-même quelques mesures, puis Uematsu arrive sur scène sous les acclamations du public. Il s'avance vers le chef pour lui serrer la main, puis ce dernier lui tend sa baguette pour lui proposer de prendre sa place. Le compositeur refuse, non pas l'invitation, mais l'outil : il sort alors de sa poche l'archet d'un violon jouet, puis prend place devant l'orchestre. Le moment est périlleux pour Uematsu, qui n'a aucune expérience en la matière. « *La pression est incomparable à celle de jouer avec les Black Mages* », glisse-t-il à des journalistes venus l'interroger après le concert tokyoïte. Le sentiment d'être aux commandes de la musique est pourtant exaltant, et l'occasion de vérifier l'importance du chef d'orchestre est trop belle. Lors de l'une des représentations, il tente de ralentir la battue à un moment précis du morceau… et ça marche !

À côté de l'orchestre

Décidément choyé, le public de *Tour de Japon* peut également profiter de virgules musicales d'un genre différent. À Tokyo, il s'agit de la chanteuse Manami Kiyota et du guitariste Yûji Hasegawa, qui interprètent ensemble un extrait d'un album qui vient tout juste de sortir dans les bacs : *Final Fantasy song book "Mahoroba"*. Si Nobuo Uematsu a déjà invité son ami Hasegawa à enregistrer de la guitare pour lui, notamment dans la chanson « Pure Heart » du single de « Suteki da ne », ce disque marque la toute première collaboration du compositeur avec Manami Kiyota. C'est un rêve devenu réalité pour cette

84. Compositeur et arrangeur, Sakai participe à plusieurs jeux des séries *Kirby* et *Super Smash Bros.* ainsi qu'à *Mother 3*, avant de cocréer en 2006 le concert japonais *Press Start*, aux côtés notamment d'Uematsu, Masahiro Sakurai et Kazushige Nojima.

dernière qui, ayant joué à tous les premiers épisodes de *Final Fantasy*, admire depuis longtemps la musique d'Uematsu.

Lorsqu'elle publie son tout premier album, *Tsukimori no Matsuri* (« le festival de la forêt sous la lune »), en 2003, elle s'empresse de lui en envoyer un exemplaire, dans l'espoir sans doute de se faire remarquer. Bingo : il lui répond qu'il souhaite la rencontrer et, de fil en aiguille, l'idée d'un nouveau disque d'arrangements chantés de *Final Fantasy* émerge. Celle-ci prend plus précisément forme lorsque Kiyota, participant à un événement du fan-club japonais d'Uematsu, interprète une version japonaise de « Eyes On Me » qui le séduit. Le début de *Tour de Japon* quelques mois plus tard représente une occasion idéale pour concrétiser un tel album, afin d'en assurer une bonne promotion.

Guitare, mandoline, basse, piano, flûtes à bec ou irlandaises, *fiddle*, accordéon, percussions légères... À travers les arrangements de Yûji Hasegawa, le son acoustique délicat de ce *Mahoroba*[85], couplé à la voix distinctive et malicieuse de Manami Kiyota, se démarque absolument des précédents *Vocal Collections*. Producteur de l'album, Nobuo Uematsu participe lui-même aux enregistrements, en interprétant tour à tour bouzouki irlandais, harmonium et percussions. Les reprises puisent davantage dans les œuvres les plus récentes de la série, en esquivant volontiers les classiques : entre autres, les thèmes de la ferme aux chocobos et de Yuffie de *FFVII*, de la ville d'Horizon de *FFVIII* ou de la bibliothèque de Daguéréo de *FFIX*. Parallèlement à une grande entreprise orchestrale comme *Tour de Japon*, *Mahoroba* ouvre la porte d'un univers plus intimiste qui rappelle l'époque des premiers albums d'arrangements de *Final Fantasy*.

La collaboration entre Nobuo Uematsu et Manami Kiyota va se prolonger. En 2006 notamment, ils créent une adorable chanson enfantine intitulée « Sen no hana, sen no sora » (« mille fleurs, mille cieux ») pour *Minna no Uta*, une émission de radio et de télévision de NHK dont le nom signifie « chanson pour tous » et dont les courtes séquences musicales mettent en avant des artistes connus ou de jeunes talents.

---

85. Un mot japonais très ancien, qui désigne une terre de paix et de sérénité. Il est notamment employé dans le célèbre recueil *Kojiki*.

Le choc américain

Si *Tour de Japon* est une splendide réussite, l'expérience la plus marquante de l'année est encore à venir. En février 2004, Square Enix annonce un événement attendu de très longue date par les fans états-uniens de *Final Fantasy* : le tout premier concert américain officiel entièrement consacré à la série, *Dear Friends*, va enfin être organisé le 10 mai à Los Angeles – quelques jours avant le célèbre salon de jeu vidéo E3. Le choix de ce nom n'est pas innocent pour Nobuo Uematsu : il emprunte le titre de l'un des morceaux de fin de *Final Fantasy V* – d'ailleurs inscrit au programme –, et adresse un message de remerciement et d'amitié aux fans habitant au-delà des frontières du Japon.

Le public lui rend bien : trois jours après le lancement des ventes, les places sont déjà toutes vendues. C'est ainsi que le jour J, plus de 2 000 personnes se pressent au Walt Disney Concert Hall, inauguré quelques mois plus tôt, pour assister au spectacle. L'éditeur en a confié les clés à un producteur local, Jason Michael Paul, qui mobilise l'orchestre philharmonique de Los Angeles et la Los Angeles Master Chorale sous la direction du chef péruvien Miguel Harth-Bedoya – alors chef associé d'Esa-Pekka Salonen – et avec James Arnold Taylor, voix américaine de Tidus, en maître de cérémonie.

Pour l'occasion, le « clan Uematsu » fait le déplacement : sa femme, ses parents, sa sœur, son beau-frère, sa nièce, et même une partie de la belle-famille de sa sœur. C'est seulement à la fin du programme, qui reprend les grandes lignes de *20020220* et *Tour de Japon*, que le compositeur fait son apparition sur scène pour la première fois, déclenchant une *standing ovation* spontanée qui figure encore aujourd'hui parmi les plus marquantes de toute sa carrière. Uematsu est ravi : que le public d'une salle destinée à accueillir les chefs-d'œuvre du répertoire classique se comporte comme s'il était à un concert de rock donne lieu à une situation plutôt inattendue, presque transgressive – les témoins de la scène racontent que les musiciens de l'orchestre eux-mêmes ne savent pas très bien comment réagir à un tel déferlement. Uematsu monte d'ailleurs sur scène vêtu d'un *yukata* – un costume traditionnel japonais – et de sandales *geta* qui déjouent forcément les clichés des codes vestimentaires de la musique classique. Les spectateurs ne sont pas au bout de leurs surprises, puisque Hironobu Sakaguchi et Yoshitaka Amano en personne rejoignent leur vieux collègue. Les trois grands fondateurs de *Final Fantasy* réunis au même endroit : il n'en faut pas plus pour amplifier encore le tonnerre de cris et d'applaudissements.

Dear Friends, pourtant, est un concert musicalement médiocre de l'avis même de Nobuo Uematsu, mais ce constat n'est guère surprenant. En effet, l'orchestre n'a répété qu'une seule fois cette musique qu'il n'a jamais jouée, dans des conditions rendues difficiles par les dysfonctionnements du grand écran qui doit diffuser les images des jeux. Puis, alors qu'il ne reste plus qu'une heure de répétitions, les musiciens doivent se consacrer au concert classique du soir, délaissant l'apprentissage des partitions de *Final Fantasy*. Le lendemain, ils découvrent presque ces dernières alors qu'ils les jouent, ce qui entraîne de gros couacs – dont des pupitres jouant avec plusieurs mesures de décalage. Qu'à cela ne tienne : l'ambiance de la salle est si enflammée que le moment ne peut être qu'inoubliable.

Pour Uematsu, c'est un électrochoc. « *Je me suis senti submergé par une euphorie irréelle* », écrit-il quelques mois plus tard sur le site de Square Enix. Mais quelques jours seulement après le concert, il connaît un bref moment de vide existentiel, assis dans sa chambre d'hôtel. Il le confie dans son journal en ligne :

> « *Si je suis ici, c'est uniquement par chance. Je ne mérite pas d'être le sujet des attentes d'autant de personnes. Après tout, je ne suis pas tellement doué, alors je suis dans le pétrin si ces gens s'attendent à ce que j'écrive d'autres morceaux comme ceux-là. S'ils en attendent d'autres, je devrais continuer à faire semblant d'avoir du talent. Laissez-moi tranquille ! Je ne mérite pas tous ces éloges. Je suis désolé de vous avoir trompé tout ce temps. Je n'en peux plus !... C'est en tout cas ce que pense une partie de moi. Mais cette vie me fatigue un peu. Quand est-ce que ça se termine ? Où est la fin du voyage ? Si je continue comme ça, mon esprit risque de continuer à errer après ma mort, à la recherche d'une forme de conclusion. Je me suis dit que je devrais peut-être essayer de m'amuser davantage. De me faire un peu plus plaisir. Un jour au moins, 2 300 personnes m'ont fait une standing ovation au Walt Disney Concert Hall. C'est bel et bien arrivé. Devrais-je le nier ?*
> *Et pourquoi ne pas l'accepter ? Pourquoi ne pas reconnaître tout le temps que j'ai consacré à faire de la musique de jeu vidéo ? C'était la première fois de ma vie que je ressentais ça. Je ne sais pas ce que vous en pensez, mais on se satisfait bien de conserver les mêmes vieilles valeurs et le même mode de pensée. Je me suis toujours satisfait d'être dur avec moi-même. Je n'ai jamais essayé d'admettre qui j'étais vraiment, peu importe ce que me disaient les autres.*

J'ai l'impression d'avoir appris quelque chose ici. Si je veux m'amuser davantage, si je veux rire plus fort, je dois dire du bien de moi-même, parfois. Je dois admettre mes propres réussites. Je suis toujours dans le coup !... Enfin, je crois. »

Il fallait bien le public américain, auquel Nobuo Uematsu n'a jamais été confronté jusque-là, pour ébranler le confort dans lequel il dit se trouver. Il est vrai que le public japonais est d'une nature réservée et se contente le plus souvent d'applaudissements contenus – d'autant plus devant des orchestres –, là où les Américains n'hésitent jamais à exprimer leurs émotions de la plus vive des manières. De plus, en tant que toute première rencontre entre Nobuo Uematsu et les fans de sa musique situés de l'autre côté du Pacifique, *Dear Friends* donne enfin l'occasion à 2 000 joueurs d'exprimer leur admiration et leur reconnaissance à l'homme qui a largement contribué aux émotions qu'ils ont ressenties devant *Final Fantasy*.

Dans le monde du jeu vidéo, rares sont les séries à susciter des sentiments si exaltés. Mais Uematsu n'est pas prêt à une telle démonstration d'amour spontané de la part de ses fans. Tout cela se passe sous le regard de sa famille – et à travers les larmes de sa mère –, dont les membres seront désormais les premiers à lui rappeler que, oui, une fois de temps en temps, il peut se permettre d'être fier de lui. Les nombreux concerts *Final Fantasy*, qui commencent dès lors à se multiplier dans le reste du monde, lui donnent l'occasion de vérifier que l'effet est le même partout : quel que soit l'endroit, son apparition sur scène suffit à déclencher une ovation.

Pour qui admire Nobuo Uematsu, il peut sembler surprenant de découvrir la sévérité avec laquelle il traite ses propres capacités, au point de considérer qu'il est uniquement là parce qu'il a eu de la chance et qu'il ne mérite pas une pareille attention. S'il est vrai que son succès est en partie dû aux circonstances – il a été présenté à un petit studio de jeu vidéo qui allait devenir incontournable –, tous ceux qui se sont pris un jour de passion pour ses musiques ne peuvent pas être simplement victimes d'une hallucination collective.

Il faut alors se placer du point de vue d'Uematsu, qui attend l'époque de *Final Fantasy VI* pour oser admettre qu'il est fier de son travail. Au fil des ans, il craint en permanence de s'égarer – il doit employer des styles plus variés pour s'adapter aux nouvelles ambiances abordées par *Final Fantasy* – et ressent la pression implicite d'être comparé aux autres compositeurs, y compris ceux qui sont sous ses ordres. Pendant longtemps, il affirme par exemple jalouser le talent de Hitoshi Sakimoto et Masashi Hamauzu, dont les compétences musicales techniques dépassent objectivement les siennes. Mais ce qui a touché pendant toutes ces années les joueurs de *Final Fantasy*, ce n'est pas la virtuosité technique de ses musiques, mais bien leur sincérité simple et immédiate. Avec l'âge, et les démonstrations d'affection de ses fans, Uematsu peut enfin prendre du recul et émettre un avis plus apaisé sur sa musique : « *Quand j'entends* [la musique de Sakimoto et Hamauzu], *je ressens toujours une forme de complexe – non, je ressentais ! Je me demandais toujours comment ils faisaient pour écrire ça, mais je me suis dit qu'à cinquante ans passés, je ne devais plus me ronger à cause de ça. J'ai compris qu'avec mon expérience, je devais me contenter de mon style et j'ai enfin décidé de l'affronter sérieusement.* »

Le succès triomphal de *Dear Friends: music from Final Fantasy* a une conséquence directe : en décembre 2004, la première tournée américaine est annoncée, une nouvelle fois confiée au producteur Jason Michael Paul[86]. La première des quelque dix dates de la tournée, à Chicago en février 2005, marque la rencontre entre Nobuo Uematsu et le chef d'orchestre Arnie Roth. Alors directeur musical du Chicagoland Pop Orchestra[87], Roth s'intéresse de près aux possibilités offertes par les concerts de musique de jeu vidéo, intrigué par les différents événements organisés au Japon au cours des années précédentes.

Entre Uematsu et lui, le courant passe très vite, car Roth et son ensemble ne se limitent pas à la musique classique et jouent régulièrement du rock, de la pop et du jazz – un éclectisme que le compositeur de *Final Fantasy* lui-même ne cesse de revendiquer. Selon une anecdote racontée par Roth, au moment de leur première collaboration en 2005, il confie à Uematsu que les premières notes de « One-Winged Angel » lui rappellent beaucoup le morceau « Purple Haze » de

86. Paul, qui flaire le bon coup, se spécialise dès lors dans l'organisation de concerts dédiés à la musique de jeu vidéo. En 2006, il crée la tournée *PLAY! A Video Game Symphony* avec l'aide de Thomas Böcker et Arnie Roth, avant de s'attaquer à *The Legend of Zelda* avec le concert *Symphony of the Goddesses*.
87. Les portraits de Roth indiquent aussi souvent qu'il est détenteur d'un Grammy Award ; celui-ci est en réalité obtenu en 1991 par le groupe *new age* américain Mannheim Steamroller, mené par Chip Davis, dont Roth fait partie aux côtés de nombreux autres artistes.

Jimi Hendrix... Ce qui est normal, lui répond Uematsu d'un air ravi, puisque c'est justement Purple Haze qui l'a inspiré. La mise en confiance est réussie.

Un an après le tout premier *Dear Friends*, le 16 mai 2005, Square et les producteurs Jason Michael Paul et Arnie Roth décident de gonfler les enjeux en proposant un nouveau concert à Los Angeles, cette fois-ci nommé *More Friends*. Il est plus ambitieux à tous points de vue, à commencer par la salle : l'Universal Amphitheatre – démoli depuis – a 6 000 places. Le programme lui-même va bien plus loin. En plus de l'orchestre et du chœur conduits par Roth, figurent parmi les invités les chanteuses Emiko Shiratori et Rikki – qui interprètent « Melodies of Life » et « Suteki da ne » – et les Black Mages au grand complet. Ces derniers font leurs débuts sur le sol américain en jouant notamment quelques morceaux de leur deuxième album. Grâce à eux, le spectacle est total : grandes orchestrations, chansons, rock, extraits des jeux sur grand écran... Et le public répond une nouvelle fois présent.

Tout autour du monde

En 2004, le tour du monde de Nobuo Uematsu ne se limite pas à sa venue à Los Angeles pour *Dear Friends* et à sa présence au concert de la Games Convention. En effet, au début des années 2000, des initiatives liées à la musique de jeu vidéo bourgeonnent partout dans le monde. Pour nombre d'organisateurs en quête de personnalités appartenant à ce milieu, la liste des grands noms est finalement assez courte... et Nobuo Uematsu est au sommet. Fin octobre, alors qu'il vient de démissionner de Square Enix, il est l'invité d'honneur du week-end de concerts *A Night in Fantasia 2004*, organisé à Sydney par l'orchestre symphonique Eminence – un ensemble fondé par de jeunes musiciens australiens. Le programme propose des reprises de *Final Fantasy*, mais aussi des bandes originales des films du Studio Ghibli.

Puis, début décembre, c'est Paris qui accueille Uematsu à l'occasion du festival Tokyozone 4 – pas pour un concert, mais pour des conférences et la première projection française de *Final Fantasy VII Advent Children* dans sa version courte de 25 minutes. Là encore, il peut goûter à l'ampleur de sa popularité, lors de séances de dédicaces improvisées et vigoureuses à l'issue des différentes présentations – l'une au Centre Georges-Pompidou et l'autre au Centre des arts d'Enghien-les-Bains. Pourtant, outre l'apparition obligatoire de « One-Winged Angel » lors du premier *Video Games Live* français en décembre 2008, il faut attendre de longues années avant qu'arrive le tout premier concert des musiques de *Final Fantasy* en France, avec un retard certain sur des pays comme les États-Unis, le Royaume-Uni ou l'Allemagne : c'est en novembre 2012 que Nobuo Uematsu fait ses débuts sur une scène parisienne, lors d'un concert en trio[88] à la Cigale organisé par la Fée Sauvage – la tournée *Distant Worlds* posera enfin ses valises dans la capitale en janvier 2013.

Certes, après 2004, les concerts deviennent incontournables pour Nobuo Uematsu : avec la naissance des tournées mondiales *Distant Worlds* puis *A New World*[89], le compositeur parcourt le globe – contraint de concilier ses différentes obligations, il lui arrive même de composer dans ses chambres d'hôtel. Sa carrière entre dans une seconde phase avec ces événements qui lui permettent enfin d'apparaître en tant que personnage public, pour le plus grand bonheur de ses fans. Pour autant, ces spectacles capitalisent surtout sur les dix premiers *Final Fantasy* et, parce qu'ils sont presque toujours produits par Square Enix, ils laissent systématiquement de côté les travaux plus récents d'Uematsu pour d'autres commanditaires.

Le seul concert orchestral à rendre hommage plus largement à sa carrière, y compris à des jeux Square méconnus et aux *softs* de Mistwalker, est *Symphonic Odysseys*, organisé par Thomas Böcker à Cologne en juillet 2011. Il s'agit d'une des plus belles célébrations de sa musique à ce jour, magnifiée par les orchestrateurs finlandais Jonne Valtonen et Roger Wanamo, complices de longue date de Böcker.

---

88. La configuration est inédite et surprenante, avec deux claviéristes – Nobuo Uematsu et Tsutomu Narita – et un batteur – Yoshitaka Hirota. Le programme couvre la série *Final Fantasy* et des œuvres plus récentes du compositeur, dont les jeux de Mistwalker. Le concert a également lieu à Bruxelles peu avant la date parisienne.
89. Un concert d'arrangements de *Final Fantasy* pour un ensemble de musique de chambre, dont la tournée débute en février 2014 à Londres. Cependant, Uematsu y assiste moins régulièrement qu'à *Distant Worlds*, d'autant qu'il est moins friand de ses arrangements.

NOUVELLE ÈRE, NOUVELLES ARMES

Smile Please, sans transition

Après sa démission de Square Enix en octobre 2004, Nobuo Uematsu rebondit immédiatement en fondant sa propre société, Smile Please (« souris, s'il te plaît »). En plus de refléter le caractère humain et positif du compositeur, ce nom est un clin d'œil à l'une de ses chansons préférées de Stevie Wonder. Cet artiste fait partie de l'environnement musical dans lequel Uematsu a grandi, et il regarde toujours volontiers l'un de ses concerts quand il a un peu de temps. La référence agit alors comme un retour à ses racines, et une nouvelle affirmation de sa sensibilité. Posant l'univers accueillant dans lequel Uematsu veut être représenté, le site Internet de Smile Please offre un habillage visuel coloré qui est l'œuvre de son vieil ami de lycée Kôji Shibano. La petite Pao, la chienne du compositeur, accompagne le visiteur.

Même si Uematsu avait voulu profiter de sa liberté retrouvée pour prendre une pause bien méritée, il ne l'aurait pas pu. Hironobu Sakaguchi, ayant acquis son indépendance exactement à la même période, fonde en effet son propre studio, Mistwalker, et se lance dans plusieurs projets. C'est donc tout naturellement qu'il se jette sur son ami fraîchement disponible. Dès novembre 2004, les deux hommes apparaissent ensemble dans le magazine *Famitsu* pour y présenter leurs sociétés, et évoquer les premières pistes de leurs jeux. Pas le temps de chômer : le compositeur se met immédiatement au travail sur les futurs *Blue Dragon* et *Lost Odyssey*, les deux premiers *softs* de la nouvelle ère de Sakaguchi... et de la sienne.

Que se serait-il passé si de nouvelles opportunités comme celle offerte par Sakaguchi ne s'étaient pas présentées ? Nobuo Uematsu répond simplement :

« *J'aurais arrêté de composer pour le jeu vidéo ou sur commande, et j'aurais composé librement à la place.* » Mais alors que son carnet d'adresses ne cesse de s'élargir, et que Square Enix continue à le solliciter pour sa série phare, la question ne se pose pas, et il faut attendre plusieurs années avant qu'Uematsu se consacre à la création d'un album solo – *10 Short Stories*, publié en 2010.

Dog Ear Records, un label personnel

Le 4 octobre 2006, Nobuo Uematsu démarre une aventure encore plus ambitieuse : il fonde son propre label, Dog Ear Records. Cette structure lui permet de produire et distribuer sa propre musique, mais aussi de cultiver une idée qui lui tient à cœur : constituer son propre catalogue d'artistes et promouvoir la musique qui lui plaît dans un esprit le plus familial possible.

Le nom « Dog Ear » peut sembler étonnant, puisqu'il signifie littéralement « oreille de chien ». Il a en réalité deux sens. Le premier est littéral, puisqu'il suffit de regarder le logo de la société – dessiné par Kôji Shibano, ami d'Uematsu depuis le lycée – pour comprendre qu'il s'agit de sa fidèle Pao, qui a souvent une oreille retournée... voire les deux lorsqu'elle aboie. Le second sens est plus symbolique : en anglais, le verbe *to dog-ear* signifie « faire une corne dans un livre », afin de marquer une page quand on en a apprécié la lecture et qu'on ne veut pas oublier d'y revenir ultérieurement. C'est ce qu'il souhaite pour son label et sa musique : qu'ils soient « *pleins de sourires* » et « *imprimés dans le cœur de chacun* ».

Pour l'épauler dans cette tâche, il fait appel à Hiroki Ogawa – aussi connu sous le surnom « wappa » –, un coordinateur qu'il rencontre au début de l'année 2005 alors qu'il prépare les musiques des premières bandes-annonces de *Blue Dragon* et *Lost Odyssey*, révélées à l'E3 2005. Ogawa travaille alors dans une agence de gestion d'artistes, Uchida Ongaku Jimusho, et prête main-forte à Uematsu pour trouver des musiciens capables d'enregistrer les musiques en studio. Les deux hommes prolongent cette collaboration lors de l'organisation du concert *Voices: Music from Final Fantasy* qui se déroule en février 2006 au Japon, puis à l'occasion de l'enregistrement du thème d'ouverture orchestré de *Final Fantasy III* sur DS, et c'est à la suite de ces expériences qu'Uematsu propose à Ogawa de le recruter pour en faire le directeur de Dog Ear Records.

Ce choix répond en grande partie à l'envie du compositeur de développer les activités de sa société à l'étranger : Ogawa a en effet passé une partie de son enfance aux États-Unis et à Singapour, et parle anglais couramment. Par ailleurs, il aime les bandes originales de jeu depuis toujours – parmi ses premières cassettes audio, *Salamander* et *Mario Bros.* ! – et connaît bien la musique, ayant étudié la composition et joué dans un groupe pendant de nombreuses années. Depuis lors, ils sont pour ainsi dire inséparables : agent d'Uematsu, Ogawa l'accompagne dans la grande majorité de ses déplacements professionnels au Japon et à l'étranger, en particulier lorsqu'il assiste aux concerts *Distant Worlds* en tant qu'invité. Il possède qui plus est un bon coup de crayon, qu'Uematsu met plusieurs fois à contribution.

Les premières années de Dog Ear Records sont une période d'ébullition, et les employés se multiplient rapidement : en plus de Hiroki Ogawa, Uematsu recrute son vieil ami Kensuke Matsushita, alors chez Square Enix, puis des jeunes femmes chargées de l'animation du blog officiel du label. Sa femme Reiko est elle-même mise à contribution en tant que comptable, ce qui ne fait que renforcer l'esprit familial de « DER ». À partir d'octobre 2007, une radio intitulée « Inu-mimi » (« oreille de chien » en japonais) est établie, permettant aux membres de l'équipe de discuter des activités du label dans un format le plus souvent totalement improvisé.

En plus d'entamer la publication de quelques-unes des bandes originales produites par Nobuo Uematsu[90], le label constitue petit à petit un catalogue d'artistes qui gravitent autour du compositeur, ou dans les univers desquels il se retrouve – grâce à sa notoriété, il espère les placer plus facilement sous les feux des projecteurs. L'un des premiers inscrits est le pianiste Keita Egusa, dont Ogawa fait écouter un enregistrement à Uematsu. Le fait qu'Egusa ait commencé à faire de la musique après avoir vu un concert d'Emerson, Lake and Palmer crée un lien immédiat et évident entre eux. Après un premier minialbum sans lien avec le jeu vidéo, intitulé *Kalaycilar*, Egusa crée avec Ogawa le projet *Pia-com*, reprenant uniquement au piano d'anciens classiques de la Famicom (NES) dont *Salamander*, *Final Fantasy II* et *Mother*.

---

90. À commencer par le jeu *Anata wo Yurusanai* en 2007, puis le troisième album des Black Mages et *Lord of Vermilion* en 2008.

Par souci de simplicité, d'immédiateté et de diffusion plus facile dans le reste du monde, Dog Ear Records se consacre surtout à la distribution de ces artistes via la plate-forme iTunes : c'est le cas de *Monkey Breaks*[91], du disque de chansons éthérées *Canon – Beneath the Ceiling of Stars* de Manami Kiyota, du single *A Way* de Suika Yonezawa[92], ou encore de la version numérique d'un des albums du groupe Akane. Des univers musicaux très différents les uns des autres, preuve de l'éclectisme d'Uematsu.

À la demande du réalisateur Tetsuya Takahashi, Dog Ear Records assure également la production de la bande-son de *Xenoblade Chronicles*, sorti sur Wii en 2010, avec la présence parmi les compositeurs de musiciens proches de Nobuo Uematsu : Manami Kiyota et le trio ACE+ composé de CHiCO, Tomori Kudô et Kenji Hiramatsu. En toute logique, DER en publie la bande originale en 4 CD.

Pour mettre à l'honneur ses artistes, Dog Ear Records organise des événements à destination des fans, les « Shinzoku Kaigi » (« réunion de famille »), dont la première édition a lieu le 24 novembre 2008 dans une petite salle de concert de Daikanyama, dans l'arrondissement de Shibuya à Tokyo. Animé par Uematsu et Matsushita, le spectacle se veut comme son nom l'indique familial et chaleureux, et se termine par une grande séance de serrage de mains entre les artistes et le public.

Les « Shinzoku Kaigi » sont également l'occasion de dénicher de nouveaux talents à mettre à l'honneur : lors de la première édition, Nobuo Uematsu émet par exemple l'idée de constituer un quatuor de violoncelles, s'inspirant du groupe de metal finlandais Apocalyptica qu'il vient de découvrir, pour jouer des reprises des Black Mages et de certains standards du rock. C'est la naissance de Cellythm, mot-valise formé par « cello » (« violoncelle ») et « rhythm », car le compositeur veut absolument que les interprètes jouent de manière « agressive ». En mars 2009, Dog Ear Records publie le premier et dernier album du quatuor,

91. Un disque de hip-hop par saRu, nom du nouveau projet en solo d'Ian Hartley, qui a participé à l'album *Final Fantasy Remix* avec son duo Ante.
92. Une chanteuse qu'Uematsu rencontre alors qu'elle participe à une pièce de théâtre de la troupe R:MIX – formée par des employés de Square – dont il écrit le thème principal.

Those Who Distorted, avec des reprises de *Final Fantasy*, Led Zeppelin, The Beatles et de « Land of Hope and Glory » d'Edward Elgar.

La dernière « Shinzoku Kaigi » est la septième, organisée le 11 février 2012 en présence des Earthbound Papas. Mais après ces débuts positifs, Dog Ear Records, sans doute trop ambitieux, cesse progressivement de promouvoir de nouveaux artistes pour se recentrer exclusivement sur les activités de Nobuo Uematsu. Le nombre d'employés diminue, jusqu'à ce qu'Uematsu et Ogawa demeurent les seuls membres permanents de la société.

Tsutomu Narita, le fidèle allié

Retour en mai 2008. Dog Ear Records entame sa période la plus faste, et Nobuo Uematsu publie un message sur le blog officiel de son label pour annoncer qu'il lance une grande campagne de recrutement, non pas de salariés, mais de personnes pouvant élargir la « famille Dog Ear ». « *Je ferai appel à vous lorsque j'aurai un travail à vous confier* », écrit le compositeur en précisant qu'il recherche absolument tout : des compositeurs, arrangeurs, musiciens, chanteurs, ingénieurs du son, certes, mais aussi des programmeurs, des créateurs d'effets sonores, des propriétaires de studios d'enregistrement, des traducteurs, des illustrateurs, des photographes... Il souhaite plus que jamais se constituer un réseau de talents pouvant l'assister sur ses projets qui se multiplient.

En découvrant cette publication, un jeune homme de 24 ans, Tsutomu Narita, qui suit assidûment les activités de Nobuo Uematsu sur Internet, prend son courage à deux mains et postule en sa qualité de compositeur et arrangeur. Après une formation musicale classique, ce natif de Hachiôji, près de Tokyo, commence à écrire ses propres musiques à l'âge de 16 ans. Une semaine après l'envoi de sa démo à Dog Ear Records, il reçoit une réponse : il est invité à un entretien. Uematsu lui annonce qu'il recherche un arrangeur capable de l'aider sur la série animée *Guin Saga*. Si Hiroyuki Nakayama, avec qui il a déjà travaillé sur *Blue Dragon* et *Lost Odyssey*, doit se charger des orchestrations des morceaux enregistrés en studio, une grande partie de la bande originale de *Guin Saga* s'appuie sur le synthétiseur. Mais Uematsu tient à conserver un style orchestral tout du long, et a ainsi besoin d'un arrangeur à l'aise à la fois avec cette approche et avec les logiciels de musique assistée par ordinateur.

Marché conclu : Tsutomu Narita se met presque immédiatement à l'œuvre sur les arrangements de *Guin Saga*. C'est un privilège pour le jeune artiste, qui connaît et admire les musiques de *Final Fantasy* depuis l'école primaire et tient leur auteur en très haute estime. Ce dont ne peut pas se douter Narita, c'est qu'Uematsu va lui proposer de devenir l'arrangeur principal... de *Final Fantasy XIV* ! Ce n'est que le début d'un partenariat durable entre les deux hommes, qui fait de Narita l'arrangeur et orchestrateur attitré d'Uematsu, le compositeur l'accompagnant sur de nombreux projets, et le claviériste de son groupe, les Earthbound Papas. Narita confie : « *C'est une personne qui déborde d'humanité. Bien qu'il ait l'âge d'être mon père, je suis très heureux qu'il se comporte envers moi comme un grand frère.* » Un grand frère qui n'hésite pas à le taquiner fréquemment... mais le plus gentiment du monde, en allant parfois lui demander, en aparté, s'il ne l'a pas mal pris.

Nobuo Uematsu réussit donc à s'entourer d'arrangeurs de confiance, capables de manipuler sa musique sans qu'il la trouve dénaturée. Aujourd'hui, grâce à la présence de collaborateurs comme Tsutomu Narita, Uematsu n'hésite plus à affirmer qu'il est *uniquement* compositeur. « *Dès que j'ai fini un morceau, je veux seulement passer au suivant* », admet-il même : dès que la composition est entre les mains de l'arrangeur, il ne souhaite plus s'en soucier. « *Peut-être que la seule chose qui m'intéresse, finalement, c'est de créer des mélodies et l'harmonie qui va avec. Je ne demande pas aux arrangeurs de faire un morceau parfaitement à mon image en utilisant précisément tel ou tel instrument, ou tel ou tel effet.* »

Uematsu sait néanmoins faire valoir son droit de regard, d'autant que de son propre aveu, l'âge le rend de plus en plus respectable auprès de ses assistants : « *La plupart de ces arrangeurs sont plus jeunes que moi, alors si je leur demande de faire des corrections, ils le font tout de suite. Ils sont très accommodants !* » Avant de conclure, dans un éclat de rire : « *C'est pas mal de vieillir, en fait*[93]. » On est bien loin des circonstances qui l'encouragent à se laisser pousser la moustache à l'époque de *Final Fantasy III*...

---

93. Des remarques faites au Fan Festival de *Final Fantasy XIV* à Francfort, en février 2017, alors qu'il discute sur scène avec Masayoshi Soken, compositeur principal de cet épisode.

PARTIE 7

Mistwalker, le renouveau

BLUE DRAGON, CHANGEMENT D'AIR

Nouveau départ

S'il quitte ses fonctions de vice-président et de directeur exécutif de Square en 2001, Hironobu Sakaguchi reste plusieurs années dans l'ombre, ayant signé avec l'éditeur un contrat de producteur exécutif exclusif qui tient davantage de la figuration. Enfin libéré de ses obligations, le créateur fonde en 2004 Mistwalker, et se lance dans le développement de deux jeux qu'il couve depuis quelque temps. Il peut alors compter sur le soutien de Microsoft, qui y voit l'occasion d'associer l'un des plus grands noms du jeu vidéo japonais à sa future console, la Xbox 360.

Le timing est parfait. Lorsque Nobuo Uematsu quitte Square Enix en octobre 2004 pour établir son studio, Smile Please, Sakaguchi l'invite sans attendre. Pour lui, c'est bien simple : Uematsu doit absolument participer à cette aventure, comme ce fut le cas quinze ans plus tôt. Dès le début de l'année 2005, le visage d'Uematsu apparaît sur le site Internet de Mistwalker. Début mai de la même année, le premier de ces projets est dévoilé : *Blue Dragon*, un jeu de rôle dans la plus pure tradition japonaise dont les personnages sont dessinés par Akira Toriyama, le fameux père de *Dragon Ball* et illustrateur de *Dragon Quest*. Un habitué des dragons !

Blue Dragon est le premier jeu de grande ampleur de Nobuo Uematsu depuis son départ de Square Enix. Désormais indépendant, il n'a plus besoin de perdre son temps dans des réunions et peut enfin se consacrer pleinement à la composition. Mais il doit mettre au point un nouveau processus sans le soutien d'une grande structure comme Square Enix : il travaille désormais depuis chez lui, armé notamment de son fidèle expandeur SC-88 et des documents que Hironobu Sakaguchi lui transmet. Le développement du second jeu de rôle de Mistwalker, *Lost Odyssey*, est lancé en parallèle, ce qui signifie qu'il doit se charger des deux jeux à la fois. Pour autant, les projets n'en sont encore qu'à leurs balbutiements, ce qui lui laisse beaucoup de temps pour préparer la composition et les enregistrements.

Car avec la Xbox 360, Uematsu se sert pour la première fois d'une console suffisamment puissante pour ne pas le contraindre à programmer subtilement les musiques en utilisant la puce sonore, avec l'habituelle limite d'instruments et de pistes simultanées. Cette fois-ci, les morceaux peuvent être enregistrés séparément puis lus directement sur le disque du jeu, ce qui permet la multiplication du nombre de pistes employant des instruments réels. De surcroît, le soutien de Microsoft, qui ne lésine pas sur les dépenses pour convaincre le marché japonais d'adopter sa Xbox 360, est généreux. C'est une aubaine évidente pour le compositeur, qui se sent en pleine possession de ses moyens. Mais pour préparer les enregistrements en studio, il va forcément avoir besoin de collaborateurs – à commencer par des arrangeurs.

Mistwalker et Nobuo Uematsu font appel à la société de production Aniplex – une filiale de Sony Music spécialisée dans les séries d'animation et la musique – et l'agence Voice & Heart – une structure fondée par Aniplex pour assurer la gestion des artistes. Sur *Blue Dragon* comme sur *Lost Odyssey*, Uematsu obtient l'aide du producteur Sôichirô Sano d'Aniplex et du directeur des enregistrements Yoshiaki Ishiwata de Voice & Heart. C'est par l'intermédiaire de ces derniers qu'il rencontre Hiroyuki Nakayama et Satoshi Henmi, deux arrangeurs spécialisés dans des domaines qui l'intéressent forcément : le premier est diplômé du département de composition de l'université des arts de Tokyo, le second est un guitariste du rock.

Adieu aux contraintes techniques

La présence d'Akira Toriyama en tant qu'illustrateur de *Blue Dragon* confère naturellement au jeu une ambiance moins sérieuse et « adulte » que les *Final Fantasy*, ce qui encourage Nobuo Uematsu à employer un style musical plus lumineux, si bien qu'il n'hésite pas à utiliser le mot « pop » pour décrire son approche. Ce terme est pourtant un peu trop réducteur, tant la bande originale de *Blue Dragon* est riche de nombreuses inspirations et témoigne de l'enthousiasme communicatif d'Uematsu. Du côté des pistes rock, le compositeur crée ses morceaux avec application – c'est son genre de prédilection, après tout – et les livre à Satoshi Henmi dans un état presque définitif, au point que l'arrangeur n'a plus grand-chose à faire, sinon en renforcer l'optique et jouer lui-même les parties de guitare électrique. Une partie de la bande-son de *Blue Dragon* emploie également des thèmes d'ambiance dépouillés ainsi que des sonorités électroniques brutes rappelant ses œuvres de la génération PlayStation – la démarche est pourtant cette fois-ci entièrement assumée par le compositeur, qui trahit son affection pour des groupes comme les Allemands de Kraftwerk. L'atmosphère ainsi produite est en parfaite adéquation avec l'esthétique acidulée du jeu.

Du côté de la partie orchestrale, en revanche, Nobuo Uematsu laisse davantage de liberté à Hiroyuki Nakayama, tout particulièrement pour les sections de piano : cet instrument est en réalité la grande spécialité de Nakayama, que ses connaissances surnomment modestement « Chopin ». Ainsi *Blue Dragon* débute par un solo de piano mémorable, « Waterside », joué par Nakayama lui-même. Les rares privilégiés ayant visité les toilettes du domicile d'Uematsu peuvent remarquer que le morceau se déclenche lorsqu'on s'y installe pour faire ses petites affaires : les Japonais sont passés maîtres dans l'art d'inventer les gadgets les plus inutiles, y compris dans les w.-c., et la lunette musicale en fait partie. En constatant que les musiques par défaut de la machine sont stockées sur une carte SD, Uematsu a l'idée de les remplacer par l'une de ses œuvres... et choisit celle dont le titre signifie littéralement « au bord de l'eau ».

La liberté laissée à Hiroyuki Nakayama est à double tranchant. Le jeune homme, sans doute désireux d'épater le compositeur de *Final Fantasy*, se met en tête de préparer des partitions ambitieuses en vue des enregistrements. Mais alors que les développements de *Blue Dragon* et de *Lost Odyssey* progressent en parallèle, il arrive que les sessions avec chœur et orchestre soient communes et, du fait de la quantité de parties à enregistrer, le temps est une denrée précieuse. Cependant, pendant l'une de ces séances, les choristes commencent à se plaindre que leur partition est trop difficile et qu'ils ont besoin de plus de temps pour se préparer. C'en est trop pour Uematsu, qui hausse le ton contre l'arrangeur : ils font « *du divertissement, pas du grand art* », alors il doit aller corriger immédiatement ses partitions s'il ne veut pas porter la responsabilité d'un retard !

Quelques instants plus tard, Hironobu Sakaguchi – qui assiste ce jour-là aux enregistrements – signale à Uematsu qu'il revient des toilettes, où il a croisé le pauvre Nakayama en pleurs. Ce dernier vient de découvrir à ses dépens que le compositeur, chaleureux et amical dans la vie quotidienne, se métamorphose en artiste impitoyable dès lors qu'il est en studio pour enregistrer ses œuvres. C'est dur, mais il a sans doute retenu la leçon...

Fort heureusement, cette première expérience n'empêche pas les deux hommes de continuer à collaborer régulièrement[94]. Car ce travail d'équipe devient précieux pour Nobuo Uematsu, qui peut enfin explorer des voies qu'il n'aurait jamais osé emprunter lorsqu'il s'occupait lui-même de ses arrangements. Un nouveau champ de possibilités s'ouvre à lui, ce que *Blue Dragon* et *Lost Odyssey* illustrent entre autres à travers des morceaux orchestrés d'une grande finesse intervenant pendant les phases de jeu, et plus seulement lors des moments critiques : dans *Blue Dragon*, le morceau « Cave » accompagnant l'exploration d'une grotte sous-marine est d'une poésie délicate où les cordes et les vents, bercés par la harpe, évoquent – très modestement – le célèbre début du deuxième acte du *Lac des cygnes* de Tchaïkovsky.

Naturellement, l'envie d'en profiter pour céder aux extravagances est tentante pour Uematsu. Ainsi associe-t-il les talents de Hiroyuki Nakayama et de Satoshi Henmi pour le thème du combat final, « Release the Seal », qui mêle piano, orchestre, chorale, guitare électrique et batterie dans un débordement exubérant qui, à ce moment-là, offre un écho intéressant à « Advent: One-Winged Angel » de *Final Fantasy VII Advent Children*.

94. Y compris sur des projets importants, dont les trois albums de la série *Piano Opera*, publiés entre 2012 et 2014, qui reprennent les musiques des neuf premiers *Final Fantasy* pour le piano dans des arrangements plus techniques que les *Piano Collections* bien connus des fans.

L'éternité pour une légende

Mais l'un des moments les plus surprenants de la bande originale de *Blue Dragon* est « Eternity », thème rock jubilatoire entendu lors des combats contre les boss... dont la particularité est d'être interprété par Ian Gillan de Deep Purple, ni plus ni moins.

Encouragé par Hironobu Sakaguchi, Nobuo Uematsu imagine une piste de rock dans le plus pur style des années 1970 ou 1980 pour accompagner les batailles importantes du jeu. Mais c'est lorsque Sakaguchi suggère d'y ajouter du chant que le morceau prend une tournure plus ambitieuse. La question de savoir qui peut accompagner ce style si foisonnant reste en suspens pendant une grande partie du développement, jusqu'au jour où l'équipe d'Aniplex, ayant appris que Deep Purple fait partie de ses groupes préférés, annonce à Uematsu qu'elle est probablement capable d'engager Ian Gillan en personne. Pour celui qui écoutait ses chansons à la radio quand il était jeune, il était difficile d'imaginer qu'il aurait un jour l'occasion de travailler avec lui ! Pourtant, même s'il est évidemment heureux qu'on cherche à lui faire plaisir, le compositeur pense qu'une telle folie n'est peut-être pas nécessaire, d'autant que Gillan n'est plus tout jeune et qu'il ne sait pas s'il est encore capable de chanter avec une voix aussi explosive que dans sa jeunesse. Ainsi Uematsu propose à Aniplex de continuer à chercher d'autres interprètes pendant que la proposition envoyée à Gillan reste en suspens, mais alors que la date limite approche de plus en plus, le chanteur britannique répond enfin positivement.

Il n'y a plus qu'à trouver une place dans l'emploi du temps chargé de Gillan, alors en tournée avec Deep Purple. Si l'équipe envisage d'abord de l'inviter au Japon pour faire les enregistrements, ce qui lui aurait donné le privilège de le rencontrer et de le diriger, elle doit y renoncer et profiter d'une journée de battement entre deux concerts du groupe au Canada pour réserver une séance dans un studio local et laisser l'équipe de celui-ci s'en occuper à distance. Ne pouvant s'y rendre, Uematsu et Aniplex leur envoient un fichier Pro Tools contenant la partie instrumentale arrangée par Satoshi Henmi, une piste vocale temporaire et les paroles, puis Ian Gillan enregistre cinq prises – dans lesquelles il prouve qu'il n'a rien perdu de sa superbe, en glissant notamment quelques hurlements sauvages comme ceux qui ont fait sa réputation.

Lorsque le Japon récupère les fichiers audio, il ne reste plus qu'à faire un montage des meilleurs passages. « Eternity » est enfin prête. L'événement est tel qu'Aniplex n'hésite pas à publier en novembre 2006 un single contenant le morceau, sa version instrumentale et un remix du DJ Hiroki Esashika. Sur fond de ciel noir et d'une mer déchaînée, la couverture du disque affiche fièrement la mention « Nobuo Uematsu with Ian Gillan », qui ferait rêver de nombreux compositeurs. Mais Uematsu n'en reste pas moins un homme qui aime le contact et l'échange avec les artistes – il éprouve des difficultés à s'attacher aux chansons dont il n'a pas pu rencontrer l'interprète. « Eternity » n'est donc qu'une anecdote dans sa carrière, et non une consécration.

Uematsu se retrouve davantage dans « Watashi no mizu to sora » (« mes larmes et le ciel »), la chanson thème japonaise du jeu. La voix de son interprète, d'une douceur presque susurrée, n'est autre que celle d'Ayako Kawasumi, qui joue le rôle de l'héroïne Kluke. Ici, point de rock excessif : la guitare sèche de Satoshi Henmi et l'harmonica, qui posent l'ambiance chaleureuse, sont appuyés par un paisible fond de cordes arrangé par Hiroyuki Nakayama.

Les paroles d'« Eternity » et des autres morceaux chantés de *Blue Dragon* sont écrites par Hironobu Sakaguchi lui-même, qui se découvre une nouvelle vocation. Conscient qu'il est sans doute la personne la plus à même de trouver les mots illustrant le monde de son jeu, Nobuo Uematsu lui fait entièrement confiance. Il est même sidéré par la vitesse à laquelle il est capable de les préparer : il lui arrive parfois de lui envoyer la musique le soir avant d'aller se coucher... et de recevoir le résultat dès le lendemain dans sa boîte mail. Certes, Sakaguchi est aidé par le décalage horaire, puisqu'il travaille à Hawaii et a donc toujours quelques heures d'avance sur le Japon. Mais, de son propre aveu, il n'arrive pas à être satisfait s'il ne le fait pas immédiatement. Pour traduire « Eternity » vers l'anglais, Uematsu fait appel à Alexander O. Smith, qui l'a déjà régulièrement aidé par le passé.

Nouvel héritage

Liberté de composition, absence du poids d'une série existante, soutien d'arrangeurs de talent, nombreux enregistrements en studio, présence enthousiasmante de Hironobu Sakaguchi à ses côtés... La bande originale de

Blue Dragon représente pour Nobuo Uematsu un bol d'air frais comme il n'en a pas ressenti depuis longtemps. Quand le développement du jeu touche à son terme, la traditionnelle fête de fin de projet a une résonance particulière pour Uematsu et Sakaguchi, tant elle leur rappelle leurs plus belles années sur *Final Fantasy* – de l'aveu du compositeur, les deux hommes ont du mal à retenir leurs larmes. Grâce à Mistwalker, une vie après Square est donc possible.

Le lancement de *Blue Dragon* marque le début d'une nouvelle propriété intellectuelle, qui engendre deux suites d'ampleur modeste et une série de dessins animés. Les suites, intitulées *Blue Dragon Plus* (2008) et *Blue Dragon: Awakened Shadow* (2009), reprennent intégralement les musiques composées pour le jeu d'origine. Mais alors qu'elles sont toutes les deux développées sur DS, une situation inhabituelle se présente pour les studios chargés de leur conception : ils doivent réduire des morceaux écrits sans aucune limite sonore sur Xbox 360 pour qu'ils soient joués par la puce sonore de la console portable, entièrement au synthétiseur – toutes les chansons devant également reproduites sous une forme instrumentale. À l'invitation de Mistwalker, Nobuo Uematsu compose un thème supplémentaire de combat pour *Blue Dragon Plus*, dans un style très proche d' « Eternity ».

Puisqu'il est plus difficile de s'en sortir en reprenant simplement les musiques du jeu, la bande originale du dessin animé *Blue Dragon* est écrite par la compositrice Megumi Ôhashi, qui reprend tout de même quelques thèmes emblématiques d'Uematsu.

LOST ODYSSEY, ERRANCE DANS LES SENTIMENTS

Passons aux choses sérieuses

Initié simultanément à *Blue Dragon*, et révélé deux semaines seulement après lui en mai 2005, *Lost Odyssey* est le second projet de Mistwalker pour la Xbox 360 de Microsoft. Une fois encore, Hironobu Sakaguchi n'est pas le réalisateur officiel du jeu – il s'agit de Daisuke Fukugawa du studio feelplus –, mais il en est le scénariste et le véritable porte-parole. Ce rôle est plus crucial encore avec *Lost Odyssey* qu'avec *Blue Dragon*, car le *soft* adopte une direction plus grave et adulte qui rappelle forcément *Final Fantasy*, et a plus de chances d'attirer l'attention des joueuses et des joueurs de la série historique.

Nobuo Uematsu, bien sûr, répond présent. Le compositeur est très emballé de voir son ami Sakaguchi aux commandes de son premier jeu « sérieux » depuis un long moment – il pense sans doute que le dernier en date est *Final Fantasy IX*, sorti environ cinq ans plus tôt. Mais il a toutes les raisons d'être également enthousiaste pour lui-même, puisque cela fait longtemps qu'il n'a pas écrit la musique de jeux majeurs entièrement originaux. Cela lui permet de se fixer de nouveaux défis, mais représente également un risque auquel il n'est plus tellement habitué. Dans le cas de *Final Fantasy*, l'héritage de la saga est si important qu'il lui est très facile de savoir ce que les joueurs espèrent, ce qui n'est pas du tout le cas avec des jeux complètement neufs. De ce fait, il appréhende d'abord l'accueil qui lui sera réservé. Que peuvent donc bien attendre les joueurs de « Nobuo Uematsu » et non du « compositeur de *Final Fantasy* » ?

En tout cas, pour Hironobu Sakaguchi, les choses sont claires : il veut retrouver « *les mélodies d'Uematsu* », ces fameuses musiques belles et claires qui ont fait des merveilles dans les *Final Fantasy*. Mais cela ne veut pas dire qu'il ne s'attend pas à des originalités. Au tout début du projet, Sakaguchi glisse par exemple au compositeur l'idée d'intégrer du jazz vocal dans *Lost Odyssey*, mais cela ne se concrétise pas. C'est que l'histoire très sombre du jeu dirige en réalité Uematsu vers une musique plus pesante et nostalgique. Frappés d'immortalité, les protagonistes de *Lost Odyssey* sont condamnés à vivre mille ans. Ils traversent les époques, contraints de voir disparaître leurs proches, impuissants. C'est en réfléchissant aux nombreux moments douloureux que traversent ces personnages qu'Uematsu entame l'écriture de la toute première musique du jeu, son thème principal, qui accompagne la première bande-annonce. Il l'écrit logiquement en mode mineur.

Le morceau, l'un des plus visuels de tous les thèmes principaux du compositeur, commence par un rythme lent et saccadé, répétitif comme l'écoulement du temps et les pas pénibles de ces êtres immortels et épuisés, et machinal pour illustrer l'ère industrielle durant laquelle se déroule *Lost Odyssey*. De temps en temps, les cordes s'élèvent comme pour signaler un bref moment d'accalmie au milieu de ces longues années. Mais alors que la musique ne peut sembler plus affligée, le rythme pesant s'interrompt et laisse place à une voix féminine délicate, associée à une harpe paisible. Cette partie du thème est inspirée à Uematsu par Hironobu Sakaguchi, qui ne veut pas donner le sentiment que ces mille années de vie ne sont qu'une succession de malheurs.

Pendant la préparation du thème, Sakaguchi lui envoie un e-mail pour lui suggérer d'utiliser une voix réconfortante, qui puisse exprimer l'amour et l'affection que les personnages ressentent malgré tout entre deux peines. Le chant a cappella de Yurie Kokubu, chaleureux et maternel, s'unit à la ritournelle initiale pour constituer un grand finale laissant le joueur sur une note incertaine, entre espoir et tourment, conférant à *Lost Odyssey* toute sa singularité. Ainsi fonctionne désormais la collaboration entre Uematsu et Sakaguchi : le compositeur, qui n'a plus rien à prouver à son associé de toujours, travaille librement et suit son instinct, mais lorsque Sakaguchi émet une idée, elle a de bonnes chances de se concrétiser.

Comme *Blue Dragon*, *Lost Odyssey* est un projet réjouissant pour Nobuo Uematsu car il peut s'entourer de toutes les personnes dont il a besoin. Chez

Square, il devait le plus souvent travailler seul sur la musique, avec l'aide d'un programmeur et des enregistrements en studio réservés à quelques morceaux emblématiques. Désormais, il peut se délester de la tâche des arrangements pour se consacrer à la composition et à la production de ses morceaux.

Comme pour *Blue Dragon*, il confie à Hiroyuki Nakayama l'arrangement des thèmes pour orchestre et à Satoshi Henmi celui des pistes rock, ce qui tisse des liens stylistiques évidents entre les deux jeux, d'autant que certaines sessions d'enregistrement sont communes. Pour ces dernières, l'équipe musicale rencontre d'ailleurs un problème inattendu. Puisqu'aucun studio d'enregistrement de Tokyo n'est assez grand pour accueillir un orchestre au grand complet, ils doivent enregistrer différentes sections d'instruments dans plusieurs studios de taille adaptée, dont les Sony Music Studios Tokyo ou le fameux Victor Studio – dans ce dernier, Uematsu avait déjà enregistré quelques-unes des musiques orchestrales de *Final Fantasy IX*, *X* et *XI*.

Dans une myriade de styles

Bien plus que dans *Blue Dragon*, l'usage des orchestrations joue un rôle central dans *Lost Odyssey*, dont le scénario plus sérieux présente un spectre plus large d'émotions. Ne cherchant pas à conférer une dimension particulièrement « cinématique » à sa musique, Nobuo Uematsu est avant tout inspiré par l'écriture de Hironobu Sakaguchi. Les histoires de ce dernier, dont les thèmes sont le plus souvent profondément humains, font dire au compositeur qu'elles aident le jeu vidéo à s'extirper de son format encore primitif et à prouver qu'il est capable d'exprimer des sentiments plus fins et matures, derrière le filtre de la violence qu'on lui attribue souvent. Uematsu accorde ainsi une attention particulière à l'écriture des thèmes des personnages principaux, non seulement d'après leur place dans l'histoire, mais aussi en prenant soin d'examiner leur apparence et la façon dont ils s'expriment.

Même s'il s'agit du grand méchant de l'aventure, Gongora est l'un de ses personnages préférés de *Lost Odyssey* : son thème ne déborde pas de danger et de perfidie, comme on pourrait s'y attendre venant d'un antagoniste, et laisse plutôt planer un climat de malaise contenu... pour mieux éclater dans la musique du dernier combat. L'ambition humaine assumée par le jeu est également incarnée par la présence d'extraits du roman *A Thousand Years of Dreams* (« mille années de rêves »), écrit spécialement pour l'occasion par l'auteur Kiyoshi Shigematsu. Ces segments d'un genre nouveau sont mis en scène sur des images de fond contextuelles et accompagnés de sons d'ambiance et de morceaux de musique paisibles.

Pour autant, Nobuo Uematsu reste fidèle à sa démarche : ne jamais se limiter à un seul style, pour ne pas ennuyer le joueur – et en vérité, pour ne pas s'ennuyer lui-même... Pour autant, il doit trouver un équilibre, car il ne faut pas « écraser » le joueur sous une avalanche de styles décousus. En plus de thèmes orchestrés tantôt émouvants, tantôt martiaux, la bande originale de *Lost Odyssey* compte des moments d'inspiration plus folk, des pistes de rock instrumental plus fidèles à ses réflexes habituels, de même que des ambiances électroniques ou minimalistes dans les thèmes d'environnements. Les musiques du monde, chères à Uematsu, figurent également au menu. Le thème de la carte, « Neverending Journey », est ainsi une ballade andine dont l'interprétation est assurée par un groupe japonais de musiciens spécialisés dans les instruments sud-américains, le Grupo Khantati[95] : flûtes quena et zampona, guitare charango et percussions chajchas et bombo insufflent à cette reprise du thème principal un esprit d'aventure chaleureux et envoûtant, jusqu'à ce que le refrain éclate en faisant appel à la guitare électrique – le mélange des genres est inscrit dans l'ADN de la musique d'Uematsu.

Comme dans *Blue Dragon*, le moment de démesure de *Lost Odyssey* est la musique de son ultime combat, mêlant chœur, orgue et instruments de rock dans un arrangement croisé de Hiroyuki Nakayama et Satoshi Henmi – mais dans une formule encore plus folle. Son titre seul annonce la couleur : « Bô-kon-hô-kô », littéralement « les gémissements des défunts ». Les hurlements d'outre-tombe qui ponctuent le morceau sont un motif récurrent dans les thèmes de combats finaux d'Uematsu, comme en témoignent *Final Fantasy IX* et *XIV*, mais *Lost Odyssey* s'autorise une originalité avec un improbable passage rap, interprété avec un flow diabolique par le guitariste Katan Hiviya sur fond de tambours japonais – les fameux taïkos – frappés par le percussionniste Osamu Miyake.

---

95. Un mot signifiant « aube » en langue aymara, parlée dans les hauts plateaux andins.

La présence de rap dans un morceau d'Uematsu peut sembler surprenante, mais ce serait ignorer que le compositeur s'intéresse en réalité à tous les types de musique : alors qu'il assiste à un concert de Katan Hiviya pendant le développement de *Lost Odyssey*, il a l'idée de lui proposer de participer à la bande originale. L'interprète accepte, d'autant qu'il a lui-même joué à *Final Fantasy* étant enfant. Cependant, Uematsu souhaite proposer un rap d'un genre différent car, en tant que néophyte en la matière, il n'ose pas rivaliser avec les artistes dont c'est le domaine de prédilection. Ainsi imagine-t-il ce mystérieux « rap incantatoire » en langue japonaise, dont il confie l'écriture à Hironobu Sakaguchi.

Particulièrement fier de ce morceau, Nobuo Uematsu le joue souvent avec ses Earthbound Papas – il figure également sur leur deuxième album –, même s'il admet qu'il est particulièrement difficile. Qu'à cela ne tienne : les musiques des combats font partie pour lui de ses plus grands moments de liberté lorsqu'il travaille sur un jeu.

Rien que pour vos oreilles

Dans le cas des chansons, néanmoins, l'exercice se doit d'être plus contenu pour accompagner les thèmes du scénario, et *Lost Odyssey* ne fait pas exception. Après avoir réussi à s'offrir les services d'Ian Gillan dans *Blue Dragon*, la société de production Aniplex imagine une autre petite folie pour le nouveau jeu. Cette fois-ci, elle met la main sur Sheena Easton, une chanteuse de pop écossaise ayant connu une belle carrière internationale dans les années 1980 et 1990, et dont l'un des principaux faits d'armes est l'interprétation de « For Your Eyes Only », la chanson du film James Bond *Rien que pour vos yeux*, en 1981. Le choix semble bien plus improbable que Gillan aux yeux de Nobuo Uematsu, qui ne s'est jamais déclaré fan d'elle. De surcroît, Easton n'a pas sorti d'album depuis 2000 et ses apparitions se font rares – ce rapide retour dans *Lost Odyssey* est à ce titre perçu comme une heureuse nouvelle par ses fans.

Comme pour « Eternity », Uematsu n'assiste de toute façon pas aux enregistrements des chansons qui se déroulent au studio Igloo Music de Burbank, près de Los Angeles. Cela ne lui donne aucun contrôle créatif sur Sheena Easton, et ne l'aide pas davantage à se familiariser avec son univers musical.

Qu'à cela ne tienne : avec les années, il acquiert la certitude que les chansons sont sans doute son exercice préféré, tant mettre des paroles en musique ou écrire de la musique qui sera associée à un texte le fascine depuis sa jeunesse. Toute occasion est bonne à prendre, avec comme objectif de se faire autant plaisir que possible.

Par la force des choses, les deux chansons qu'Uematsu compose pour Easton tournent autour de l'histoire d'amour de Ming et Jansen – une idylle entre une reine et un pitre, familière aux habitués des scénarios de Sakaguchi. « What You Are », principalement utilisée dans le générique de fin, sert aussi de ressort romantico-humoristique dans une scène entre les deux personnages dans laquelle la chanson s'interrompt... avant d'être fredonnée un peu maladroitement par Jansen, pensant ne pas être entendu par Ming, endormie. D'un arrangement pop mielleux semblant sorti des années 1980, cette première chanson est à l'exact opposé de la seconde, « Eclipse of Time », dont la version vocale n'est cependant proposée qu'en bonus dans le double album de la bande originale. Mais sa version instrumentale, bien présente dans le jeu, suit de près le personnage de Ming – elle accompagne notamment une scène romantique mémorable entre elle et Jansen. Dans un arrangement aérien de Hiroyuki Nakayama, mettant en valeur la harpe du thème d'origine, la chanson exprime une méditation sur le temps qui passe, représentant le thème fondateur de *Lost Odyssey*. C'est que Sakaguchi en écrit lui-même les paroles – sa nouvelle passion.

Perpétué par la musique

Contrairement à *Blue Dragon*, *Lost Odyssey* est une œuvre unique qui n'entraîne pas le développement de suites. Mais son héritage musical connaît plusieurs temps forts, surtout en concert. En octobre 2007, moins de deux mois avant la sortie japonaise du jeu, Nobuo Uematsu fait le déplacement jusqu'à Florence, en Italie, pour assister à un concert de ses œuvres organisé dans le cadre du Festival della creatività. Interprété par l'orchestre I Nostri Tempi sous la direction d'Edoardo Rosadini, le programme est principalement consacré à *Final Fantasy*, mais deux morceaux de *Blue Dragon* et le thème principal de *Lost Odyssey* s'y glissent – ce qui, pour ce dernier, représente une avant-première mondiale. Elle ne dure guère longtemps : le 19 novembre 2007, c'est le public japonais qui se presse au Bunkamura Orchard Hall, à Tokyo, pour assister à une soirée intitulée « Orchestral Pieces from Blue Dragon & Lost Odyssey ». Cette fois-ci, point de *Final Fantasy*, car il s'agit d'un événement promotionnel organisé par Microsoft quelques jours avant le lancement de *Lost Odyssey*. Le Japan Philharmonic Orchestra, sous la direction de Norihiro Yoshizumi, régale les spectateurs d'une sélection des plus belles orchestrations des deux jeux de rôle de Mistwalker.

Le nouveau répertoire de Nobuo Uematsu n'échappe pas au producteur allemand Thomas Böcker, qui s'en saisit lorsqu'il rend hommage à sa carrière au concert *Symphonic Odysseys*, qui se tient en 2011 à Cologne – une interprétation du WDR Rundfunkorchester Köln mené par Arnie Roth. Outre une spectaculaire réorchestration impressionniste de « Waterside » de *Blue Dragon*, l'arrangeur Jonne Valtonen imagine une suite des musiques de *Lost Odyssey* d'une vingtaine de minutes. L'ouvrage, qui est l'une des pièces maîtresses du concert, est traversé par diverses évocations du thème principal, encerclant des moments plus recueillis et des thèmes de combat dont le dynamisme reste teinté d'une intensité tragique fidèle à l'atmosphère unique du jeu. Après une ultime reprise du thème principal, rehaussée d'un chœur, la suite orchestrale s'évanouit longuement dans un paisible filet d'instruments, jusqu'à ce qu'il ne reste qu'un son lointain de clochettes.

CRY ON, LE PROJET AVORTÉ, ET *AWAY*

Alors que Mistwalker dispose déjà de deux projets majeurs sur consoles, un troisième rejoint *Blue Dragon* et *Lost Odyssey* lors d'une conférence de presse organisée le 20 décembre 2005 à Tokyo. L'éditeur AQ Interactive, formé quelques mois plus tôt, annonce *Cry On*, un jeu de rôle typé action développé sur Xbox 360 par le studio Cavia sous la supervision créative de Mistwalker. Hironobu Sakaguchi évoque d'emblée son intention de créer un jeu aussi émouvant que possible – ce que signale sans ambiguïté son titre –, et la présence de Nobuo Uematsu est confirmée. Dans un message enregistré et diffusé pendant la conférence de presse, le compositeur, qui n'a pas encore entamé son travail, déclare vouloir imaginer une musique réconfortante. Mentionnant le fait que Sakaguchi s'est pris de passion pour l'écriture de paroles, Uematsu évoque la possibilité d'intégrer des chansons dans *Cry On*.

Ce ne sont que des idées en l'air... qui ne se concrétiseront jamais. Alors que le silence de ses créateurs se fait de plus en plus pesant, *Cry On* est annulé en décembre 2008, officiellement pour des raisons économiques, sans qu'Uematsu ait écrit la moindre musique. Quelques mois après, il confesse même, sur le ton de la plaisanterie : « *En fait, j'étais assez content d'apprendre que le projet avait été annulé, parce que j'étais beaucoup trop occupé*[96] *!* » Une façon de prendre les choses avec philosophie... Malgré les espoirs régulièrement exprimés par les joueurs, *Cry On* ne ressuscitera pas.

---

96. Jayson NAPOLITANO, « Of Mustaches and Men: A Circus of an Interview with Nobuo Uematsu », *Original Sound Version*, 23 juillet 2009, http://www.originalsoundversion.com/of-mustaches-and-men-a-circus-of-an-interview-with-nobuo-uematsu/

En 2008, parallèlement à *Blue Dragon Plus*, Mistwalker et le studio Artoon mènent néanmoins à bien le développement d'un modeste jeu de rôle et d'exploration de donjons sur Nintendo DS, intitulé *Away: Shuffle Dungeon*. Nobuo Uematsu en compose uniquement le thème principal, laissant le reste de la bande originale à Yutaka Minobe – connu pour *Skies of Arcadia* et *Rule of Rose*. Il participe cependant à l'invention d'un élément du jeu : un instrument de musique imaginaire. Les concepteurs d'*Away* reçoivent ainsi les conseils d'Uematsu pour donner naissance au « rainbow strings », littéralement les « cordes arc-en-ciel », une sorte de grande harpe qu'affectionne le maire du village dans lequel commence l'aventure, et dont le joueur se sert surtout pour faire apparaître un portail lumineux vers un donjon. En l'absence de contraintes réelles, la petite équipe peut façonner un instrument plutôt fantasque, puisque sa structure est en fait une énorme conque verdâtre et que ses cordes sont fabriquées à partir de fanons de baleine. Malgré cette origine exotique, il produit un son très proche de la harpe, qu'*Away* permet d'entendre grâce à une composition réalisée pour l'occasion.

THE LAST STORY, MUSIQUE POUR L'IMAGE

Les exigences de M. Sakaguchi

Pas abattu par l'annulation de *Cry On*, et même très motivé à l'idée de s'engager dans une autre direction après deux jeux de rôle assez classiques dans leurs mécanismes, Hironobu Sakaguchi se lance rapidement dans la production d'un *soft* destiné cette fois-ci à la Wii de Nintendo : *The Last Story*. Chaque création de Sakaguchi est un événement, mais *The Last Story* est d'autant plus notable que, pour la première fois depuis *Final Fantasy V* en 1992, Sakaguchi occupe le poste hautement symbolique de réalisateur. Sans grande surprise, il se tourne vers Nobuo Uematsu, qui accepte immédiatement. La suite des événements, cependant, va être des plus inattendues.

Comme pour *Blue Dragon* et *Lost Odyssey*, Nobuo Uematsu et Hironobu Sakaguchi ne se voient pas très souvent en personne – tout juste quelques fois par an pour boire et manger ensemble – et communiquent le plus souvent par e-mail. C'est donc par ce biais que Sakaguchi fait sa première demande au compositeur : immédiatement après l'avoir convié à participer au projet, il lui réclame un thème principal, un thème de combat et un thème de ville. Rien de plus classique ! Il en a déjà écrit des tas, et surtout pour des jeux de Sakaguchi. Uematsu écrit les trois musiques demandées en suivant son processus habituel. Quand tout est prêt, il envoie ses démos à Sakaguchi.

Mais la réponse du réalisateur est aussi cinglante qu'inattendue. Dans un très long e-mail, il explique à son ami que la musique ne convient absolument pas à ce qu'il cherche à accomplir avec *The Last Story*. Effectivement, Uematsu pense travailler sur un jeu de rôle à la japonaise comme il les connaît très bien, et de son propre aveu, ses trois premières musiques portent la marque de ses tics de composition. Mais il s'installe dans une routine d'autant plus confortable que les concepteurs de jeux vidéo osent très peu exiger des retouches, sans doute en raison de son statut extrêmement prestigieux de compositeur des musiques de *Final Fantasy*. Sakaguchi, lui, s'en moque bien : il est déterminé à obtenir quelque chose de totalement différent, et cela ne le dérange pas d'entrer dans une situation conflictuelle comme les deux hommes n'en ont plus connu depuis au moins le tout premier *Final Fantasy* !

Ce refus net et inattendu met Uematsu dans une position telle qu'il se sent comme pris au piège – qui plus est, il a un petit mois pour soumettre trois nouvelles maquettes. Sakaguchi lui-même n'est pas très rassuré, car ils n'échangent plus aucun e-mail pendant cet intervalle. Le silence est si pesant que Sakaguchi craint que son message sévère ait mis un terme à ce qu'il appelle pour plaisanter son « *mariage* » de 25 ans avec Uematsu, un terme que ce dernier n'aime guère. « *On n'est pas mari et femme !* », s'exclame-t-il le jour où Sakaguchi raconte cette petite histoire lors d'une présentation du jeu.

En réalité, Nobuo Uematsu comprend que la réaction de Sakaguchi n'est pas un signe d'hostilité, et qu'elle ne peut venir que d'un ami de longue date avec lequel il a déjà créé tant de projets. Il en aurait fallu bien plus pour les brouiller : en tant que réalisateur, Sakaguchi a parfaitement raison d'insister pour obtenir ce qu'il souhaite. Alors Uematsu se remet au travail, prêt à relever le défi. Mais lorsqu'il envoie son e-mail contenant les nouveaux morceaux, il se permet de préciser que si ceux-là ne conviennent pas, alors il vaut peut-être mieux qu'il se retire du projet. Une sorte de bravade à propos de laquelle Uematsu explique plus tard qu'il s'agit avant tout d'une démonstration de sa confiance en ses œuvres, et non d'une menace.

Le problème, c'est qu'à cause d'une erreur de manipulation, Sakaguchi transmet l'e-mail à toute l'équipe de Mistwalker, qui découvre avec stupeur qu'Uematsu envisage de partir ! Mais celle-ci va vite être rassurée. Sakaguchi lui-même sait qu'il ne veut pas perdre la contribution de son ami, car il tient absolument à profiter de son talent pour les belles mélodies. Et par chance, la deuxième fois est la bonne : il est immédiatement séduit par cette deuxième proposition.

Une « musique de fond » à proprement parler

C'est que Nobuo Uematsu suit à la lettre les explications de l'e-mail explosif : il explore maintes idées pour que sa musique ne ressemble pas à celle d'un jeu de rôle classique. Et ce choix se retrouve sans conteste dans les trois morceaux en question. Par exemple, *The Last Story* adopte un système de combat bien plus riche en action que les précédents jeux de Sakaguchi : les batailles sont directement intégrées au fil de l'exploration et font même usage des éléments du terrain, ce qui rapproche davantage le jeu des productions occidentales. Uematsu imagine donc un thème de combat aussi long et peu répétitif que possible, au point que la maquette livrée à Sakaguchi dure environ cinq minutes, avec une multitude de passages différents. Finalement, l'équipe préfère se détacher de la vision initiale du compositeur et la couper en plusieurs parties pour l'adapter aux situations de combat. L'un des segments trouve même sa place dans une séquence cinématique. Dans l'album de la bande originale, le thème de combat de base est d'ailleurs lui-même difficile à situer : il n'y a aucun « Battle Theme », comme c'est habituellement le cas dans les jeux de rôle japonais. On l'entend en réalité au bout de deux minutes dans le morceau intitulé « Chitsujo to konton to » (« ordre et chaos »). Le but n'est pas d'avoir une musique extrêmement reconnaissable pour accompagner la routine des batailles, mais bien de coller le plus possible à l'image.

En cela, Uematsu respecte la direction donnée par Hironobu Sakaguchi, qui souhaite sans doute que les musiques de *The Last Story* évoquent des bandes originales de films américains. C'est un pari osé, car Uematsu n'a jamais caché sa méfiance à l'égard des inspirations hollywoodiennes dans la musique de jeu vidéo, craignant que les talents individuels des compositeurs soient noyés sous les demandes des producteurs et des réalisateurs, trop facilement impressionnés par les orchestrations des blockbusters. Pour renforcer cette influence dans la bande-son de *The Last Story*, il demande à Yoshitaka Suzuki d'en réaliser les arrangements et la programmation. Suzuki est l'homme de la situation : ancien membre de l'agence de Norihiko Hibino[97], il travaille sur les bandes originales

---

97. Saxophoniste et compositeur, Hibino est surtout connu pour sa collaboration aux bandes originales de *Metal Gear Solid 2* et *3*. Depuis quelques années, il participe aux arrangements et à l'interprétation de la série d'albums *Prescription for Sleep*, qui reprend dans un style dépouillé et reposant de nombreuses musiques de jeu vidéo… dont *Final Fantasy*.

de quelques épisodes de *Metal Gear Solid*, dont le quatrième, et sur *Bayonetta*, ce qui lui donne l'occasion de prouver son aisance avec les sonorités orchestrales hollywoodiennes. En lui remettant ses compositions de base – les mélodies, les harmonies et les rythmes –, il lui confie la responsabilité de les amplifier pour donner au résultat un son « puissant ». Cependant, contrairement aux musiques de *Blue Dragon* et *Lost Odyssey*, majoritairement enregistrées en studio, la bande-son de *The Last Story* est en grande partie conçue au synthétiseur.

Pour se détacher encore des clichés de la musique de jeux de rôle japonais, Nobuo Uematsu souhaite dépasser la structure classique en deux couplets et un refrain à laquelle il est habitué, et s'intéresse davantage à la texture du son, à la création d'une ambiance. Tout particulièrement, cette orientation irrigue la musique de la ville centrale de *The Last Story*, Lazulis, et de son château. Aucune mélodie claire ne semble se dessiner dans ces deux morceaux, tous deux d'une grande douceur ; tout juste entend-on brièvement le thème principal dans la musique de Lazulis. Mais cette dernière est nommée « Machi no neiro » dans la bande originale, ce qui signifie « les timbres de la ville » et laisse peu de doute quant à son ambition : elle est bien là pour accompagner les couleurs de la cité, comme s'il s'agissait de son bruit de fond naturel.

Nobuo Uematsu amorce sa carrière de compositeur à une époque où les jeux vidéo sont très limités techniquement, et où il considère que les mélodies belles et claires sont le meilleur moyen d'apporter une bouffée d'air frais au joueur – les capacités des consoles ne lui laissent d'ailleurs pas tellement d'autre choix. Au moment de *The Last Story*, il n'est donc pas encore totalement habitué à créer des musiques si dépouillées, mais les développeurs consacrent précisément beaucoup de temps à l'élaboration de l'ambiance des décors, et l'accompagnement musical doit en faire partie le plus naturellement du monde. L'autre résultat de cette démarche est que la bande originale est l'une des moins accessibles d'Uematsu à l'écoute pure.

Mais les jeux de Hironobu Sakaguchi accordent une large place aux sentiments humains, et *The Last Story* ne fait pas exception : qu'il s'agisse du lien d'amitié entre les mercenaires ou de celui qui unit de plus en plus les héros Zael et Calista, ces moments chaleureux ne peuvent pas être manqués par Uematsu, qui se tourne donc vers de véritables enregistrements en studio, donnant lieu à des thèmes bien plus mélodieux joués au violon, à la guitare et à la flûte. Le contraste est fort avec l'ambiance sérieuse d'une grande partie de l'aventure, mais il est encore plus total avec les thèmes de combat qui se présentent vers la fin du jeu.

La musique du tout dernier affrontement, « Subete wo shihaiseshi mono » (« celui qui gouvernait tout »), est l'une des plus folles jamais composées par Nobuo Uematsu : son introduction, un long râle spectral, laisse vite place à un morceau de rock débridé aux percussions incisives et dont la mélodie électronique reprend judicieusement un thème bien connu des joueurs. Plus loin, d'horribles cris d'agonie déformés viennent même s'ajouter, poussant plus loin encore l'idée de la musique du combat final de *Lost Odyssey*. Tenu à plus de sobriété dans le corps de *The Last Story* pour s'inscrire dans la logique voulue par Sakaguchi, le compositeur trouve une fois de plus, dans ces thèmes de combat, une occasion de se faire plaisir.

Pour ceux qui s'envolent

Mais bien sûr, comme il le dit toujours lui-même, Nobuo Uematsu ne se fait jamais autant plaisir qu'en écrivant des chansons. Après la contribution de grands noms comme Ian Gillan ou Sheena Easton à *Blue Dragon* et *Lost Odyssey*, il revient à un environnement plus modeste et, surtout, plus familier pour *The Last Story*. Au milieu de l'année 2009, alors qu'il est invité comme il se doit à la fête célébrant le début de la diffusion de la série d'animation *Guin Saga* dont il compose la bande originale, il rencontre Kanon, la chanteuse ayant composé, écrit et interprété le thème du générique de fin, « Saga - This is my road ». Même si Kanon a également enregistré un arrangement personnel du thème principal d'Uematsu, la chanson de Marius, les deux artistes n'ont jamais eu l'occasion de se voir en personne avant cette soirée. Voisins de table, ils rattrapent le temps perdu en discutant longuement. Kanon lui raconte notamment que son frère cadet est un véritable mordu de *Final Fantasy* et qu'elle connaît donc très bien ses musiques pour les avoir entendues en le regardant jouer.

Peu après ce premier contact, alors qu'il entame la bande originale de *The Last Story*, Nobuo Uematsu se met en quête d'une personne capable d'interpréter la chanson de fin, et pense très rapidement que la voix douce et cristalline de Kanon peut tout à fait convenir. Il ne reste plus alors qu'à obtenir l'approbation de Hironobu Sakaguchi – non seulement parce qu'il est le réalisateur du jeu, mais aussi parce qu'il va évidemment écrire les paroles. Uematsu lui envoie quelques extraits par e-mail. Bingo : Sakaguchi est lui aussi séduit et approuve son choix. Ainsi naît « Toberu mono », dont le nom évocateur signifie « ceux qui peuvent voler ».

Beaucoup retrouvent dans *The Last Story* certaines des inspirations de l'histoire et de l'univers de *Final Fantasy IX*, et la chanson thème elle-même joue un rôle presque comparable entre les deux jeux. Elle apparaît d'abord sous la forme d'un air fredonné par l'héroïne, la princesse Calista, à la tour du firmament. Sa mère la lui chantait quand elle était petite, mais elle en a oublié les paroles. C'est évidemment à la toute fin du jeu que ces dernières – écrites par Sakaguchi – s'ajoutent à la musique, à l'occasion des deux séquences concluant le scénario. *The Last Story*, contrairement à de nombreux jeux de rôle, ne se termine pas tout de suite après la mort du dernier boss : l'issue de l'histoire n'intervient qu'au bout de quelques quêtes supplémentaires, dans une ambiance apaisée qui justifie d'autant plus l'intervention d'une chanson douce et cristalline. Les deux héros, Zael et Calista, sont bel et bien « ceux qui peuvent voler » vers un avenir meilleur.

The Last Story donne des idées à Kanon, qui réfléchit à ce moment-là au concept de son nouvel album. Enthousiasmée par le résultat de sa collaboration avec Uematsu – elle le surnomme même « Uematsu-sensei », maître Uematsu –, elle lui propose de préparer son CD avec elle, ce qu'il accepte. Intitulé *A New Story*, l'album est publié en avril 2011, trois mois après le lancement japonais de *The Last Story*. À ce titre, la chanson « Toberu mono » fait partie de la sélection, et l'atmosphère générale des morceaux en est proche – un constat en partie lié au fait que les arrangements sont largement confiés à Yoshitaka Suzuki. Outre des compositions inédites de Kanon et un pot-pourri de *Guin Saga*, le disque reprend quelques-unes des musiques d'Uematsu pour *Final Fantasy*, dont « Eyes On Me » du huitième épisode dans un arrangement de Tsutomu Narita, ou « Searching Friends » du sixième dans une reprise énergique préparée par le duo ACE, ainsi que le thème principal de la série et le « Prelude ». Dans un esprit de filiation assumé, la pochette du disque est même illustrée par Yoshitaka Amano.

Mais comme l'objectif de Kanon est de fondre sa voix dans ce qu'elle appelle « *le monde de Nobuo Uematsu* », dont elle admire le fait qu'il ne répond pas aux simples critères de la pop ou du classique, il est de bon ton que le compositeur lui offre une chanson inédite : « Taisetsu na koto » (« les choses précieuses »), un morceau à l'ambiance féérique sur des paroles écrites par Kazushige Nojima. En réponse, Kanon écrit une chanson intitulée « Shalom » (« paix », en hébreu) pour exprimer un sentiment de douceur et d'amour qui s'accorde à l'esprit de la musique d'Uematsu – tout autant qu'à sa personnalité. La collaboration entre les deux artistes donne lieu à un autre événement, en avril 2011 également : le compositeur invite la chanteuse à se produire à titre exceptionnel lors d'un concert *Distant Worlds* à l'opéra de Sydney. Kanon y pose sa voix sur « Suteki da ne » et « Distant Worlds ».

TERRA BATTLE, COMME UN RETOUR AUX SOURCES

Nouveau format, anciennes habitudes

Après quelques années de relative discrétion, Hironobu Sakaguchi revient sur le devant de la scène en juillet 2014 pour présenter son tout nouveau projet : *Terra Battle*, un jeu de rôle stratégique pour téléphones portables et tablettes, adoptant le modèle gratuit à microtransactions très en vogue dans l'industrie japonaise. Lorsque le voile est levé sur le jeu, le nom de Nobuo Uematsu y est immédiatement accolé, avec la promesse initiale d'une quinzaine de musiques originales du célèbre compositeur. Mais Sakaguchi et son équipe ont une idée originale pour encourager le succès de leur jeu : proposer une série de paliers de nombre de téléchargements, chacun d'eux débloquant un contenu. Le tout premier, fixé à 100 000 téléchargements, promet la composition de nouveaux morceaux de la part d'Uematsu. Il est atteint extrêmement vite...

Des paliers supplémentaires ajoutés promettent même l'ajout de quelques compositions par des anciens de Square : Kenji Itô, Yasunori Mitsuda et Yôko Shimomura. En novembre 2014, lorsqu'un journaliste de *Famitsu* lui demande ce qu'il pense de ce programme, Uematsu répond évidemment par une plaisanterie : « *Je me suis juste dit : "Qu'ils n'écrivent pas de meilleures musiques que moi !"* »

Après plusieurs productions sur consoles de salon, Mistwalker se concentre pendant un temps sur de modestes projets pour appareils mobiles, et Uematsu ne collabore à aucun d'entre eux. Mais bien qu'il soit plus ambitieux, *Terra Battle* est lui aussi développé par une toute petite équipe. Pour Hironobu Sakaguchi et Nobuo Uematsu, cette configuration est source de nostalgie : elle leur rappelle immanquablement l'époque des premiers *Final Fantasy*, et leur donne un grand sentiment de liberté et d'initiative... même s'ils sont désormais des quinquagénaires aguerris.

Après l'approche plus occidentalisée et ténébreuse de *The Last Story*, Nobuo Uematsu revient à un style plus proche de ses racines et de ses préférences dans *Terra Battle* – entre mélodies méditatives et thèmes de combat riches en influences progressives, avec quelques surprises. La première version du jeu, lancée le 9 octobre 2014, propose une quinzaine de pistes, toutes arrangées par Tsutomu Narita, et la plus étonnante d'entre elles est le thème du menu, « Beyond the Horizon ». En quête d'originalité, Uematsu imagine un morceau électronique utilisant un rythme de *breakbeat* et du vocodeur. Au chœur synthétique et au rythme syncopé, qui plongent immédiatement le joueur dans une étonnante atmosphère crépusculaire, s'ajoute une incantation robotique dans un anglais approximatif : « *The heart to believe keeps me alive* » – ce qu'on pourrait traduire, avec une part d'interprétation, en : « C'est la foi qui me tient en vie. » La voix traitée au vocodeur est celle d'Emi Evans, chanteuse du duo japonais Freesscape avec lequel Dog Ear Records entretient une proximité certaine[98].

Chose devenue rare, mais compréhensible en raison du format mobile plus économique du jeu, *Terra Battle* est lancé sans chanson thème. Cette absence est cependant réparée lors de son premier anniversaire, en octobre 2015 : Mistwalker dévoile une chanson inédite qui remplace le thème principal sur l'écran titre. Intitulée « High Sky », elle est interprétée par Akiko Kawano qui vient de faire ses débuts avec son premier minialbum, « Daybreak ». Le 6 mai 2017, Kawano la chante accompagnée d'un grand orchestre lors du concert Gametakt 2017 à Tokyo.

Parmi les paliers de téléchargements établis par Sakaguchi avant le lancement, il y en a un qui concerne Nobuo Uematsu : une fois le cap du million franchi, Mistwalker s'engage à organiser un concert des musiques de *Terra Battle*, ce qui est fait le 21 mars 2015 à l'Apple Store d'Omotesandô – une avenue de la capitale japonaise souvent surnommée « les Champs-Élysées de Tokyo ».

98. Evans gagne quelques années plus tôt une remarquable notoriété grâce à sa participation au jeu *NieR*.

Heureuse coïncidence, le 21 mars est également l'anniversaire de Nobuo Uematsu, qui peut ainsi le fêter en jouant sa musique devant ses fans et entouré de ses Earthbound Papas. Que rêver de mieux ? Qu'un précieux ami se joigne à la fête : Hironobu Sakaguchi, venu assister à l'événement, monte sur scène avec un bouquet de fleurs pour le remettre à son vieux copain, et le public venu nombreux entonne un « happy birthday » de circonstance. Uematsu, toujours à l'affût d'un bon mot, remercie la foule : « *J'ai fait la mise à jour à la version 56 !* »

Le concert, intitulé « Arounders Terra Battle », propose cinq morceaux du jeu à la sauce rock progressif, mais bien que Nobuo Uematsu explique aux spectateurs qu'il ne souhaite plus simplement être reconnu pour sa contribution à *Final Fantasy*, son groupe et lui complètent la sélection avec deux morceaux de la célèbre série : le thème d'Aerith et « The Man with the Machine Gun ». Une fois encore, qu'il est difficile d'échapper à ses classiques !

Début d'une nouvelle série

Pour Hironobu Sakaguchi, la marque *Terra Battle* ne va pas se contenter d'un unique volet. C'est ainsi que près de trois ans après le premier épisode, en septembre 2017, Mistwalker publie *Terra Battle 2*. Afin de donner vie à cette suite directe, toujours destinée aux téléphones portables et aux tablettes, le créateur ambitieux gonfle les enjeux en s'associant à un studio japonais spécialisé dans les technologies de pointe pour consoles de salon, Silicon Studio. L'intention se transmet également à la bande originale, que Sakaguchi confie naturellement aux bons soins de Nobuo Uematsu. D'une production plus luxueuse que celle du premier épisode, elle bénéficie de l'apport de cinq arrangeurs – l'inévitable Tsutomu Narita, le fidèle Yoshitaka Suzuki et quelques nouveaux collaborateurs – et de plusieurs interprètes.

Certes ponctué d'instrumentations électroniques typiques du compositeur, le son de *Terra Battle 2* est plus acoustique, tout en comptant des moments plus éthérés à l'étonnante simplicité instrumentale : tantôt un orchestre de gamelan, tantôt la voix nue de Yuria Miyazono, aussi arrangeuse, dans un thème de forêt a cappella imbibé de mystère. Les thèmes de combat figurent cependant en bonne place – avec quelques reprises –, et ne font qu'appuyer les inspirations progressives chères à Uematsu. C'est que les Earthbound Papas sont également au programme, en particulier dans deux arrangements du premier *Terra Battle* : « Beyond the Horizon », cette fois interprétée par Akiko Kawano mais sans vocodeur, et « High Sky » dans une version rock plus poignante encore que l'originale. Plus que jamais, le son atteint par ce second épisode semble conforme à l'idéal désormais recherché par Uematsu.

PARTIE 8

Après Square, toujours Square

FINAL FANTASY VII ADVENT CHILDREN, ESPRIT ROCK

Enfin un film

L'annonce du film *Final Fantasy VII Advent Children*, en septembre 2003, surprend le monde à juste titre, tant Square – qui vient de devenir Square Enix – subit encore le contrecoup de l'échec financier du long-métrage *Les Créatures de l'esprit* sorti deux ans plus tôt. De surcroît, *Advent Children* est un objet difficilement identifiable : une suite de l'épisode le plus vendu de la série, non pas sous la forme d'un jeu vidéo, mais sous celle d'un moyen-métrage en images de synthèse directement distribué en DVD. Ces incertitudes sont compensées par le fait que tous les principaux créateurs de *Final Fantasy VII* reprennent leur rôle, y compris Nobuo Uematsu.

C'est pour lui un nouveau défi : écrire la musique d'un film est un exercice auquel il n'est pas habitué, et la direction qu'empruntent les réalisateurs Tetsuya Nomura et Takeshi Nozue est celle d'une débauche d'action spectaculaire et stylisée comme la série n'en a jamais connue.

Comment Uematsu va-t-il l'accompagner ? En suivant simplement la voie qu'il trace à ce moment-là : avec les Black Mages, le compositeur révèle au monde que son genre musical de prédilection est le rock. Les mélodies belles et tendres des *Final Fantasy* ne conviennent pas à un film riche en action, dont le style visuel prolonge et enrichit les environnements modernes et métalliques de la ville de Midgar. Il lui semble rapidement que la musique doit adopter un son rugueux et imparfait, que la guitare électrique est parfaitement à même de retranscrire. Dès le début, il imagine la bande originale d'*Advent Children* comme la convergence de trois styles : l'orchestral auquel s'attendent les fans du jeu, le rock qu'il veut désormais intégrer, et quelques touches de musique du monde pour le caractère.

De plus, c'est la première fois que Nobuo Uematsu va composer les musiques de la suite directe d'un épisode. La question des reprises des morceaux de *FFVII* se pose bien sûr très rapidement, et Tetsuya Nomura lui-même confie à Uematsu qu'il souhaite que le film puise généreusement dans les mélodies du jeu. Au tout départ, le compositeur étudie pourtant l'idée de ne pas en réutiliser la moindre note, mais comme la fin du film présente le retour de Sephiroth, il semble inconcevable de ne pas garder au moins « One-Winged Angel ». En réfléchissant davantage au contenu du film, Uematsu y ajoute le thème principal – utilisé sur la carte du monde de *FFVII* mais souvent assimilé au personnage de Cloud – et celui d'Aerith, mais Nomura insiste pour qu'on entende également le thème de Tifa, car le personnage va jouer un rôle tout aussi important dans le scénario. En définitive, Uematsu évalue qu'une moitié de reprises et une autre moitié de compositions totalement originales seraient un équilibre acceptable – les mélodies originales de *FFVII* illustrent les moments évoquant le plus le jeu et son histoire, tandis que les nouveaux morceaux, en fait plus nombreux, sont surtout liés aux nouvelles scènes d'action pure et aux personnages n'apparaissant que dans le film.

Alors qu'*Advent Children* est en pleine phase de production, une échéance inattendue se présente devant Square Enix en juin 2004 : l'éditeur est invité à présenter le film en avant-première mondiale hors compétition au festival international du film de Venise... qui va se dérouler en septembre. Le travail étant loin d'être terminé, l'urgence est désormais d'en créer une version condensée de 25 minutes, et le branle-bas de combat concerne également Nobuo Uematsu. S'il a déjà composé une poignée de nouveaux morceaux, ce ne sont encore que des démos loin d'être finalisées. Comme son objectif est d'obtenir un son rock, il se tourne naturellement vers trois arrangeurs qu'il connaît bien : Tsuyoshi Sekito, Ken'ichirô Fukui et Keiji Kawamori, tous membres des Black Mages.

Chacun dispose de son propre style, entre le rock riche en guitare électrique de Sekito, l'approche plus polyvalente de Fukui et la musique électronique à base de synthétiseurs de Kawamori. Officiellement, il ne s'agit pas des Black Mages en tant que tels, puisque les deux autres membres, le guitariste Michio

Okamiya et le batteur Arata Hanyûda, ne sont pas associés au projet – même si l'idée est évoquée pendant un temps. Mais l'esprit est bien là.

Ils s'attellent tous les trois à la tâche en parant au plus pressé : ils enregistrent par exemple leurs instruments avec le moins de prises possible, d'autant qu'ils doivent coller à des images qui sont elles-mêmes en cours d'élaboration et de montage. Ils parviennent à livrer six premiers morceaux définitifs à temps pour la version spéciale de Venise, complétés par des pistes existantes. Cette échéance remplie, il est désormais temps de passer au reste de la bande originale.

Retour d'une légende

Le film prend alors une forme plus claire et, à partir d'octobre 2004, Nobuo Uematsu peut commencer à composer en s'adaptant exactement aux images, et non plus de manière conceptuelle. Mais c'est toujours au trio formé par Sekito, Fukui et Kawamori qu'il revient d'arranger et d'enrichir ses compositions, et même d'en écrire quelques-unes selon les besoins du film. Tetsuya Nomura est particulièrement méticuleux pour tout ce qui touche à l'intégration de la musique et des bruitages. Il participe d'ailleurs lui-même au travail sur la bande-son, en écrivant les paroles originales des thèmes chantés : la chorale « The Promised Land », le diptyque « Divinity » et, surtout, une nouvelle version de « One-Winged Angel ». Tarô Yamashita, une fois encore, est contacté pour en fournir une traduction latine.

« One-Winged Angel » est déjà un morceau culte à cette époque et Nobuo Uematsu compte bien en profiter pour fournir à *Advent Children* une version expérimentale mêlant l'orchestration originale à une instrumentation rock. De nombreux groupes de rock ont déjà tenté de brouiller les frontières entre les genres en proposant des arrangements de leurs morceaux pour orchestre, mais Uematsu n'a jamais été convaincu par le résultat, si bien qu'il se dit qu'il aimerait lui-même essayer pour savoir s'il obtiendra quelque chose de convaincant. Selon lui, il a évité un écueil dès l'écriture du morceau original : puisqu'il lui a en partie été inspiré par Jimi Hendrix, il ne l'a jamais vraiment considéré comme une musique « orchestrale » et pense donc qu'il est adapté à un hybride entre les deux genres.

C'est à Ken'ichirô Fukui que revient la tâche de préparer l'arrangement. Il charge dans son ordinateur l'enregistrement orchestral préexistant, arrangé par Shirô Hamaguchi quelques années plus tôt, puis y ajoute la guitare électrique de Tsuyoshi Sekito, la basse de Keiji Kawamori et la batterie jouée par lui-même. Fukui fait en sorte que le tempo des nouveaux instruments respecte celui de l'orchestre, mais ce dernier disparaît lors du passage central, où seul le groupe joue, accompagné du chœur lui aussi enregistré pour l'occasion. Nobuo Uematsu est si satisfait de cette « Advent: One-Winged Angel » qu'il l'ajoute au programme du concert *More Friends* en 2005 à Los Angeles et *Voices* en 2006 à Yokohama, en remplacement de la version orchestrée originale. L'occasion de réunir les Black Mages au grand complet pour la jouer.

La piste « Advent: One-Winged Angel » est la culmination des deux approches musicales de *Final Fantasy VII Advent Children*, auparavant séparées. L'idée initialement posée d'ajouter des influences de musique du monde est finalement abandonnée : Ken'ichirô Fukui tente bien d'insuffler un style arabisant dans « Beyond The Wasteland » – la musique du premier combat –, au point de lui donner le nom temporaire d'« Arabia » et d'y ajouter des extraits de vocalises traditionnelles... mais le morceau est rejeté sous cette forme.

L'un des plus grands moments de la partition orchestrale est « Cloud Smiles », le thème de la dernière scène du film, dont le titre reprend en réalité le texte du scénario tel que Nobuo Uematsu le découvre pour la première fois. Fasciné par l'idée que le film va se clore sur le sourire de Cloud, une véritable surprise pour quiconque connaît la distance et la mélancolie du personnage, le compositeur imagine une musique capable de procurer un sentiment de soulagement à la hauteur de l'événement. C'est l'un des premiers morceaux achevés, très tôt dans la production, si bien qu'il est même révélé publiquement lors de la tournée de concerts *Tour de Japon* en mars et avril 2004, puis à Los Angeles en mai de la même année pour le tout premier concert de *Final Fantasy* jamais organisé en dehors du Japon, *Dear Friends*.

Par habitude, Uematsu confie l'orchestration de cette paisible mélodie à Shirô Hamaguchi. Il s'agit finalement de sa seule contribution originale au film : Hamaguchi s'absente ensuite pendant un an pour étudier le jazz à l'école de musique de Berklee, à Boston, forçant le compositeur à se tourner vers un autre orchestrateur, Kazuhiko Toyama, notamment pour les deux parties du thème « Divinity » – illustrant le combat contre Bahamut SIN – et le générique de fin. Uematsu fait la connaissance de Toyama par l'intermédiaire de la Japanese Composer Arranger Association et le hasard fait d'ailleurs qu'il est lui aussi passé par Berklee, vingt ans plus tôt.

Pour la partie rock, Uematsu laisse faire Tsuyoshi Sekito, Ken'ichirô Fukui et Keiji Kawamori, ayant bien plus confiance en leurs capacités que dans les siennes dans ce style précis. D'autant que Tetsuya Nomura, ayant volontiers accepté l'idée d'Uematsu d'emprunter la piste du rock, est prêt à aller très loin. Lorsque Kawamori et Sekito préparent un arrangement de « Let the Battles Begin! », le thème de combat de *FFVII*, ils décident d'en créer trois versions, d'intensité variable, qu'ils présentent à Nomura. À leur grande surprise, le réalisateur sélectionne la plus violente d'entre elles, ce qui les incite à choisir une direction extrême dans leurs arrangements suivants. Cela ne les empêche pas de faire des expériences, par exemple en organisant une sorte de combat musical entre la guitare électrique de Sekito et le violoncelle de Tomoki Iwanaga dans « Black Water », d'après une idée d'Uematsu.

L'annonce de *Final Fantasy VII Advent Children* marque le point de départ d'une compilation de projets se déroulant dans l'univers du septième épisode, dont des jeux sur console et mobile, des courts-métrages d'animation et des romans. Mais Nobuo Uematsu ne participe personnellement qu'à *Advent Children*. En remplacement, les équipes de Square Enix se tournent surtout vers Takeharu Ishimoto, qui compose les bandes originales des jeux *Before Crisis* et *Crisis Core*, ainsi que des dessins animés *Last Order* et *On the Way to a Smile – Episode Denzel*. Il n'hésite pas à reprendre quelques-uns des thèmes emblématiques du jeu à sa manière, dans un style rock semblant par un heureux hasard rejoindre l'optique du film. Le seul projet de cette compilation sur lequel Ishimoto ne travaille pas, le jeu *Dirge of Cerberus*, voit sa bande-son confiée à Masashi Hamauzu. Mais ce dernier ne reprend aucune des mélodies du *FFVII*, préférant composer une œuvre totalement inédite.

En 2009, Square Enix réédite *Advent Children* dans une version longue pour Blu-ray nommée *Complete*. Afin d'accompagner les 25 minutes de film supplémentaires, le trio formé par Tsuyoshi Sekito, Ken'ichirô Fukui et Keiji Kawamori se remet au travail, mais sans la supervision d'Uematsu. Ils prolongent la durée d'une partie des morceaux de la version originale, certains bénéficiant d'arrangements totalement nouveaux pour l'occasion : c'est notamment le cas de « Sign », enrichie d'un accompagnement de cordes et d'un nouveau chœur d'enfants venant remplacer le chant du morceau d'origine – qui, pour l'anecdote, est celui de la fille aînée de Masashi Hamauzu. *Advent Children Complete* inaugure également quelques arrangements inédits, dont des orchestrations du thème principal et de celui d'Aerith par Kazuhiko Toyama.

FINAL FANTASY XII, CE SERA JUSTE UNE CHANSON

Contre l'avis du réalisateur

Alors que *Final Fantasy IX*, *X* et *XI* sont annoncés le même jour de janvier 2000 et qu'ils doivent paraître dans les deux années qui suivent, Square ne compte pas s'arrêter en si bon chemin. La société décide de recentrer ses effectifs sur de nouveaux épisodes de la fameuse série, parfois en associant plusieurs équipes, au risque de mettre un terme à l'impressionnante diversité des jeux et des séries de la décennie 1990[99]. Très rapidement, le douzième épisode de la série entre lui-même en production, et pour en assurer le développement, l'éditeur associe Yasumi Matsuno, auteur de *Final Fantasy Tactics* et de *Vagrant Story*, et Hiroyuki Itô qui vient de réaliser *FFIX*. Mais pour Nobuo Uematsu, tout cela est encore bien lointain, car le travail sur les musiques des dixième et onzième épisodes bat son plein, et il ne peut y consacrer qu'une partie de son temps à cause de ses fonctions chez Square Sounds.

Il peut finalement se pencher sur la question au printemps 2003. Il a même l'audace d'évoquer nommément *Final Fantasy XII* dans son journal publié sur le site de Square, alors que le jeu n'est pas officiellement révélé : cela conduit logiquement ses fans à en déduire qu'il en sera le compositeur. « *Cette fois,*

---

99. Ainsi, le réalisateur de *Front Mission*, Toshirô Tsuchida, est placé à la direction du système de combat de *FFX*, puis *FFXI* est confié au producteur Hiromichi Tanaka (*Chrono Cross*) et au réalisateur Kôichi Ishii (*Legend of Mana*).

j'aimerais essayer des choses que je n'ai jamais faites jusqu'à présent », écrit-il, manifestement enthousiaste à l'idée de se lancer dans le projet, d'autant qu'il est en partie entre les mains de son vieil ami Hiroyuki Itô. Mais là est tout le problème. Alors qu'Itô et Matsuno sont d'abord annoncés comme étant à la tête de ce douzième épisode, la place du premier se limite en définitive à celle de *game designer* en chef, faisant du second le véritable maître à bord : Yasumi Matsuno occupe désormais le triple poste omnipotent de producteur, réalisateur et scénariste.

C'est ainsi qu'à peu près à la même période, alors que l'équipe de *Final Fantasy XII* prépare la révélation du jeu en novembre, Yasumi Matsuno invite son ami Hitoshi Sakimoto à une réunion chez Square pour lui proposer d'en devenir le compositeur principal. Pour Matsuno, Sakimoto est la seule option envisageable, car son jeu se déroulera dans le monde d'Ivalice, déjà irrigué dans *Final Fantasy Tactics* par les musiques de Sakimoto. La décision est lourde de sens – Sakimoto en est d'ailleurs le premier surpris –, car il va s'agir du premier épisode de la « série numérotée principale » dont le compositeur central n'est pas Nobuo Uematsu[100]. La présence de ce dernier se réduit à l'écriture de la chanson thème, ce que Square annonce dès le grand événement de présentation de *FFXII*. Absent, Uematsu enregistre simplement un court message vidéo parfaitement policé, comme toujours dans ce genre de circonstances : « *Bien que je ne puisse pas vous dire dans quelle scène ce sera, je prépare une chanson que vous entendrez dans un moment important du jeu. Cette fois-ci, je travaille avec M. Sakimoto. C'est un créateur extrêmement talentueux et je suis impatient de découvrir quelles musiques il va composer.* »

Il est aujourd'hui difficile de faire parler de cette période à Nobuo Uematsu, tant elle correspond à celle de son plus grand désintérêt pour Square et à celle des luttes d'influence entre les créateurs à l'œuvre sur *Final Fantasy*. Cependant, ces compliments adressés à Hitoshi Sakimoto ne sont probablement pas feints :

100. Une formulation à nuancer : Naoshi Mizuta peut déjà être considéré comme le compositeur principal de *Final Fantasy XI*, tandis que *Final Fantasy X-2* – dont la bande originale est signée par Noriko Matsueda et Takehito Eguchi – ne contient pas une seule mélodie d'Uematsu. Après *FFX*, tout devient possible.

c'est en effet l'une des rares personnes qu'il cite volontiers lorsqu'on lui demande quels sont les compositeurs de musique de jeu vidéo dont il admire l'œuvre. Lorsqu'il prépare le premier album *Ten Plants*, en 1997, il fait appel à lui parmi une poignée d'autres talents du milieu. Cette même année, Sakimoto compose justement la bande originale de *Final Fantasy Tactics*[101], mais inquiet d'hériter d'un épisode de la célèbre série, il s'en ouvre à Nobuo Uematsu qui lui conseille d'utiliser son propre style et de ne pas chercher à le copier. C'est judicieux : reproduisant l'approche déjà déployée dans *Ogre Battle* et *Tactics Ogre*, leurs précédents travaux avec Yasumi Matsuno, Sakimoto et Iwata créent une bande-son à la saveur principalement orchestrale, totalement différente des musiques de *FFVII*.

Lorsque Square initie le développement d'un épisode sur Game Boy Advance judicieusement nommé *Final Fantasy Tactics Advance* et publié en 2003, Uematsu et Sakimoto unissent leurs forces dans un format qui ne fait qu'annoncer celui de *FFXII* : le premier compose le thème principal, tandis que le second crée le reste de la bande originale[102]. Toutefois, même si Uematsu annonce travailler « avec » Sakimoto pour le douzième épisode, il n'en est rien, chacun apportant sa contribution de son côté et sans concertation.

Changement de dernière minute

Remplissant la mission qui lui a été confiée, Nobuo Uematsu compose une chanson pour *Final Fantasy XII* puis se met à la recherche d'un ou une interprète. Reproduisant la méthode utilisée pour « Eyes On Me », une petite équipe apporte une sélection de disques pour les écouter dans l'espoir de trouver la perle rare. Parmi eux se trouve une démo d'une chanteuse issue de la scène indépendante : Angela Aki, jeune artiste japonaise par son père et italo-américaine par sa mère. Elle n'a pas encore fait ses débuts dans le monde de la pop et est pour ainsi dire une inconnue... Mais la renommée n'est de toute façon pas une donnée pertinente pour Uematsu, qui se laisse au contraire séduire par sa voix et par

101. Avec la collaboration de son fidèle collègue Masaharu Iwata.
102. Une poignée de morceaux sont également signés par Ayako Sasô et Kaori Ôkoshi.

son jeu incisif au piano qui, d'esprit très rock, lui rappelle beaucoup Elton John. Une seule écoute suffit à le convaincre qu'il faut la contacter. Aki est surprise d'avoir été remarquée alors qu'elle n'a pas encore percé, mais ravie à l'idée de participer à un *Final Fantasy*. La série ne lui est pas étrangère, puisqu'elle a joué au septième épisode et compte même un fan assidu dans sa famille américaine.

Alors qu'une fois encore les choses semblent se présenter favorablement, un détail chiffonne pourtant Nobuo Uematsu. Il ne peut s'empêcher de penser que quelque chose cloche dans le morceau qu'il a composé. Alors qu'il est sur le point d'envoyer sa mélodie à Angela Aki pour qu'elle en enregistre une démo, il change brutalement ses plans et décide de la mettre au rebut pour la remplacer par une autre musique – qu'il ne sort pas de sa manche comme par magie, même s'il garde longtemps le silence sur l'origine réelle de la chanson finalement retenue pour *Final Fantasy XII*...

Quelques années plus tôt, alors que le studio Square Pictures est en pleine production du film *Final Fantasy : Les Créatures de l'esprit*, Hironobu Sakaguchi – qui le réalise – propose à son fidèle ami, autour d'un dîner, d'en composer la chanson thème. Uematsu accepte volontiers. Une fois sa composition terminée, il demande à Alexander O. Smith, du département de localisation de Square, d'écrire des paroles anglaises et lui confie la démo de la chanson sur un minidisque. Mais alors que tout le monde est très occupé – c'est l'époque de l'effervescence autour de *FFIX*, *X* et *XI* –, le disque en question est oublié par Smith au fond d'un tiroir, Uematsu n'y pense plus et, comble de malchance, Sakaguchi ne prend jamais l'initiative de le relancer pour savoir où il en est. Résultat : c'est lorsque le film sort sur les écrans qu'Uematsu se rend compte qu'il n'a en fait jamais enregistré sa chanson[103]. Il est forcément déçu, d'autant qu'il aime beaucoup cette mélodie, mais se trouve contraint de la remiser en attendant, peut-être, une nouvelle occasion : ce sera la rencontre avec la voix d'Angela Aki.

---

103. À la place, *Les Créatures de l'esprit* se conclut sur « The Dream Within », interprétée par Lara Fabian et signée par le compositeur de la bande originale du film, Elliot Goldenthal, connu pour *Alien 3*, *Entretien avec un vampire*, *Batman Forever* ou encore *Heat*, et auteur d'œuvres de musique contemporaine.

Ayant remplacé la première chanson par celle imaginée pour le film *Final Fantasy*, Uematsu l'envoie à l'interprète pour qu'elle fasse un premier essai. Celui-ci est uniquement fredonné car il n'existe pas encore de paroles, mais le résultat convainc le compositeur qu'il a fait le bon choix. Après toutes ces années, le morceau est enfin en train de prendre vie sous le titre « Kiss Me Good-Bye ». Ce dernier est trouvé par Aki elle-même, et pour cause : Uematsu lui confie également la responsabilité d'écrire les paroles, directement en anglais. S'inspirant de la mélodie davantage que du jeu en lui-même, elle imagine un adieu avant un nouveau départ, sans pour autant en faire une histoire larmoyante : tant que les amoureux ont vécu un moment de rêve, il n'y a pas de raison de s'apitoyer. L'anecdote veut que les paroles lui traversent l'esprit alors qu'elle rentre d'une course à la pharmacie et que, craignant de les oublier avant d'arriver chez elle, elle se précipite dans une supérette pour emprunter un stylo et les griffonner sur un papier.

En l'absence de Shirô Hamaguchi, qui étudie aux États-Unis, Nobuo Uematsu confie les arrangements à Ken'ichirô Fukui pour qu'il en fasse une chanson pop riche en piano – instrument qui est joué par Angela Aki elle-même lors des enregistrements. Les 30 et 31 juillet 2005, deux semaines après la fin de la préparation du morceau, une occasion idéale pour le révéler se présente : profitant d'un événement intitulé Square Enix Party, l'éditeur annonce la date de sortie japonaise de *Final Fantasy XII* – le 16 mars 2006 – et organise en parallèle des présentations consacrées à la musique du jeu. Invités à l'une d'elles, Uematsu et Aki lèvent le voile sur « Kiss Me Good-Bye » et en proposent la première interprétation publique, pour voix et piano uniquement. L'enthousiasme du compositeur est alors perceptible. Il s'exclame d'emblée qu'il est pleinement satisfait de la chanson et qu'il l'écoute en boucle dans sa voiture – encore aujourd'hui, il dit souvent qu'elle reste l'une de ses préférées parmi toutes ses créations. Le courant passe très bien entre lui et la chanteuse, notamment pour des raisons géographiques, puisqu'ils sont tous les deux natifs de l'île de Shikoku et qu'ils ont vécu pendant un temps à Hawaii. Quant à Angela Aki, *Final Fantasy XII* est pour elle un travail providentiel, qui l'aide à se faire un nom et à entrer dans le monde de la pop : son premier album commercial, *Home*, paraît en juin 2006 avec une version japonaise réarrangée de « Kiss Me Good-Bye ». Il s'inscrit à la deuxième place du classement hebdomadaire des meilleures ventes de disques de l'organisme Oricon.

LORD OF VERMILION ET *LORD OF ARCANA*

Faire du bruit

À la suite du départ de Nobuo Uematsu, Square Enix ne fait que très peu appel à lui pour des projets ne portant pas le nom *Final Fantasy*. Sa principale contribution en dehors de la grande série est *Lord of Vermilion*, un jeu en ligne sur borne d'arcade lancé en juin 2008 au Japon. Son principe est de collectionner et d'utiliser des cartes afin d'invoquer des créatures lors de grandes batailles en arène contre d'autres joueurs, et Square Enix mobilise de nombreux artistes de talent, dans ses murs et au-delà, pour créer les illustrations des cartes. Parmi eux figurent quelques-unes des stars de l'histoire artistique de *Final Fantasy* : Yoshitaka Amano, Tetsuya Nomura, Yûsuke Naora, Hideo Minaba, Akihiko Yoshida... Ce qui permet de mieux comprendre pourquoi les développeurs souhaitent également un nom prestigieux pour écrire la bande originale.

En découvrant le monde de *Lord of Vermilion*, Nobuo Uematsu comprend qu'il se trouve devant un dilemme : les personnages et les créatures sont tous d'inspiration *fantasy*, ce qui invite à employer un style musical délicat et symphonique, mais le jeu est destiné aux salles d'arcade – des endroits extrêmement bruyants où les musiques et les bruitages de chaque jeu redoublent d'intensité pour couvrir le son des autres. Implicitement, sa mission est donc de créer une bande-son suffisamment puissante pour se démarquer de ses concurrentes. Afin de tenter de concilier les deux approches, le compositeur n'a pas besoin de chercher très loin, car la réponse se trouve dans l'univers qu'il cultive depuis quelques années : proposer à la fois des pistes rock vigoureuses, et des moments plus majestueux fondés sur des instruments orchestraux.

Pour Uematsu, l'important est que la musique reste facile d'accès, compte tenu de l'environnement dans lequel elle est jouée. La principale conséquence de ce choix est que la bande originale repose intégralement sur trois mélodies fondatrices. La première est le thème principal, principalement présent en dehors des combats, notamment dans le morceau d'introduction « Dawn of Vermilion ». Les deux autres se succèdent dans les musiques de combat – qui composent la grande majorité de la bande-son –, où elles reviennent sous la forme d'un même refrain, mais dans des arrangements différents.

Compte tenu de l'optique rock entièrement assumée de *Lord of Vermilion*, Nobuo Uematsu s'entoure de deux proches collaborateurs afin d'assurer les arrangements et la programmation des instruments : Michio Okamiya des Black Mages – qui apparaît sous le pseudonyme de Kimio Itoyama – et Satoshi Henmi, arrangeur des thèmes rock de *Blue Dragon* et *Lost Odyssey*. Le compositeur choisit d'ailleurs aussi d'écrire une bande-son dans ce style car il y trouve un intérêt personnel : il pourra en reprendre les musiques avec son groupe, ce qu'il fera quelques années plus tard avec ses Earthbound Papas.

Quant à la touche de majesté, elle est incarnée par la chanson thème, reprise du thème principal et mise en paroles par son fidèle allié Kazushige Nojima. Afin de rompre le rythme effréné des nombreuses musiques de combat, la chanson « Lord of Vermilion » est une ballade interprétée par la voix douce et limpide de Masumi Harada, dont l'accompagnement associe une partie orchestrale synthétique à une instrumentation rock de plus en plus intense.

Lord of Vermilion inaugure en réalité une série de jeux d'arcade. Square Enix ne contacte pas Nobuo Uematsu pour les épisodes suivants, mais ses successeurs conservent fidèlement son thème principal, le transformant de fait en thème de la série : Hitoshi Sakimoto et son agence Basiscape s'occupent de la bande originale de *Lord of Vermilion II* – reprenant l'idée des multiples arrangements d'un même thème –, Tachytelic de celle du *III*, puis Taku Iwasaki de celle du *IV*. Nobuo Uematsu garde néanmoins une autre présence indirecte dans la série, en particulier dans la version améliorée du deuxième épisode, *Lord of Vermilion Re:2* : à l'occasion d'événements promotionnels accueillant des cartes à l'effigie de personnages de *Final Fantasy IV*, *VI*, *IX*, *XI* et *XIV*, Tsuyoshi Sekito et Ryô Yamazaki de Square Enix arrangent de copieux pots-pourris de chacun de ces épisodes. Dans ce contexte, les arrangeurs sont entièrement maîtres de leurs créations, sans la supervision de leur compositeur d'origine.

Une alliance de studios

Bien qu'imaginée pour les bornes d'arcade, la série connaît un épisode dérivé sur PSP commercialisé en octobre 2010 au Japon : *Lord of Arcana*. Sa bande originale fait l'objet d'une originalité notable, puisque la production musicale et sonore est confiée conjointement à Nobuo Uematsu et Hitoshi Sakimoto. Ce processus à quatre mains entre le compositeur du premier *Lord of Vermilion* et celui du second s'explique par la présence dans *Arcana* de mélodies tirées de ces deux épisodes, qui sont confiées aux bons soins du studio qui les a produites à l'origine : Uematsu représente Dog Ear Records et Sakimoto, Basiscape. Ce dernier reprend telles quelles les musiques de *Lord of Vermilion II*, plus subtiles que celles du premier.

Côté Dog Ear, le travail est plus ambitieux. En l'absence de la contrainte de l'environnement sonore des salles d'arcade, qui l'a beaucoup frustré, Nobuo Uematsu voit là l'occasion de proposer une bande originale plus riche en nuances. Il mobilise ainsi un groupe d'arrangeurs plus large : à Satoshi Henmi – aussi compositeur d'une poignée de pistes – et Michio Okamiya s'ajoutent Ken'ichirô Fukui, Yoshitaka Suzuki et Tsutomu Narita – eux aussi des habitués de sa musique, mais dans des genres plus paisibles que le rock. Leur confiant le soin de réarranger les mélodies du premier *Lord of Vermilion*, Uematsu les invite à opter pour les styles musicaux dans lesquels ils se sentent chacun le plus à l'aise, ce qui confère à la bande originale de *Lord of Arcana* une inspiration nettement plus orchestrale. S'y greffe une version anglaise de la chanson « Lord of Vermilion », dite « Sephirothic » et interprétée par un soprano garçon danois, Willas Vesterskov Åstrup.

FINAL FANTASY XIV, LE RETOUR INATTENDU

Près de dix ans plus tard

En mai 2006, Square Enix lève le voile sur *Final Fantasy XIII*. Sans réelle surprise, Nobuo Uematsu n'est pas le compositeur principal, et après Hitoshi Sakimoto, c'est Masashi Hamauzu qui écrit la nouvelle bande originale. Impressionnés par les orchestrations de ses musiques dans *Dirge of Cerberus: Final Fantasy VII*, le producteur et le réalisateur du treizième épisode estiment que Hamauzu est la personne idéale. Premier représentant de la série sur PlayStation 3 et Xbox 360, le jeu va enfin pouvoir profiter de la puissance des dernières consoles pour proposer une bande-son principalement orchestrée, et il leur faut une personne capable d'en exploiter toutes les possibilités – le résultat leur donnera définitivement raison.

Comme pour *FFXII*, Nobuo Uematsu est néanmoins immédiatement annoncé comme compositeur de la future chanson thème de *FFXIII*. Cette fois-ci, cependant, il ne peut tenir sa promesse : entre-temps, il reçoit la proposition de se charger des musiques de *Final Fantasy XIV* – de *toutes* les musiques.

C'est Hiromichi Tanaka, vieil ami de Nobuo Uematsu, employé historique de Square et producteur de *FFXIV*, qui lui propose de rejoindre le projet. Uematsu, qui n'a plus écrit la bande originale d'un *Final Fantasy* entier depuis le neuvième épisode, en 2000, est séduit par l'idée de revenir à « sa » série, et considère même cette offre comme un honneur. Alors que tout le monde s'attend à découvrir sa chanson thème pour *FFXIII*, il laisse finalement à Masashi Hamauzu le soin de l'écrire lui-même, ce qui marque une première dans l'histoire de la série :

Nobuo Uematsu ne participe pas du tout à un « nouvel épisode numéroté ». Mais après tout, c'était lui qui avait convié Hamauzu à travailler sur *FFX* avec lui quelques années plus tôt, et l'éventualité qu'il ne contribue plus du tout à un *Final Fantasy* numéroté n'est plus si choquante.

Contrairement à l'époque où il était un employé de Square, Nobuo Uematsu avance sur *Final Fantasy XIV* depuis son domicile, et non plus au contact des développeurs. Plus question de retrouver ses collègues dans le fumoir ou la cafétéria : tout va désormais se passer à distance. « *Quand j'étais chez Square Enix, je pouvais discuter du projet avec l'équipe à tout moment. Une fois passé indépendant, c'est devenu impossible* », confie Uematsu.

Mais cette configuration est sa nouvelle routine maintenant qu'il dispose de son propre studio : un cocon créé à son image, rempli d'instruments en tous genres, de disques et de livres. Ainsi, les planificateurs chargés du jeu chez Square Enix fournissent simplement au compositeur une liste précise des morceaux dont ils ont besoin, avec une explication détaillée de l'endroit ou du moment où chacun d'eux va être utilisé. Dans certains cas, celui de la séquence cinématique d'ouverture notamment, Uematsu dispose même d'une version inachevée de la vidéo pour l'aider à coller au mieux à l'image. Techniquement, toutes les conditions sont en place pour que le projet se déroule au mieux.

Revenir à *Final Fantasy*

En réalité, la principale question que se pose Nobuo Uematsu est celle de choisir comment composer à nouveau la bande originale entière d'un *Final Fantasy*, ce qu'il n'a plus fait depuis des années. La série a continué à évoluer sans lui et de nouveaux compositeurs lui ont succédé. N'ayant plus de points de comparaison réels avec l'état actuel de la série, et ne voulant pas renouer avec une prétendue idée passée de *Final Fantasy*, il décide de se laisser guider par sa sensibilité du moment. Une fois de plus, *FFXIV* va être une œuvre différente des précédentes – l'occasion parfaite de composer librement, d'autant qu'il va s'agir d'un nouveau MMORPG et non pas d'un épisode solo habituel.

Il s'attelle à la tâche à la fin de l'année 2008, en commençant par deux pistes emblématiques : le thème de combat « Beneath Bloodied Banners » et le thème de la ville maritime de Limsa Lominsa – pas de thème principal, pour une fois. D'un côté, le passage obligatoire de tout jeu de rôle, et de l'autre, une musique de ville claire et rayonnante dont les premières notes semblent émaner du reflet du soleil sur le clapotis reposant des flots. Du fait de la nature en ligne du jeu, Uematsu compose surtout des musiques d'exploration et de combat, et signe en complément une sélection de thèmes polyvalents aux émotions variées pour accompagner les scènes cinématiques, à la manière de ce qu'il a fait sur *FFXI*. Il y insuffle encore une fois son talent pour les mélodies douces et touchantes.

L'une des différences notables avec l'ère des *Final Fantasy* sur PlayStation 1 et 2 vient de la plus grande souplesse sur le plan des capacités sonores, *FFXIV* étant en cours de développement sur PC avant tout – la version PlayStation 3 annoncée est finalement annulée. Pour Uematsu, cette flexibilité est d'autant plus bienvenue qu'il est désormais habitué à collaborer avec des arrangeurs capables de conférer plus de nuances à sa musique. Et c'est ainsi qu'après avoir donné au jeune Tsutomu Narita la chance de travailler pour la première fois avec lui sur la bande originale du dessin animé *Guin Saga*, il lui propose d'être l'arrangeur principal et le programmeur du synthétiseur de *FFXIV*. Ken'ichirô Fukui et Michio Okamiya s'occupent de l'arrangement d'une poignée de pistes supplémentaires.

La bande originale est sobre, en grande partie jouée au synthétiseur avec quelques instruments simples enregistrés en studio : guitare, violon, flûte, saxophone. Certains thèmes font preuve d'une surprenante économie de moyens, à l'image de « Unspoken », qui accompagne simplement au piano, violon et violoncelle les monts verdoyants du Coerthas. Il y a même de rares touches d'exotisme, le thème de la région côtière de La Noscea « On Windy Meadows » incluant de la quena, une flûte andine ici jouée par Hideyo Takakuwa. La touche de folie de *FFXIV* vient de ses thèmes de combat, nombreux, dans lesquels Uematsu décide d'exprimer pleinement son amour pour le rock – y compris pour sa branche progressive dans des musiques comme « Tempest », associée au boss final dans la première version du jeu. Dans un style rappelant les morceaux des derniers boss de *Final Fantasy IX* ou *Lost Odyssey*, celui de *FFXIV* est une longue piste crépusculaire agrémentée de gémissements effrayants.

En fin de compte, Nobuo Uematsu travaille sur la bande originale du jeu pendant environ un an. Le 30 novembre 2009, il rend l'intégralité de ses musiques à l'équipe de Square Enix, soit un peu plus de 70 pistes. Le volume est comparable à ce qu'il produit pour *Final Fantasy VII* ou *VIII*, mais comme il s'agit d'un MMORPG où les joueurs vont explorer les mêmes zones pendant des heures, il fait en sorte de composer des morceaux plus longs et élaborés pour certains lieux, par exemple les grandes villes.

Chanson pour la fin d'une ère

Contrairement à *Final Fantasy XI*, Nobuo Uematsu s'engage à créer une chanson thème dès la sortie de *FFXIV*. Mais cette fois-ci, il prend lui-même les devants et sélectionne l'interprète – un choix qu'il a en réalité déjà fait. Lorsque la tournée mondiale *Distant Worlds* commence, en décembre 2007, les producteurs du concert font appel à une artiste de pop américaine pour chanter le morceau éponyme, « Distant Worlds » de *FFXI* : Susan Calloway. Séduit par sa voix, Uematsu se dit très vite qu'il doit absolument lui proposer de collaborer avec lui sur un jeu. Lorsque *Final Fantasy XIV* se présente à lui, l'occasion est rêvée. Afin de convaincre Hiromichi Tanaka, il filme Calloway en train de chanter et lui présente la vidéo, tout en insistant sur le fait que c'est selon lui la seule option possible. Tanaka ne peut guère l'en dissuader, et ainsi la chanson thème de *FFXIV* commence à prendre forme.

Habituellement, Nobuo Uematsu débute en écrivant la mélodie à partir de laquelle les paroles sont ensuite écrites. Cette fois-ci, les paroles précèdent la composition. Afin que la chanson entre pleinement dans le cadre de l'histoire du jeu, la scénariste en chef Yaeko Satô écrit un texte en japonais et l'envoie à Uematsu. En réalité, il a été décidé que la chanson va être en anglais, et Uematsu travaille sans la contrainte de respecter exactement le rythme des phrases : ce sera la tâche du traducteur, Michael-Christopher Koji Fox. Sans cette pression, et en s'inspirant de ce que décrit le texte japonais, le compositeur crée donc librement la mélodie.

« Answers » raconte comment Hydaelyn, entité divine représentée par un Cristal et donnant son nom au monde dans lequel se déroule *FFXIV*, répond aux lamentations des mortels auxquels elle a donné naissance. Alors que ceux-ci – représentés par le chœur a cappella en tout début de morceau – ne comprennent pas pourquoi ils doivent mener des vies de souffrance, Hydaelyn – le chant de Susan Calloway – leur répond que c'est uniquement ainsi qu'ils peuvent comprendre qui ils sont vraiment, et donner un sens à leur vie. La chanson s'achève sur cette sentence : « *Vous devez vivre, mourir, et vous comprendrez.* » Emporté par la dimension profondément dramatique de cette histoire, Nobuo Uematsu écrit une piste de plus de 7 minutes mettant en avant les parties chantées. Il confie l'arrangement à Tsutomu Narita, comme pour le reste de la bande originale, mais pas question d'orchestrations cette fois-ci. L'enregistrement du morceau commence au Japon avec le chœur, une guitare électrique, une basse, une batterie, un orgue Hammond, et la harpe baroque accompagnant le premier couplet de Hydaelyn.

Une fois la partie instrumentale prête, il ne manque plus que Susan Calloway. Comme celle-ci vit aux États-Unis, Arnie Roth et son agence AWR Music organisent quelque chose de totalement inédit pour Nobuo Uematsu : un enregistrement à distance, auquel il va assister en direct depuis le Japon par visioconférence. Alors que Calloway enregistre des couplets de la chanson, ils sont directement retransmis au Japon via Internet, dans le studio où se trouvent le compositeur et ses collègues, afin de leur permettre d'écouter le résultat et de donner des commentaires et instructions à la chanteuse. Après une simple journée de travail, « Answers » est prête.

Mais prête pour quoi ? *Final Fantasy XIV* est lancé en septembre 2010 et suscite rapidement une vague de critiques de la part des joueurs et de la presse, notamment à cause de l'instabilité de ses serveurs, de son interface vétuste et peu intuitive, et de la pauvreté de son contenu. Dans l'esprit des développeurs, « Answers » est l'apothéose de l'histoire du jeu initial qui va être mise à jour au fil des mois, mais ces plans semblent vite compromis. Pour ne pas perdre la face, Square Enix est contraint de prendre des décisions radicales dès le mois de novembre 2010. Hiromichi Tanaka quitte son poste, cédant sa place au producteur Naoki Yoshida qui lance un chantier imposant : mettre à jour le *FFXIV* déjà sorti jusqu'à ce qu'il soit de qualité acceptable, tout en développant une refonte intégrale temporairement nommée « *FFXIV* 2.0 ». Dans ce but, Yoshida décide d'aménager l'histoire du jeu afin de faire en sorte que la mise hors service de la première version soit expliquée par un cataclysme détruisant totalement le monde. Il met en scène cet événement en programmant l'extinction des serveurs le 11 novembre 2012 et en faisant réaliser une scène cinématique finale inédite, mise en ligne le même jour. C'est dans cette vidéo, intitulée « La fin d'une ère », que la chanson « Answers » trouve sa place. Le résultat est si saisissant qu'elle semble avoir été écrite pour cette séquence depuis le départ.

Symbole de continuité

La version 2.0 de *Final Fantasy XIV*, sous-titrée *A Realm Reborn*, va naturellement avoir besoin de sa propre bande originale. Dans le chaos qui suit la décision de continuer à alimenter la première version tout en concevant le nouveau jeu, il faut travailler en flux tendu pour composer simultanément des musiques pour les deux projets. Masayoshi Soken, directeur sonore de *FFXIV*, confie une partie des pistes nécessaires pour les mises à jour de la première version à d'autres compositeurs de Square Enix, et redouble d'efforts pour prendre en charge la composition de la bande originale de la seconde version.

Mais comme il aurait été trop bête de jeter simplement les musiques déjà composées par Nobuo Uematsu, Soken fait en sorte d'en reprendre le plus grand nombre lorsque cela est approprié – ce qui concerne surtout les thèmes des cinématiques, qui conviennent déjà très bien à l'ambiance du monde d'Éorzéa dans lequel se déroule le jeu. Au fil des mises à jour qui complètent *Final Fantasy XIV A Realm Reborn* après sa sortie, Soken joue même avec les souvenirs des joueurs présents depuis la première version en réimplantant des musiques d'Uematsu dans certaines activités. S'y ajoutent des reprises des compositions des précédents *Final Fantasy*, accompagnant les nombreux hommages rendus par *A Realm Reborn* au reste de la série.

La chanson thème « Answers » elle-même prend place dans la nouvelle version, et pas seulement lors du générique. Masayoshi Soken intègre aussi sa mélodie dans le Labyrinthe de Bahamut, un long raid en trois parties visant à conclure l'intrigue ouverte par la première version. « Answers » est même directement incluse aux derniers combats.

Naoki Yoshida, qui tient beaucoup à ce que *FFXIV* affirme son identité en tant que *Final Fantasy*, ne veut pas renoncer à associer Nobuo Uematsu à la nouvelle version. Dès mars 2013, six mois avant la sortie d'*A Realm Reborn*, il organise un rendez-vous avec le compositeur afin de lui proposer de travailler sur le jeu. Comme « Answers » doit déjà jouer un rôle dans ce dernier, il n'y a pas d'urgence particulière, et c'est à l'occasion de la première extension, *Heavensward*, qu'Uematsu entame son labeur. Après « Answers », qui repose essentiellement sur des éléments de rock, le compositeur opte pour une chanson plus nostalgique, « Dragonsong », dont la première minute laisse la part belle au piano et au chant, avant qu'un orchestre puis des chœurs ne les rejoignent.

Uematsu se tourne une nouvelle fois vers Tsutomu Narita pour les arrangements et Susan Calloway pour l'interprétation. La chanteuse reprend le rôle de Hydaelyn, la déesse mère, qui se lamente de ne pas comprendre les querelles menées par les mortels – riches de sens, les paroles sont directement écrites par le scénariste Kazutoyo Maehiro et le responsable de la localisation anglaise Michael-Christopher Koji Fox. Une fois encore, Masayoshi Soken emprunte la nouvelle mélodie écrite par Uematsu pour la restituer dans des thèmes d'exploration et de cinématiques, asseyant davantage son rôle de thème principal.

La machine est bien huilée : sans surprise, Yoshida se tourne vers Uematsu lorsque la deuxième extension de *Final Fantasy XIV*, *Stormblood*, entre dans la dernière ligne droite de sa production. On ne change pas une équipe qui gagne : Uematsu compose une mélodie inédite qui sert de thème principal à l'épopée de *Stormblood*, orchestrée par Tsutomu Narita et interprétée par Susan Calloway. Quant au duo magique constitué de Banri Oda et Koji Fox, il s'attelle encore aux paroles. Alors que la « Dragonsong » de l'extension *Heavensward* prend une tonalité plus grave pour accompagner la douleur d'un conflit millénaire entre humains et dragons, *Stormblood* relate les révolutions simultanées de deux territoires tombés sous le joug de l'empire ennemi de Garlemald. De cette thématique plus guerrière naît « Revolutions », au pluriel naturellement inspiré par le double conflit mené par le joueur dans *Stormblood*, et à l'orchestration elle-même plus martiale – non sans de délicats moments de paix. Profitant de l'efficacité certaine du morceau, Masayoshi Soken n'hésite pas à en reprendre directement des extraits de la partie instrumentale pour ponctuer les moments décisifs de l'aventure.

PARTIE 9

Une carrière d'indépendant

ÉCRIVEZ-MOI JUSTE UN MORCEAU

Lorsque la nouvelle de son indépendance survient en 2004, il est difficile d'imaginer que la disponibilité de Nobuo Uematsu échappe à l'attention des autres développeurs de jeux vidéo, intéressés d'ajouter un nom célèbre à leur générique. Cependant, rares sont les concepteurs qui le sollicitent pour écrire des bandes originales entières et, pendant cette étape de sa carrière, Uematsu compose surtout des morceaux uniques : thèmes principaux, chansons d'ouverture ou de fin, et musiques parfois destinées au déroulement principal du jeu. Les textes de cette partie se consacrent essentiellement aux travaux d'éditeurs divers, sur lesquels le compositeur s'investit au-delà d'une contribution minime.

Plus rares encore sont les propositions venant de l'étranger. Aucun éditeur occidental majeur ne s'offre les services du célèbre compositeur, mais des développeurs indépendants franchissent le pas. Les premiers d'entre eux sont les auteurs d'*Oceanhorn: Monster of Uncharted Seas*, un jeu d'aventure pour mobiles réalisé par une petite équipe originaire de Finlande et dont la direction artistique maritime arbore une ressemblance presque douteuse avec *The Legend of Zelda: The Wind Waker*.

Lorsque le producteur d'*Oceanhorn* émet l'idée de faire appel à des compositeurs de renom pour attirer l'attention sur le jeu, les développeurs ne peuvent imaginer qu'il va tout d'abord obtenir l'accord de Kenji Itô (*SaGa*), puis celui de Nobuo Uematsu ! « *Quand nous avons demandé à notre producteur comment il avait réussi à avoir Nobuo Uematsu, il a ri et nous a dit qu'il lui avait simplement envoyé le jeu, et qu'Uematsu avait aimé le concept et souhaitait y participer* », racontent les créateurs[104]. Ils ne peuvent se douter que, derrière son aura, l'homme à l'origine des musiques de *Final Fantasy* n'a rien d'inaccessible et qu'il participe volontiers aux projets pour lesquels il a un coup de cœur – surtout s'ils sont l'œuvre de jeunes gens passionnés. En définitive, Itô et Uematsu écrivent quelques morceaux chacun, le reste de la bande originale étant signé par le compositeur finlandais Kalle Ylitalo.

---

104. Kirk MCKEAND, « A link between two worlds: The making of Oceanhorn », *Pocket Gamer*, 10 décembre 2013, http://www.pocketgamer.biz/feature/55913/a-link-between-two-worlds-the-making-of-oceanhorn/

SUPER SMASH BROS. BRAWL, OPÉRA POUR LA CASTAGNE

En dehors de *Final Fantasy*, le fait d'armes le plus célèbre de Nobuo Uematsu en tant que compositeur indépendant est le thème d'ouverture de *Super Smash Bros. Brawl* sur Wii, nouvel épisode de cette série de jeux de combat qui réunit les plus célèbres mascottes des séries de Nintendo – non sans quelques invités de marque venus d'autres éditeurs, dont Solid Snake. Uematsu est le premier surpris de se retrouver associé à cet ambitieux projet, chapeauté par Masahiro Sakurai (*Kirby*) et dont la bande-son est en partie supervisée par le compositeur des deux précédents *Super Smash Bros.*, Hirokazu Andô. Un jour de 2005, Sakurai et Andô boivent un verre avec des collègues de l'industrie du jeu vidéo, et proposent à Uematsu, au hasard d'une discussion, de travailler sur *Brawl*... ce qu'il accepte immédiatement.

L'amour de Masahiro Sakurai pour la musique de jeu vidéo n'est pas un mystère pour ceux qui le connaissent bien : son baladeur MP3 est, paraît-il, entièrement rempli de bandes originales de jeux. Il met les petits plats dans les grands pour *Super Smash Bros. Brawl*, si bien qu'Uematsu est loin d'être le seul nom réputé à bord – le jeu brise même tous les records en la matière. Près d'une quarantaine de compositeurs japonais parmi les plus connus – dont quelques anciens de Square comme Kenji Itô, Yasunori Mitsuda et Yôko Shimomura – rejoignent le projet afin de signer plus de 300 morceaux, en grande majorité des arrangements des musiques des jeux Nintendo dont les nombreux personnages sont tirés.

La place offerte à Uematsu par Sakurai et Andô est cependant la plus prestigieuse : l'homme est totalement libre de créer le thème principal qu'il souhaite, ce qui le pousse à imaginer un air d'opéra aussi court que grandiloquent.

Le tout est enregistré par un orchestre, accompagné d'un chœur déclamant des paroles en latin – écrites par Masahiro Sakurai et toujours traduites par Tarô Yamashita, un habitué des bandes originales de *Final Fantasy*. Le ténor Ken Nishikiori – chanteur lyrique populaire au Japon grâce à ses fréquentes apparitions télévisées – et la soprano Oriko Takahashi s'illustrent en tant que solistes sur ce spectaculaire thème principal – ainsi d'ailleurs que dans une reprise du thème de la série *Fire Emblem*. Les deux morceaux sont arrangés par Shôgo Sakai, ami d'Uematsu et fidèle collaborateur de Sakurai sur les bandes originales des précédents *Super Smash Bros.* et *Kirby*.

Cette collaboration entre Masahiro Sakurai et Nobuo Uematsu n'est cependant pas unique, et pour cause : les deux hommes se connaissent déjà, et le petit groupe d'amis qu'ils forment avec l'arrangeur Shôgo Sakai, le scénariste Kazushige Nojima et le chef d'orchestre Taizô Takemoto décide à la même période de sceller leur intérêt commun pour la musique de jeu vidéo en organisant un tout nouveau concert orchestral. Alors que commencent à se multiplier à l'étranger les événements réunissant des musiques tirées de nombreuses séries, notamment le *Video Games Live* de Tommy Tallarico, le Japon – pourtant terre pionnière en la matière – se trouve soudain à la traîne.

Ainsi, les cinq hommes unissent leurs forces et créent *Press Start*, organisé le 22 septembre 2006 à la salle Orchard de Bunkamura, à Tokyo. Sous la surveillance particulière de Sakurai, qui se définit lui-même comme un débutant en matière de musique mais qui connaît ses classiques de la musique de jeu vidéo sur le bout des doigts, l'événement propose un superbe panorama de quelques-uns des plus grands hits japonais. L'occasion étant trop belle, les organisateurs inscrivent le thème de *Super Smash Bros. Brawl* au programme, dans un second rappel qui constitue la toute première interprétation publique du morceau. Une belle exclusivité, alors que le jeu ne sort qu'un an et demi plus tard à la suite de diverses difficultés de développement. Quant à *Press Start*, cette première édition est si fructueuse que le concert devient un rendez-vous annuel de 2007 à 2015.

ANATA WO YURUSANAI, ESPRIT JAZZY

Comme son nom l'indique presque, *Anata wo Yurusanai* (« je ne te pardonne pas ») est un jeu pour PSP qui a pour thème principal l'adultère. Rien de tel pour traiter un sujet si complexe que le *sound novel* (« roman sonore »), un genre dans lequel les parties textuelle et sonore ont une plus grande force évocatrice que les visuels, qui se limitent souvent à des images peu animées – voire fixes. Dans *Anata wo Yurusanai,* l'observation des gestes et expressions des personnages est primordiale, et c'est essentiellement pour cette raison que son réalisateur, Kazuya Asano – qui n'est autre que le père du *sound novel* – décide que la PSP doit être tenue à la verticale : le joueur doit observer le ventre, la poitrine, les mains de ses interlocuteurs pour déceler tout comportement anormal. Alors que beaucoup ont désormais l'habitude de jouer sur des écrans plus hauts que larges, c'est un choix audacieux lorsque le jeu est publié, en novembre 2007. Du fait de son genre, il ne sortira néanmoins jamais des frontières du Japon.

Quoi de mieux qu'un jeu concentré sur les personnages et leurs émotions pour un Nobuo Uematsu à la recherche de nouvelles voies ? Voilà sans doute ce que pense Michio Okamiya, guitariste des Black Mages, ami du compositeur et accessoirement producteur d'*Anata wo Yurusanai*, lorsqu'il lui confie la production musicale du jeu. En effet, Uematsu éprouve régulièrement l'envie d'exprimer une sensibilité jazzy, sans la concrétiser – même quand, peu de temps auparavant, Hironobu Sakaguchi lui suggère d'utiliser du jazz vocal dans *Lost Odyssey*.

Afin de se conformer à l'univers de cette histoire pour adultes, le compositeur opte pour une touche de jazz fusion. Les arrangeurs et musiciens dont il s'entoure sont cependant difficiles à identifier, sachant que la plupart d'entre eux composent sous pseudonyme – comme L.Gallardo ou Keith Freeman –, très probablement parce que leur véritable employeur n'est pas favorable à ce qu'ils soient trop actifs le soir et les week-ends. C'est ce qu'on appelle généralement au Japon « otona no jijô », littéralement « des raisons d'adultes ». Okamiya lui-même compose et arrange une poignée de morceaux en tant que Kimio Itoyama, anagramme de son vrai nom – « ti » donnant la lettre « chi » sur les claviers japonais. Connaissant la fidélité d'Uematsu envers ses amis, il est cependant facile d'imaginer qui se cache derrière les autres noms...

Musicalement, les contraintes d'un *sound novel* sont différentes de celles d'un jeu de rôle : la musique y dépend moins des lieux que des émotions et actions des personnages. On passe donc très vite, et parfois très brusquement, d'un morceau à un autre. Kazuya Asano impose donc une règle claire à Uematsu : les pistes doivent démarrer immédiatement, sans même une introduction ! Pour ne pas simplifier les choses, le compositeur se fixe une seconde règle, moins concrète et bien plus difficile à appliquer : celle de ne pas composer quelque chose qui ressemble à du *Final Fantasy*. En effet, c'est la première fois depuis son départ de Square Enix, en octobre 2004, qu'il s'attaque à un style radicalement différent de celui qui a fait sa renommée. Ainsi, la bande originale reprend certains codes des films et séries d'enquête en naviguant entre jazz, fusion, bossa nova et trip hop, le tout à grand renfort de piano, contrebasse, vibraphone, Rhodes et autres trompettes bouchées. S'il est vrai que certains morceaux ne détonneraient pas dans un *Final Fantasy* – c'est par exemple le cas de la piste intitulée « Yakusoku » (« la promesse ») –, l'ensemble confirme que le défi d'Uematsu est réussi.

La chanson thème, « Toneless », est remarquable au point de faire la fierté du compositeur et d'être arrangée deux fois par la suite : la première en 2011 lors du seul concert du groupe Maschantinoiz[105], la seconde en 2013 sur le deuxième album des Earthbound Papas. L'arrangement de la version originale est signé Michio Okamiya, et les paroles – un mélange de japonais et d'anglais décrivant la déception et le renoncement d'une femme trompée – sont écrites par le fidèle Kazushige Nojima. Dans la chanson de fin, « Tooku kara, anata

105. Un enregistrement officiel est disponible gratuitement sur Internet : cherchez le nom du groupe !

wo », le jazz cède la place à une pop plus colorée, mais Uematsu dit l'aimer tout autant, surtout grâce à ses paroles.

Le mystère reste longtemps entier quant à l'identité d'Yvonne, l'interprète de ces chansons. Pendant un temps, il est expliqué que, « *pour des raisons d'adultes* », cette chanteuse « *d'origine russe, peut-être née au Japon* », emprunte un pseudonyme. Autrement dit, tout est fait pour brouiller les pistes et le seul moyen d'identifier la chanteuse est de reconnaître son timbre de voix si particulier. Certains amateurs de jazz trouvent rapidement quelques pistes... Mais sur ce point, la bouche de Nobuo Uematsu restera fermée !

Preuve s'il en est du bon travail accompli par Nobuo Uematsu sur *Anata wo Yurusanai*, le réalisateur Kazuya Asano indique dans un entretien avec l'hebdomadaire *Famitsu* qu'il n'a eu à lui demander qu'un seul morceau supplémentaire, le reste correspondant parfaitement. Un véritable compliment quand on considère que la tâche d'Asano consiste à 90 % à appliquer de la musique et des effets sonores sur des images fixes.

Autre sujet de satisfaction pour Uematsu : le disque de la bande originale d'*Anata wo Yurusanai* est, le 19 décembre 2007, le tout premier publié par son label récemment établi, Dog Ear Records.

GUIN SAGA, MERCI *LOST ODYSSEY*

Travailler sur le *Lost Odyssey* de Mistwalker a une conséquence étonnante pour Nobuo Uematsu, celle d'encourager sa première contribution majeure à un monde qu'il a très peu côtoyé : le dessin animé. En 2008, alors que la production de la toute première série d'animation fondée sur la célèbre série de nouvelles *Guin Saga* bat son plein, le producteur Hideki Gotô d'Aniplex se creuse la tête afin de trouver celui qui aura pour mission d'en composer la musique. Le réalisateur Atsushi Wakabayashi lui demande de trouver quelqu'un capable d'écrire une bande-son « qui en jette », ce qui est plus facile à dire qu'à faire.

Mais un jour, en passant devant le bureau de son collègue Sôichirô Sano, l'oreille de Gotô est attirée par une musique qu'il est en train d'écouter : « The Gun Barrel Battle », le majestueux thème de combat de *Lost Odyssey*, dont Sano a précisément produit la B.O. Sans attendre, il le questionne sur son auteur : c'est Nobuo Uematsu, « *le compositeur de* Final Fantasy ». Gotô connaît la série de jeu vidéo pour y avoir lui-même joué, mais il n'aurait jamais spontanément pensé le solliciter pour la bande originale d'une série *d'animation.* Cet extrait de *Lost Odyssey* lui semble pourtant convenir tellement bien qu'il demande à Sano de les mettre en contact.

Pour Nobuo Uematsu, l'offre de Gotô est intimidante à double titre. S'il a déjà écrit quelques mélodies pour des séries ou films d'animation[106], c'est la

106. Dont la chanson thème « Try To Wish ~Kimi ni hitsuyô na mono~ » du film *Ah! My Goddess* en 2000.

toute première fois qu'on lui propose de signer une bande originale intégrale pour ce média, ce qui est un exercice différent du jeu vidéo. Qui plus est, *Guin Saga* est loin d'être un nom inconnu : il s'agit d'une série de nouvelles d'*heroic fantasy* entamée en 1979 par Kaoru Kurimoto, qui en écrit 130 volumes jusqu'à son décès en 2009 – un autre auteur prend sa suite. La série en cours de production est donc attendue au tournant et la musique doit être à la hauteur. Pourtant, Uematsu accepte de relever le défi, parce qu'il lui est proposé par l'intermédiaire de Sôichirô Sano – qui vient de produire ses deux dernières œuvres majeures – et parce que Hideki Gotô fait appel à lui non pas en raison de *Final Fantasy*, mais de *Lost Odyssey*. Fier de son travail sur le second jeu de Mistwalker, dans lequel il se retrouve pleinement, Uematsu se sent honoré de savoir que quelqu'un d'autre est séduit par cette musique. Pour lui, cela signifie qu'elle est légitime. Alors que certains créateurs lui demandent parfois d'écrire une bande-son ressemblant à telle ou telle œuvre signée par quelqu'un d'autre, il est cette fois invité à composer à sa façon. Difficile donc de refuser.

Nobuo Uematsu reçoit la liste des morceaux requis à l'été 2008 et se lance immédiatement dans la composition, qui lui prend environ quatre mois – un temps très court lorsqu'on le compare aux calendriers auxquels il a affaire dans le jeu vidéo. Il peut compter sur l'aide de deux arrangeurs. Le premier, Hiroyuki Nakayama, est désormais un habitué de la musique d'Uematsu, qui lui confie toutes les pistes qui vont être jouées par un orchestre – il s'installe également au piano lors des enregistrements. Le second, Tsutomu Narita, 24 ans, est un nouveau venu. Comme le budget ne permet pas d'enregistrer la quarantaine de morceaux de la série avec un orchestre, une bonne partie de la bande originale doit être arrangée pour le synthétiseur, et c'est justement parce qu'il connaît ses compétences en la matière qu'Uematsu charge Narita de cette mission. Quelques mois plus tard, il l'embarque sur un certain *Final Fantasy XIV*...

En matière de composition, le thème principal de *Guin Saga* lui donne du fil à retordre, puisqu'il doit esquisser plus de trente idées de mélodies avant de tomber sur la bonne. Celle-ci lui apparaît soudainement alors qu'il est en train de marcher dans la rue pour aller prendre le bus. Tous les artistes connaissent cette expérience. Pour Uematsu, l'acte de composition est simple, en tout cas sur le papier : des mélodies volent toujours autour de lui – il dit même qu'on ne peut pas être compositeur si on n'a pas en permanence de la musique qui trotte dans la tête –, mais le tout est de les voir suffisamment distinctement pour pouvoir les attraper. Les génies les perçoivent sans doute avec une parfaite limpidité, mais chez lui, admet-il, le problème est qu'elles sont souvent un peu floues et qu'il doit faire de nombreuses tentatives avant d'être satisfait. C'est le cas avec le thème de *Guin Saga*, mais le résultat en vaut certainement la chandelle : orchestré par Hiroyuki Nakayama, il s'agit d'un morceau grandiose, dont les premières notes de harpe – qui donnent le sentiment d'entrer doucement dans le récit de quelque ménestrel – accompagnent une marche délicate vers des moments dont la majesté est empreinte de gravité.

SAKURA NOTE, DÉCIDÉ AUTOUR D'UN VERRE

Akira Ueda est un créateur de jeux vidéo entré chez Square en 1990 avec pour rêve de créer une suite à *Highway Star*[107]. Avant de pouvoir s'atteler à son rêve, il est d'abord assigné au *debugging* de *Final Fantasy IV*, puis promu à la création des effets sonores en compagnie de Kenji Itô en raison d'un élément déterminant de son passé : il a joué dans un groupe. Après ce jeu, il s'éloigne de *Final Fantasy* pour rejoindre les projets *Secret of Mana* et *Super Mario RPG*, perdant ainsi l'occasion de travailler avec Nobuo Uematsu. Les deux collègues développent néanmoins un lien plus amical à l'occasion de repas ou de verres en ville après le bureau. En 1996, Akira Ueda quitte Square et perd de vue Uematsu pendant plusieurs années.

Mais un jour de 2007, ce dernier l'invite à Jiyûgaoka, tout près de son quartier, pour trinquer avec des « anciens de Square », le scénariste Kazushige Nojima et l'illustrateur Hideo Minaba. À peine sont-ils installés qu'Uematsu annonce sans ambages : « *Et si on faisait un jeu tous ensemble ?* » Ueda comprend alors que l'invitation est tout à fait intéressée, comme il le relate : « *En japonais, il existe un mot assez unique : yôkai, que je ne saurais traduire. Il ne s'agit pas vraiment de fantômes... En tout cas, M. Uematsu réfléchissait à un jeu dont l'univers ferait la part belle à ce qu'on appelle les yôkai, et dont M. Nojima construirait le scénario et l'univers. Il paraît que MM. Minaba, Nojima et Uematsu songeaient tous les trois à ce projet, mais qu'il leur manquait un créateur et qu'ils ont pensé à moi. C'est ainsi que ça a commencé.* »

---

107. Un jeu de course sorti en août 1987 sur Famicom et dont la musique est signée Nobuo Uematsu. À l'étranger, il paraît sous le titre *Rad Racer*.

S'ensuit une discussion effervescente entre les quatre hommes, qui culmine avec l'idée d'obtenir un financement auprès d'un... magnat du pétrole. De retour sur terre, Akira Ueda sonde Yasuhiro Wada, le père de la série *Harvest Moon*, lequel accepte immédiatement d'éditer le projet au sein de sa société, Marvelous. C'est le point de départ de *Sakura Note: Ima ni Tsunagaru Mirai* (« un avenir lié à aujourd'hui »), édité en novembre 2009 sur Nintendo DS.

Sakura Note est un jeu d'exploration ayant pour décor principal un quartier japonais typique, avec ses rangées de maisons individuelles, son école, son temple et ses mystères. Dans cette ville, il existe deux cerisiers liés par la sève. Voyant sa progéniture commencer à faner, le cerisier mère décide de lui envoyer des forces pour l'aider à retrouver des couleurs. Hélas, un immeuble a été construit entre eux deux et cette force se répand dans l'air, où elle est consommée par des yôkai, ces êtres surnaturels du folklore japonais aussi mystérieux qu'inquiétants. Contraint de dépenser son énergie pour tenter tant bien que mal de contourner cet obstacle, le cerisier mère est à deux doigts de mourir quand débute l'aventure douce-amère de Toru Kurosawa, l'un des héros de cette histoire paisible et universelle. Le scénario, rédigé par Kazushige Nojima, dépeint un quotidien banal pollué par le manque de communication.

Pour autant, *Sakura Note* n'oublie pas d'instiller dans son univers une pointe de nostalgie qu'on prendra, en fonction de son vécu, avec plus ou moins de douceur. À cette histoire inattendue dans un jeu vidéo s'ajoute le point de vue d'un chat et d'un chien capables de dialoguer l'un avec l'autre, ainsi qu'avec les yôkai. Frustrés de ne pas être compris par les humains, ils apportent une note d'humour et d'esprit à cette plaisante fresque.

Pour amplifier les émotions suscitées par cet univers, une grande liberté est laissée à Nobuo Uematsu, pourvu qu'il respecte un concept général : la musique doit être proche de ce qui se faisait sur Super Nintendo. Se replongeant dans les méthodes des anciennes consoles, il échantillonne des timbres d'instruments déclinés sous une forme virtuelle, capables de jouer du grave à l'aigu. En plus des pianos, cordes, clavecins, synthétiseurs et autres batteries auxquels les joueurs de *Final Fantasy* sont habitués, il utilise des voix samplées, des instruments japonais – shamisen, taiko, tsuzumi – et même des sons de *geta*, ces socques de bois au bruit si caractéristique. La bande originale de *Sakura Note* est à l'image du jeu : tendre, parfois amère, souvent mélancolique. Tout en accordant à Uematsu son souhait de s'essayer à une musique minimaliste, Akira Ueda lui demande d'écrire un thème de boss « à la *Final Fantasy* ». Le compositeur s'exécute sans rechigner, allant même jusqu'à faire un clin d'œil à la fameuse ligne de basse des thèmes de combats de la série.

Mais la présence de Nobuo Uematsu est loin de s'arrêter là, puisque c'est un dénommé « professeur Nobiyo », lui ressemblant comme deux gouttes d'eau, qui guide le joueur dans ses premiers pas. Reprenant fidèlement la façon de parler du compositeur, ce didacticiel drolatique est rédigé par Akira Ueda dans la dernière ligne droite, comme c'est souvent le cas. « *En le relisant aujourd'hui, j'ai la même impression que face à une lettre d'amour rédigée au cours d'une nuit blanche* », admet Ueda avec un peu de gêne. Il reconnaît qu'en écrivant ce passage en toute fin de développement, période à laquelle la fatigue prend le dessus et les nerfs lâchent, il accouche d'un résultat trop long, s'éloignant un peu trop de l'univers du jeu. Mais pour les fans d'Uematsu pratiquant le japonais – le jeu n'ayant jamais quitté les frontières du pays –, c'est un régal !

Malgré sa production modeste, *Sakura Note* dispose de sa propre chanson thème, pour laquelle Nobuo Uematsu fait appel à un duo déjà présenté à ses fans lors des événements « Shinzoku Kaigi » de son label : Akane, formé par la compositrice Saori Kobayashi, surtout connue pour son travail remarquable sur la série *Panzer Dragoon*, et la chanteuse Yumiko Takahashi, dont on entend le timbre de voix nasillard très singulier dans *Suikoden II* et *Panzer Dragoon Orta*. Composée par Uematsu, arrangée par Kobayashi et interprétée par Takahashi sur des paroles de Kazushige Nojima, « Kimi to hashiru to boku wa naku » conclut le jeu sur une note paisible, bercée par une instrumentation éthérée aux effets synthétiques.

BORDERWALKER, RÉUNION DE TALENTS

S'il existe une certitude au sujet de Nobuo Uematsu, c'est qu'il n'hésite jamais à participer à des productions modestes lorsque cela rend service à des amis. En mai 2012, Arata Hanyûda, alors batteur des Earthbound Papas – un rôle qu'il occupe déjà dans les Black Mages –, publie son tout premier *soft* après Square Enix : *Borderwalker*, un jeu de rôle pour machines iOS dont la principale particularité est un système de combat dans lequel on dessine ses sorts et attaques sur l'écran. Uematsu répond présent pour en signer la bande originale. Il n'est d'ailleurs pas le seul ancien de l'éditeur à aider Hanyûda, puisqu'il peut compter sur le scénariste Kazushige Nojima, le spécialiste de la programmation sonore Minoru Akao et l'illustrateur Hideo Minaba.

Mais ces illustres vétérans de *Final Fantasy*, si talentueux et expérimentés soient-ils, ne peuvent guère sauver ce jeu bardé de défauts, qui est très vite boudé par le grand public. Un triste destin, en particulier pour le compositeur, qui imagine une bande-son mêlant orchestre, rock et synthétiseurs afin de s'accorder au scénario et au monde médiéval-fantastique de *Borderwalker* – le tout, entièrement arrangé par Tsutomu Narita. Mais après l'interprétation d'un des morceaux du jeu lors des concerts français et belge d'Uematsu, en novembre 2012, on n'entendra hélas plus parler de cette musique tantôt mélancolique, tantôt énergique, mais loin d'être dénuée d'intérêt.

FANTASY LIFE, DOUCEUR DE VIVRE

Pour les enfants du monde entier

S'il y a bien une chose à retenir de la seconde partie de la carrière de Nobuo Uematsu, c'est que, plus que jamais auparavant, il est en mesure de révéler son affection pour les ambiances tendres et légères : après *Sakura Note* et *Away: Shuffle Dragon*, il se charge de *Fantasy Life*, adorable mélange entre *Animal Crossing* et MMORPG chapeauté par l'éditeur Level-5. Le jeu est tout d'abord annoncé en août 2009 et n'est prévu que pour la DS de Nintendo : confié aux bons soins du studio Brownie Brown (*Mother 3*), le jeu opte initialement pour un *pixel art* raffiné aux délicates couleurs pastels.

Mais, encouragé par l'annonce de la 3DS, la nouvelle console portable Nintendo, Level-5 révèle un peu plus d'un an plus tard, en octobre 2010, qu'il a repris le projet à zéro sur la machine. Si la conséquence la plus regrettable de ce transfert est la disparition de la patte artistique unique des graphismes en 2D, remplacée par une 3D plus chatoyante mais aussi plus commune, il s'agit d'une excellente nouvelle pour la musique, qui bénéficie d'une console aux capacités sonores bien plus poussées que la précédente.

Nobuo Uematsu exploite ces possibilités en faisant appel à un nouvel arrangeur et programmeur du synthétiseur, le mystérieux Itsuki Iwasa – dont on ignore à peu près tout, sinon que son talent encourage Uematsu à s'offrir ultérieurement ses services pour *Hometown Story* et *Granblue Fantasy*[108]. Mais cette bande

108. Tsutomu Narita et Michio Okamiya signent également les arrangements d'une dizaine de morceaux de la partie instrumentale de la bande-son de *Fantasy Life*.

originale est résolument imprégnée de l'esprit du compositeur, à qui l'équipe de développement – à commencer par le président de Level-5, Ahikiro Hino – laisse une totale liberté. L'occasion étant trop belle, il absorbe l'ambiance enfantine et bienveillante de *Fantasy Life* afin d'explorer une voie totalement différente de *Final Fantasy*[109]. Ainsi la musique est à l'image du jeu : pétrie de styles multiples, mais avant tout d'amour, de douceur et de légèreté. Outre des instruments classiques et des synthétiseurs, elle grouille de sonorités évoquant la comédie : piano *honky tonk*, *toy piano*, sifflements, sons de jouets, crécelle, kazoo, effet wah-wah... Par endroits, la bande-son n'en demeure pas moins traversée d'un souffle épique – à l'image du thème de boss intitulé « Fierce Battle », dont l'orchestre, le grand orgue et le chœur rappellent immanquablement « Liberi Fatali ».

Fantasy Life est d'autant plus intéressant pour Nobuo Uematsu que, lorsque sa production débute, il fait écho sans le vouloir à un autre projet qui lui tient beaucoup à cœur : son album solo *10 Short Stories*, une collection de dix chansons pour enfants. Un lien concret relie en réalité les deux. Ayant découvert ce disque, Akihiro Hino de Level-5 confie à Uematsu que la chanson « Hikkari Pikkari » correspond exactement à ce qu'il cherche dans son jeu, si bien que l'idée de l'y intégrer directement émerge. Un petit problème s'y oppose néanmoins : les paroles ne conviennent pas du tout à l'image de *Fantasy Life*. La chanson raconte en effet l'histoire d'une fée dont l'apparence est celle d'un homme chauve, ce qui est peut-être un peu trop loufoque pour l'univers du jeu ! La solution ? Une reprise uniquement instrumentale et tout aussi festive, associée à la Fée Emplette – qui n'est ni un homme, ni chauve – et également utilisée par l'écran des résultats de mission.

Une chanson pour fêter ça

Mais le plus grand moment de *Fantasy Life* demeure la petite fête réservée aux joueurs qui achèvent de maîtriser l'une des douze « carrières » disponibles. Toute

109. Et ce, même si Level-5 fait appel à Yoshitaka Amano pour créer les illustrations promotionnelles du jeu...

la particularité du *soft* réside en effet dans la possibilité d'incarner une profession, qui n'est pas uniquement liée au combat : aux côtés du mercenaire, du paladin, du chasseur et du mage existent des métiers de récolte et d'artisanat – bûcheron, pêcheur, mineur, tailleur, menuisier, cuisinier, forgeron et alchimiste... comme un véritable MMORPG de poche ! En atteignant le niveau « maître » dans l'un de ces domaines, le joueur est récompensé par une piste chantée, que la version japonaise de *Fantasy Life* désigne sous le nom de « life no uta », « chanson de la vie ». Chacune est empreinte d'un humour bon enfant, comme cet extrait du thème du mercenaire :

> *Il y a un rêve, que je fais parfois...*
> *Loin des médailles... une petite amie au joli minois !*
> *Mais quelle folie, regarde-moi...*
> *Je suis recouvert de boue et je suis en émoi.*
> *Quand je m'approche, elles se pincent le nez, ces demoiselles.*
> *Je ne suis pas si populaire auprès d'elles !*

À plus d'un titre, ces « chansons de la vie » dessinent une véritable suite de *10 Short Stories* qui ne dit pas son nom, tant leur variété stylistique et leur esprit tantôt affectueux, tantôt parodique offrent une magnifique nouvelle collection de chansons pour enfants. Uematsu pousse la logique jusqu'à confier à nouveau les arrangements au duo ACE, formé par CHiCO et Tomori Kudô. Les paroles, écrites en japonais par Akihiro Hino et le coscénariste Akihito Toda[110], sont entonnées par de nombreux artistes proches du compositeur, parmi lesquels CHiCO bien sûr, mais aussi Emi Evans, Yasuo Sasai[111] ou Yûji Hasegawa[112]. Ce bouquet d'amour et de bouffonnerie fait l'objet en mars 2013 d'un album particulier, séparé de la bande originale principale. À ces douze thèmes s'ajoutent la chanson de fin, « Kikoeru yo shiawase no oto » (« j'entends le son du bonheur »), interprétée par Nana Yanase. Dans l'irrésistible tendresse de sa mélodie semble s'incarner toute l'âme de la musique de Nobuo Uematsu.

---

110. Toda est également le scénariste de la série *Mother* (*Earthbound*) et de plusieurs jeux *Pokémon*.
111. Un chanteur de rock progressif faisant partie du quatuor vocal accompagnant les Earthbound Papas, auquel CHiCO appartient d'ailleurs aussi.
112. Guitariste et ami de longue date d'Uematsu, Yûji Hasegawa est notamment l'arrangeur du disque *Final Fantasy Song Book: mahoroba*.

Tout cela est à l'image de son affection pour le jeu, toujours profonde à ce jour.

Du fait de cette collaboration fructueuse, Level-5 fait une seconde fois appel à Nobuo Uematsu pour un projet plus ambitieux encore : *Wonder Flick*, un jeu de rôle destiné aux téléphones portables et aux consoles de salon. Lancée avant les autres en janvier 2014 au Japon, la version mobile dispose d'une bande originale signée par le célèbre compositeur, dont un thème principal comme toujours accrocheur… Mais, même si les concepteurs procèdent à l'été 2014 à une copieuse mise à jour au cours de laquelle le jeu est renommé *Wonder Flick R*, le très faible engouement pousse l'éditeur à déconnecter le jeu en septembre 2015 et à annuler le développement des versions pour consoles, encore en suspens. Dans le monde des jeux connectés, l'arrêt des serveurs est un couperet d'autant plus funeste que cela rend inaccessible l'intégralité des contenus. Aucune bande originale n'ayant vu le jour, la musique de *Wonder Flick* disparaît ainsi totalement du domaine public – si ce n'est dans de rares vidéos partagées sur Internet par les joueurs lorsque le *soft* était encore actif…

HOMETOWN STORY, LE PROJET BONHEUR

Mes amours, ma boutique

Présenté à Nobuo Uematsu par Akira Ueda lors de la création de *Sakura Note*, le producteur Yasuhiro Wada de Marvelous Entertainment commence alors à rencontrer ponctuellement le compositeur autour d'un verre. De fil en aiguille, Wada se dit qu'il aimerait bien un jour lui proposer de travailler sur l'un de ses jeux. Lorsqu'il fonde son propre studio, Toybox, en 2011, l'occasion est enfin trouvée. L'un des premiers projets de Wada porte le nom de code *Project Happiness*, sur 3DS, et doit lui permettre de renouer avec le style inimitable de la série *Harvest Moon*, en confiant cette fois-ci au joueur les clés d'une boutique qu'il doit aménager, gérer et développer lui-même... avec comme but ultime de trouver l'âme sœur. Lorsque Wada propose à Uematsu de composer la bande originale, le musicien rend la pareille à celui qui avait accepté de produire *Sakura Note*.

Il est de toute façon difficile pour Nobuo Uematsu de ne pas être séduit par ce « projet bonheur », dont il constate bien vite l'esprit pacifique. Le caractère mignon et enfantin de ses graphismes est renforcé par la présence d'Atsuko Nishida, créatrice de Pikachu, à l'illustration des personnages. Uematsu écrit le thème principal pour accompagner la révélation du jeu à l'E3 2013, où il est présenté sous son nom définitif, *Hometown Story*. Mais en réalité, il en est tellement satisfait qu'il n'attend pas cette échéance et en réserve la primeur aux spectateurs de ses concerts à Bruxelles et Paris dès novembre 2012, en prenant soin de préciser qu'il s'agit d'un projet encore secret...

Mais pour qui connaît *Hometown Story*, ce thème principal à l'orchestration chaleureuse et accueillante est un leurre, car la musique la plus centrale de la bande originale n'est autre que celle de la boutique que doit gérer le joueur : une chanson entêtante dont le style electro-pop inattendu est une demande expresse de Wada, qui cherche spécifiquement un accompagnement à l'esprit rétro. Le créateur a une vision si précise de ce qu'il attend que cela donne du fil à retordre à Uematsu. Ce dernier compose la mélodie, puis en confie les arrangements à Tsutomu Narita, qui utilise le logiciel de synthèse vocale Vocaloid pour la partie chantée. Bien conscients du temps que les joueurs passeront dans leur petite échoppe, ils en font la piste la plus longue du jeu – plus de trois minutes sans boucle –, ce qui n'empêche pas la presse de lui reprocher son caractère répétitif. Il ne s'agit d'ailleurs pas de la seule contribution de Narita, qui compose aussi quelques morceaux afin d'accompagner les scènes cinématiques du jeu.

Du rock et des fantômes

Uematsu prolonge sa collaboration avec Toybox sur *Tokyo Twilight Ghost Hunters*, un jeu d'aventure publié en 2014 sur PlayStation 3 et PlayStation Vita. Convié – c'est une constante – à boire un verre avec Wada et Uematsu, le producteur du jeu, Tomio Kanazawa, discute musique avec le compositeur. Lorsqu'il lui demande quelles sont ses racines musicales, Uematsu cite notamment Led Zeppelin, ce qui ne manque pas de le surprendre. Une nouvelle fois, les préjugés sur ses goûts ont frappé ! Puisque la bande-son de *Tokyo Twilight Ghost Hunters* est d'esprit rock assumé – elle est l'œuvre du groupe The Key Project –, Kanazawa propose à Uematsu d'écrire une chanson dans ce style pour accompagner le générique d'ouverture du jeu. Marché conclu – il est difficile pour lui de résister à l'attrait d'un projet dont la thématique principale est celle des fantômes !

Le premier morceau qu'il compose, cependant, ne lui semble pas convenir. Son tempo est un peu trop lent, si bien qu'il préfère le laisser de côté, sans pour autant le jeter à la poubelle : il le reprend en effet dans le second album des Earthbound Papas, sous la forme de la chanson « Doppelganger ». En réalité, le réalisateur de *Tokyo Twilight Ghost Hunters* Shûhô Imai s'attend à quelque chose de plus proche du rock des années 1960 ou 1970, ce qui encourage Uematsu à accélérer le tempo. Le résultat est « Shoot That Crimson Sky », interprétée en anglais par un chanteur irlandais, Cashell.

Granblue Fantasy, un nouveau jalon

Retour en terres irlandaises

Fondé en 2011, le studio Cygames devient en quelques années l'un des acteurs majeurs du marché japonais du jeu vidéo, en grande partie grâce à un succès fulgurant : celui de *Granblue Fantasy*, lancé sur mobiles en mars 2014. Il faut dire que Cygames ne pas fait les choses à moitié pour susciter l'intérêt des joueurs, en s'offrant notamment les services du directeur artistique Hideo Minaba *(Final Fantasy VI*, *IX* et *XII*). Producteur du jeu, Yuito Kimura ne compte cependant pas s'arrêter en si bon chemin. Minaba et ses associés sont en train de confectionner un monde de *fantasy* verdoyant, fait d'îles aériennes émergeant des nuages, dans lequel Kimura retrouve des évocations des paysages d'Europe du Nord… et notamment de l'Irlande.

Pour Kimura, c'est donc une évidence : avec la présence de l'un des grands artistes de *Final Fantasy* et d'un univers à la saveur irlandaise, il lui est impossible de ne pas solliciter Nobuo Uematsu en personne. Sans doute pour mieux le convaincre, c'est Minaba lui-même qui prend contact avec son ancien collègue. D'emblée, les créateurs de Cygames expliquent à Uematsu qu'ils attendent de lui qu'il compose une bande originale dont l'atmosphère rappellerait la musique folklorique irlandaise. La demande est naturellement flatteuse pour Uematsu, qui a déjà prouvé à maintes reprises son immense affection pour cette tradition musicale.

Pourtant, cela fait longtemps qu'il n'a pas écrit d'œuvres d'inspiration irlandaise. Bien sûr, son plus bel hommage reste le tout premier : l'album d'arrangements de *Final Fantasy IV*, *Celtic Moon*, qu'il a le privilège d'enregistrer à Dublin avec des musiciens locaux. Cette expérience enthousiasmante, preuve qu'il est possible d'associer la musique de jeu vidéo à autre chose qu'aux grands orchestres – un pied de nez à *Dragon Quest* ? –, lui donne envie d'insuffler quelques touches celtiques directement dans les bandes originales de ses jeux, ce qu'il s'emploie par exemple à faire dans « Harvest » de *Final Fantasy V*, dans le thème de Relm de *FFVI*, puis lors de la séquence mémorable du concert d'Horizon de *FFVIII*, qui fait l'objet d'un mini-jeu au cours duquel le joueur peut reconstituer une authentique danse irlandaise.

Mais ensuite, Uematsu décide de laisser la composition de musique celtique derrière lui, principalement par respect pour cette tradition ancienne qu'il ne souhaite pas dénaturer du fait de son regard extérieur. S'il renonce à employer ce style, sa passion personnelle pour cette culture reste fort vivace, comme en témoignent ses voyages répétés en Irlande. En août 2001, il fait le déplacement jusqu'à Listowel, près de Limerick, pour assister au Fleadh Cheoil, l'un des plus célèbres concours de musique irlandaise. Enthousiasmé, il écrit dans son journal en ligne : « *Les gens de ce pays aiment vraiment la musique. J'ai vu un garçon de dix ans et un vieil homme de soixante-dix qui jouaient d'un instrument ensemble sur le bord de la route. On ne verrait pas ça au Japon.* » Dans l'espoir de retrouver ces plaisirs dans son pays, il assiste pendant plusieurs années aux cours de *fiddle* du violoniste canadien Jim Ediger.

Pour la version de lancement de *Granblue Fantasy*, Nobuo Uematsu compose une douzaine de morceaux qui respectent scrupuleusement l'instruction donnée par Yuito Kimura. Une fois passée l'étape du thème principal, grande envolée orchestrale portée par un rythme énergique et une mélodie héroïque, l'esprit folklorique irlandais enchante immédiatement les oreilles : le son à la fois tendre et « rustique » voulu par le compositeur se retrouve surtout dans les thèmes des villes et des scènes de dialogue, usant généreusement de la flûte nationale – le *tin whistle* –, du *fiddle*, de la guitare et de l'accordéon. Aurait-il imaginé que cette musique, reçue avec tant de frilosité à l'époque de *Celtic Moon*, allait un jour apparaître sous sa forme la plus brute dans un jeu ? Heureusement, l'époque a changé, et il n'y est certainement pas pour rien.

Le thème des boutiques, l'un des plus saisissants, est même arrangé et joué par Aiko Ôbuchi, une violoniste spécialisée dans la musique traditionnelle irlandaise. Car l'ambiance est d'autant plus authentique que la bande originale de *Granblue Fantasy* est superbement produite et que les solos d'instruments sont dans leur grande majorité enregistrés en studio par des musiciens talentueux – parmi eux, le guitariste Kôichirô Tashiro, aussi entendu dans *The Last Story*, et le flûtiste Hideyo Takakuwa, grand habitué des enregistrements de *Final Fantasy*.

Le soin du détail et de la diversité

Même si *Granblue Fantasy* est un jeu pour téléphones portables et tablettes, sa bande-son est traitée aussi méticuleusement que celle d'une production pour consoles de salon. Ainsi, bien que la simplicité délicate des mélodies d'Uematsu rappelle immanquablement les bandes originales des *Final Fantasy* sur Super Nintendo, la présence de nombreux instruments acoustiques ne fait qu'en exacerber l'éblouissante beauté. Plus que jamais, sa musique fait chaud au cœur et parle directement aux sentiments des joueurs. Dans un genre plus grandiloquent, les thèmes de combat sont abordés avec un même soin et sont mis en scène de sorte que différentes sections instrumentales se succèdent au fil de la bataille à travers plusieurs boucles séparées.

Cette initiative est prise par Cygames et non par Uematsu, qui leur livre des pistes entières : les développeurs divisent une musique unique en plusieurs parties individuelles afin de mieux les mettre en valeur. Dans ce genre de situation, Uematsu ne proteste quasiment jamais. « *Si la personne qui crée le jeu pense que c'est mieux ainsi, c'est que ça doit être vrai* », explique-t-il. Il faut reconnaître que l'effet est parfois saisissant : la lente progression de « Sora wa takaku » (« les étoiles au firmament »), ajoutée lors d'une mise à jour au début de l'année 2016, mène jusqu'à une troisième partie, paroxysme de la bataille, faite d'un grand bouillonnement de rock progressif.

Mais si Nobuo Uematsu est le directeur sonore de *Granblue Fantasy*, il laisse après le lancement de la version initiale une place de plus en plus grande à son protégé, Tsutomu Narita, qui en est aujourd'hui le compositeur principal – ainsi qu'un joueur extrêmement assidu. Il continue désormais à l'alimenter régulièrement en morceaux inédits. Pour le jeune homme, qui a déjà eu l'occasion de participer à plus d'un projet de grande ampleur aux côtés du maître, l'heure est venue de se faire un nom. *Granblue Fantasy* révèle un artiste inspiré et en pleine possession de ses moyens, parvenant certes à prolonger l'esprit des compositions de la première version du jeu, mais aussi à développer de nouvelles ambiances spectaculaires… et des thèmes de combat à l'esprit hard rock débridé n'ayant plus grand-chose à voir avec la musique celtique. Mais après tout, comme le dit lui-même Nobuo Uematsu, le meilleur moyen d'ennuyer le joueur – et le compositeur – est de s'enfermer dans un style unique. Néanmoins, alors que Cygames laisse une grande liberté au célèbre compositeur, les développeurs sont bien plus stricts avec Narita, qui voit ses propositions souvent retoquées. « *Si ça se trouve, ils ne disent rien parce que c'est moi* », s'amuse Uematsu.

Le succès du jeu est tel que son éditeur n'attend guère avant de proposer une tournée de concerts pour grand orchestre. Intitulé *Sora no Kanade* (« la musique des cieux »), le spectacle s'arrête dans cinq villes japonaises entre août 2016 et janvier 2017, donnant aux joueurs l'occasion d'entendre des réorchestrations directement signées de la main de Tsutomu Narita. Extravagance prouvant le poids énorme de Cygames, le concert est même partiellement joué lors du Tokyo Game Show 2015 et retransmis en direct sur Internet, faisant fi de l'environnement pourtant bruyant du salon. *Granblue Fantasy* bénéficie lui-même d'un stand impressionnant, orné de la réplique grandeur nature de l'un des aéronefs du jeu. Un pari gagnant : en octobre 2017, Cygames annonce 18 millions de comptes créés.

Se pourrait-il que pour une jeunesse japonaise trop petite – voire pas encore née – dans les années 1990, le nom de Nobuo Uematsu soit en réalité associé à *Granblue Fantasy*, et non à *Final Fantasy* ? En Occident, si la reconnaissance dont bénéficie le jeu est toujours très mesurée, l'arrivée future d'un nouvel épisode sur consoles, *Granblue Fantasy Project Re: Link*, pourrait donner une meilleure visibilité à ce dernier jalon du compositeur… et au talent de son jeune collaborateur.

PARTIE 10

Écrire pour les enfants

10 SHORTS STORIES, RECUEIL DE COULEURS

Écrire des histoires et composer de la musique pour les enfants est aujourd'hui l'un des désirs les plus profonds de Nobuo Uematsu. Si ce motif est présent chez lui depuis très longtemps, y compris à l'époque des premiers *Final Fantasy*, ce n'est que depuis quelques années qu'il est absolument manifeste, particulièrement à travers le premier projet d'album solo dans lequel il se lance après le début de sa carrière d'indépendant.

Peu avant l'été 2009, Dog Ear Records annonce en effet un album de chansons pour enfants pour les cinquante ans du compositeur : *10 Short Stories* (« dix historiettes »). De la même façon qu'*Anata wo Yurusanai* est l'occasion de s'essayer à autre chose que la musique de RPG, ce projet s'inscrit naturellement dans la nouvelle vie du compositeur en lui offrant l'occasion de rappeler au monde que sa personnalité ne se limite pas au sérieux d'une partie de sa musique pour *Final Fantasy*. Pour ce premier album solo depuis *Phantasmagoria*, en 1994, il s'entoure du duo ACE, constitué du guitariste Tomori Kudô et de la chanteuse CHiCO, pour les arrangements, l'interprétation et l'enregistrement. La composition originale et les paroles sont, elles, signées de sa main. Hormis les deux premiers couplets de la chanson « Coconut Castaway », imaginés alors qu'il a douze ans, les morceaux sont écrits petit à petit, sur son temps libre, à partir de 2006. L'album est par ailleurs financé à titre personnel par le compositeur, et non par son label Dog Ear Records.

Avant qu'un CD complet ne sorte, c'est sous la forme de singles au format numérique qu'apparaissent les premiers titres au cours de l'année 2009. Nobuo Uematsu souhaite reproduire l'effet de l'époque où les nouvelles chansons sortaient sous la forme de singles et dont il fallait attendre patiemment la sortie au bout de quelques mois : c'était notamment l'expérience qu'il vivait en tant que fan d'Elton John. Ces premiers morceaux ont pour héros un joueur de conga, une jeune noix de coco, un chef cuisinier chinois ou encore un enfant en quête d'argent de poche. Édité en mars 2010, le projet final comporte dix morceaux, tous illustrés comme des jaquettes de disque vinyle par Kôji Shibano, ami de longue date d'Uematsu.

Dans *10 Short Stories*, on retrouve plusieurs thèmes chers au compositeur : les fées, les OVNI, l'amour, le râmen, l'envie, la confiance en soi, etc. Malgré une version anglaise sur iTunes et l'éclairage important qu'il apporte sur la personnalité du compositeur, l'album semble boudé par les fans, souvent trop attachés à *Final Fantasy* pour oser se pencher sur un univers en apparence si différent, même s'il est l'œuvre de Nobuo Uematsu. Pour rendre justice à ces histoires naturellement racontées en japonais, résumons-les.

« Here Comes Conga Boy »

Cette chanson a pour modèle un joueur de congas réel, mais anonyme, que Nobuo Uematsu croise régulièrement lors de la promenade matinale de sa chienne Pao le long du fleuve Tama, en face de chez lui. Un jour, ce musicien d'une vingtaine d'années arrête d'apparaître, laissant le compositeur dans l'interrogation. Est-il devenu musicien professionnel, a-t-il abandonné la musique ? La mélodie et les paroles sont composées sur place, en promenant Pao.

Tour à tour, Conga Boy est rejoint par le musicien Bongo Boy, le sumotori Tonga Boy (déferle alors une avalanche de termes spécifiques au sumo !), Tango Boy et enfin Ringo Boy, un vendeur de pommes « garanties sans poison ». À chaque apparition d'un nouveau personnage, la musique et le chant changent de couleur, proposant à l'auditeur une chanson en renouvellement constant. Le final est un rassemblement matinal bruyant, mais bien au goût d'Uematsu, qui préfère les rires tumultueux aux silences tristes. En guise de conclusion, un proverbe japonais très optimiste est chanté : « *Le bonheur vient à ceux qui savent rire.* »

« Gimme Gimme »

« Gimme Gimme » décrit la quête d'argent de poche d'un enfant auprès de tous les membres de sa famille. Dans une note explicative, Uematsu rappelle que si les enfants ont souvent hâte de voir leurs grands-parents le jour de l'an, ils devraient davantage penser à l'importance des moments passés avec leurs proches. Autrement dit, il faut savoir changer ses désirs plutôt que l'ordre du monde.

« Pour avoir de l'argent de poche, et si je demandais à papa ?
Si papa veut pas, et si je demandais à maman ?
Si maman veut pas, et si je demandais à papy ?
Si papy veut pas, et si je demandais à mamie ?
Si ça marche pas, reste plus qu'à abandonner ?
Non non, attends attends, et si je demandais à tonton ?
Si tonton veut pas, et si je demandais à tata ?
[...]
Ah... Mon enveloppe [à étrennes] est vide
Ah... Ma tirelire aussi sonne creux
Ah... Je pourrais faire semblant d'être malheureux...
Ah... De toute façon ça ne marcherait pas

Non non, attends attends, et si je demandais au chien ?
Si le chien veut pas, et si je demandais au chat ?
Si le chat veut pas, et si je demandais à Dieu ?
Si Dieu veut pas, et si je demandais à Bouddha ?
Ah, mais on ne demande pas à Bouddha, il faut laisser la chance faire. »

« Hikkari Pikkari »

Il s'agit d'un titre à part sur l'album puisqu'il est le seul à être directement lié au jeu vidéo : il apparaît en effet sous une forme instrumentale dans *Fantasy Life*, sur la demande du président de Level-5 Akihiro Hino. Le héros de la chanson est une fée bien différente de l'image qu'on peut en avoir en Occident. En effet, Hikkari Pikkari est une petite créature masculine volante et entièrement chauve ! Sa mission ? Réfléchir la lumière du soleil afin qu'elle abreuve le monde entier de ses rayons. À force de voir son apparence de quadragénaire raillée, il finit par se décourager et ne plus sortir de chez lui. Le monde sombre alors dans les ténèbres et le froid, jusqu'à ce qu'un enfant lui écrive une lettre lui demandant de revenir. Le cœur réchauffé par cette attention, Hikkari Pikkari prend conscience qu'il est bien comme il est et retourne effectuer ce qu'il fait le mieux.

Selon Nobuo Uematsu, si certaines personnes disent voir des fées, pourquoi se moquer d'elles ? Il n'y a pas de raison de les contrarier si elles sont heureuses ainsi. Il est d'ailleurs amusant de remarquer que le compositeur reprend « Hikkari Pikkari » comme pseudonyme pour le compte Twitter personnel qu'il utilise de 2010 à 2014 – avant de lui préférer un compte officiel, plus neutre. Comme un message, la description associée à ce profil est : « *Il m'arrive de voir des fées.* »

Pour cette chanson, Uematsu crée d'abord un arrangement rock au tempo rapide. ACE, pourtant, préfère l'arranger en se fondant sur un quatuor à cordes. Cette proposition du duo est rejetée sur-le-champ par le compositeur, mais après quelques jours, il réalise que cette version est la meilleure et revient sur son jugement.

« No Worries! »

« No Worries! » pourrait être résumée par le proverbe japonais « *nai mono nedari* », qui signifie littéralement « réclamer ce qu'on n'a pas ». Pour illustrer cette idée, Uematsu fait réciter à un manchot ses états d'âme : « *Je peux plonger et j'ai des ailes. Suis-je un oiseau ? Un poisson ? Si j'étais un oiseau, j'aimerais voler jusqu'en Afrique pour voir des girafes. Si j'étais un poisson, j'aimerais nager jusqu'en Europe pour voir des sirènes.* » Dans le refrain, il rappelle qu'il est normal d'être différent, voire envieux d'autrui : « *C'est bien comme ça. Tout le monde a des rêves. Les dauphins et les baleines aussi aimeraient fouler la terre ferme.* » Sur la page Internet consacrée à la chanson, Uematsu note qu'il est impossible de devenir quelqu'un d'autre et qu'il faut trouver le bonheur à sa façon. Il ajoute que chacun est unique et que l'on est probablement soi-même envié par autrui.

Si musique et paroles semblent étroitement liées, c'est pourtant l'idée musicale d'un joyeux quatuor de vents se transformant en rock au refrain qui germe dans la tête du compositeur.

« Whistle a Song »

« Whistle a Song » est une invitation à prendre du recul sur la vie. Ici, pas de héros déterminé, mais un narrateur qui prend sa bicyclette pour suivre les nuages dans l'immense ciel bleu, autrement dit vers l'inconnu : « *Qu'est-ce qui nous attend de l'autre côté de la colline ? Des rêves ? De l'espoir ? Des regrets ? La montée est difficile, mais venons-en à bout !* » Dans les couplets suivants, c'est à bord d'un ballon qu'il décide d'aller dans un pays inconnu, puis d'une navette spatiale qu'il choisit de voler vers les étoiles, avant de se laisser porter par son imagination en direction du futur : « *Qu'y a-t-il de l'autre côté de l'horloge ? Des rêves ? De l'espoir ? Des regrets ? Même si l'avenir devait être pénible, inutile de trop se soucier. L'avenir n'est que la suite du présent. Si l'on change le présent, c'est l'avenir qui change.* »

Pour simplifier, tout être humain est un jour amené à dépasser des épreuves dont il se faisait des montagnes, mais tout serait bien plus simple s'il avançait en souriant et sans réfléchir trop sérieusement. Musicalement, Nobuo Uematsu a voulu créer un morceau de folk à base de *picking* – une technique de jeu à la guitare –, à la façon de ceux en vogue il y a une quarantaine d'années.

« The Incredible Flying Natsuhiko »

Issue d'un conte classique chinois ancien, *Le bouvier et la Tisserande*, la légende de Tanabata est connue de tous les enfants d'Extrême-Orient, en particulier des Japonais. Dans une version commune de cette histoire, Natsuhiko, jeune bouvier, et Orihime, l'unique fille du roi du ciel tombent amoureux l'un de l'autre. Ils se marient et filent le parfait amour, négligeant la tâche à laquelle ils brillaient auparavant. Furieux qu'on lui rapporte cette nonchalance, le père d'Orihime décide de les séparer. Chacun vivra ainsi d'un côté de la Voie lactée. Peiné par la tristesse de sa fille, le roi du ciel finit par accorder au couple une rencontre par an. Ce sera le septième jour du septième mois, à condition qu'Orihime tisse avec assiduité et que Natsuhiko garde bien son bétail le reste de l'année. Ce jour arrivé, des pies forment un pont permettant les retrouvailles, sauf s'il pleut, auquel cas elles sont empêchées par les eaux débordantes de la Voie lactée.

Dans la version *10 Short Stories* de cette légende, Natsuhiko apparaît à un enfant après être silencieusement descendu du ciel à bord... d'un vaisseau spatial ! Après s'être présenté, Natsuhiko explique qu'il lui fallait jadis traverser la Voie lactée pour rencontrer Orihime, mais que grâce à sa navette spatiale, il peut maintenant voler la rencontrer tous les soirs.

> « *Déjà cette heure-ci ? Je dois me dépêcher.*
> *Elle va me faire la tête si je la fais attendre.*
> *Plus besoin de pies, plus besoin de pont.*
> *La rivière a beau déborder, avec [mon vaisseau], rien à craindre.* »

Avant de partir, Natsuhiko demande à son témoin de garder secret ce qu'il vient de lui révéler, en échange de quoi il exaucera un de ses vœux – à condition qu'il le fasse « *dans les cinq secondes* ». Le morceau se termine sur cinq tic-tac invitant chacun à réfléchir à ce qu'il souhaite le plus.

« Coconut Castaway »

« Coconut Castaway » est particulière car c'est la première chanson jamais composée par Nobuo Uematsu. Narrant les aventures d'une jeune noix de coco quittant l'arbre familial pour découvrir le monde à dos de vagues, cette chanson ensoleillée se couvre lorsque son héros prend conscience, en plein milieu « *du désert bleu* », qu'il ne reverra plus ses proches. Terrifié par l'orage et les houles qui le ballottent[113], il finit par perdre connaissance et sombrer au fond de l'eau. Un matin, il retrouve ses esprits et se rend compte qu'il a échoué sur une plage qu'il connaît bien... Il pleure de bon cœur, heureux de retrouver les siens. Finalement, l'herbe n'est pas forcément plus verte ailleurs.

113. Le morceau inachevé écrit à douze ans s'arrête ici. « *Près de quarante ans plus tard, il était temps de le sauver* », plaisante Uematsu en 2010.

« The Chef Who Use His Noodle »

S'il est un plat que Nobuo Uematsu pourrait manger tous les jours, ce sont probablement les râmen, ces longues nouilles en bouillon accompagnées de légumes, d'algues séchées ou encore de viande, selon les recettes. Leur provenance est difficile à établir mais on la situe souvent en Chine, quoique les Chinois pensent qu'il s'agit d'un plat japonais. Dans cette historiette qui se passe en Chine, Uematsu raconte la façon dont un roi gourmet est régulièrement interrompu au beau milieu de son repas complet par différents conseillers inquiets. Afin de lui permettre de manger équilibré et rapidement, son cuisinier imagine alors un plat tout-en-un à base de nouilles, de germes de soja, de viande et de pousses de bambou trempées dans une soupe : les râmen sont nés.

L'instrumentation rappelle de façon caricaturale mais efficace la Chine, avec ses mélodies monophoniques ponctuées par des coups de tam-tam ou des phrases de zheng – une cithare sur table. Le travail de la voix de CHiCO est par ailleurs admirable : elle chante très aigu et avec beaucoup de trémolos pour rappeler le théâtre chinois. En fond, on entend des bruits de cuisine et même de succion de râmen, tous enregistrés par le duo ACE : « *On a vraiment enregistré le son de râmen à la maison. On en a essayé plusieurs sortes, pour trouver le meilleur. Finalement, ce sont des shio-ramen ordinaires, cuits al dente, qui l'ont emporté.* »

« Every New Morning »

Après la Chine et les râmen, « Every New Morning » transcrit en une douce chanson les sentiments oblatifs d'une mère envers son enfant.

> *« T'es-tu beaucoup amusé ? As-tu beaucoup ri ?*
> *Je n'ai pas besoin de l'entendre pour le savoir, c'est sur ton visage.*
> *As-tu couru avec les autres et ri aux éclats ?*
> *Ou alors t'es-tu battu et as-tu pleuré ?*
> *Quoi qu'il arrive, sois fort et mange bien.*
> *Tout ce que je veux, c'est que tu ailles bien. »*

Le chant de CHiCO, accompagné par de chaleureux arpèges de guitare et posé sur un tapis de cordes à peine audible ne laisse aucun doute : que l'on comprenne les paroles ou non, il est ici question de sentiments sincères. « *Merci d'être né* », conclut la chanson.

« Revenge of the 5-Foot Swhail »

Derrière l'énigmatique titre « La revanche de la limace de cinq pieds » (en japonais : « Boku wa namekujira »[114]) et sa musique énergique se cache une histoire d'exclusion plus sensible qu'il n'y paraît. Son héros est un méchant monstre de cinéma qui, à force de se faire malmener par les gentils, finit par crier ses états d'âme :

« *Je sais qu'en ce monde, c'est aux amis de la justice de gagner.*
Que le rôle des méchants est de perdre et de se disperser lamentablement.
[...]
Mais moi aussi je suis un bon père. Quand je rentre, mes enfants et ma femme m'attendent.
Tu me crois ? C'est pourtant la réalité.
[...]
Il ne peut y avoir d'ombre sans lumière.
Si on n'était pas là, la justice ne triompherait pas.
Ne me blâme pas sans savoir.

Moi je m'en fiche, mais mets-toi à la place de mes enfants le jour de la visite des parents à l'école.
Tu le supporterais, toi ? Tu veux prendre ma place ?
J'aimerais qu'une seule fois, les gentils le disent publiquement.
"C'est grâce à toi que je suis là. Merci pour tout. Continue comme ça !"
Ça me sauverait qu'ils disent ça. »

---

114. Namekujira est un mot-valise constitué des mots « namekuji » (« limace »), et « kujira » (baleine »). Uematsu a trouvé amusante l'idée d'une baleine ne pouvant pas rejoindre la mer car l'eau y est salée.

Cette chanson dont la musique a été composée avant les paroles connaît trois versions : dans la première, un guerrier de l'espace tombe amoureux de la nature sur Terre après que son vaisseau y a échoué. Trouvant l'histoire trop sérieuse, Uematsu change ce héros en groupes de touristes d'une lointaine planète venus visiter la Terre. Pas plus convaincu, il décide alors de montrer les fragilités d'un héros admiré par tous les enfants (faut-il rapprocher ce portrait de l'histoire personnelle du compositeur ?), avant d'opter finalement pour un comédien jouant des méchants, personnage dont il juge le point de vue plus rare et donc intéressant. Il ne lui reste plus qu'à donner une identité à ce méchant sensible : après des hésitations, il abandonne son idée d'« uni-guri » (« oursin-châtaigne ») au profit de la baleine-limace.

Une onzième fable pour Noël

Le Noël qui suit la sortie de *10 Short Stories*, Dog Ear Records publie un DVD rassemblant les clips vidéo de chaque titre, réalisés par le guitariste et vidéaste TsuTom à partir des illustrations de Kôji Shibano[115]. En plus des dix fables, on y trouve un titre inédit chanté non pas par CHiCO, mais par Manami Kiyota, interprète de l'album *Final Fantasy Song Book: Mahoroba* et elle-même compositrice de jeu vidéo, notamment pour *Xenoblade Chronicles* et sa suite. Intitulée « Boku no Christmas Present » (« mon cadeau de Noël »), cette jolie chanson a pour protagoniste un enfant que le Père Noël vient voir en personne pendant la nuit de Noël. Seul hic, celui-ci lui annonce, l'air désolé, qu'il a oublié son cadeau. Choqué, le garçon laisse tomber une larme dont le son alerte des copains bienveillants qui lui cèdent chacun un cadeau. Consolé, le petit garçon laisse encore échapper une larme, cette fois-ci de bonheur.

Bien que chaque histoire ait une morale, *10 Short Stories* n'est pas conçu comme un objet moralisateur – dans la plupart des cas, la musique a même précédé les paroles. De même, il serait injuste de résumer l'album *10 Short*

115. Sans avoir le DVD, on peut découvrir plusieurs de ces clips sur le CD lui-même, ou en meilleure résolution sur le compte officiel YouTube de Dog Ear Records.

Stories à des chansons pour enfants indignes d'être écoutées par des adultes. Non seulement le message de chaque titre est universel, offrant un regard inédit et d'une grande véracité sur la personnalité du compositeur, mais le soin apporté aux arrangements et les différents calques de voix méritent une écoute attentive au casque.

Avant même que sorte *10 Short Stories*, Uematsu et CHiCO formulent le rêve de produire un deuxième album, mais il est probable que les ventes du premier n'aient pas été assez convaincantes. Ce qui est bien dommage, car on aimerait beaucoup entendre les morceaux déjà annoncés : « Je suis un fantôme », « Sunakake Baba », « Le Comte Sandwich »...

BLIK-0 1946, LE PETIT ROBOT

Bien que la suite de ses *10 Short Stories* reste actuellement en suspens, un autre projet tenant à cœur à Nobuo Uematsu voit le jour en 2013 avec la publication d'une histoire intitulée *Blik-0 1946*, entièrement écrite par ses soins et accompagnée de trois compositions inédites. Blik-0 (à prononcer « buliko ») est le nom d'un petit robot en étain, conçu en Allemagne pendant la Seconde Guerre mondiale par un célèbre scientifique spécialisé dans l'intelligence artificielle, le Docteur Mabuse. Mais, refusant que sa création serve à faire la guerre, il décide de s'enfuir et de retirer l'arme cachée dans sa poitrine. En 1946, un an après la fin du conflit, Mabuse se décide à enseigner toutes les belles choses de la vie à Blik-0 : il lit de la poésie, écoute de la musique, découvre la beauté de l'art, et n'a de cesse de s'émerveiller des belles choses créées par les humains. Rapidement, le robot rêve lui aussi d'être considéré comme un humain et d'éprouver leurs sentiments... Mais réalise bien vite que tout n'est pas aussi positif qu'il le pense.

Pour tout le monde, Nobuo Uematsu est compositeur, et non écrivain. S'il rédige pendant quelques années de nombreuses chroniques pour le magazine de jeu vidéo *Famitsu*, il s'agit uniquement d'un journal de son quotidien, et non d'une œuvre de fiction. L'idée de s'essayer à cette forme d'expression lui vient en fait lors de ses déplacements à travers le monde pour assister aux concerts de la tournée *Distant Worlds*. En effet, la composition dans un avion ou une chambre d'hôtel étant un exercice difficile en l'absence de son équipement, il se dit un jour qu'il pourrait mettre ce temps à profit en écrivant. De fil en aiguille, ou plutôt de voyages en moments d'ennui, Uematsu pose le point final sur sa première histoire en 2010. Puisqu'on ne peut chasser le naturel sans qu'il revienne au galop, il compose dans la foulée un « thème principal » de *Blik-0.*

Il faut dire qu'être l'auteur d'une œuvre complète est une occasion rare pour lui, qui ne prête d'habitude son savoir-faire de musicien qu'aux productions des autres.

Dans son enthousiasme, il propose même à son fidèle collaborateur de Dog Ear, Hiroki Ogawa, de réaliser quelques illustrations. Le dessin est en effet l'un de ses talents, même s'il rappelle à qui veut l'entendre qu'il n'est qu'un amateur en la matière. Cependant, Ogawa ayant grandi aux États-Unis, son style est grandement inspiré par les *comics*, ce qui lui donne une identité certaine – totalement différente du style de Kôji Shibano !

Au départ, pourtant, Nobuo Uematsu n'éprouve pas l'envie de partager sa création avec le monde. Puisque ce n'est pas le domaine dans lequel il est traditionnellement attendu, il ignore sans doute quelles ficelles tirer pour voir son œuvre publiée. *Blik-0 1946* se rappelle à son bon souvenir quand, lors d'un dîner avec lui quelque temps plus tard, Yukihiko Hôjô de l'éditeur de jeux Hit Maker lui demande s'il s'intéresse aux livres électroniques. C'est décidé : Hôjô va publier l'histoire d'Uematsu sur les plates-formes numériques, et puisque cela permet d'intégrer de la musique et des images dans le texte, le compositeur s'attelle à deux morceaux supplémentaires et reprend directement les illustrations réalisées par Ogawa quelques années plus tôt. *Blik-0 1946* est publié en juillet 2013 dans sa version japonaise originale, puis dans une traduction anglaise le mois suivant par l'intermédiaire de l'éditeur Acttil.

La lecture de *Blik-0 1946* est plus que recommandée à tous ceux qui s'intéressent à Nobuo Uematsu, car elle est une occasion rare de découvrir sa sensibilité sous une forme entière, et non au service d'un autre créateur. Les trois morceaux qui ponctuent la lecture sont à son image, n'hésitant pas à employer les sonorités brutes du synthétiseur et des voix robotiques dont le livre donne les paroles – donnant lieu à des chansons dont le style électronique est en complet accord avec le thème de l'histoire. Uematsu souhaite aujourd'hui encore donner une suite aux aventures du petit robot en étain, en composant un accompagnement musical plus copieux.

PARTIE 11

LE PIED SUR LA SCÈNE

JEUNES ANNÉES

Tout le monde connaît Nobuo Uematsu en tant que compositeur, un métier solitaire à plus d'un titre : ultimement, l'artiste est seul avec sa page blanche. Mais ceux qui s'intéressent d'un peu plus près à sa carrière savent qu'après des années d'activité, Uematsu franchit le pas et monte sur scène. Tout d'abord avec les Black Mages, formation dédiée à *Final Fantasy* et dont l'existence révèle une vérité méconnue – sa passion pour le rock sous toutes ses formes. Puis avec les Earthbound Papas, un autre groupe de rock certes, mais dont le répertoire plus varié et l'approche musicale plus souple font qu'il serait malvenu de l'inscrire dans la continuité exacte du précédent.

Fait méconnu, c'est dès ses années de collège à Kôchi que Nobuo Uematsu est emporté par la tentation de se produire en public (voir la partie 1). C'est, pour le jeune homme, une période de découverte des multiples plaisirs de la musique. D'un côté, les émissions de radio nocturnes lui offrent une fenêtre inédite sur les tubes occidentaux de cette période faste qu'est le début des années 1970. De l'autre, il se met à pratiquer le piano et la guitare en parfait autodidacte. Bien rapidement, les deux influences convergent et l'envie lui prend de former avec quelques amis ce qu'on appelle un *cover band*, un groupe se consacrant surtout à des reprises de morceaux célèbres.

Dans leur cas, ce sont des sources absolument contemporaines, mais ô combien marquantes : Emerson, Lake and Palmer, Weather Report et Camel – tous les trois formés entre 1970 et 1971 –, ainsi que Chick Corea qui est alors en pleine réinvention de son univers musical. Uematsu se place au synthétiseur. Débuts modestes obligent, ce groupe nommé Cadenza ne lui permet de se produire que devant de très petits publics lors du festival de son collège. Mais la vocation est bien là, et ne fait que s'amplifier au fil des années. Au lycée, il prend place au sein du groupe Potatoes lorsque son camarade Tetsurô Oda, qui l'a établi, doit quitter Kôchi pour suivre ses parents.

À l'université, Uematsu participe à plusieurs groupes avec ses camarades : Melody Talk lors de sa première année, Random House lors de la deuxième, Maboroshi Hôshi (« le fantôme anonyme ») lors de la deuxième et de la troisième... Cela lui donne l'occasion de jouer dans des petites salles de Shibuya, le quartier branché de Tokyo, et de goûter pendant un temps à la vie d'artiste, avec ses joies et ses contrariétés – paie médiocre et déplacements pénibles avec le lourd matériel dans le métro.

Avec le temps, et les arrêts successifs de ces groupes, il semble finalement au jeune Uematsu que la carrière de compositeur lui sourit sans doute davantage, ce qui le pousse à suivre des cours dans une école spécialisée dans le synthétiseur. Entre ses 23 et ses 26 ans, il ne renonce pas pour autant à la scène, avec des formations comme La Lune Blanche (en français dans le texte) et Lego System, puis il décide fermement de tout faire pour devenir compositeur. Lorsqu'il croise la route de Square en 1985, la vocation est scellée – même s'il ne le sait pas encore. Enfin devenu compositeur à temps plein, se consacrant pleinement à la série *Final Fantasy*, il laisse les concerts de côté... sans penser qu'il les retrouvera plus d'une décennie plus tard, pour prendre part au groupe dont le nom est le plus connu de ses fans.

THE BLACK MAGES, LE RETOUR À LA SCÈNE

Voici qui je suis réellement

En décembre 2002, les visiteurs du site officiel de Square de l'époque, PlayOnline, découvrent une page mystérieuse sur laquelle ils peuvent écouter le célèbre morceau « Clash on the Big Bridge » de *Final Fantasy V* dans un arrangement hard rock inédit et étonnant. Aucune autre information ne vient expliquer la nature de cette proposition musicale. Quelques jours plus tard, au début du mois de janvier 2003, le rideau se lève finalement : ce morceau va faire partie d'un album d'arrangements façon rock de la musique de *Final Fantasy* portant le nom sans équivoque de « The Black Mages », « les mages noirs ». Une facette jusque-là peu soupçonnée de Nobuo Uematsu est en train de se révéler sans aucun fard.

L'initiative du projet The Black Mages, pourtant, ne vient pas directement d'Uematsu, mais de deux de ses collègues : Ken'ichirô Fukui et Tsuyoshi Sekito. Tous deux membres de l'équipe sonore de Square, ils ont connu un parcours sensiblement identique : après quelques années passées chez Konami, ils rejoignent en 1995 le bureau de Square à Osaka, où Fukui compose la bande originale d'*Einhänder* et Sekito, celle de *Brave Fencer Musashi*, avant de créer ensemble les musiques du jeu de catch *All Star Pro-Wrestling* en 2000. Mais leur plus grand point commun est qu'ils sont des passionnés de rock, un genre qu'ils expriment justement sans retenue dans *All Star Pro-Wrestling* et ses deux suites. Dans leur enthousiasme, les deux artistes se mettent à imaginer ce que cela donnerait si ce style de musique était appliqué aux compositions bien connues de *Final Fantasy*. Dans leur temps libre, ils créent ainsi des démos reprenant quelques-uns des thèmes de combat de la série, et ont l'idée de présenter le résultat à Nobuo Uematsu en personne. Immédiatement séduit par ce qu'il écoute, le compositeur n'y va pas par quatre chemins et propose d'en faire un album.

Fukui et Sekito ne s'attendent sans doute pas à recevoir un accueil si favorable de la part d'Uematsu, et pour cause. Quiconque connaît les bandes originales de *Final Fantasy* peut imaginer que leur compositeur s'intéresse davantage au style orchestral, éventuellement aux musiques du monde comme celles d'Irlande, mais probablement pas au rock, même s'il existe quelques précédents notables. Depuis que les capacités sonores des consoles lui permettent d'employer des styles plus variés, il peut par exemple créer des thèmes de boss lorgnant les différentes formes de rock et de metal. L'indice le plus fort est certainement « Otherworld » de *Final Fantasy X*. La réalité, c'est que le projet de Fukui et Sekito est aux yeux d'Uematsu un moyen providentiel de démontrer à tous ses fans que son style de musique préféré est le rock, sous toutes ses formes.

Pour baptiser ce projet, Kensuke Matsushita de Square Sounds propose « Kuromadôshi », ce qui signifie « mage noir » en japonais. Mais comme cela ne fait pas très rock dans l'esprit, ils décident d'utiliser la traduction anglaise habituelle de cette classe de personnage traditionnelle de *Final Fantasy* : *black mage*. Édité par le défunt label DigiCube de Square, l'album *The Black Mages* paraît le 19 février 2003 au Japon, regroupant dix morceaux entièrement arrangés et interprétés par Ken'ichirô Fukui et Tsuyoshi Sekito – le premier joue les synthétiseurs et le second la guitare, mais la batterie et la basse sont virtuelles. Puisant dans le vaste catalogue des thèmes de combat de la série, les classiques s'y enchaînent, de « Fight with Seymour » de *Final Fantasy X* à « Force Your Way » de *FFVIII*, en passant bien sûr par deux valeurs sûres de *FFVII* que sont « Those Who Fight Further » (autrement nommée « Fight On! ») et « J-E-N-O-V-A ». Le disque s'autorise même une première folie : une reprise de douze minutes de « Dancing Mad » de *Final Fantasy VI*.

Sous le feu des projecteurs

Mais il ne sera pas uniquement question d'un album. Rapidement après sa sortie, Square annonce que les Black Mages vont également proposer un concert.

La question se pose alors de savoir qui va composer le groupe jouant réellement sur scène, car le disque est uniquement enregistré à la guitare électrique et au synthétiseur par Fukui et Sekito, et cela ne suffit évidemment pas pour proposer un show complet. Nobuo Uematsu, qui imagine occuper le rôle de producteur du groupe – le premier album porte même la mention « Présenté par Uematsu Production » –, jette son dévolu sur d'autres employés de Square dont il sait qu'ils sont des musiciens. Parmi eux, il y a Michio Okamiya, qui occupe le poste de responsable de la publicité et de producteur, et a notamment travaillé sur *Final Fantasy VIII*, *IX* et *X*. Mais Uematsu sait qu'il est avant tout un féru de guitare et qu'il a l'âme d'un showman, ce qui fait de lui l'homme idéal pour mener le groupe !

Ce qu'il n'imagine pas, c'est qu'Okamiya va procéder en fait à un petit chantage : oui, il est tout à fait partant pour intégrer les Black Mages en tant que guitariste, mais à une seule condition... que Nobuo Uematsu lui-même fasse partie du groupe, et joue avec eux sur scène ! Le compositeur, déjà quarantenaire, se voit mal devenir un rockeur tardif, d'autant qu'il est pris par ses fonctions au sein de la branche musicale de Square. Certes, il a déjà régulièrement joué sur scène, mais vingt ans plus tôt, au sein de petits groupes et devant de modestes publics, bien avant qu'il ne connaisse une grande notoriété grâce à *Final Fantasy*. Le chantage d'Okamiya fonctionne pourtant, et Uematsu se laisse séduire par le défi : il prend le rôle d'organiste. La basse est confiée à Keiji Kawamori, programmeur du synthétiseur sur les épisodes de *Final Fantasy* à partir du huitième. Quant à la batterie, elle revient à Arata Hanyûda, membre comme Okamiya du département publicité de Square – il occupe à ce moment-là le poste de directeur de la publicité de *Final Fantasy XI*.

L'idée de créer un groupe dont les membres sont des compositeurs de jeu vidéo – ou même des employés venant d'autres départements – n'a rien d'aberrant. Square comble là un retard certain en la matière. Entre la fin des années 1980 et le début des années 1990, il n'est pas rare pour les éditeurs japonais de disposer de groupes de musique en interne formés par leurs compositeurs attitrés, comme le Kukeiha Club chez Konami, Alph Lyla chez Capcom, le S.S.T. Band chez Sega, Zuntata chez Taito et Gamadelic chez Data East. Ils publient naturellement des albums d'arrangements, et certains organisent même des concerts en commun. Ken'ichirô Fukui n'est pas étranger à ce principe, puisqu'il participe lui-même au Kukeiha Club en tant que claviériste, à l'invitation de son leader Motoaki Furukawa[116].

La date du tout premier concert des Black Mages, sobrement intitulé « The Black Mages Live », est fixée aux 26 et 27 avril 2003, à la salle Shibuya-AX de Tokyo. Square – qui vient tout juste de devenir Square Enix – profite de cette occasion pour proposer, avant le concert du 26, un enregistrement en public de la « Uematsu Radio » lancée quelques mois plus tôt afin d'assurer la promotion des projets du compositeur. Cette fois-ci, l'émission est destinée à accompagner la campagne publicitaire de *Hanjuku Hero VS 3D* sur PlayStation 2 qui doit sortir en juin 2003. L'addition des deux événements n'est pas incohérente, car Nobuo Uematsu compose la bande originale du jeu. La séance promotionnelle se fait en présence de Takashi Tokita, réalisateur, producteur et scénariste, mais aussi et surtout d'Isao Sasaki, légende du doublage et des génériques de dessins animés japonais, désigné pour en interpréter les chansons. Professionnel de l'exercice, Sasaki pousse même la chansonnette sur scène, interprétant le générique « Tatakae! Hanjuku Hero » pour un résultat explosif.

On ne peut pas forcément en dire autant du concert inaugural des Black Mages, mais la comparaison est difficile : c'est la première fois que le groupe joue en public, et il cherche encore ses marques. Sans surprise, l'élément le plus actif est Michio Okamiya, impatient de jouer au *lead guitarist* sûr de lui, tentant désespérément de pousser ses collègues à briser leur coquille, notamment l'autre guitariste, Tsuyoshi Sekito... sans vraiment de succès. Cette expérience est pourtant rassurante pour Nobuo Uematsu, soulagé de constater que le public répond chaleureusement à leur prestation.

En plus des dix morceaux du premier album, les Black Mages jouent un inédit, sans doute l'un des moments les plus mémorables de la soirée : « Matoya's Cave », d'un rock 'n' roll plus chaleureux, qui débute par une belle introduction à la guitare acoustique de Sekito avant de partir dans une improvisation inattendue du groupe, pour un morceau long de huit minutes. Le concert est filmé, mais Square Enix n'en propose le DVD qu'aux adhérents du fan-club

116. Furukawa fait d'ailleurs une apparition en tant qu'invité lors d'un concert des Black Mages à Osaka le 28 janvier 2005.

japonais officiel de Nobuo Uematsu, qui n'est évidemment accessible qu'aux Japonais. L'objet, paru en janvier 2004, n'en est que plus rare.

En avril 2004, les Black Mages effectuent leur unique collaboration extérieure à Square en acceptant l'invitation de la maison de disques TEAM Entertainement, qui prépare un disque d'arrangements collaboratifs du jeu *Dark Chronicle* de Sony – sorti sous le titre *Dark Cloud 2* en Occident –, dont la bande originale est composée par Tomohito Nishiura du studio Level 5[117]. À leurs côtés, d'autres pointures du monde de la musique de jeu vidéo japonaise, dont de très bonnes connaissances : Yasunori Mitsuda, Kenji Itô et Yôko Shimomura, entre autres.

Décollage immédiat

Le départ de Nobuo Uematsu de Square Enix, en 2004, ne remet pas en cause l'existence des Black Mages. Preuve en est le lancement du deuxième album du groupe, le 22 décembre 2004, intitulé *The Skies Above* (« les cieux qui nous surplombent ») et illustré par Hideo Minaba[118]. Contrairement au premier, il est conçu alors que le groupe des Black Mages est déjà formé, ce qui permet un travail plus étroit entre les musiciens. Pour imaginer ce deuxième album, Nobuo Uematsu sélectionne une liste de pistes qu'il veut reprendre, puis les propose aux autres membres du groupe qui, après réflexion, se répartissent les morceaux pour en créer des démos, ces dernières faisant ensuite l'objet de discussions pour préparer les versions finales. Ken'ichirô Fukui et Tsuyoshi Sekito restent les deux principaux arrangeurs, mais Michio Okamiya s'approprie tout de même « Maybe I'm a Lion » de *Final Fantasy VIII*. L'une des limites des Black Mages s'esquisse rapidement : puisque les membres du groupe sont des employés de Square Enix avant tout, ils ne peuvent se permettre d'avancer sur l'album qu'en

117. Compositeur attitré de Level 5, Nishiura signe notamment les bandes originales des séries *Dark Cloud* et *Professeur Layton*, ainsi que de *Rogue Galaxy*.
118. Notamment directeur artistique de *Final Fantasy VI*, *IX* et *XII*. Pour l'anecdote, Minaba quitte également Square Enix en octobre 2004, afin de fonder son propre studio de création artistique pour le jeu vidéo, Designation.

dehors des heures de bureau. Beaucoup dépend donc de leur investissement et de leur disponibilité.

Si de nombreux éléments de l'album sont encore joués au synthétiseur, comme dans le premier, les Black Mages ont cette fois davantage recours à des enregistrements en studio, pour un résultat plus authentique. Le disque, qui plus est, s'offre un peu plus de diversité en s'écartant du pré carré des thèmes de combat, avec l'énergique « Vamo' Alla Flamenco » de *FFIX*, « Matoya's Cave » de *FFI* – en version raccourcie par rapport à celle du précédent concert – et, surtout, le morceau éponyme « The Skies Above », un arrangement de la fameuse « Zanarkand » de *FFX*. Mais pour cette dernière, plus question de se contenter de la douceur mélancolique du piano qui fait le charme maintes fois célébré de l'originale – le solo ne dure que le temps de l'introduction, jouée pour l'occasion par Ken'ichirô Fukui –, car c'est en réalité une ballade rock complètement exubérante, aux paroles en anglais écrites par Alexander O. Smith et interprétées par un mystérieux « mr.goo ». Sa voix tonitruante ne laisse personne indifférent.

Pour connaître l'identité réelle de ce « monsieur gluant », il faut attendre les concerts organisés en janvier 2005 par les Black Mages à la suite du lancement de ce nouvel album : il s'agit ni plus ni moins de Tomoaki Watanabe, un ténor que les amateurs de concerts de *Final Fantasy* connaissent bien puisqu'il joue le rôle de Draco dans l'arrangement de l'opéra de *Final Fantasy VI* inauguré par *Tour de Japon*. Vêtu d'un long trench coat blanc, le chanteur s'extrait avec un panache certain du domaine classique dans lequel il s'est jusque-là illustré. Et les Black Mages, par la même occasion, montrent qu'ils ne craignent pas les extravagances...

Ce second album compte une originalité supplémentaire sous la forme d'une onzième piste bonus intitulée « Blue Blast - Winning the Rainbow ». Derrière ce titre énigmatique se cache un morceau écrit par Nobuo Uematsu à la demande de Takehiro Murahama, un catcheur japonais qui compte s'en servir comme d'un thème d'entrée en scène lors de ses combats. Pour Uematsu, qui rêve depuis toujours de devenir un jour lutteur professionnel, c'est une occasion rare de mettre un pied – ne serait-ce que musical – dans l'arène.

Le troisième album des Black Mages, lui, se fait plus longuement attendre.

Le groupe n'en reste pas moins actif, notamment alors que *Final Fantasy VII Advent Children* est en cours de production et que quatre de ses membres travaillent sur sa bande originale. Même si le groupe n'est pas nommément mobilisé, son empreinte est plus qu'évidente – et parfaitement appropriée à l'action démesurée du film. Lorsqu'un nouveau grand concert de la série est organisé à Los Angeles en mai 2005, *More Friends*, ce sont d'ailleurs les Black Mages au grand complet qui montent sur scène pour rejoindre l'orchestre et le chœur afin de révéler au monde « Advent: One-Winged Angel », reprise rock-orchestrale du morceau légendaire qui sert d'accompagnement au grand duel final d'*Advent Children* – ils jouent également deux morceaux uniquement rock de leur deuxième album. En février 2006, ils font une apparition tout aussi remarquée lors du concert orchestral *Voices: music from Final Fantasy* à Yokohama, où la même « Advent: One-Winged Angel » faisant office de rappel électrise le public au point qu'Uematsu et le chef d'orchestre Arnie Roth décident de la jouer deux fois d'affilée. Il n'en faut pas plus pour pousser Michio Okamiya à descendre de la scène et à dévaler les allées de la gigantesque salle du Pacifico Yokohama sous les acclamations du public lors de son grand solo de guitare.

Cette même année 2006, les Black Mages enregistrent un arrangement inédit, signé Ken'ichirô Fukui, du thème de combat final de *Final Fantasy III* afin d'accompagner la bande originale du remake du jeu sur DS. Mais toujours pas de troisième album en vue. Pendant un temps, le groupe semble en réalité chercher une formule plus ambitieuse qu'un simple disque de « reprises » rock de *Final Fantasy*. Nobuo Uematsu évoque même l'idée d'un double album dont le premier disque continuerait à proposer des arrangements de la série, mais dont le second serait une sorte d'opéra rock inspiré des contes et légendes traditionnels du Japon. Aussi séduisante soit-elle, elle n'aboutit pas.

Menace sur le groupe

Lorsque le projet de troisième album finit par se concrétiser, à la fin de l'année 2007, les membres du groupe doivent se résoudre à suivre fidèlement la voie « facile » empruntée par les deux précédents et à préparer simplement une nouvelle gamme d'arrangements rock de *Final Fantasy*. Toute entreprise plus téméraire aurait nécessité un grand investissement de la part de chaque membre. Or, ils n'ont tout simplement plus le temps de viser plus haut, la situation personnelle de chacun ayant évolué. Alors qu'ils ont tous rejoint le groupe en tant qu'employés de Square Enix, trois d'entre eux ont entre-temps quitté la société : Nobuo Uematsu le premier, en octobre 2004, suivi de Michio Okamiya en mars 2006[119] et de Ken'ichirô Fukui en octobre 2007[120].

Cela ne les empêche évidemment pas de contribuer au groupe, mais les emplois du temps n'en sont alors que plus contradictoires, ce qui rend difficiles leurs rencontres de travail. Ainsi ce nouvel album est accouché dans la douleur, les sessions d'enregistrements devant le plus souvent se faire le week-end – certaines d'entre elles durent même jusqu'au petit matin. Et si jamais quelqu'un a un empêchement, cela ne fait que retarder davantage l'avancée. Heureusement pour eux, les Black Mages peuvent profiter de ces moments ensemble pour oublier leur quotidien et se consacrer pleinement à la musique dans une ambiance bon enfant.

The Black Mages III: Darkness and Starlight (« l'obscurité et la lumière des étoiles ») paraît le 19 mars 2008 au Japon, une nouvelle fois illustré par Hideo Minaba. L'artiste représente l'étreinte d'un homme et d'une femme, image inspirée par le titre du disque... et, fatalement, par son morceau phare, « Darkness and Starlight », ambitieuse reprise rock de l'opéra de *Final Fantasy VI*. Pour elle, Uematsu mobilise les trois solistes qui sont immanquablement associés aux rôles de Maria, Draco et Ralse depuis la réorchestration de 2004 – Etsuyo Ôta, Tomoaki Watanabe et Tetsuya Odagawa –, et y ajoute le narrateur Masao Koori, récitant le texte qui dans *FFVI* introduit chaque section. Le groupe se plie en quatre pour créer ce morceau de plus de quinze minutes, chaque section étant arrangée par un membre différent : la première par Sekito, la deuxième et la quatrième par Fukui et la troisième par Okamiya. Certainement, cette troisième partie est la plus croustillante : elle commence par la valse du mariage, mais au lieu d'abandonner le duel entre Ralse et Draco après un bref échange d'amabilités, elle s'offre quelques minutes de pure folie nouvellement composées par Nobuo Uematsu et représentant leur grand combat. Les invectives des deux

119. Il rejoint peu après l'éditeur AQ Interactive.
120. Fukui entame alors une reconversion dans l'enseignement, en participant à la fondation de l'école d'informatique et de jeu vidéo HAL Tokyo qui ouvre ses portes en 2009.

concurrents sont alors ponctuées par le chœur de leurs soutiens... interprété par les six Black Mages en personne ! Certes, la grâce de l'opéra d'origine et de ses orchestrations n'a guère de place dans cet arrangement exubérant. À moins d'avoir une faible tolérance au kitsch, il est difficile, pourtant, de ne pas ressentir l'enthousiasme décomplexé avec lequel les musiciens nous le proposent...

Lorsqu'ils jouent le morceau en concert, en août 2008, les Black Mages poussent la logique encore plus loin. Ils s'entourent non seulement de tous leurs solistes, mais aussi de la troupe de théâtre R:MIX, qui joue une chorégraphie moderne faite de costumes semblant tout droit sortis d'un jeu de rôle japonais et truffée d'acrobaties qui n'ont plus rien à voir avec l'opéra italien auquel aspirait *FFVI*. Mais tout le monde s'amuse bien, le public y compris, et c'est sans doute là le principal.

Le troisième album des Black Mages se conclut sur un morceau intitulé « LIFE ~in memory of KEITEN~ ». KEITEN est le surnom de Yoshitaka Tagawa, un jeune homme atteint de leucémie myéloïde aiguë dont Nobuo Uematsu fait la connaissance environ huit ans plus tôt, alors qu'il a 15 ans. Ce grand fan de *Final Fantasy* a alors droit à un privilège rare : touché par son histoire et pour l'encourager dans son combat, le compositeur de la série écrit un morceau de musique rien que pour lui. Pendant les années qui suivent, ils ont l'occasion de se rencontrer de nouveau et, lorsqu'il le voit pour la dernière fois au concert *Press Start*, en 2007, Uematsu est ravi de le découvrir en bonne forme.

Ce n'est malheureusement qu'une impression. La maladie emporte Yoshitaka Tagawa le 28 janvier 2008. Profondément attristé par la nouvelle, Nobuo Uematsu choisit de préserver son souvenir en ajoutant le morceau qu'il lui dédie sur l'album des Black Mages, qui est en cours de production. Ce décès lui inspire cette irréfutable morale : « *Si vous aimez votre famille, vos amis, votre compagne ou votre compagnon, dites-le-leur et remerciez-les chaleureusement tant que la vie vous le permet.* »

Un discret clap de fin

À la suite de leur troisième album et du concert qui en scelle toutes les extravagances en août 2008 à la salle Yokohama Blitz, l'aventure des Black Mages prend discrètement fin. L'annonce en est néanmoins tardive, et détournée : c'est lorsqu'il est interrogé sur leurs activités futures lors de son passage dans l'émission « Kyô wa ichinichi "game ongaku" zanmai » de la radio japonaise NHK-FM, le 7 août 2010, que Nobuo Uematsu révèle que le groupe est en fait déjà dissous, sans préciser depuis quand la décision a été prise. Pour qui suit l'actualité du groupe et lit les commentaires de ses membres lors de la promotion de *Darkness and Starlight*, cette annonce n'est cependant guère surprenante.

Les problèmes d'emploi du temps qui ont compliqué les enregistrements de l'album n'allaient pas disparaître comme par magie, alors notamment que Ken'ichirô Fukui est désormais enseignant à HAL Tokyo, que Michio Okamiya travaille pour AQ Interactive et que Tsuyoshi Sekito a été muté à la division de Square Enix à Osaka – pour ce dernier, toute venue à Tokyo nécessite près de trois heures de train. Quant à Arata Hanyuda, il finit par démissionner de son poste de directeur général du département du commerce en ligne de Square Enix en octobre 2010, alors que *Final Fantasy XIV* vient de connaître le lancement raté de sa première version.

Ce manque de disponibilité des membres, qui ne peuvent plus se retrouver aussi régulièrement qu'avant pour jouer ensemble, condamne le groupe à une activité réduite. Nobuo Uematsu, qui prend goût au plaisir d'être aussi interprète, ne souhaite pourtant pas s'y résoudre. Plutôt que de tenir les Black Mages en vie sous perfusion, il est alors préférable d'y mettre un terme, quitte à créer autre chose dans la foulée. Pour le compositeur, ce choix est même salutaire, car les Black Mages constituent un projet appartenant pleinement à Square Enix et gravitant exclusivement autour de *Final Fantasy* : à cause de cette formule étriquée, il lui est impossible de faire jouer des arrangements de ses morceaux pour des projets plus récents comme ceux de Mistwalker, ce qui est une source de frustration. L'arrêt des Black Mages représente évidemment une triste nouvelle pour tous ceux qui ont appris à aimer cette facette plus sauvage du compositeur, mais il est inéluctable.

Les Black Mages donnent tout de même des idées aux autres employés du département musical de Square Enix, qui forment à leur tour des groupes avec lesquels ils publient des albums et organisent divers concerts. Ainsi Naoshi Mizuta, désireux de proposer un point de vue plus pop ou électronique sur l'univers musical de *Final Fantasy XI*, constitue les Star Onions en 2004[121], puis les Nanaa Mihgo's en 2012. Masayoshi Soken, lui, garde le concept d'un groupe de rock pur et dur lorsqu'il établit les Primals en 2014 afin de proposer des reprises survitaminées des thèmes des Primordiaux de *FFXIV* – leurs concerts ponctuent désormais les festivals organisés autour de cet épisode.

TBM ? Oui, Tokyo Business Men

Le 28 février 2010, Square Enix célèbre *Final Fantasy XI* à l'occasion d'une nouvelle édition de la convention « Vana★Fes ». Alors que la fin approche, le producteur Hiromichi Tanaka monte sur scène pour annoncer une petite surprise musicale... Les participants peuvent alors assister, médusés, à une entrée sur scène tonitruante de Nobuo Uematsu : porté par un rythme énergique, le compositeur se lance dans une petite danse idiote, invitant son collègue et ami de 25 ans à le rejoindre pour faire quelques pas. Effet garanti ! Après cette magnifique entrée en matière, et quelques mots échangés au sujet de *Final Fantasy XIV* qui est alors en plein développement, les deux hommes annoncent la venue sur scène des « TBM » pour un miniconcert... Bien sûr, tout le monde s'attend à voir débarquer « The Black Mages », mais ce sont en fait les « Tokyo Business Men » qui prennent place, avec Nobuo Uematsu et Tsutomu Narita aux claviers et Michio Okamiya à la guitare – tous tirés à quatre épingles dans un costume et un joli nœud papillon blanc. Ils jouent deux morceaux de *FFXIV* en exclusivité – le thème de Limsa Lominsa et la piste « Sacred Bonds » – dans des arrangements inédits.

La blague des Tokyo Business Men n'est pas neuve : Nobuo Uematsu l'a déjà faite en interview avant la séparation des Black Mages, pour s'amuser du fait que leur groupe de rock n'est rien de plus qu'une bande d'employés de bureau qui font de la musique. Quoique pour le compositeur, ce n'est pas nécessairement un sujet de rigolade, mais plutôt la preuve qu'on peut « *continuer à courir derrière les idées les plus folles, peu importe son âge* ».

121. Aux côtés de collègues comme Kumi Tanioka, Hidenori Iwasaki, Michael-Christopher Koji Fox... mais aussi Tsuyoshi Sekito, emprunté aux Black Mages pour leur premier concert, en septembre 2004.

Quant à ces « TBM » inhabituels, ils ne sont qu'un prélude à la formation du tout nouveau groupe d'Uematsu : les Earthbound Papas !

EARTHBOUND PAPAS, ON PREND PRESQUE LES MÊMES...

Rencontre du troisième type

En avril 2010, dans une vidéo publiée sur YouTube où il se déchaîne sur la batterie électronique de son studio – mais sans l'avoir allumée ! –, Nobuo Uematsu annonce une grande nouvelle : le deuxième album de la tournée orchestrale *Distant Worlds*, qui est sur le point d'être publié, va proposer une reprise de « Dancing Mad » sur laquelle les fans pourront entendre pour la première fois son dernier projet, répondant au curieux nom d'Earthbound Papas. La dissolution des Black Mages n'est pas encore officielle qu'Uematsu entame déjà la nouvelle phase de sa carrière sur scène – et ce, avec un spectaculaire arrangement du célèbre thème du combat final de *Final Fantasy VI* pour orchestre et groupe de rock[122] !

Alors qu'il est au départ très sceptique quand Michio Okamiya le contraint à rejoindre les Black Mages en tant que musicien, Nobuo Uematsu prend finalement goût à la scène au fil des années, si bien qu'il devient inenvisageable pour lui de ne pas disposer d'une formation capable de se produire en public et éventuellement de publier quelques albums.

Mais le mystère quant à l'identité des membres de ces Earthbound Papas reste entier pendant quelques mois, jusqu'à ce qu'ils commencent à apparaître

122. C'est en découvrant un arrangement employant cette formule, lors d'un concert de la tournée *PLAY!* quelques années plus tôt, qu'Uematsu a l'idée d'en faire une version « officielle ».

discrètement lors de concerts à la fin de l'année 2010. Le 11 octobre, notamment, Nobuo Uematsu prend part au « Megami Matsuri » (« festival de la déesse ») du quartier de Jiyûgaoka, tout près de là où il vit, en proposant plusieurs concerts des artistes de son label Dog Ear Records. Le spectacle se conclut par la montée sur scène des membres des Earthbound Papas... sans qu'ils soient nommés pour autant ! Les fans d'Uematsu présents dans la foule ne sont cependant pas dupes, car deux visages sont très familiers : Michio Okamiya à la guitare et Arata Hanyûda à la batterie, transfuges directs des Black Mages. Les plus fins connaisseurs parviennent même à reconnaître les deux autres musiciens : Tsutomu Narita aux claviers – et à la guitare secondaire – et Yoshitaka Hirota à la basse.

Pour cette prestation, ils montrent bien vite qu'ils vont s'ouvrir à d'autres parties de la carrière d'Uematsu, puisqu'en plus de « Liberi Fatali » et « Advent: One-Winged Angel », ils jouent le thème principal de *Guin Saga*, « Eternity » de *Blue Dragon* et le morceau « Boku no machi ga mori ni naru made... » (« jusqu'à ce que ma ville devienne une forêt ») que le compositeur vient d'écrire pour accompagner le programme de reforestation du quartier de Jiyûgaoka.

Les Earthbound Papas se présentent peu de temps après, le 30 octobre 2010, lors de la cinquième édition du « Shinzoku Kaigi », le rendez-vous du fan-club de Dog Ear Records. Cette fois, ils ont droit à une présentation en bonne et due forme, avant de se lancer dans un nouveau concert reprenant la *setlist* jouée à Jiyûgaoka, mais avec en guise de bonus une reprise de « Highway Star » de Deep Purple. Le ton est définitivement donné : les Earthbound Papas vont jouer librement tout ce qui leur plaît, jeu vidéo ou non !

Bien plus personnel aux yeux d'Uematsu que ne l'était celui des Black Mages, le concept des Earthbound Papas – ou « EBP » pour faire court – est celui d'un groupe d'extraterrestres originaires de la planète Nipnop, qui voyagent dans l'espace jusqu'au jour où ils découvrent une petite planète, la Terre, sur laquelle d'étranges créatures s'amusent à manipuler les fréquences pour faire de la musique. Fascinés par l'idée, ils décident d'essayer à leur tour. Les voilà *earthbound* : en partance pour la Terre ! Néanmoins, ce mot anglais est aussi en partie inspiré à Uematsu par le titre d'un album de King Crimson sorti en 1972. Quant au « Papas », il vient simplement souligner le fait que les membres sont déjà d'un âge avancé – à l'exception bien sûr de Tsutomu Narita, qui a alors 26 ans.

En lui proposant de le rejoindre dans ce nouveau projet, Uematsu espère d'ailleurs tirer profit de son sang neuf et de sa formation classique afin d'enrichir les possibilités musicales du groupe – à ce titre, le compositeur dit souvent sur le ton de la plaisanterie qu'il est le seul d'entre eux à savoir lire une partition ! Cependant, sa culture de rock progressif est semble-t-il encore à faire : lorsque Narita intègre les EBP, Uematsu s'empresse de lui commander un stock de CD parmi lesquels ceux d'Emerson, Lake and Palmer, Yes, Camel ou encore Focus.

En faisant appel à Yoshitaka Hirota, le compositeur a une raison un peu plus terre à terre : il le connaît depuis l'époque de Square, quand il est recruté pour créer les effets sonores de *Final Fantasy VI*, et il sait qu'il joue de la basse[123]. Pourquoi chercher plus loin ?

Un album venu d'ailleurs

L'album inaugural des Earthbound Papas, *Octave Theory*, paraît au Japon en mars 2011 chez Dog Ear Records. Cet acte de naissance ne fait que confirmer l'impression donnée par les premiers lives : sur les neuf morceaux du disque, deux seulement sont issus de la série *Final Fantasy*, « Liberi Fatali » et « Advent: One Winged Angel ». Le reste est issu des jeux *Blue Dragon* et *Lost Odyssey*, du dessin animé *Guin Saga*, ou est composé pour l'occasion par Uematsu. Le disque commence même par une reprise au synthétiseur de la « Marche slave » de Tchaïkovsky, avant de passer à « Octopus Theory » (« la théorie du poulpe »), sorte de manifeste du projet dans lequel une voix mystérieuse – celle de la chanteuse Emi Evans – s'exprime en « nipnop », la langue extraterrestre fictive de la planète d'où les EBP prétendent venir[124]. La jaquette du CD est elle-même osée, car les noms du groupe et de l'album sont inscrits dans un alphabet

123. Le bassiste des Black Mages, Keiji Kawamori, est encore un employé de Square Enix. Quitte à créer un nouveau groupe, et animé par l'idée de lui faire jouer tout ce qu'il souhaite, Uematsu préfère porter son dévolu sur des membres indépendants de l'éditeur.
124. Emi Evans joue également du violoncelle sur la septième piste de l'album, « The Forest of Thousand Years », moment paisible inséré entre deux thèmes de combat de *Blue Dragon* et *Lost Odyssey*.

imaginaire, dont les lettres sont strictement illisibles pour le premier venu. Le groupe s'est réellement créé un univers à part entière !

Musicalement, la texture instrumentale des EBP est plus hétérogène et plus proche du rock progressif que les Black Mages, qui versent davantage dans le rock et le metal, mais les morceaux restent, comme souvent chez Uematsu, fortement axés sur la mélodie. Sur plusieurs d'entre eux, un quatuor vocal constitué de Yasuo Sasai, CHiCO, Hiromi Baba et Keiji Kimura[125] vient renforcer les arrangements. Le son des disques étant très propre, il faut les avoir vus en concert pour saisir l'engagement et l'amour que chaque membre porte à sa partie : tous sont invités à dévier de la partition pour apporter leur propre touche lors des répétitions et des lives.

Hélas, lorsque le groupe se déplace à l'étranger, il est très souvent en formation réduite, sans les chanteurs, pour des raisons évidentes de budget pour les organisateurs, car cela fait cinq personnes au lieu de neuf... Une limitation qui ne les empêche nullement de traverser le monde, notamment les États-Unis où ils s'arrêtent de nombreuses fois : Oni-Con au Texas et à Honolulu, MAGFest à Washington, Hawaii Entertainment Expo, la boîte Whisky A Go Go à Los Angeles, Naka-Con dans le Kansas... Le groupe pose finalement ses valises en Europe en novembre 2014, pour une tournée qui s'arrête à Stockholm, Bruxelles puis Paris – dans la fameuse salle du Trianon.

Quand, en 2012, le batteur Arata Hanyûda s'en va, Nobuo Uematsu doit trouver un remplaçant. Il n'a pas besoin de chercher très loin, car il compte dans son entourage un autre percussionniste de talent en la personne de Chihiro Fujioka. Beaucoup connaissent ce dernier en tant que concepteur de jeux, notamment chez Square où il produit *Jikû no Hasha SaGa 3* (*Final Fantasy Legend III*) dans le bureau de l'éditeur à Osaka, avant d'être muté à la maison-mère tokyoïte en 1994 et de réaliser *Super Mario RPG*. Membre fondateur du studio AlphaDream, créé en 2000 par un groupe d'anciens développeurs de Square, il travaille surtout depuis sur la série de jeux de rôle *Mario & Luigi*.

125. Fubito Endô remplace ensuite Keiji Kimura.

Mais ce n'est que l'une des casquettes de Fujioka qui, en parallèle de ses premières missions dans le domaine du jeu vidéo, mène dans les années 1980 une carrière de batteur pour le groupe de rock progressif Mr. Sirius, auquel participe également une chanteuse nommée Hiroko Nagai... qui est en fait un pseudonyme de Lisa Ooki, interprète des albums *Vocal Collections* de *Final Fantasy* sortis en 1994 et 1995. Pourtant, Nobuo Uematsu n'apprend le passé commun de ses deux collaborateurs que tardivement : Lisa Ooki lui est présentée par le producteur Yukio Kakehi, et il ne connaît pas encore Chihiro Fujioka personnellement quand ces deux disques sont enregistrés. Lorsque Uematsu raconte l'anecdote lors d'un concert en 2015 où il se trouve en compagnie d'Ooki, cette dernière remarque ce que tout un chacun aurait dit dans la même situation : « *Le monde est petit.* »

Les Earthbound Papas ne sont pas non plus la première collaboration musicale entre Uematsu et Fujioka. En décembre 2000, le batteur lui prête déjà ses talents pour l'enregistrement de la fameuse « Otherworld » de *Final Fantasy X*, sous le pseudonyme Chihiro Tabe. L'ancien guitariste de Mr. Sirius, Shigekazu Kamaki, y participe également.

Répertoire ouvert à tout

Le deuxième album des Earthbound Papas, *Dancing Dad*, sort en septembre 2013 à l'occasion du troisième « Fantasy Rock Fes »[126]. Seules deux pistes provenant de *Final Fantasy* sont au programme : « Fight with Seymour » de *Final Fantasy X* et le morceau-fleuve quasi éponyme « Dancing Mad ». Le cœur du disque met en réalité en valeur ce qu'on pourrait appeler le « nouveau répertoire » du compositeur, à travers des reprises de *Blue Dragon*, *Anata wo Yurusanai*, *Hyperdimension Neptunia Victory* ou *Lord of Vermilion*, ainsi que des compositions inédites. Parmi ces dernières, « Interlude - Anthony's Dream »

126. Un festival de rock dont la première édition est organisée en septembre 2011 – prévue à l'origine en mars, elle est repoussée à la suite du séisme qui frappe le Japon ce mois-là. Fantasy Rock Fes est imaginé et organisé par Nobuo Uematsu et Kôichirô Iwamoto, le rédacteur en chef du magazine *Strange Days*, qui pensent ainsi réunir les mondes de la musique de jeu vidéo et du rock progressif.

est le résultat d'un concours lancé par les EBP à la fin de l'année 2011 : les participants sont invités à proposer un remix de la piste « Metal Hypnotized » d'*Octave Theory*, le gagnant ayant la chance de jouer en tant qu'invité sur l'album. L'honneur revient à Anthony Charles Dickinson, un musicien américain qui publie sur sa chaîne YouTube une reprise metal du morceau.

Mais la piste qui lui est dédiée n'a rien à voir avec le style de sa vidéo : il s'agit d'une longue méditation atmosphérique dans laquelle Dickinson et Yoshitaka Hirota partagent un duo de basse, accompagnés au saxophone par Hiroyuki Maruyama – membre du studio de Hirota et ingénieur du son de l'album. À plus d'un titre, et notamment grâce à la diversité des sources qu'ils exploitent et des idées qu'ils proposent, les Earthbound Papas développent un horizon musical plus riche, polyvalent et fondamentalement enthousiasmant que les Black Mages. Les concerts leur permettent d'élargir encore leur répertoire, puisqu'ils y jouent régulièrement des tubes du rock comme « Bohemian Rhapsody » de Queen.

Contrairement aux Black Mages, les Earthbound Papas ne se contentent pas de graviter autour des jeux : ils y participent aussi parfois directement. En fondant le groupe, Nobuo Uematsu ne cache pas son envie de composer et arranger à dix mains pour des jeux vidéo, et d'interpréter ces créations bien sûr. Le premier éditeur à faire appel à eux est Idea Factory pour la bande originale de *Hyperdimension Neptunia Victory* sur PlayStation 3 (2012), troisième épisode d'une série de jeux de rôle fondée sur une métaphore romancée de la guerre des consoles dans un univers de *fantasy*. Accompagnés de Kenji Itô et du compositeur résidant d'Idea Factory, Kenji Kaneko, les Earthbound Papas signent une poignée de morceaux, composés par Nobuo Uematsu et arrangés par ses musiciens.

L'éditeur les sollicite encore pour un jeu de rôle, *Fairy Fencer F* (2013), également sur PS3 et dont l'acronyme « *FFF* » ressemble à une provocation envers une autre série – suivez mon regard. La référence est d'autant plus appuyée que, lorsque les premières informations relatives au projet commencent à paraître, les deux principaux noms mis en avant par l'équipe de développement sont Nobuo Uematsu et ses Earthbound Papas, et aussi Yoshitaka Amano, auteur d'illustrations conceptuelles pour les six premiers épisodes de *Final Fantasy* et dessinateur des logos de toute la série.

Les Earthbound Papas participent aussi à *UnchainBlades EXXiV* de l'éditeur FuRyu, un jeu de rôle d'exploration de donjons paru sur 3DS et PSP en novembre 2012. Il s'agit de la suite d'*UnchainBlades ReXX*, dont Nobuo Uematsu compose le thème principal et Tsutomu Narita le cœur de la bande-son. Michio Okamiya et Yoshitaka Hirota rejoignent l'effort de guerre. Mais, du fait d'un format plus cadré, les musiciens se comportent dans ces bandes originales de manière bien plus sage que sur scène.

FORMATIONS PONCTUELLES

Ensemble Sugake, flûtes alors

L'ensemble Sugake (littéralement : « famille Suga ») est un quatuor de flûtes à bec fondé vers 2005. En plus de Nobuo Uematsu, les trois autres membres sont alors des salariés de Square Enix : Rieko Katayama, membre du département publicitaire et collaboratrice régulière du compositeur, et le couple Suga, Kôji et Masako – cette dernière est notamment productrice chez la filiale Square Sounds[127]. Chacun joue un type de flûte différent, mais au départ, personne ne veut du rôle de flûte à bec basse à cause du prix élevé de l'instrument et de sa taille imposante. C'est Uematsu, grand seigneur, qui se dévoue.

Bien que leur répertoire soit essentiellement composé de musique de la Renaissance, l'ensemble Sugake se permet à plusieurs reprises de jouer des arrangements de *Final Fantasy*, par exemple lors d'un événement du fan-club d'Uematsu en janvier 2006 ou d'une conférence du flûtiste professionnel Kôji Ezaki en juillet 2007. À cette dernière occasion, le groupe apparaît même déguisé : Nobuo Uematsu prend l'apparence d'un authentique mage noir de *Final Fantasy*, grand chapeau pointu à l'appui ! Quelques années après sa formation, Sugake met cependant son activité en pause.

---

127. Kôji et Masako Suga fondent ensuite la société Harmonics International, spécialisée dans la gestion des artistes, l'organisation d'événement et la publication de disques, notamment en lien avec la série *Monster Hunter* et les projets de Kenji Itô.

Le « Nobuo Uematsu Solo Project »

Lorsqu'il fait sa première apparition publique en France en décembre 2004 dans le cadre de la promotion du film *Final Fantasy VII Advent Children*, Nobuo Uematsu participe à plusieurs conférences, au cours desquelles il dit vouloir faire un concert de ses musiques dans l'hexagone si l'occasion lui est donnée. C'est finalement huit ans plus tard, en novembre 2012, que le souhait se réalise, avec une série de shows à Bruxelles et à Paris. Uematsu opte pour une forme surprenante : un trio, formé de lui-même et Tsutomu Narita aux claviers, et de Yoshitaka Hirota à la basse. Trois Earthbound Papas, somme toute, sans guitare électrique ni batterie. D'après le compositeur, ce « projet solo » est initialement un simple duo de claviers avec Narita, mais quand Hirota en apprend l'existence, il s'incruste tout de suite dans le groupe. Grâce à l'aspect resserré de cette formation, ces concerts sont pour les fans l'occasion de découvrir d'un peu plus près la personnalité d'Uematsu : ils peuvent le voir jouer sur scène, avec sa sensibilité et sa bonne humeur, mais aussi découvrir un répertoire varié, bien loin de se limiter à *Final Fantasy* : *Lost Odyssey*, *The Last Story*, *Reiki Japan*, *Sakura Note*, *Borderwalker*... ainsi que l'avant-première mondiale du thème principal de *Hometown Story*, jeu qui n'est même pas encore dévoilé.

L'année suivante, en août 2013, Nobuo Uematsu adapte le concert au public japonais dans le cadre du festival Fantasy Rock Fes 2013 organisé par son label. Il complète le programme avec un réarrangement de la suite « Yôsei no mori » (« la forêt des fées »), une pièce de treize minutes avec récitante – ici, la compositrice et chanteuse Manami Kiyota – qui lui est commandée par l'orchestre d'harmonie Kôsei de Tokyo quelques mois plus tôt.

PARTIE 12

L'HOMME DERRIÈRE LA MUSIQUE

CHEZ NOBUO UEMATSU

Bienvenue à la maison

Nobuo Uematsu vit aujourd'hui dans le quartier résidentiel de Den-en-chôfu, au sud de Tokyo, tout près du fleuve Tama. C'est là qu'il travaille et, quand il ne préfère pas le modeste local de Dog Ear Records situé non loin de là, c'est le plus souvent là qu'ont lieu les entretiens qu'il accorde à la presse. Il s'agit d'une maison de trois étages ayant chacun une fonction précise. Le rez-de-chaussée, par lequel on entre, est réservé à ses parents. C'est un espace naturellement à part auquel on n'accède pas. Le couple Uematsu réside à l'étage : un salon avec cuisine débouche sur un balcon original, non pas parce qu'il donne sur les bords du fleuve Tama, mais parce que sa balustrade représente une portée musicale ornée de notes. La mélodie en question est parfaitement à sa place dans cet environnement puisqu'il s'agit de « Waterside » (« au bord de l'eau ») de *Blue Dragon* – l'une de celles tenant le plus à cœur à Nobuo Uematsu. C'est également depuis ce balcon, tourné vers le quartier-champignon de Musashi-kosugi situé sur l'autre rive, qu'Uematsu observe régulièrement le ciel à la recherche d'OVNI – jusqu'ici sans succès.

Le sous-sol de la maison a pour principale attraction le studio « Ping Pong Pit », qui n'est autre que l'endroit où travaille le compositeur au quotidien. Cette vaste pièce n'est pas qu'un simple studio : c'est aussi une véritable caverne d'Ali Baba, dont la moitié des murs est couverte d'étagères remplies de centaines de disques, de livres ou de jeux vidéo qui sont autant d'indices sur ses centres d'intérêt et sujets d'étude – la musique bien sûr, mais aussi la bonne chère, les sciences occultes, les scooters Vespa... Des dizaines d'instruments sont aussi entreposés aux quatre coins de la pièce : mandoline, violon, cloches, flûtes, instruments de percussion divers. Beaucoup ont été achetés au gré de ses voyages autour du monde, de Hawaii à l'Irlande en passant par le Royaume-Uni, l'Inde, le Mexique ou encore la Turquie. Parfois, à la fin d'une répétition entre membres des Earthbound Papas, un musicien saisit un instrument et joue quelques notes, un autre entre dans la danse et le bœuf peut durer jusqu'au petit matin, entrecoupé de gorgées de bière et d'éclats de rire. C'est l'avantage d'avoir un studio isolé en sous-sol !

Celle qui partage la vie de Nobuo Uematsu depuis plus de trente ans s'appelle Reiko. Leur rencontre remonte à l'époque où le futur compositeur est encore étudiant à l'université de Yokohama (voir la partie 1). Quand il vient dans le quartier branché de Shibuya pour ses concerts, il lui arrive souvent de se rendre au grand magasin Tokyu Hands afin de saluer l'un des membres de son groupe et camarade d'université qui y a dégôté un petit boulot – atout non négligeable, cela lui permet aussi de se faire offrir le café. C'est lors d'une de ces visites qu'Uematsu croise le chemin de Reiko, qui travaille dans le rayon des produits en cuir, et à laquelle il s'attache rapidement parce qu'ils partagent des goûts proches. Ils se marient sept ans plus tard, en décembre 1986.

Aujourd'hui, elle l'aide souvent à prendre des décisions professionnelles lorsqu'il ne parvient pas à trancher, et s'occupe de diverses tâches comptables pour les activités de Smile Please et Dog Ear Records. Mais elle ne s'invite quasiment jamais dans les discussions à caractère artistique : « *Il arrive qu'il me fasse écouter ses morceaux terminés, mais comme je ne connais rien à la composition, je n'ai pas vraiment d'avis à donner.* » Elle avoue cependant avoir de l'affection pour la chanson « Coconut Castaway », dont il lui parle bien avant que le disque *10 Short Stories* ne se concrétise.

En plus de cette résidence principale, Nobuo et Reiko Uematsu possèdent un chalet à un peu plus d'une heure de voiture de Tokyo. Dressée sur le flanc d'une montagne boisée – il arrive même que la route pour y accéder soit coupée par une chute d'arbre –, cette belle maison en bois de deux étages permet d'apercevoir le sommet du Mont Fuji quand le temps est clair. En entrant, on découvre tout ce qu'on s'attendrait à trouver dans une telle maison : l'odeur du bois, de la lecture pour occuper les froides journées d'hiver – des bandes dessinées dont les aventures de Tintin, des mangas comme *Kitaro le repoussant*[128] ou *Gen d'Hiroshima*[129] –, de quoi regarder des films et écouter des vinyles, quelques claviers pour peut-être composer... Souvent, le couple y invite des amis pour les régaler, autour d'un barbecue, de vin et de spécialités locales. Ensuite, le lac Yamanaka situé non loin de là offre un superbe écrin pour les promenades sous la silhouette enneigée du célèbre volcan.

Nobuo Uematsu surnomme cette paisible retraite « Yamapao », 山包 en japonais – de 山 (yama), la montagne, et 包, idéogramme signifiant « caché », « dissimulé », mais dont la lecture chinoise est « pao »... en référence, bien sûr, à sa chienne.

Son nom revient régulièrement dans les activités du compositeur : Pao est une adorable petite beagle en qui il est difficile de ne pas voir une fille adoptive du couple, qui n'a pas d'enfants. Un jour, Kôji Shibano, ami de jeunesse d'Uematsu, représente ainsi l'homme et sa chienne endormie sur ses jambes dans un tendre dessin qu'il intitule simplement « *his daughter* » (« sa fille »). En partie inspiratrice du nom de la maison de disques Dog Ear Records, que son maître fonde en 2006, Pao en est la véritable mascotte. Dessinée là encore par Shibano, c'est sa tête qui apparaît sur le logo de la société, l'oreille retournée. Le compositeur raconte les circonstances qui les conduisent, lui et sa femme, à l'adopter :

> *« Le nom de Pao avait été décidé par ma femme avant même que nous ayons un chien. Nous l'avons eue en 2000, mais j'avais déjà une médaille gravée avec les trois lettres "PAO". Je l'avais fait fabriquer dans une boutique animalière d'Irlande en 1997, je crois. J'avais alors déjà décidé que j'aurais un chien. Mais, pris par le travail, je n'ai pas eu l'occasion d'en avoir un avant quelques années.*
> *Puis, en 2000, je me suis dit que c'était le moment et je suis allé dans un magasin animalier. Tous les chiens étaient mignons et je n'arrivais pas à choisir, alors j'ai essayé d'appeler Pao et elle est venue. "Alors c'est toi,*

128. Signé par Shigeru Mizuki et publié dès 1959, *Kitarô le repoussant* est un manga connu pour avoir largement popularisé les *yôkai* – un type de fantôme du folklore japonais. Mais plus encore, Nobuo Uematsu admire l'œuvre de Mizuki car elle porte un message profondément pacifiste.
129. Un manga de Keiji Nakazawa qui offre, dès sa publication en 1973, un regard nouveau sur le bombardement atomique à Hiroshima. Il s'agit, là aussi, d'une œuvre antimilitariste.

Pao !", ai-je pensé.
À l'époque, elle avait une luxation de la glande nictitante. Elle avait une protubérance rouge à l'œil droit et, habituellement, personne ne choisirait un chien avec une maladie à l'œil. C'est triste ! Il se trouve que plusieurs années auparavant, j'avais moi aussi eu une maladie à l'œil droit, qui avait même nécessité une piqûre dans l'œil. J'ai pensé qu'on était faits l'un pour l'autre et je l'ai prise chez moi. »

Un personnage de jeu vidéo ?

Et si, comme Pao, Nobuo Uematsu était lui aussi une sorte de mascotte ? En tant que compositeur parmi les plus respectés dans son domaine, il fait partie des assez rares visages bien connus des joueurs, et qui attirent le plus la sympathie générale. À ce titre, et tout au long de sa carrière, il apparaît plusieurs fois en personne dans les jeux auxquels il participe, le plus souvent comme un hommage amical de la part de ses collègues. Au tout début, il s'agit de petits bonus réservés aux joueurs les plus retors, à commencer par le fameux « bureau des développeurs » de *Final Fantasy IV*, un niveau caché dans lequel on peut rencontrer les créateurs du jeu. Nobuo Uematsu y est représenté sous la forme d'un hummingway, une race d'animaux à l'apparence proche des lapins qui – dans le cours normal du jeu – s'expriment uniquement en chantonnant. Accompagné par ses collègues de l'équipe sonore, Minoru Akao et Kenji Itô, le compositeur propose d'apprendre la musique au joueur.

Quelques années plus tard, c'est *Chrono Trigger* qui propose un autre bureau des développeurs, plus difficile encore à trouver que celui de *FFIV* puisqu'il est uniquement accessible sous la forme d'une scène de fin à déverrouiller en terrassant le grand méchant, Lavos, au tout début du jeu ou en l'an -12 000. Nobuo Uematsu se trouve dans la dernière salle, aux côtés des quatre autres grands superviseurs de la « *dream team* », l'équipe de rêve qui donne naissance à *Chrono Trigger*, notamment composée de Hironobu Sakaguchi, Akira Toriyama et Yûji Horii. Représenté sous les traits de Norstein Bekkler, un magicien à l'apparence grotesque, Uematsu se contente de dire : « *Je n'ai rien de mieux à faire que de lire ça* » à l'envers, puis d'inviter les joueurs à aller jouer dehors.

Pour voir le visage de Nobuo Uematsu fidèlement reconstitué à l'intérieur d'un jeu Square et dans le cours même de l'aventure, il faut néanmoins attendre *Hanjuku Hero 4*, en 2005 : il s'y présente sous son propre nom, vêtu d'une tenue de moine en pèlerinage et accompagné de sa chienne Pao. Uematsu ne fait cependant ses premiers pas dans un *Final Fantasy* avec son vrai visage – et non celui d'un hummingway – que dans *Record Keeper*, un épisode pour mobiles se vouant exclusivement à la célébration de la série dans son ensemble. Apparaissant sous la forme d'un personnage en pixels inspiré du style de *Final Fantasy VI*, « Nobiyo »[130] y est l'acteur principal d'un événement musical à durée limitée faisant la promotion de la série de concerts *BRA☆BRA*.

La pratique de l'intégration directe des créateurs dans un jeu à l'occasion d'événements temporaires est l'une des conséquences pittoresques du marché désormais fécond des jeux gratuits sur téléphones portables et tablettes, qui sont fréquemment mis à jour pour entretenir l'intérêt des joueurs – et s'offrir, lorsque les circonstances s'y prêtent, une louche d'autocélébration. Les joueurs de *Granblue Fantasy*, l'un des plus grands succès récents en la matière au Japon, ont probablement le droit à l'intégration la plus luxueuse en la matière. En 2016, à l'occasion du premier concert orchestral organisé autour du jeu, les développeurs ajoutent en effet une combattante violoniste nommée Novei, et intègrent une courte séquence scénarisée dans laquelle elle rencontre... Nobuo Uematsu et Tsutomu Narita en personne. Renommés « Nobiyo » et « Narita », les deux compositeurs y sont recréés en tenue d'aventurier et s'expriment avec leur véritable voix ! Si ni l'un ni l'autre ne sont des comédiens professionnels – ce qui s'entend –, l'attention ne peut que faire sourire ceux qui admirent la bande originale du jeu.

En 2015, c'est *Terra Battle* qui rend hommage à ses concepteurs à travers un événement spécial nommé la « Mustache Cup », la coupe des moustachus, en référence bien sûr aux deux plus célèbres d'entre eux : Hironobu Sakaguchi et Nobuo Uematsu. Pour l'occasion, ce dernier est fidèlement représenté par l'artiste principal du jeu, Kimihiko Fujisaka, afin d'en faire un boss à affronter.

---

130. Ou « Nobbio » dans les versions localisées, les traducteurs ne connaissant sans doute pas la transcription habituelle du surnom du compositeur.

Bonnet décoré d'une clé de sol, bouclier orné de la lettre D (« Dog Ear » ?) et grande épée dont la lame prend la forme de touches de piano : Uematsu est le plus finement reconstitué des principaux créateurs de *Terra Battle.* Mais le plus comique reste de loin la citation qui l'accompagne : « *Cataracte, goutte, articulations qui grincent... Ces derniers temps, je suis une symphonie de craquements et de grincements à moi tout seul !* »

Sans toutefois être dessiné et nommé en tant que tel, Nobuo Uematsu sert auparavant d'inspiration à Fujisaka pour la création de l'un des personnages de *The Last Story* : Horace, nommé Lotta dans la version japonaise, un archéologue auquel les joueurs peuvent s'adresser pour améliorer leurs pièces d'équipement et en annuler les malédictions. L'inspiration est certes discrète : Horace arbore simplement une moustache et des lunettes, si bien qu'Uematsu n'en apprend l'existence que quelques années plus tard, lors d'un entretien avec Hironobu Sakaguchi organisé par nos soins lors de la préparation de ce livre !

Et dans *Sakura Note*, sorti sur Nintendo DS en 2009 (voir partie 9), Nobuo Uematsu intervient dès le didacticiel en tant que « professeur Nobiyo » afin d'enseigner les fondamentaux aux joueurs – un ajout de dernière minute dû au réalisateur Akira Ueda. Cerise sur le gâteau, c'est Pao elle-même qui sert de modèle pour le chien du héros, Reinhold.

Rien de tout cela, cependant, ne peut rivaliser avec l'apparition de Nobuo Uematsu en 2017 dans *Dandy Dungeon: Legend of the Brave Yamada* (*Yûsha Yamada-kun*, de son nom japonais), un jeu de rôle parodique sur mobiles racontant l'histoire d'un développeur de jeux vidéo indépendant, Yamada, plongé dans sa propre création. En réalité, Uematsu ne participe pas à ce projet, la bande-son étant signée Keiichi Sugiyama – un ancien de Sega. Comment expliquer alors les raisons de son irruption dans le jeu sous la forme d'un boss ? Il suffit de regarder le nom du producteur de *Dandy Dungeon* pour comprendre : Michio Okamiya, son fidèle ami, plus connu en tant que guitariste des Black Mages et d'Earthbound Papas.

Si la première étape du combat contre « Nobiyo Uematsu » le montre fidèlement recréé en *pixel art*, muni d'un costume et d'une baguette de chef d'orchestre, les choses se corsent rapidement quand, acculé, il se retrouve... dans le plus simple appareil, une feuille de vigne là où il faut, avant de se transformer en « Nobiyo galactique » projeté dans l'espace, son visage entouré de rayons argentés ! Dans les quelques lignes de dialogue délirantes accompagnant cet affrontement, le « compositeur de légende » défie Yamada de lui prouver que la musique de son jeu n'est pas une contrefaçon… en citant George Adamski, un célèbre ufologue américano-polonais qui avait lui-même accusé l'URSS d'avoir fabriqué de fausses photographies de la face cachée de la lune pour tenter de cacher la présence d'installations extraterrestres. Tout au long de la bataille, le personnage multiplie les références aux OVNI, allant jusqu'à mentionner une certaine « Hillary », qui a donné en 2016 des espoirs aux ufologues du monde entier en évoquant une déclassification des informations sur le sujet si elle était élue présidente. Mais alors, Uematsu serait-il tant que ça passionné d'OVNI ?

Intérêt pour le surnaturel

C'est une facette méconnue du compositeur, surtout pour ses fans en dehors du Japon : son intérêt pour tout ce qui touche de près ou de loin aux phénomènes étranges. Fantômes, fées, anges ou, mieux encore, extraterrestres : il n'en faut pas plus pour susciter l'intérêt de Nobuo Uematsu qui, dès qu'il entend parler d'un voyant ou d'un diseur de bonne aventure, ne peut s'empêcher de le consulter dans l'espoir de connaître l'avenir. En mars 2014, il plaisante même : « *Quand je réfléchis aux pourcentages qu'il y a de musique et d'occulte dans ma vie, il n'est franchement pas impossible que ce soit l'occulte qui l'emporte*[131]. » La source de cette passion remonte à son enfance à Kôchi, sur l'île japonaise de Shikoku, empreinte d'une spiritualité encore vivace dans la vie quotidienne et où les histoires de fantômes sont nombreuses – on les y appelle plus communément *yôkai* ou *mononoke*, et ce sont des esprits parfois vengeurs.

« *Moi-même, j'en ai vu quand j'étais petit* », confie Uematsu, qui admet qu'il ne s'agissait peut-être que d'illusions. Mais quand on lui demande ce qu'il a vu, il est pourtant très précis : « *Une dame assise à mon chevet alors que j'étais au lit, une fille que je ne connaissais pas debout à l'entrée de la pièce, quelqu'un qui courait*

---

131. S.A., « 『魔都紅色幽撃隊』作曲家・植松伸夫氏が語る、オープニングテーマ「Shoot That Crimson Sky」でのチャレンジ », *Famitsu*, 23 mars 2014, https://www.famitsu.com/news/201403/26050219.html

autour de mon lit, la télé ou le ventilateur qui s'allumait sans crier gare, etc. » Des phénomènes qui ne se sont pas reproduits depuis. À son grand désespoir ?

Pour autant, l'occultisme et le surnaturel occupent une place récurrente dans la suite de sa vie. Plusieurs épisodes sont relatés dans ce livre : des prédictions de voyants qui – pour certaines – se vérifient, des amis eux aussi passionnés par ces domaines, des événements inexpliqués y compris dans le cadre de sa vie professionnelle, des sources d'inspiration proches de ces univers... jusqu'à la mythologie qu'il construit autour de son groupe, les Earthbound Papas, dont les membres se présentent comme des extraterrestres venus sur Terre pour y jouer de la musique. Rencontrer les petits hommes verts est le plus grand rêve de Nobuo Uematsu. Il n'hésite même pas à dire qu'il les « appelle » régulièrement depuis sa terrasse, dans l'espoir qu'ils descendent enfin vers lui un jour – ses tentatives restent à ce jour infructueuses.

Mais cela ne l'empêche en rien de continuer à espérer, et c'est sans doute pour multiplier ses chances qu'il participe à des cercles d'occultisme. Fervent lecteur du magazine *Mu*[132], il assiste à des réunions organisées à l'initiative de Makoto Akiyama[133], dans lesquelles des gens aussi versés que lui dans l'ufologie – voire bien plus – partagent leurs histoires les plus mystérieuses autour d'un verre. « *J'y ai même vu quelqu'un qui dit avoir conduit un OVNI* », raconte-t-il, non sans en rire, peut-être conscient du caractère outrancier de telles déclarations pour ceux qui ne naviguent pas dans de tels cercles. Mais pas question pour lui de se moquer de ceux qui prétendent avoir vu des fantômes ou des extraterrestres : pour Uematsu, il existe autant de vérités qu'il y a d'êtres humains, et puisque ces gens sont convaincus que ce qu'ils racontent est vrai, alors il ne faut pas les contrarier. Le même enseignement s'applique sans doute à ceux qui voudraient lui faire comprendre que ces phénomènes ne sont pas sérieux : que tout cela soit vrai ou faux, rien n'y fait, ces univers mystérieux le fascinent.

---

132. Une revue japonaise spécialisée dans l'occultisme créée en 1979. Son nom est naturellement inspiré par le mythique continent disparu de Mu, et ses sujets de prédilection sont les OVNI, les extraterrestres, le paranormal, les cryptides, les pseudosciences, les civilisations perdues et les théories du complot.
133. L'un des occultistes les plus connus du Japon, qui prétend posséder le pouvoir d'appeler les OVNI. Il est l'auteur de nombreux livres sur le sujet.

Si ses fans japonais sont plus conscients de sa fascination pour l'étrange que les Occidentaux, c'est en partie parce qu'il lui arrive de partager sa passion avec eux. Ayant fait la connaissance de DaiGo, un jeune Japonais capable de tordre les petites cuillères et prétendant lire dans les pensées des autres – autrement dit, un mentaliste –, Uematsu s'empresse de l'inviter aux rencontres organisées en 2010 et 2011 par le fan-club de son label Dog Ear Records. Dans son enthousiasme, il lui compose même un thème – comme s'il était un personnage de jeu vidéo –, qu'il intitule précisément « Metal Hypnotized » et qu'il ajoute immédiatement au répertoire des Earthbound Papas. Les fans d'Uematsu peuvent en particulier découvrir un mini-spectacle de DaiGo lors de la sixième « Shinzoku Kaigi », une rencontre organisée en avril 2011 qui permet de recueillir des fonds pour les victimes du tsunami dévastateur de Tohoku, survenu un mois plus tôt.

Sans se réclamer d'une religion en particulier, Nobuo Uematsu croit en la réincarnation. La vie qu'il mène actuellement n'est donc qu'une seule parmi un long cycle, et « dieu » seul sait ce qu'il a été dans les précédentes ou ce qu'il sera dans les suivantes. Musicalement, il aura fallu attendre son premier album en solo, *Phantasmagoria*, pour que cette croyance représente une source d'inspiration. Celle-ci, toutefois, reste très discrète, car il n'est pas non plus question pour lui d'imposer un point de vue sur la question. En effet, outre les paroles de la première piste, « Ame no hi, kodomotachi wa » (« les jours de pluie, les enfants... »), qui font ouvertement référence au profond désir de se souvenir du monde avant sa naissance, l'idée des vies multiples et des réminiscences des existences passées est évoquée dans les titres des morceaux, dont « Yasashii keiken no fukkatsu » (« le retour d'une tendre expérience »). Uematsu, en vérité, ne veut pas transmettre autre chose qu'un sentiment de paix et de douceur[134].

Autre convergence entre cet intérêt pour le surnaturel et son métier de compositeur : il s'intéresse aussi au reiki, une méthode de relaxation créée en 1922 par le moine japonais Mikao Usui et fondée sur le principe de la transmission de l'énergie nommée « ki » par imposition des mains. Ayant rencontré Toshitaka

134. C'est peut-être cette même sensibilité qui l'encourage à proposer à Hironobu Sakaguchi de retirer le mot « mort » dans le message « Vous êtes mort » qui apparaît dans les premiers *Final Fantasy* lorsque tous les personnages du joueur sont vaincus. À cette époque, les équipes sont encore de petite taille et chacun peut avoir une influence sur le contenu du jeu.

Mochizuki, professeur de reiki et président d'une association consacrée à la transmission de cette pratique – officiellement considérée comme une pseudoscience –, Uematsu a l'idée de composer des musiques pour accompagner ses séances. En avril 2012, il publie un disque intitulé *Reiki Japan*, qui comprend quatre pistes de quinze minutes, chacune inspirée par un « symbole » dont l'effet sur l'esprit serait bien précis. Preuve de son investissement dans ce projet d'un genre nouveau pour lui, Uematsu compose, arrange et programme lui-même la musique, ce qui est alors très rare, tant il préfère confier ces deux dernières tâches à ses collaborateurs. Pour qui s'intéresse uniquement à l'œuvre du compositeur, et non aux méthodes de relaxation ésotériques, *Reiki Japan* représente malgré tout un disque de *new age* atmosphérique et reposante.

LES VÉRITABLES RACINES MUSICALES

Docteur en rock progressif

Il existe une méprise persistante au sujet du style musical de Nobuo Uematsu : en raison des premiers *Final Fantasy*, on peut croire qu'il tient davantage de la musique classique que d'autres genres, sans doute parce que les limitations polyphoniques de la NES forcent les compositeurs à opter pour une écriture principalement horizontale, à défaut de pouvoir s'appuyer sur des accords de plus de trois sons. Cette méprise vient aussi des diverses références que contiennent ces premiers *Final Fantasy*, comme le *Lac des cygnes* de Tchaïkosvky dans *FFII*, la bagatelle dite « Lettre à Élise » de Beethoven dans *FFIII* ou les exercices de piano de *FFV*. Pourtant, lorsqu'on demande à Nobuo Uematsu quels sont ses styles musicaux de prédilection, il répond systématiquement la pop et le rock, le classique ne représentant qu'une influence secondaire – mais tout de même présente.

C'est que Uematsu appartient à une génération bercée par les tubes internationaux des effervescentes années 1970. Il se prend alors de passion pour celui qui reste sa plus grande idole : Elton John. Au fur et à mesure des épisodes de *Final Fantasy*, alors que la qualité des puces sonores des consoles s'améliore, il devient de plus en plus évident que la structure de l'immense majorité de ses compositions suit un schéma d'une simplicité déconcertante : deux couplets s'enchaînant sur un refrain avant de reprendre au tout début. Dans beaucoup de cas, il ne manquerait plus qu'une voix d'homme ou de femme pour en faire une authentique chanson de rock ou de pop.

Mais la fin des années 1960 et le début des années 1970 voient surtout la naissance d'un style qui influence Nobuo Uematsu plus profondément encore : le rock progressif[135]. Si Uematsu affirme souvent être ouvert à toutes les musiques, il s'agit sans doute là de sa grande spécialité : il se proclame même « *docteur en rock progressif* », en ne plaisantant qu'à moitié. S'il découvre ce genre dès son apparition et sa diffusion au Japon, il ne s'en lasse pas, d'autant qu'il est désormais capable de se plonger dans la musique de cette période bien plus facilement qu'à l'époque, où il dépendait de la sélection proposée par la radio et de ses petites économies pour acheter des vinyles. Aujourd'hui, il a l'entière liberté de découvrir toutes les pépites qu'il n'avait pas pu entendre.

Habituellement considéré comme un sous-genre de rock découlant du courant psychédélique des années 1960, le rock progressif est en réalité devenu un genre à part, nourri de nombreuses influences en apparence contradictoires, allant du rock au jazz en passant par des sources bien plus improbables comme la musique baroque – aujourd'hui, c'est le rock progressif lui-même qui fait l'objet de subdivisions, principalement selon les époques. Nobuo Uematsu note que l'un des éléments déclencheurs de ce style réside probablement dans les expérimentations de l'album *Abbey Road* des Beatles, paru en 1969 : « *C'est là qu'on s'est rendu compte qu'on pouvait intégrer du reggae ou des cordes au rock.* » Et ainsi abattre les barrières entre les genres. Au format habituel des groupes de rock viennent s'ajouter des instruments inattendus, comme le violon, la flûte ou le saxophone, et les durées des morceaux commencent à dépasser les cinq, dix voire vingt minutes. Les musiciens ne sont pas là pour créer des ballades plaisantes sur lesquelles danser : ce sont des chercheurs de sons et d'ambiances qui utilisent le studio d'enregistrement pour leurs expériences et qui ont des histoires à raconter, même si elles peuvent sembler poétiques, symboliques ou abstraites.

Mais les extravagances des premiers groupes à se revendiquer du rock progressif ne sont pas du goût des critiques de l'époque, tant l'idée de mélanger par exemple du rock et des influences classiques leur paraît prétentieuse et peut

135. Que les Japonais contractent plus communément en « puroguré » (プログレ), le rendu phonétique des premières syllabes du mot anglais *progressive*.

déboucher sur des morceaux trop pompeux ou ridicules. Uematsu préfère lui-même les œuvres aux contours plus précis, ce qui explique pourquoi il continue d'opposer au rock progressif des artistes comme les Carpenters ou Elton John, bien plus inscrits dans la pop radieuse et centrée sur une mélodie simple et entraînante. Pour lui, l'un des plus grands attraits du progressif vient en fait de l'éventail de possibilités qu'il permet de déployer : « *On peut écrire de jolis morceaux, du rock, du classique, du jazz... Bref, on peut piocher dans plein de genres avec éclectisme.* » C'est parce que ce genre berce sa jeunesse qu'il devient un musicien amoureux des belles mélodies limpides, certes, mais aussi enthousiaste vis-à-vis de tentatives plus saugrenues. L'une de ses œuvres les plus célèbres, « One-Winged Angel » de *Final Fantasy VII*, est le résultat d'un tel mélange des genres. Plus généralement, l'imaginaire de *fantasy* occidentale et de contes de fées développé par de nombreux groupes de progressif alimente certainement la musique de *Final Fantasy* dès le quatrième épisode, quand Uematsu peut employer des échantillons d'instruments réels pour enfin conférer de la couleur à ses compositions.

Nobuo Uematsu découvre le rock progressif avec l'album *In the Court of the Crimson King* de King Crimson, paru en 1969, dont il aime tout particulièrement la célèbre première piste, « 21st Century Schizoid Man ». Mais les chocs musicaux se multiplient rapidement : il dit de cette période qu'il s'agit de « *cinq années prodigieuses* », pendant lesquelles de nombreux groupes et artistes comme Yes, Camel, Magma, Mike Oldfield ou Emerson, Lake and Palmer produisirent quelques-unes de leurs œuvres les plus marquantes. Aujourd'hui encore, il ne manque jamais de réécouter leurs albums ou de regarder leurs concerts.

En 2010, lors d'une discussion publique avec Kôichirô Iwamoto, le rédacteur en chef du magazine spécialisé *Strange Days*, Nobuo Uematsu partage quelques-unes de ses grandes références en matière de rock progressif, bien que la liste déborde un peu sur d'autres genres proches. Le choix est absolument déchirant, dit-il, tant il voudrait partager de nombreuses merveilles, mais les dix morceaux retenus constituent un formidable aperçu de l'univers musical qui contribue à affiner son propre style, et dans lequel il continue à se retrouver – il va sans dire que leur écoute est vivement recommandée :

« Heaven and Hell Part I » de Vangelis (1975)
« Die Roboter (The Robots) » de Kraftwerk (1978)
« Song Within a Song » de Camel (1976)
« Point of Know Return » de Kansas (1977)
« Face of Yesterday » d'Illusion (1977)
« Harem Scarem » de Focus (1974)
« The Musical Box » de Genesis (1971)
« Catherine of Aragon » de Rick Wakeman (1973)
« Tarkus » d'Emerson, Lake and Palmer (1971)
« Europa Minor » de Mauro Pagani (1978)
« Close to the Edge » de Yes (1972)
« Ommadawn (Part One) » de Mike Oldfield (1975)

Le compositeur n'hésite pas à affirmer qu'il y a du rock progressif dans tous ses morceaux de combat, surtout ceux des *Final Fantasy* sortis à l'époque où il ne peut pas encore enregistrer sa musique en studio. La composition sur machines lui permet en effet d'écrire des choses qui sembleraient inimaginables s'il fallait les jouer avec de véritables instruments, ce qui n'est pas sans évoquer les nombreuses expérimentations au synthétiseur des groupes de rock progressif : « *Tout ce que j'écrivais était joué par l'ordinateur, quelle que soit la phrase que je composais. Je n'aurais jamais écrit ces morceaux si j'avais pensé que je les jouerais en groupe un jour.* [...] *Je dirais même que sans les ordinateurs, je n'aurais pas composé ce genre de morceaux tordus*[136]. »

Mais alors, pourrait-on s'attendre à voir arriver un album solo de Nobuo Uematsu entièrement composé dans ce style ? Manifestement, ce n'est pas à l'ordre du jour : « *Je n'ai plus l'énergie pour ça. En musique, il y a des choses qui demandent de l'énergie et d'autres qui se font naturellement. Pour le rock progressif, il faut de l'énergie, car il faut que ce soit différent de ce que les autres font.* [...] *Il ne faut penser qu'à ça, et ce n'est plus ce que je veux.* » Cela n'empêche en rien les Earthbound Papas de marcher généreusement sur les plates-bandes du genre,

136. S.A., « 『キングスナイト』の曲は『ドルアーガの塔』を意識した――作曲家・植松伸夫が語るスクウェア初期作品の思い出 », *Denfaminicogamer*, 14 décembre 2016, http://news.denfaminicogamer.jp/nicolive/uematsu

bien plus que les Black Mages qui sont d'un esprit nettement plus rock et metal. Mais pour cela, Uematsu compte beaucoup sur le travail d'arrangements de ses musiciens, et notamment celui du jeune Tsutomu Narita, à qui il fait suivre une « formation accélérée en rock progressif » lorsqu'il intègre le groupe en lui faisant écouter les indispensables du genre. On peut penser que la liste recoupe en grande partie celle dévoilée par Uematsu en 2010...

Bien sûr, le rock progressif ne suffit pas à définir la musique de Nobuo Uematsu, qui rappelle toujours qu'il écoute absolument tout, et que cela découle d'une quête permanente de nouveauté lors de sa jeunesse : « *J'aimais tous les genres musicaux, et pas seulement le rock : le classique et le jazz à partir de la fin du collège. Mais après, je n'arrivais plus à me satisfaire de ce que j'écoutais, alors je me suis mis aux musiques traditionnelles du monde, par exemple.* » Cette dernière influence est bien connue des amateurs de *Final Fantasy*, puisqu'elle nourrit certains albums d'arrangements mémorables comme *Celtic Moon* – un disque précurseur, imaginé quelques années avant que la musique traditionnelle irlandaise ne connaisse un remarquable sursaut de popularité international.

Si Nobuo Uematsu a la curiosité de s'intéresser aux sons venus d'ailleurs, c'est probablement en raison de son attrait pour ce qu'il appelle lui-même les « *musiques étranges* » : « *Debussy, par exemple. Par le passé, j'ai appris la musique pendant un an et, dans ce cours, j'ai analysé des morceaux de Debussy. En étudiant son harmonie, j'ai découvert une proximité avec les accords de groupes de fusion comme Weather Report. Je crois que j'aime ces genres un peu étranges.* » Établir un lien entre le génial compositeur de *La Mer* disparu en 1918 et le groupe américain fondé en 1971 pourrait sembler parfaitement iconoclaste... Mais cet éclectisme dénué de honte ou de préjugés est bien au cœur de la parole musicale d'Uematsu. Et ne doit pas faire oublier qu'il cultive avant tout la simplicité.

Composer chez soi au quotidien

Les considérations théoriques et « inspirationnelles » mises à part, un compositeur est un artiste comme un autre, confronté à la nécessité de produire des œuvres – notamment lorsqu'il s'agit de commandes à honorer, ce qui constitue la quasi-totalité de la carrière de Nobuo Uematsu... Ici, l'environnement de travail joue un rôle fondamental. Salarié de Square à partir de 1986, Uematsu retrouve son indépendance en 2004. La principale conséquence de ce changement est qu'il compose désormais chez lui, sans être astreint aux horaires de bureau. Pourtant, quand on est chez soi et qu'on ne prend quasiment jamais de vacances, il est capital de savoir s'organiser, sous peine de ne pas avancer. Ainsi, c'est désormais en suivant une routine presque inflexible qu'il enchaîne les projets : « *Je me lève à 5 h – 6 h si je n'y arrive pas – puis je travaille. À 7 h, je sors promener Pao. De retour à 7 h 15, alors que commence le feuilleton télévisé de ma femme, je m'occupe dans mon studio. À 7 h 45, je la rejoins, prépare le café, déjeune et lis le journal. À 9 h, je regagne mon studio. Le midi, je mange vers 13 h et le soir vers 19 h. Je me couche ensuite avant minuit. Quand j'ai des engagements à l'extérieur, cette routine est contredite, mais je l'observe dans les périodes où je peux me concentrer sur la composition.* »

De son propre aveu, c'est entre 5 et 8 h du matin qu'il est le plus productif, « *peut-être parce qu'on est encore à moitié endormi et relié au monde du sommeil,* avance-t-il. *Il y a une théorie qui dit que, quand on dort, on est relié à autre chose*[137]. » Pour un homme aussi fasciné par l'occulte et l'existence d'un au-delà, l'idée de composer de la musique en étant relié à un autre monde est une source évidente de fascination et d'inspiration.

Pour autant, Uematsu a besoin d'astuces pour rester efficace dans son travail, car la page blanche, hantise de tout créateur, le guette. Pour l'éviter, se détacher de la musique et mener d'autres activités se révèle, chez lui, plutôt efficace. En 2010, dans un entretien avec le journaliste et producteur de concerts Kenji Saitô[138], il explique par exemple se mettre à la préparation du pain : « *Quand on compose, il arrive que le travail n'avance pas, ce qui peut sérieusement affecter un compositeur. Il perd confiance en se disant qu'il n'est pas fait pour ça et il perd*

137. S.A., « 『魔都紅色幽撃隊』作曲家・植松伸夫氏が語る、オープニングテーマ「Shoot That Crimson Sky」でのチャレンジ », *Famitsu*, 23 mars 2014, https://www.famitsu.com/news/201403/26050219.html

138. Surnommé dayotan, Kenji Saitô est le directeur de 2083, une société spécialisée dans la promotion de la musique de jeu vidéo au Japon. Il produit des concerts et des disques, et met en avant les compositeurs par le biais d'interviews parfois publiées dans un feuillet distribué gratuitement lors de concerts.

courage. [...] *Après avoir bien pesé les ingrédients pour faire du pain, après avoir pétri la pâte et réglé la température du four, on cuit un bon pain. Le résultat apparaît dans les deux ou trois heures et ça peut apporter énormément de confiance si ça fonctionne bien*[139]. »

Et si le pain ne suffit pas, il existe d'autres méthodes, comme par exemple... nettoyer les toilettes : « *C'est une tâche pénible, le nettoyage des toilettes, pas vrai ? Si j'empêche ma femme de le faire et m'en occupe moi-même, je ressens une légère sensation d'accomplissement, je me dis que je lui ai peut-être rendu service. Ce genre de choses fonctionne avec moi.* [...] *Aussi, quand je suis découragé, que ce soit au lever ou au coucher, j'essaie de citer dix choses positives, même menues. Il est important que je garde le contrôle de moi-même de cette façon.* [Maintenant que je suis indépendant], *il n'y a plus personne pour m'inviter à prendre une pause ou pour me dire qu'on va augmenter mon salaire. (rires)* [...] *En découvrant qu'on peut se récompenser ou se sanctionner soi-même, on se simplifie beaucoup la vie. Je pense que c'est en se disant qu'on vit pour rien qu'on se fait le plus de mal et c'est pour ça qu'il est important de trouver de petites choses.* »

En tant que compositeur, Nobuo Uematsu le dit lui-même : il y a toujours une mélodie qui lui trotte dans la tête. Le tout est de réussir à attraper ces courtes phrases musicales pour en faire un morceau complet et, surtout, approprié : « *On me demande souvent comment je compose. C'est difficile à expliquer, mais je regarde l'endroit où je dois mettre la musique et je puise dans ce qui me tourne dans la tête*[140]. » Son premier réflexe, dit-il, consiste à lever les yeux vers sa droite, comme si c'était là que voletait cette petite musique permanente. Mais il arrive très souvent que cette mélodie soit indistincte, et qu'il doive s'y reprendre par deux fois avant de trouver quelque chose de satisfaisant.

L'autre problème, c'est qu'il peut tout à fait peiner pendant des heures avant de crier « Eurêka ! » au moment le moins opportun. Sa meilleure anecdote à ce sujet concerne l'écriture de la chanson thème de la série animée *Final Fantasy Unlimited* (2001), « Over the Fantasy ». Bloqué, il décide de ne pas insister

---

139. Kenji SAITÔ, « 「植松伸夫の10ショート・ストーリーズ」について », *2083*, 11 septembre 2010, http://www.2083.jp/contents/201009dogearrecords/
140. Une méthode décrite lors d'une conférence au Fan Festival de *Final Fantasy XIV* à Francfort, en février 2017.

et de prendre un bain pour se détendre. Seulement... « *À peine avais-je enlevé mon slip que j'ai eu une idée.* » Dilemme : faut-il céder à la tentation d'une baignoire remplie d'eau chaude ou écrire en urgence la mélodie ? Après une longue hésitation, il prend une décision artistiquement raisonnable : « *Je me suis rhabillé, je suis retourné lancer mon ordinateur et mon séquenceur, puis j'ai écrit le morceau d'une seule traite.* » Le résultat est une chanson de J-pop énergique interprétée par la comédienne Kana Ueda, qui prête également sa voix au personnage d'Herba dans la série[141].

L'inspiration, certes, tient également à de bonnes dispositions physiques. Le 20 septembre 2018, une semaine seulement après avoir décidé l'annulation d'un concert de ses œuvres à Kanazawa, Nobuo Uematsu publie un message aussi pudique que succinct sur son blog officiel : « *Depuis la fondation de Dog Ear Records, mes journées ont été bien remplies par le travail sur mes nouveaux projets et la participation à des concerts pendant toutes ces années. Mais la maladie m'a finalement rattrapé cette année et je me trouve dans une situation d'affaiblissement physique et mental. De ce fait, au lieu de continuer à travailler dans cet état où je ne pourrai pas être au meilleur de mes capacités, j'ai décidé de prendre un long congé pour ressourcer mon corps et mon esprit.* »

Quand bien même le compositeur affirme n'interrompre ses activités que jusqu'à la fin de l'année, l'annonce fait rapidement le tour d'Internet, suscitant l'inquiétude de ses nombreux fans : le tweet de son compte officiel est ainsi partagé plus de 20 000 fois et les vœux de bon rétablissement affluent par centaines.

L'appréhension se dissipe alors qu'il se tient à sa prédiction et recommence à faire des apparitions publiques au Japon dès le début de l'année suivante. Beaucoup en concluent qu'Uematsu, qui s'apprêtait à fêter son soixantième anniversaire – le 21 mars 2019 –, subissait un simple coup de fatigue et avait besoin de quelque temps de repos.

141. Le cœur de la bande originale de *Final Fantasy Unlimited* est quant à lui composé par Shirô Hamaguchi et Akifumi Tada.

C'était sans compter sur ses confessions au magazine *Famitsu*, en août 2019, qui valent bien une petite frayeur. « *Apparemment, j'ai failli mourir !* », affirme-t-il... dans un éclat de rire, comme le souligne de manière inattendue le texte de l'entretien. « *Je n'étais pas totalement cloué au lit, mais j'étais exténué et j'ai été transféré entre plusieurs hôpitaux.* » Sans préciser la nature de son mal, Nobuo Uematsu admet avoir été très affecté non seulement physiquement, mais aussi moralement. Le fait d'en parler si ouvertement quelques mois plus tard est, à n'en pas douter, un signe rassurant. « *J'ai eu des problèmes de santé, mais dès que j'ai commencé à les accepter comme faisant partie de moi, j'ai pu miraculeusement reprendre mon travail normal* », dit-il ainsi.

Il en fallait sans doute bien plus pour que l'homme se laisse abattre, mais l'épisode constitue selon lui la conséquence d'une obstination maladive pour le travail, remontant à une lointaine inquiétude. « *Quand j'étais plus jeune, je n'arrivais pas à gagner ma vie avec la musique* », explique-t-il. « *Depuis, je n'ai jamais réussi à me départir de la peur que, si jamais je refusais quelque chose, plus personne ne me proposerait jamais de travail. C'est une expérience si traumatisante qu'elle peut vous suivre toute votre vie. Mais j'ai compris que, si je continuais sur ce même rythme, les choses pourraient devenir difficiles pour moi.* »

Serait-ce un encouragement à prendre une retraite bien méritée ? Certainement pas, répond-il. La photographie ouvrant l'article de Famitsu offre, à ce titre, une réponse fort éloquente. Nobuo Uematsu y apparaît dans le bureau de Dog Ear Records, posant sourire aux lèvres devant un poster sur lequel on peut lire « *Never, never, never give up* » : n'abandonne jamais. Pour le compositeur, l'heure est simplement à un choix plus judicieux de ses activités.

PARTIE 13

L'héritage musical de Nobuo Uematsu

L'HOMME INCONTOURNABLE

C'est certain : le nom de *Final Fantasy* sera perpétuellement associé à celui de Nobuo Uematsu, qu'il continue de contribuer à la série ou non. Auteur à lui seul des musiques de dix épisodes principaux – et tout particulièrement des neuf premiers –, et contributeur plus ou moins actif à celles de nombreux autres, il est et restera le compositeur attitré de la série, si bien que ses successeurs se sentent tous obligés de reprendre ses mélodies emblématiques – certains avec un enthousiasme plus manifeste que d'autres, certes, mais tous partagent un même respect pour celui à qui ils doivent souvent leur carrière.

Les meilleurs élèves truffent leurs bandes originales de reprises ou de clins d'œil aux mélodies du maître : suivant la logique de son jeu, Masayoshi Soken n'a de cesse de reprendre des thèmes des premiers *Final Fantasy* dans *FFXIV*. Concernant *Final Fantasy XV*, l'équipe de développement et Yôko Shimomura s'accordent à dire qu'il est important de puiser généreusement dans les mélodies emblématiques d'Uematsu : prélude, fanfare, thème des chocobos, thème de la série[142]... À l'évidence, ces reprises participent à une démarche visant à flatter les fans de longue date.

Même les électrons les plus libres ne peuvent éternellement couper aux attentes des joueurs et aux contraintes de la tradition. Ainsi Masashi Hamauzu – qui compose tout de même la bande-son de *Dirge of Cerberus: Final Fantasy VII*

---

142. Sans oublier la radio de la voiture des héros, qui permet d'écouter une énorme sélection de morceaux de tous les principaux épisodes de la série – à l'occasion d'un événement collaboratif avec Hironobu Sakaguchi, une poignée de musiques de *Terra Battle* y sont même ajoutées ultérieurement.

sans emprunter une seule mélodie au jeu d'origine – doit bel et bien reprendre dans *Final Fantasy XIII* le célèbre thème des chocobos. Mais il en confie néanmoins les deux arrangements à son collègue Ryô Yamazaki et à son ami Tôru Tabei... Quant à Noriko Matsueda et Takahito Eguchi, ils ne reprennent aucun thème emblématique dans *Final Fantasy X-2* – ni de la série, ni du jeu dont il est la suite. On comprend mieux pourquoi cette bande originale figure parmi les plus singulières et les plus polémiques de la série... Qui plus est, tout laisse penser qu'Uematsu n'est jamais consulté lors de la désignation de ces contributeurs, cette explosion d'épisodes de *Final Fantasy* coïncidant avec la période de son désintérêt pour Square Enix.

Plus que jamais, la place de la musique de *Final Fantasy* repose maintenant entre les mains de ses nouveaux compositeurs : tant d'épisodes cohabitent qu'il faut les forces de plusieurs personnes pour les alimenter en mélodies. La multiplication des jeux fondés sur la célébration de l'héritage de la saga, comme *Final Fantasy Record Keeper* ou la série *Dissidia*, encourage les reprises toujours plus nombreuses des mêmes mélodies mythiques de Nobuo Uematsu par moult arrangeurs – mais ce n'est qu'une voie secondaire, pragmatique, et très pauvre. L'inventivité musicale ne peut venir que des morceaux originaux et, à ce titre, les derniers épisodes conservent dans leur ADN ce qui fait la spécificité des plus anciens : l'ambition – peu importe qu'elle soit accomplie ou non – de surprendre et de se remettre en question, qui devient nettement plus atteignable si d'autres talents interviennent.

Il est alors réjouissant de voir l'enthousiasme avec lequel Masayoshi Soken s'approprie *Final Fantasy XIV*, au point de créer régulièrement l'événement avec les chansons inédites accompagnant les boss et raids ajoutés à intervalle régulier dans le jeu. De la même manière, les bandes originales de la trilogie du treizième épisode, en grande partie chapeautées par Masashi Hamauzu, édifient un univers musical à part entière et d'une exceptionnelle richesse. Mitsuto Suzuki (*Final Fantasy XIII-2*, *Lightning Returns* et *Mobius Final Fantasy*), l'un des premiers à rejoindre l'équipe sonore de Square Enix après le départ d'Uematsu, décrit cette importante mission en ces termes : « Final Fantasy *vous évoque forcément le nom de Nobuo Uematsu. Mais désormais, c'est à nous de faire avancer la série.*

Nous devons donc trouver un bon équilibre entre le respect de la tradition et un son adapté à notre époque[143]. »

Mais en matière d'héritage, les personnes qui contribuent largement au rayonnement de la musique de *Final Fantasy* – et de jeu vidéo en général – sont les fans de Nobuo Uematsu. Avec l'émergence d'Internet, puis des réseaux sociaux et des sites de partage de vidéos comme YouTube, des milliers d'arrangements et de réinterprétations apparaissent. Tous les instruments ou types de formations musicales y passent, et du côté des chanteurs, certains se spécialisent dans l'exercice de la traduction : c'est le cas de Mioune, dont la chaîne YouTube compte ses propres interprétations en français des chansons de la série, ou de Marc Papeghin, un joueur de cor d'harmonie qui constitue de longs *medleys* de *Final Fantasy*, dont certains sont faits d'enregistrements de nombreux autres musiciens de ce grand cercle international de fans. Parfois, ce sont de véritables communautés de musiciens du monde entier qui émergent par le biais de sites Internet dédiés, parmi lesquels *OverClocked ReMix* – fondé en 1999 et dont on peut parfois voir Uematsu porter le t-shirt – ou, plus récemment, *Materia Collective*, spécialisé dans les albums collaboratifs reprenant l'intégralité des musiques d'épisodes individuels de *Final Fantasy*. Certains font ainsi de quatre à six disques et comptent une grande diversité de styles – pour le meilleur comme pour le pire.

Une frénésie qui n'a d'égal que la coutume japonaise des *dôjinshi* – ou simplement *dôjin* –, désignant des mangas, romans, magazines, voire jeux vidéo et disques de musique conçus par des passionnés pour être distribués gratuitement ou vendus à petit prix lors de conventions, dont la plus célèbre est le Comiket. À l'occasion de ces événements qui se déroulent plusieurs fois par an, de nombreux amateurs japonais de *Final Fantasy* publient leurs propres reprises des musiques de la série.

En 2012, Square Enix mobilise cette créativité en organisant un concours de reprises du thème principal de *Final Fantasy III*, « Eternal Wind », afin d'accompagner le lancement de la version PSP du jeu. En l'espace d'un mois

143. « "Inside The Square": Director's Cut – LIGHTNING RETURNS: FINAL FANTASY XIII », Square Enix, 5 février 2004, https://www.youtube.com/watch?v=ihPo_9VX12g

et demi, l'éditeur reçoit plus de 230 participations dans des genres d'une variété impressionnante, illustrant l'imagination débordante des fans et leur amour pour les musiques de la série : solos de guitare, mandoline, piano, violon, clarinette, ocarina, chant et chorale, groupes de rock, orchestres de jazz et d'harmonie, ensembles d'instruments traditionnels, *hammered dulcimer*, marimbas et xylophones, instruments insolites comme le thérémine ou le verrillon, gadgets pour enfants, electone, synthétiseurs, logiciels et consoles de jeu... Un déploiement de talents parmi lesquels Nobuo Uematsu, en sa qualité de juré, doit sélectionner un unique gagnant. Son choix se porte sur une reprise pour plusieurs flûtes – pas si surprenant, Uematsu ayant lui-même participé à un ensemble de flûtes nommé Sugake. Mais le niveau est élevé et la décision, forcément difficile.

AU RYTHME DES CÉLÉBRATIONS

Un nom comme un repère

À l'issue du développement de la première version de *Final Fantasy XIV*, Square Enix ne fait plus appel à Nobuo Uematsu pour occuper le rôle de compositeur principal sur de nouveaux projets. Certes, l'éditeur ne peut échapper à son aura toujours indéniable, et les actuels producteurs de *Final Fantasy* savent à quel point sa présence est accueillie avec enthousiasme par les joueurs de longue date de la série : le producteur Naoki Yoshida s'empresse de proposer à Uematsu d'écrire les thèmes principaux des extensions de *FFXIV*, et les développeurs de *FFXV* se tournent vers lui pour la chanson thème de l'extension multijoueur *Frères d'armes*. Pour cette dernière, il ne fait d'ailleurs pas les choses à moitié et s'essaie pour la première fois à l'écriture d'un gospel – ce qui donne naissance à « Choosing Hope », aussi poignante que réconfortante grâce à la voix rayonnante d'une jeune interprète, Emiko Suzuki.

Auparavant, lorsque le projet d'une remastérisation intégrale de *Final Fantasy X* sur PlayStation 3 et PlayStation Vita est initié, Uematsu supervise le travail d'arrangements de ses propres morceaux, qu'il confie sans surprise à Tsutomu Narita. Ces contributions demeurent limitées, mais Uematsu les accepte très volontiers. « *C'est le travail* », dit-il lorsqu'on l'interroge sur le sujet.

Tout aussi volontiers, il participe régulièrement à des événements organisés par Square Enix autour des *Final Fantasy* qui font l'actualité, ou lorsque la série fête des anniversaires emblématiques. En septembre 2012, lors du week-end de célébration des 25 ans de la série, il revient par exemple sur sa longue carrière au cours d'une présentation sur scène, répondant aux questions d'un journaliste de *Famitsu*. Plus récemment, en février 2017, les participants du festival *Final Fantasy XIV* à Francfort assistent à une discussion hilarante entre lui et Masayoshi Soken, avec à la clé des anecdotes croustillantes sur l'ambiance de l'équipe sonore de Square au début des années 2000[144] – et aussi, tout de même, un échange autour des questions de composition et de créativité. C'est également en sa présence qu'est organisé le premier concert symphonique entièrement dédié à *FFXIV*, en septembre 2017.

Désormais, c'est principalement par le biais de concerts que Nobuo Uematsu continue à contribuer au rayonnement de la musique de *Final Fantasy* – et, par la même occasion, à son propre plaisir. Si les fans occidentaux de la série connaissent très bien les tournées *Distant Worlds* et *A New World*, fortes de plusieurs dizaines de représentations à travers le monde, les Japonais peuvent désormais découvrir des concerts d'un genre nouveau avec la tournée *Brass de Bravo* – condensée en « *BRA☆BRA* » –, inaugurée par le compositeur en mars 2015. Loin des grands orchestres symphoniques, la formule de *BRA☆BRA* est avant tout conviviale : spécifiquement conçus pour un orchestre d'harmonie[145], le Siena Wind Orchestra, les arrangements donnent une tournure nettement plus festive à la musique de la série. Ils font qui plus est intervenir des morceaux rarement repris dans les concerts symphoniques – souvent réunis en pots-pourris –, ce qui ne fait qu'ajouter à la fraîcheur du résultat.

Mais l'objectif d'Uematsu est avant tout de construire un événement participatif. Puisque de nombreuses écoles japonaises comptent encore des fanfares, il pense trouver dans le public suffisamment de personnes capables de monter sur scène afin d'accompagner l'orchestre lors de certains morceaux – il se met lui-même au saxophone pour montrer l'exemple. Les billets de *BRA☆BRA* invitent spécifiquement les spectateurs, même inexpérimentés, à venir avec leur

144. En voici une, relatée par Uematsu : « *Il y a longtemps, quand j'étais encore chez Square, toute l'équipe sonore s'était réunie pour boire. Nous étions sur une grande table, avec les plus anciens d'un côté, et Soken et les autres nouveaux venus de l'autre côté. À un moment, j'ai dû aller aux toilettes. Quand je suis revenu, Soken et les autres nouveaux employés derrière lui avaient baissé leur pantalon !* »
145. L'orchestre d'harmonie est un type d'ensemble musical uniquement composé de bois, de cuivres et de percussions, contrairement aux orchestres symphoniques qui comptent également des instruments à cordes.

flûte à bec – la même que dans les écoles françaises ! – pour jouer tous ensemble le thème principal de *Final Fantasy* lors du rappel. Vous n'avez pas non plus de flûte ? Qu'à cela ne tienne : certains morceaux, dont le thème des Moogles, invitent directement le public à claquer des mains en rythme. Lors de chaque représentation, Uematsu fournit cette unique instruction : « *N'ayez pas peur d'applaudir ou d'élever la voix, vous êtes libres de vous amuser.* » Tous ses concerts se terminent dans le plus jovial des bazars, alors qu'une large foule se réunit sur scène pour partager le plaisir de jouer de la musique.

Lorsque, le 3 avril 2016, la chaîne de télévision japonaise TV Asahi consacre l'un des numéros de sa mythique émission « Daimei no nai ongakukai »[146] à la musique de *Final Fantasy*, c'est ce nouveau format pour orchestre d'harmonie qui est désigné, et non les concerts pour orchestres complets. Pour l'occasion, Uematsu sélectionne ses cinq morceaux préférés parmi la sélection arrangée pour *BRA☆BRA*, déjà joués par le même Siena Wind Orchestra sous la baguette du chef Hirofumi Kurita. De la cinquième à la première position, le classement est le suivant : « Clash on the Big Bridge » de *Final Fantasy V*, le thème de Kefka de *FFVI*, le thème des Moogles, « Zanarkand » de *FFX* et l'increvable « One-Winged Angel ». Il est des classiques auxquels on peut difficilement échapper ! Mais ce « top 5 » n'est en fait guère surprenant : les deux thèmes les mieux placés sont régulièrement mentionnés par Uematsu lorsqu'on lui demande quelles sont ses musiques préférées parmi son œuvre – ce qui rejoint les avis de nombreux fans... Qu'on se lamente ou non de trop les entendre en concert et, quel que soit l'avenir de *Final Fantasy*, ces morceaux demeureront des jalons.

Toujours un sujet d'avant-garde

En Occident, outre les tournées *Distant Worlds* et *A New World*, une autre vision de la musique de *Final Fantasy* en concert se développe à partir de

146. Ce programme créé en 1964, dont le nom signifie « le concert sans titre », est un rendez-vous télévisé principalement consacré à la musique classique. Ces dernières années, il commence à accueillir aussi de la musique de jeu vidéo.

la fin des années 2000 via le producteur Thomas Böcker. Ce dernier, après des spectacles éclectiques en accompagnement du salon allemand Games Convention, vole finalement de ses propres ailes en développant des formules plus exigeantes, tout d'abord avec l'appui de l'orchestre de la radio de la WDR, à Cologne.

À partir de *Symphonic Fantasies*, en 2009, Böcker et ses orchestrateurs Jonne Valtonen et Roger Wanamo – tous deux finlandais – font le choix audacieux de se détacher des canons des concerts de musiques de jeu vidéo pour opérer un rapprochement avec le monde de la musique classique : au lieu de courtes réorchestrations fidèles aux musiques telles qu'elles sont présentes dans les jeux, les œuvres sont jouées sous la forme de suites symphoniques de longue durée – parfois de plus de trente minutes –, dans lesquelles une poignée de mélodies d'origine sont traitées en tant que thèmes fondateurs, filés et mélangés tout au long des pièces à travers diverses mutations. Le travail d'arrangement, immense, est laissé en très grande partie à la libre appréciation des orchestrateurs, qui s'approprient littéralement les œuvres pour leur donner leur propre propos.

Cette vision culmine avec les deux concerts *Final Symphony*, inaugurés en 2013 à Wuppertal pour le premier, en 2015 à Bonn pour le second. Dans l'un, l'intrigue de *FFVI* est relatée sous la forme d'un poème symphonique, le monde féérique de *FFX* est représenté par un concerto pour piano reprenant la forme classique de l'exercice[147], et le destin des héros de *FFVII* fait l'objet d'une impressionnante symphonie en trois mouvements. Dans l'autre, outre un nouveau concerto pour piano cette fois-ci dédié à *FFIX*, trois grandes suites orchestrales offrent un regard unique sur les univers musicaux de *FFXIII*, *FFVIII* et *FFV*. Point culminant de cette démarche, l'enregistrement du premier *Final Symphony* aux studios Abbey Road avec l'orchestre symphonique de Londres donne à Nobuo Uematsu le privilège immense de travailler dans un lieu de légende où nombre de ses idoles sont passées avant lui. Cette expérience lui fait

147. Forme composée de deux mouvements vifs entourant un mouvement lent. Le concerto pour piano de *Final Fantasy X* est un arrangement un peu particulier car signé par Masashi Hamauzu et orchestré par Roger Wanamo. Revisitant le jeu plus de dix ans après sa création, Hamauzu peut regarder son œuvre avec un certain recul.

dire que, trente ans plus tôt, alors qu'il choisit de composer des musiques de jeu vidéo comme une solution de secours en attendant de trouver un domaine plus « prestigieux », il lui aurait été absolument inconcevable de se retrouver un jour dans une telle situation. Celle-ci lui semble désormais d'autant plus ironique que, si la musique de jeu vidéo avait effectivement débuté d'emblée par des orchestrations aussi raffinées, il n'aurait eu aucune chance de percer dans ce domaine, faute de compétences !

Certes, ces concerts plus sophistiqués que tous les autres peuvent sembler en contradiction avec les principes d'un compositeur qui refuse longtemps la complexité et connaît des expériences difficiles avec le monde de l'orchestre. Mais n'est-il pas inévitable que ses œuvres aient leur propre existence dans une multitude de genres différents ? Il le confesse d'ailleurs volontiers : ces nouvelles orchestrations *sont* impressionnantes, principalement pour ce qu'elles ont d'avant-gardiste. Pour expliciter la question des arrangements, et peut-être se sentir moins dépossédé de sa musique, Nobuo Uematsu a pour habitude d'utiliser une amusante analogie : « *Le terme de "composition" peut avoir une signification très différente selon que l'on parle de musique pop ou de musique classique. Dans le cas de la musique pour orchestre, composer revient à écrire chaque note pour chaque instrument afin d'obtenir une pièce complète. Dans le cas de la pop, je considère que la musique est déjà presque terminée quand j'ai le rythme et la mélodie. C'est un peu comme un bébé qui serait tout nu. Ensuite, d'autres personnes vont habiller ce bébé, par exemple en lui mettant une tenue de jazz, de rock ou de musique classique*[148]. »

Puisqu'il n'est pas question que ce « bébé » se promène tout nu, les arrangements sont une nécessité, et pour qu'ils soient réussis, il est important de les confier à des musiciens dont c'est la spécialité. Les orchestrateurs de *Symphonic Fantasy*, *Odysseys* ou *Final Symphony* affublent donc les musiques d'Uematsu de vêtements particulièrement élaborés, dont l'objectif premier est de sortir des sentiers battus du petit monde des concerts de musique de jeu vidéo. De l'aveu de Jonne Valtonen et Roger Wanamo, le compositeur

148. Une explication donnée lors de la discussion avec Masayoshi Soken au Fan Festival de *FFXIV* de Francfort, en février 2017.

n'intervient jamais lors de la préparation du concert *Symphonic Odysseys* qui lui est pourtant entièrement dédié, et leur demande simplement de le surprendre. Il en découvre entièrement la teneur lors des répétitions, preuve de la confiance qu'il leur accorde désormais.

UN SOMMET DEVENU TROP INTIMIDANT

Nobuo Uematsu envisage-t-il encore de composer toutes les musiques d'un nouveau *Final Fantasy* ? La réalité, c'est qu'il n'en a plus vraiment envie. L'annonce d'un remake intégral du septième épisode, en 2015, encourage de nombreux joueurs à se demander si Uematsu retrouvera son rôle de compositeur. Ils rêvent certainement de le voir reprendre entièrement son œuvre sans les contraintes techniques de la première PlayStation, pour en proposer une sorte de « version idéale ». Mais à plusieurs reprises, Uematsu a douché ces espoirs, en précisant que cela l'intéresse peu – pour lui, la page de *Final Fantasy VII* est tournée.

À l'image des autres épisodes récents, sa participation à l'ambitieux chantier se résume en fin de compte à l'écriture d'une nouvelle chanson thème, « Hollow » (interprétée par Yosh, du groupe japonais Survive Said The Prophet), une ballade rock rugueuse, sorte d'étonnant vague à l'âme. Le cœur de la bande originale, et tout particulièrement les arrangements des musiques du jeu d'origine, est quant à lui laissé à une équipe de compositeurs capable d'endosser la complexité et les besoins abondants en morceaux du projet.

Nobuo Uematsu voit désormais en *Final Fantasy* une entité culminant bien trop haut pour lui, suscitant des passions excessives et intimidantes dans lesquelles il peine à se retrouver. Au fil des années, il est aux premières loges de cette progression, devenue verticale à partir du septième épisode. C'est précisément à cette époque qu'Uematsu cesse de considérer que la série lui « appartient », car les dimensions prises par les projets sont sans commune mesure avec le format dans lequel sont développés les six premiers volets. Avec le bond quantitatif spectaculaire en matière de main-d'œuvre qui accompagne la genèse de *FFVII*, il n'est plus du tout question d'un groupe d'amis constituant une force unique et inflexible, et regardant dans la même direction pour tenter de créer le meilleur jeu vidéo du monde.

« *C'était encore plaisant* », confie certes Uematsu en repensant à l'époque de la trilogie PlayStation, d'autant que nombre des concepteurs des épisodes précédents sont encore présents et que les jeux rencontrent un succès remarquable. Mais l'agrandissement du personnel a l'effet inévitable de diluer l'empreinte personnelle de chaque contributeur. Même si Uematsu est préservé, la tâche de l'écriture de la bande originale nécessitant habituellement moins de monde, son travail dépend des contenus imaginés par toutes ces nouvelles personnes. L'heure est alors à la nomination de chefs d'équipe dont dépend la cohésion du projet. Au fil des années, l'hyperhiérarchisation coûte cher à la spontanéité de *Final Fantasy*.

Ainsi, Nobuo Uematsu regarde aujourd'hui la série d'en bas, effrayé par la chute qu'on pourrait faire si on cherchait à grimper aussi haut. L'histoire de *Final Fantasy* a tendance à lui donner raison, tant les épisodes les plus récents éprouvent des difficultés à atteindre leurs objectifs de plus en plus immenses et à combler les attentes des joueurs, sans doute devenues elles aussi démesurées. Il semble finalement très humain de craindre les implications d'un échec au sein de projets aussi gigantesques, et Uematsu participe bien malgré lui à l'un d'eux lorsque la première version de *Final Fantasy XIV* connaît un lancement raté.

Tout cela est trop pour un seul homme. À un tel niveau de pression, repartir de zéro lui procure une forme de sérénité évidente. Les productions Mistwalker ne peuvent être qu'une bouffée d'air frais pour lui, permettant d'explorer de nouveaux horizons sans la contrainte d'une licence devenue *trop* légendaire. Pour le modeste *Terra Battle*, Hironobu Sakaguchi mobilise une équipe de développement aussi réduite que celles des premiers jeux Square. La nostalgie envers les *softs* édifiés par un petit groupe soudé – *FFVI* par exemple – est aussi vivace que parfaitement compréhensible chez Uematsu.

Désormais, bien que toujours porté par le succès que lui a apporté cette série, il aspire à une certaine forme de modestie et de contact humain, d'où la formule des concerts *BRA☆BRA*. Le plus important est de collaborer avec des gens qu'il connaît bien et dont il se sent proche : c'est aussi pour cette raison qu'on le retrouve sur des projets en apparence insignifiants par rapport à l'ampleur de n'importe quel *Final Fantasy*. Aujourd'hui, ses rêves sont simples, et bien éloignés du jeu vidéo : « *J'aimerais recommencer de zéro, faire quelque chose sans aucun rapport avec Final Fantasy. Par exemple, jouer dans de petites salles de concert à travers le Japon avec mon groupe, ou écrire des livres pour enfants*[149]. »

Écrire pour les enfants, une lubie de fin de carrière ? Non : une simple continuité pour un homme qui n'a de cesse de vouloir s'adresser à la jeunesse du monde entier – comme l'indique la phrase inscrite dans le livret de *Final Fantasy IV Celtic Moon*. Car c'est bien lui qui, collégien, fait de sa toute première composition l'histoire loufoque d'une noix de coco emportée par l'océan. C'est lui qui, étudiant, réquisitionne le hall de son université pour composer une trentaine de minutes de musique inspirée par un livre de Chihiro Iwasaki – une célèbre illustratrice de livres pour enfants et pacifiste convaincue, disparue en 1974. C'est lui qui, en 1999, supervise *Ten Plants 2*, un album collaboratif sur le thème des chansons pour enfants. C'est lui qui, son indépendance retrouvée, prend un malin plaisir à participer à des projets aux univers paisibles et légers comme *Fantasy Life* ou *Hometown Story*. Et c'est enfin lui qui fait de son deuxième album solo, *10 Short Stories*, une compilation de ballades tantôt mignonnes, tantôt burlesques. Tout cela, pour le plaisir de partager un peu de la douceur qu'il affectionne tant.

C'est à se demander, distraitement, si *Final Fantasy* n'est pas une sorte d'anomalie dans l'univers musical de Nobuo Uematsu. Mais quelle anomalie !

---

149. Asumi SANADA, « 『FF』は高すぎる存在。イチから音楽をつくりたい。―ゲーム作曲家・植松伸夫が進んだ道 », *Career Groove*, 12 mai 2017, https://cg.mpjob.jp/植松伸夫（前編）

LISTE DES ŒUVRES

L'absence de précisions signifie que Nobuo Uematsu est le compositeur unique ou principal de l'œuvre en question.

Jeux vidéo

* *Cruise Chaser Blassty* (mai 1986, NEC PC-88, NEC PC-89, etc.)
  — Compositeur avec Takashi Uno
* *Alpha* (juillet 1986, NEC PC-88, NEC PC-89, etc.)
* *King's Knight* (septembre 1986, Famicom)
* *Suishô no Dragon* (décembre 1986, Famicom)
* *Tobidase Daisakusen — 3-D WorldRunner* (mars 1987, Famicom)
* *Apple Town Monogatari* (avril 1987, Famicom)
* *Aliens: Alien 2* (avril 1987, NEC PC-88, NEC PC-89, etc.)
  — Compositeur sous le pseudonyme de Kentarô Hayabusa
* *Cleopatra no Mahô* (juillet 1987, Famicom)
* *Highway Star — Rad Racer* (août 1987, Famicom)
* *JJ* (décembre 1987, Famicom)
* *Final Fantasy* (décembre 1987, Famicom)
* *Final Fantasy II* (décembre 1988, Famicom)
* *Hanjuku Hero* (décembre 1988, Famicom)
* *Square no Tom Sawyer* (novembre 1989, Famicom)
* *Makai Tôshi SaGa — The Final Fantasy Legend* (décembre 1989, Game Boy)
* *Final Fantasy III* (avril 1990, Famicom)
* *Rad Racer II* (décembre 1990, NES)
* *SaGa 2 Hihô Densetsu — Final Fantasy Legend II* (décembre 1990, Game Boy)
  — Compositeur avec Kenji Itô
* *Seiken Densetsu: Final Fantasy Gaiden — Final Fantasy Adventure – Mystic Quest* (juin 1991, Game Boy)
  — Compositeur de vingt morceaux inutilisés (compositeur définitif : Kenji Itô)
* *Final Fantasy IV* (septembre 1991, Super Famicom)
* *Final Fantasy V* (décembre 1992, Super Famicom)

* *Hanjuku Hero: Aa, Sekai yo Hanjuku nare...!* (décembre 1992, Super Famicom)
  — Concepteur des effets sonores avec Kenji Itô, Akira Ueda et Yoshihiko Maekawa
* *Final Fantasy VI* (avril 1994, Super Famicom)
* *Chrono Trigger* (mars 1995, Super Famicom)
  — Compositeur additionnel avec Noriko Matsueda (compositeur principal : Yasunori Mitsuda)
* *DynamiTracer* (janvier 1996, module SatellaView de la Super Famicom)
* *Front Mission Series: Gun Hazard* (février 1996, Super Famicom)
  — Compositeur avec Yasunori Mitsuda, Masashi Hamauzu et Junya Nakano
* *Final Fantasy VII* (janvier 1997, PlayStation)
* *moon: Remix RPG Adventure* (octobre 1997, PlayStation)
  — Compositeur du morceau « Kutsushita no ana » avec Yasunori Mitsuda (crédités sous le pseudonyme d'Asunaro Boys)
* *Ehrgeiz* (février 1998, arcade, PlayStation)
  — Superviseur de la bande originale (musique : Takayuki Nakamura)
* *Final Fantasy VIII* (février 1999, PlayStation)
* *Final Fantasy IX* (juillet 2000, PlayStation)
* Remake de *Final Fantasy* (décembre 2000, WonderSwan Color, PlayStation)
  — Superviseur de la musique
* Remake de *Final Fantasy II* (mai 2001, WonderSwan Color, PlayStation)
  — Superviseur de la musique
* *Final Fantasy X* (juillet 2001, PlayStation 2)
  — Compositeur avec Junya Nakano et Masashi Hamauzu
* Remake de *Final Fantasy IV* (mars 2002, WonderSwan Color)
  — Superviseur de la musique
* *Final Fantasy XI* (mai 2002, PlayStation 2, PC, Xbox 360)
  — Compositeur avec Naoshi Mizuta et Kumi Tanioka
* *Unlimited SaGa* (décembre 2002, PlayStation 2)
  — Crédité en tant que « *guest voice* » (voix invitée – il enregistra simplement un cri pour une séquence où les personnages sont attaqués par un monstre)
* *Final Fantasy Tactics Advance* (février 2003, Game Boy Advance)
  — Compositeur du thème principal
* *Hanjuku Hero VS 3D* (juin 2003, PlayStation 2)
* *Hanjuku Hero: 7-Jin no Hanjuku Hero* (mai 2005, PlayStation 2)
  — Compositeur avec les « Hanjuku Mages »

* *Final Fantasy XII* (mars 2006, PlayStation 2)
  — Compositeur de la chanson thème « Kiss Me Good-Bye »
* Remake de *Final Fantasy III* (août 2006, DS)
  — Compositeur du thème d'ouverture
* *Blue Dragon* (décembre 2006, Xbox 360)
* *Anata wo Yurusanai* (novembre 2007, PSP)
  — Producteur de la bande originale, compositeur avec L.Gallardo, Keith Freeman, Kimio Itoyama, Whogon et F.N.R.
* *Lost Odyssey* (décembre 2007, Xbox 360)
* Remake de *Final Fantasy IV* (décembre 2007, DS)
  — Compositeur de la chanson thème « Tsuki no Akari »
* *Super Smash Bros. Brawl* (janvier 2008, Wii)
  — Compositeur du thème principal
* *Lord of Vermilion* (juin 2008, arcade)
* *Blue Dragon Plus* (septembre 2008, DS)
* *Away: Shuffle Dungeon* (octobre 2008, DS)
  — Compositeur du thème principal
* *Sakura Note ~Ima ni Tsunagaru Mirai~* (novembre 2009, DS)
* *Kurulin Fusion* (décembre 2009, PSP)
  — Superviseur de la bande originale
* *Final Fantasy XIV* version 1.0 (septembre 2010, PC)
* *Lord of Arcana* (octobre 2010, PSP)
  — Producteur de la bande originale avec Hitoshi Sakimoto
* *The Last Story* (janvier 2011, Wii)
* *UnchainBlades ReXX* (juillet 2011, 3DS, PSP)
  — Compositeur du thème principal
* *Koakuma no jôken* (janvier 2012, mobile)
  — Compositeur du thème principal
* *Borderwalker* (mai 2012, mobile)
* *Jyûzaengi ~Engetsu Sangokuden~* (mai 2012, PSP)
  — Compositeur de la chanson thème « Tsuki no namida »
* *Hyperdimension Neptunia Victory* (août 2012, PlayStation 3)
  — Compositeur invité avec Kenji Itô (compositeur principal : Kenji Kaneko)
* *UnchainBlades EXXiV* (août 2012, 3DS, PSP)
  — Compositeur du thème principal
* *Hôkoku no Last Legion* (décembre 2012, mobile)
* *Fantasy Life* (décembre 2012, 3DS)

* *Samurai Soul* (avril 2013, mobile)
  — Superviseur de la bande originale (musique : ACE)
* Norn9 (mai 2013, PSP)
  — Compositeur du thème principal
* *Ragnarok Odyssey Ace* (août 2013, PlayStation Vita)
  — Compositeur d'un thème de combat (compositrice principale : Kumi Tanioka)
* *Fairy Fencer F* (octobre 2013, PlayStation 3)
  — Compositeur du thème principal
* *Saga of Fantasm: A* (octobre 2013, mobile)
  — Compositeur avec Yoshitaka Hirota, Tsutomu Narita et Kumi Tanioka
* *Deemo* (novembre 2013, mobile)
  — Compositeur du morceau « Metal Hypnotized » (Earthbound Papas)
* *Oceanhorn: Monster of Uncharted Seas* (novembre 2013, mobile)
  — Compositeur invité avec Kenji Itô (compositeur principal : Kalle Ylitalo)
* *Hometown Story* (décembre 2013, 3DS)
  — Compositeur avec Tsutomu Narita
* *Wonder Flick* (janvier 2014, mobile)
* *Granblue Fantasy* (mars 2014, mobile)
  — Compositeur avec Tsutomu Narita
* *Jyûzaengi -Engetsu Sangokuden 2-* (avril 2014, PlayStation Vita)
  — Compositeur de la chanson thème « Kaze ni naru »
* *Tokyo Twilight Ghost Hunters* (avril 2014, PlayStation 3, PlayStation Vita)
  — Compositeur de la chanson d'ouverture « Shoot That Crimson Sky »
* *Gold Rebellion* (mai 2014, mobile)
* *Terra Battle* (octobre 2014, mobile)
* *Final Fantasy XIV Heavensward* (juin 2015, PC, PlayStation 3, PlayStation 4)
  — Compositeur de la chanson thème « Dragonsong »
* *Chunithm Seelisch Tact* (juillet 2015, arcade)
  — Compositeur du thème principal
* *Fairy Fencer F: Advent Dark Force* (novembre 2015, PlayStation 4)
  — Compositeur du thème principal
* *Super Senso* (avril 2016, mobile)
  — Compositeur du thème principal
* *Crossnoah of the Sky and Earth* (juin 2016, mobile)
  — Compositeur du thème principal

* *Final Fantasy XIV Stormblood* (juin 2017, PC, PlayStation 4)
  — Compositeur de la chanson thème « Revolutions »
* *Terra Battle 2* (septembre 2017, mobile)
* *Final Fantasy XV Comrades* (novembre 2017, PlayStation 4, Xbox One)
  — Compositeur de la chanson thème « Choosing Hope »
* *Fantasy Life Online* (juillet 2018, mobile)
* *Fantasy VII Remake* (avril 2020, PlayStation 4)
  — Compositeur de la chanson thème « Hollow »

Films, séries et vidéos

* *Ah! My Goddess* (octobre 2000, film d'animation)
  — Compositeur de la chanson thème « Try To Wish ~Kimi ni hitsuyô na mono~ »
* *Final Fantasy Unlimited* (octobre 2001, série d'animation)
  — Compositeur de la chanson du générique de début, « Over the Fantasy »
* *Final Fantasy VII Advent Children* (septembre 2005, film d'animation)
* *Guin Saga* (avril 2009, série d'animation)
* *Fairy Tail, le film : La Prêtresse du Phœnix* (août 2012, film d'animation)
  — Compositeur de la chanson « Zutto Kitto »
* *Ise no isuzu no morinomiya* (mars 2014, court-métrage)
  — Musique d'un court-métrage d'animation créé à l'initiative du grand sanctuaire d'Ise

Projets en solo et autres

* *Phantasmagoria* (octobre 1994, album solo)
* *Ten Plants* (mars 1998, album collaboratif)
  — Chanson « Ashita no yume mo wasurete » interprétée par Yôko Ueno
* *Ten Plants II* (octobre 1999, album collaboratif)
  — Chanson « Ashita no tenki » interprétée par CHiCO
* *elva first* (octobre 2001, album)
  — Album de la chanteuse taïwanaise elva, composition du morceau « Show Me Your Love »
* *Mitsu* (août 2002, album)
  — Album de la chanteuse Rikki, composition du morceau « Chô ~havira~ » (papillon)

* *Sen no hana, sen no sora* (mars 2006, single)
  — « Mille fleurs, mille cieux », chanson écrite pour le programme *Minna no Uta*, interprétée par Manami Kiyota
* *PLAY! A Video Game Symphony* (mai 2006, concert)
  — Composition de la fanfare d'ouverture
* *10 Short Stories* (mars 2010, album solo)
* *Boku no machi ga mori ni naru made...* (octobre 2010, single)
  — « Jusqu'à ce que ma ville devienne une forêt », morceau écrit pour le programme de reforestation du quartier tokyoïte de Jiyûgaoka
* *A New Story* (mars 2010, album)
  — Album de la chanteuse Kanon produit par Nobuo Uematsu, composition du morceau « Taisetsu na koto »
* *Symphonic Odysseys* (mai 2011, concert)
  — Composition de la fanfare d'ouverture
* *Reiki Japan* (mars 2012, album)
  — Musique de méditation écrite pour le professeur de reiki Toshitaka Mochizuki
* *Yôsei no mori* (avril 2013, suite orchestrale avec narration)
  — « La forêt des fées », suite commandée par l'orchestre d'harmonie Kôsei de Tokyo

Livres

* *Jinsei omou ga mama* (novembre 1994)
  — Essai et journal de voyage en Inde inclus dans l'édition limitée de l'album *Final Fantasy 1987-1994*
* *Minna sô nano?* (février 2002)
  — Recueil de chroniques pour l'hebdomadaire Shûkan Famitsu
* *Rakushite kurashitee naa* (mars 2004)
  — Recueil de chroniques pour l'hebdomadaire Shûkan Famitsu
* *Blik-0 1946* (août 2013)
  — Livre électronique accompagné de musique et illustré par Hiroki Ogawa

BIBLIOGRAPHIE

Une part importante des informations proposées dans ce livre a été recueillie lors de longs entretiens conduits par les auteurs avec Nobuo Uematsu – ainsi que plusieurs de ses collaborateurs – en 2012 et 2016. Les citations présentées au fil du texte dont la source n'est pas explicite sont le plus souvent issues de ces entretiens.

De nombreuses ressources numériques anciennes et disparues ont pu être retracées et retrouvées grâce à l'aide inestimable de la fonction Wayback Machine du portail *Internet Archive* : http://web.archive.org/

Sites

Ressources en japonais

* S.A., « 植松伸夫です。 », site officiel de Square Enix, 2000-2005, http://www.square-enix.co.jp/music/uematsu/ (page supprimée)
* S.A., GAMERS EDEN ゲームサントラレビュー FFシリーズ, http://gamerseden.kir.jp/soundtrack/fftop.html
* S.A., Nobuo Uematsu Fansite, http://www.nobiyo-fansite.com/
* Asumi Sanada, « 『FF』は高すぎる存在。イチから音楽をつくりたい。-ゲーム作曲家・植松伸夫が進んだ道 », Career Groove, 12 mai 2017, https://cg.mpjob.jp/植松伸夫（前編）
* Rédaction de Keyboard, « 植松伸夫が語るゲーム音楽の制作技法～ファイナルファンタジー制作秘話｜キーボード・マガジン 2017年7月号 SUMMERより », Rittor Music, 30 juin 2017, https://www.rittor-music.co.jp/pickup/detail/13689/
* Ares, Yûya Washiya, « 『FINAL FANTASY』シリーズの音楽を生み出した作曲家のスゴい人！ », Sugoihito, 5 septembre 2017, http://sugoihito.or.jp/2017/09/16407/
* Kôichi Kawajiri, « ゲーム音楽は"話し言葉"。日々の感動をメロディで伝え直している » et « FFの作曲家は"中くらいのおっさん"。5分間仕事術のススメ », Daiichisankyo, 26 avril 2017, https://www.daiichisankyo-hc.co.jp/orekara/kenja/uematsunobuo1/
* « ファイナルファンタジー作曲の植松伸夫さんが高知学芸

高校へ », Kochi News, 6 mai 2016, https://www.kochinews.co.jp/article/19846
* « 人気ゲームFF11など作曲・高知出身の水田直志氏に聞く », Kochi News, 10 avril 2017, http://www.kochinews.co.jp/article/91722
* « 株式会社DOG EAR RECORDS代表　作曲家　植松 伸夫さん », Creative Village, 9 octobre 2015, https://www.creativevillage.ne.jp/8169
* Ken'ichirô Hakariya, « FINAL FANTSYの楽曲で知られる世界をまたにかける作曲家『エンタメの今に切り込む新企画【ザ・プロデューサーズ】第十七回・植松伸夫氏』 », Spice, 3 mars 2017, https://spice.eplus.jp/articles/109931
* « 『キングスナイト』の曲は『ドルアーガの塔』を意識した——作曲家・植松伸夫が語るスクウェア初期作品の思い出 », Denfaminicogamer, 14 décembre 2016, http://news.denfaminicogamer.jp/nicolive/uematsu
* « 第32回　『半熟英雄 対 3D』発売記念行脚イベントに密着取材！　【見習い記者の取材日記】 », Famitsu, 27 juin 2003, https://www.famitsu.com/game/serial/1140532_1152.html
* « 『FFXII』トークセッションでゲームの世界観が明らかに!? », Famitsu, 19 novembre 2003, https://www.famitsu.com/game/news/2003/11/19/103,1069237199,18403,0,0.html
* « 『アナタヲユルサナイ』豪華クリエーター陣へインタビュー!! », Famitsu, 3 septembre 2007, https://www.famitsu.com/interview/article/2007/09/03/668,1188802664,77475,0,0.html
* « トヨエツに上原多香子も！『ロストオデッセイ』完成披露イベントで声優が発表 », Famitsu, 22 novembre 2007, https://www.famitsu.com/game/news/1212022_1124.html
* « 『ブルードラゴン プラス』の発売を記念して、植松伸夫氏のトークショーが開催 », Famitsu, 4 septembre 2009, https://www.famitsu.com/game/news/1217831_1124.html
* « 『ホームタウンストーリー』は、苦労の先に幸せが待っているゲーム‐‐和田康宏氏、植松伸夫氏、にしだあつこ氏、成田勤氏、咲良まゆ氏へのロングインタビューをお届け », Famitsu, 12 décembre 2013, https://www.famitsu.com/news/201312/13044606.html
* « 『魔都紅色幽撃隊』作曲家・植松伸夫氏が語る、オープニングテーマ「Shoot That Crimson Sky」でのチャレンジ », Famitsu, 26 mars 2014, https://www.famitsu.com/news/201403/26050219.html

* « 植松伸夫氏と中山博之氏のいちばん好きな楽曲とは？『PIANO OPERA FINAL FANTASY VII/VIII/IX』インストアイベントリポート », Famitsu, 27 avril 2014, http://www.famitsu.com/news/201404/27052466.html
* « 『テラバトル』DLスターターに新曲追加決定！坂口×光田×下村SPインタビュー », Famitsu App, 2 novembre 2014, https://app.famitsu.com/20141102_460203/
* « 『テラバトル』DLスターターに伊藤賢治氏参戦決定！　坂口×植松×伊藤SPインタビュー », Famitsu App, 2 novembre 2014, https://app.famitsu.com/20141102_460209/
* « 『テラバトル』100万DL公約ライブ"AROUNDERS TERRA BATTLE"リポート », Famitsu App, 21 mars 2015, http://app.famitsu.com/20150321_505703/
* « 『テラバトル』大型アップデート記念！　坂口博信×植松伸夫スペシャル対談 », Famitsu App, 28 avril 2016, https://app.famitsu.com/20160428_705997/
* Satoru Iwata, « 社長が訊く『ラストストーリー』 その２：坂口博信さん 植松伸夫さん », Nintendo.co.jp, 2010, https://www.nintendo.co.jp/wii/interview/slsj/vol2/index.html
* Seiji Nakamura, « 「THE BLACK MAGES」発売記念ライブが渋谷で開催 CD未収録曲「マトーヤの洞窟」を含む全11曲を熱演 », GAME Watch, 27 avril 2003, https://game.watch.impress.co.jp/docs/20030427/black.htm
* Akira Yahagi, « ささきいさおさんが、半熟英雄対3Dの主題歌・挿入歌を熱唱! ～ 植松ラジヲ公開録音「半熟謝肉祭」を開催 », GAME Watch, 27 avril 2003, https://game.watch.impress.co.jp/docs/20030427/han.htm
* Seiji Nakamura, « THE BLACK MAGES、2ndライブ"above the sky"を開催 「ロマサガ」のイトケン、テクノポップユニットmuZikなど隠し球続々 », GAME Watch, 24 janvier 2005, https://game.watch.impress.co.jp/docs/20050124/tbm2.htm
* Katsuo Ishida, « スクウェア・エニックス、PS2「半熟英雄4」発売記念イベントを実施 植松氏や伊藤氏、ささきいさおさんなど豪華ゲストが次々登場 », GAME Watch, 26 mai 2005, https://game.watch.impress.co.jp/docs/20050526/han.htm
* Katsuo Ishida, « PS2「ファイナルファンタジーXII」試遊レポート ステージイベントでは植松氏がテーマソングを発表 »,

GAME Watch, 30 janvier 2005, https://game.watch.impress.co.jp/docs/20050730/ffxii.htm
* Katsuo Ishida, « 「ファミ通PRESENTS ファイナルファンタジーXI サマーカーニバル2005」開催 », GAME Watch, 2 septembre 2005, https://game.watch.impress.co.jp/docs/20050902/ffxi.htm
* Kazutaka Toyotomi, « マイクロソフト、Xbox 360「ロストオデッセイ」完成披露記者会見 », GAME Watch, 19 novembre 2007, https://game.watch.impress.co.jp/docs/20071119/lo.htm
* Seisakusho Kajihara, Tetsuji Sugawara, « AC「ロード オブ ヴァーミリオン」公式全国大会 », GAME Watch, 13 janvier 2009, https://game.watch.impress.co.jp/docs/20090113/lov.htm
* Satoshi Ishii, « スクエニ、「ヴァナ★フェス2010 〜8周年だョ！全員集合」の詳細をレポート », GAME Watch, 1[er] mars 2010, http://game.watch.impress.co.jp/docs/news/352111.html
* Satoshi Ishii, « スクエニ、「FF XIV」発売記念イベント「エオルゼアプレライブ」詳報 », GAME Watch, 16 septembre 2010, https://game.watch.impress.co.jp/docs/news/394162.html
* Tomomi Yamamura, « FF展レポート「FFVII 15周年記念ステージ」＆「植松伸夫トークステージ」 », GAME Watch, 3 septembre 2012, https://game.watch.impress.co.jp/docs/news/557187.html
* Shunsuke Yasuda, « 植松伸夫氏による電子絵本「Blik-O 1946」トークイベント », GAME Watch, 20 septembre 2013, https://game.watch.impress.co.jp/docs/news/616307.html
* Yôichirô Tomari, « 【ゆく年くる年特別企画】「グランブルーファンタジー」ディレクターの福原氏を直撃！ », GAME Watch, 31 décembre 2016, https://game.watch.impress.co.jp/docs/interview/1037049.html
* « FF25thアナログBOXのカッティング現場に植松氏がやってきた！ », HMV, 17 octobre 2012, http://www.hmv.co.jp/news/article/1209190026/
* « 半熟英雄 対 3D』スペシャル・ロング対談 時田貴司×植松伸夫 », PS World, 2003, http://www.jp.playstation.com/psworld/game/special/hanjuku/taidan.html
* Toshimichi Kakizaki, « インタビュー 第4回 », Guin Saga.net, 2009, http://www.guinsaga.net/special/inter04.html
* « サウンドディレクター 植松伸夫 | INTERVIEW | グラ

ンブルーファンタジー », Granblue Fantasy.jp, 2014, http://granbluefantasy.jp/interview/interview_2.php
* Mafia Kajita, « 植松伸夫氏も登場。アーケードカードゲーム「ロード オブ ヴァーミリオン」公式大会決勝「OVER the LORD～第1章　狂宴への招待状～」の模様をレポート », 4Gamer, 13 janvier 2009, http://www.4gamer.net/games/016/G001673/20090113038/
* Mafia Kajita, « 郷愁を誘う独特の雰囲気が魅力的な「サクラノート ～いまにつながるみらい～」開発者インタビュー », 4Gamer, 6 novembre 2009, http://www.4gamer.net/games/097/G009746/20091106055/
* ginger, « 植松伸夫氏が自らストーリー/楽曲を手がけた電子書籍「Blik-0 1946」のトークイベントが開催。氏のサイン会はメディアにも大人気!? », 4Gamer, 19 septembre 2013, http://www.4gamer.net/games/999/G999903/20130919095/
* « 作曲家・植松伸夫氏単独インタビュー », Dengeki Online, 2004, http://dengekionline.com/soft/recommend/uematsu/
* « 植松伸夫×野島一成×皆葉英夫×赤尾実×羽入田新によるインタビューを掲載！ 豪華スタッフが制作したA・AVG『ボーダーウォーカー』が配信開始 », Dengeki Online, 7 mai 2012, http://dengekionline.com/elem/000/000/478/478955/
* Hidetaka Nagayoshi, « クロノ、聖剣、FF演奏「ブラス・エクシード・トウキョウ」演奏会レポート！ゲスト植松伸夫氏のトーク内容も掲載 », Inside Games, 13 avril 2013, https://www.inside-games.jp/article/2013/04/13/65584.html
* Kyanko, « 植松氏「Celtic Moonがこの歳で聞けるとは思わなかった」、『FF』楽曲をケルトアレンジで「Playing Uematsu Works! ~CELTIC FANTASY~」レポ », Inside Games, 22 juin 2014, https://www.inside-games.jp/article/2014/06/22/77967.html
* « 「BRA★BRA FINAL FANTASY BRASS de BRAVO」特集 植松伸夫インタビュー＆東京公演ライブレポート », Natalie, 2016, https://natalie.mu/music/pp/brabrafinalfantasy
* « 『クロノ・トリガー』音楽担当・光田康典がスクウェア入社面接を振り返る——植松伸夫に「お前それ禁句だよ」と言われた理由とは », Nico Nico News Original, 29 novembre 2017, http://originalnews.nico/64586
* « プログレ対談！植松伸夫（作曲家）×岩本晃市郎（雑誌「

ストレンジ・デイズ」編集長）前編 », Tuning!, 7 juillet 2011, http://tuning.musicair.co.jp/2011/07/7702.html
* Kenji Saitô, « 「植松伸夫の10ショート・ストーリーズ」について », 2083, 11 septembre 2010, http://www.2083.jp/contents/201009dogearrecords/
* Kenji Saitô, « ステージに居るときが最高の時間 響談 -植松伸夫×坂本英城- », 2083, 9 mars 2012, http://www.2083.jp/contents/201203kyodan/
* Kenji Saitô, « 光田康典 作家20周年記念インタビュー ‐ 遥かなる時の彼方へ », 2083, 21 août 2015, http://www.2083.jp/contents/201508yasunori_mitsuda/
* « 下村陽子インタビュー », Ga-core, 20 mai 2009, http://megalodon.jp/2010-0620-1324-02/www.ga-core.net/special/sp005_3_2.php

Ressources dans d'autres langues

* « The Music of Lost Odyssey », 1UP, février 2008, http://www.1up.com/do/feature?cId=3166127 (page supprimée)
* S.A., VGMdb, http://vgmdb.net/
* S.A., « Uematsu's Music », site officiel de Square Enix USA, 2003-2005, http://archive.na.square-enix.com/uematsu/ (page supprimée)
* James Mielke, « A Day in the Life of Nobuo Uematsu », 1UP, 15 février 2008, http://www.1up.com/features/final-fantasy-composer (page supprimée)
* Kevin Gifford, « Lord of Arcana Musicians Speak », 1UP, 6 octobre 2010, http://www.1up.com/news/lord-arcana-musicians-speak (page supprimée)
* Matt Leone, « Final Fantasy 7: An oral history », Polygon, 9 janvier 2017, https://www.polygon.com/a/final-fantasy-7
* Jayson Napolitano, « Of Mustaches and Men: A Circus of an Interview with Nobuo Uematsu », Original Sound Version, 23 juillet 2009, http://www.originalsoundversion.com/of-mustaches-and-men-a-circus-of-an-interview-with-nobuo-uematsu/
* Jayson Napolitano, « Hiroki Ogawa and Nobuo Uematsu Talk Dog Ear Records, Chaos Ensues », Original Sound Version, 3 septembre 2009, http://www.originalsoundversion.com/hiroki-ogawa-and-nobuo-uematsu-talk-dog-ear-records-chaos-ensues/

* Christopher John Farley, « Music: In Fantasy's Loop », Time Magazine, 28 mai 2001, http://content.time.com/time/magazine/article/0,9171,999983,00.html
* Nick Dwyer, « Interview: Final Fantasy's Nobuo Uematsu », Red Bull Music Academy, 2 octobre 2014, http://daily.redbullmusicacademy.com/2014/10/nobuo-uematsu-interview
* Spence D., Peer Schneider, Jeremy Dunham, « Nobuo Uematsu Interview », IGN, 9 juillet 2004, http://www.ign.com/articles/2004/07/09/nobuo-uematsu-interview
* Peer Schneider, « Dear Friends: music from Final Fantasy », IGN, 11 mai 2004, http://www.ign.com/articles/2004/05/11/dear-friends-music-from-final-fantasy
* Luke Karmali, « Nobuo Uematsu Remembers 20 Years of Final Fantasy Soundtracks », IGN, 19 décembre 2014, http://www.ign.com/articles/2014/12/19/nobuo-uematsu-remembers-20-years-of-final-fantasy-soundtracks
* Chris Greening, Harry Simons, David Greening, « Interview with Yasunori Mitsuda », Square Enix Music Online, octobre 2005, https://www.squareenixmusic.com/features/interviews/yasunorimitsuda.shtml
* Don Kotowski, Chris Greening, « Concert Interview with Nobuo Uematsu », Square Enix Music Online, décembre 2009, https://www.squareenixmusic.com/features/interviews/nobuouematsu.shtml
* Chris Greening, « Interview with Nobuo Uematsu on 10 Short Stories », Square Enix Music Online, juillet 2010, https://www.squareenixmusic.com/features/interviews/nobuouematsu3.shtml
* Matt Diener, « Interview with Nobuo Uematsu on the Earthbound Papas », Square Enix Music Online, avril 2011, https://www.squareenixmusic.com/features/interviews/nobuouematsu4.shtml
* Patrick Kulikowski, « Nobuo Uematsu Interview: Final Fantasy, Craft Beer, and Other Glorious Things », Video Game Music Online, 27 février 2015, http://www.vgmonline.net/nobuouematsuinterview5/
* Chris Winkler, « RPGFan Exclusive Interview #2: Nobuo Uematsu, Smileplease », RPG Fan, 2006, http://www.rpgfan.com/features/interviews2006/index2.html
* « Exclusive: Interview with the Maestro - Nobuo Uematsu », VG Chartz, 7 janvier 2011, http://www.vgchartz.com/article/83380/exclusive-interview-with-the-maestro-nobuo-uematsu/

* Kahori Ezaki, « Exclusive Interview with The Black Mages », CocoeBiz, 2005, http://www.cocoebiz.com/report/tbminterview.html (page supprimée)
* Tony, « JPGAMES.DE – Interview with Nobuo Uematsu », JPGames, 10 juillet 2011, http://jpgames.de/2011/07/jpgames-de-interview-with-nobuo-uematsu/
* Jeriaska, « Sound Current: 'Dog Ear Records and Cello Quartet Remixes of Final Fantasy' », GameSetWatch, 31 mai 2009, http://www.gamesetwatch.com/2009/05/sound_current_dog_ear_records.php
* Jeriaska, « Hiroki Ogawa And The Path To Dog Ear Records », Siliconera, 14 novembre 2008, http://www.siliconera.com/2008/11/14/hiroki-ogawa-and-the-path-to-dog-ear-records/
* Jeriaska, « Interview: Smash Bros' Sakurai, Kenji Ito Talk RPG Musical Repertoire », Gamasutra, 15 avril 2009, https://www.gamasutra.com/view/news/114048/Interview_Smash_Bros_Sakurai_Kenji_Ito_Talk_RPG_Musical_Repertoire.php
* Kirk Mckeand, « A link between two worlds: The making of Oceanhorn », Pocket Gamer, 10 décembre 2013, http://www.pocketgamer.biz/feature/55913/a-link-between-two-worlds-the-making-of-oceanhorn/

Livrets d'albums

* *All Sounds of Final Fantasy I•II*, Polystar, 21 décembre 1988
* *Symphonic Suite Final Fantasy*, Polystar, 25 juillet 1989
* *Final Fantasy III Yûkyû no kaze densetsu*, Polystar, 25 mai 1990
* *Final Fantasy III Original Sound Version*, NTT Publishing, 14 juin 1991
* *Final Fantasy IV Original Sound Version*, NTT Publishing, 15 juillet 1991
* *Final Fantasy IV Celtic Moon*, NTT Publishing, 28 octobre 1991
* *All Sounds of SaGa*, NTT Publishing, 21 décembre 1991
* *Piano Collections Final Fantasy IV*, NTT Publishing, 21 avril 1992
* *Final Fantasy V Original Sound Version*, NTT Publishing, 7 décembre 1992
* *Final Fantasy V Dear Friends*, NTT Publishing, 25 mars 1993
* *Piano Collections Final Fantasy V*, NTT Publishing, 21 juin 1993

* *Final Fantasy VI Original Sound Version*, NTT Publishing, 25 mars 1994
* *Final Fantasy VI Special Tracks*, NTT Publishing, 25 avril 1994
* *Final Fantasy VI Grand Finale*, NTT Publishing, 25 mai 1994
* *Piano Collections Final Fantasy VI*, NTT Publishing, 25 juin 1994
* *Final Fantasy Vocal Collections I -Pray-*, NTT Publishing, 25 juin 1994
* *Phantasmagoria*, NTT Publishing, 26 octobre 1994
* *Final Fantasy 1987-1994*, NTT Publishing, 26 novembre 1994
* *Final Fantasy Vocal Collections II -Love Will Grow-*, NTT Publishing, 25 novembre 1995
* *Gun Hazard Original Sound Track*, NTT Publishing, 25 février 1996
* *Final Fantasy VII Original Sound Track*, DigiCube, 10 février 1997
* *Final Fantasy VII Reunion Tracks*, DigiCube, 22 octobre 1997
* *Ten Plants*, Biosphere Records, 22 avril 1998
* *Final Fantasy VIII Original Soundtrack*, DigiCube, 1er mars 1999
* *Fithos Lusec Wecos Vinosec: Final Fantasy VIII*, DigiCube, 20 novembre 1999
* *Piano Collections Final Fantasy VIII*, DigiCube, 21 janvier 2000
* *Final Fantasy IX Original Soundtrack*, DigiCube, 30 août 2000
* *Final Fantasy IX Original Soundtrack Plus*, DigiCube, 6 décembre 2000
* *Piano Collections Final Fantasy IX*, DigiCube, 24 janvier 2001
* *Final Fantasy X Original Soundtrack*, DigiCube, 1er août 2001
* *Piano Collections Final Fantasy X*, DigiCube, 20 février 2002
* *20020220 music from Final Fantasy*, DigiCube, 9 mai 2002
* *Final Fantasy XI Original Soundtrack*, DigiCube, 5 juin 2002
* *Final Fantasy Tactics Advance Original Soundtrack*, DigiCube, 19 février 2003
* *Hanjuku Hero VS 3D Original Soundtrack*, DigiCube, 25 juin 2003
* *Piano Collections Final Fantasy VII*, DigiCube, 3 décembre 2003
* *More Friends music from Final Fantasy*, Square Enix, 16 mai 2005
* *Blue Dragon Original Soundtrack*, Aniplex, 13 décembre 2006
* *Lost Odyssey Original Soundtrack*, Aniplex, 23 janvier 2008
* *Guin Saga Original Soundtrack*, Aniplex, 24 juin 2009
* *Final Fantasy XIV Field Tracks*, Square Enix, 29 septembre 2010
* *Final Fantasy XIV Battle Tracks*, Square Enix, 29 septembre 2010
* *The Last Story Original Soundtrack*, Dog Ear Records, 23 février 2011
* *Final Fantasy X HD Remaster Original Soundtrack*, Square Enix, 25 décembre 2013
* *Granblue Fantasy Original Soundtrack*, Cygames, 15 août 2014

Livres et magazines

* Nobuo Uematsu, *Jinsei omou ga mama*, NTT Publishing, 26 novembre 1994
* Studio BentStuff, *Final Fantasy VII Kaitai Shinsho The Complete*, Enterbrain, 24 mars 1997
* Studio BentStuff, *Final Fantasy VIII Ultimania*, DigiCube, 31 mars 1999
* Studio BentStuff, *Final Fantasy X Ultimania Omega*, DigiCube, 31 janvier 2002
* Nobuo Uematsu, *Minna sô nano?*, Enterbrain, 2002
* *Final Fantasy VII Advent Children Reunion Files*, Softbank Creative, 20 mai 2006
* The Super Famicom, entretien entre Kôichi Sugiyama et Nobuo Uematsu, 1993, reproduit sur http://chibarei.blog.jp/gsl/words/sugiyamaxuematsu/sugiyamauematu.html

TABLE DES MATIÈRES

pix'n love
EDITIONS

Dépôt légal : juillet 2020
Imprimé et relié en Union européenne

Copains comme cochons : dans ces photos de la fin des années 1980, Nobuo Uematsu (sans sa moustache) est accompagné de son fidèle ami, Takashi Tokita, lui aussi employé de Square.

En plus de pouvoir faire les pitres sur les photos, Nobuo Uematsu et Takashi Tokita travaillent ensemble sur Hanjuku Hero, jeu humoristique sorti en 1988.

Takashi Tokita et Nobuo Uematsu.

12 12 '87

Katsuhisa Higuchi (programmeur), Nobuo Uematsu, Takashi Tokita et Masanori Hoshino (graphiste et bruiteur) en 1987. Higuchi et Hoshino n'ont pas travaillé sur le premier Final Fantasy, mais sur les suivants – principalement du II au V.

Coca-Cola

En 1994, Kensuke Matsushita et Nobuo Uematsu profitent d'un voyage dans le Tamil Nadu, une région du sud de l'Inde.

Tomoe Inazawa (au premier plan) a accompagné Uematsu et Matsushita en Inde. Graphiste chez Square, elle vient alors de travailler sur Final Fantasy VI.

Kensuke Matsushita est alors producteur au sein de la maison de disques NTT Publishing, qui édite les différents albums de Final Fantasy.

Nobuo Uematsu se fait vacciner contre l'hépatite A avant son départ pour l'Inde. Si cette photographie peut sembler surprenante, le compositeur n'hésita pourtant pas à l'ajouter dans son essai Jinsei omou ga mama, publié en 1994 en guise de bonus dans une compilation des musiques de Final Fantasy.

Même position, mais certainement moins inconvenante !

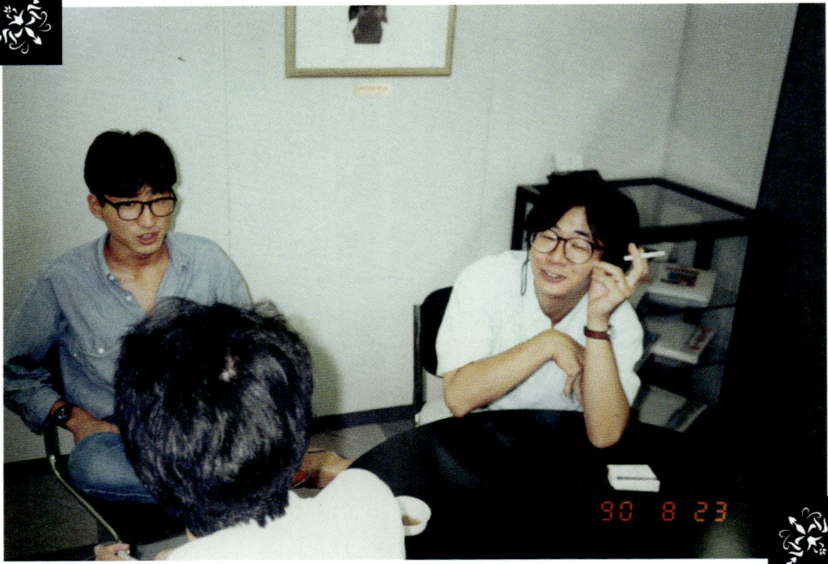

Nobuo Uematsu aux côtés de Masanori Hoshino. Graphiste ayant travaillé sur de nombreux jeux de Square, Hoshino a cependant aussi créé des bruitages pour Final Fantasy II et III.

Nobuo Uematsu et Chihiro Fujioka. Uematsu tient dans la main le disque All Sounds of SaGa, contenant ses musiques pour Final Fantasy Legend et celles de Fujioka pour Final Fantasy Legend III.

Pique-nique au sommet entre employés de Square, avec (au second plan, de face) Takashi Tokita, Nobuo Uematsu, Tadashi Nomura (responsable de la publicité), Yûsuke Hirata (producteur) et Michio Okamiya (responsable de la publicité).

Soirée entre collègues de Square, avec Akira Ueda, Nobuo Uematsu, Michio Okamiya et Takashi Tokita.

Akira Ueda et Nobuo Uematsu. Bien que recruté chez Square en tant que graphiste, Ueda a commencé sa carrière en créant des bruitages pour Final Fantasy IV.

Nobuo Uematsu lors des enregistrements de l'album *Ten Plants* (1997). Alors qu'il éprouve des difficultés à jouer de sa guitare à douze cordes, il place un mouchoir pour bloquer les deux cordes supérieures.

YAMAHA

À gauche se trouve Jim Ediger, un Canadien qui, en plus de jouer pour Ten Plants, fut le professeur de violon irlandais de Nobuo Uematsu et de ses collègues de Square pendant plusieurs années.

Nobuo Uematsu accompagné de Kaoru Moriyama (traductrice qui a travaillé chez Square au début des années 90) lors des enregistrements de Ten Plants.

Nobuo Uematsu aux côtés de sa femme Reiko lors des enregistrements de Ten Plants.

Nobuo Uematsu lors d'un concert des Black Mages.

Les Black Mages au grand complet. De gauche à droite : Michio Okamiya (guitare), Tsuyoshi Sekito (guitare), Keiji Kawamori (basse), Arata Hanyuda (batterie), Nobuo Uematsu (orgue) et Ken'ichirô Fukui (claviers).

Nobuo Uematsu fait son show devant Michio Okamiya lors d'un concert des Black Mages.

Earthbound Papas. Enregistrement de percussions dans le Ping Pong Pit Studio, studio personnel du compositeur situé au sous-sol de son domicile. De gauche à droite : Yoshitaka Hirota, Arata Hanyuda, Nobuo Uematsu, Tsutomu Narita et Michio Okamiya.

Les membres du groupe Earthbound Papas.

Nobuo Uematsu, aux côtés de sa femme Reiko (debout à sa gauche), lors d'une séance de dédicaces avec les Earthbound Papas.

Nobuo Uematsu et sa chienne Pao dans le Ping Pong Pit Studio.

Hiroyuki Nakayama et Nobuo Uematsu. Nakayama est l'orchestrateur de plusieurs bandes originales d'Uematsu, ainsi que l'arrangeur et pianiste de la série d'albums Final Fantasy Piano Opera.

Distar
FINA

Le chef d'orchestre Arnie Roth et Nobuo Uematsu lors d'un concert Distant Worlds.

Vous a-t-on dit que Nobuo Uematsu est un fan des scooters Vespa ?

Debout devant son orgue Hammond, Nobuo Uematsu contemple la partition de Metal Hypnotized.

À l'entrée du chalet du couple Uematsu, près du lac Yamanaka.

Le chalet de Yamanaka.

Le gramophone et l'orgue dans le chalet du compositeur.

Nobuo Uematsu a reçu ce prix grâce au succès de l'album Chang You (Sing and Play) de Faye Wong, dont l'édition japonaise parue en mars 1999 comprend la chanson Eyes On Me.

Le Mont Fuji, vu depuis la fenêtre d'une chambre d'amis du chalet.

Nobuo Uematsu et la compositrice et pianiste Kumi Tanioka en pleine discussion lors de l'enregistrement du morceau A Small Wish, composé par Uematsu pour la préparation de ce livre

Les auteurs, Jérémie Kermarrec et Denys Fontanarosa, lors d'une séance de travail avec Nobuo Uematsu à Tokyo, en septembre 2016.

Aux côtés de Hiroki Ogawa (directeur de Dog Ear Records) et de Nobuo Uematsu, l'équipe de Wayô Records : Denys Fontanarosa, Jonathan Khersis, Romain Dasnoy et Jérémie Kermarrec.

Nobuo Uematsu lors d'une répétition du Fantasy Rock Fes, à Kawasaki, en août 2013.